영어독립
365

영어독립 365

—

2022년 6월 29일 초판 1쇄 발행
2023년 11월 15일 초판 13쇄 발행

—

지은이 영어독립단어 콘텐츠팀, 신미주
펴낸이 고영성
기획 김주현
편집 주민숙, 박희라
디자인 김소영, 이화연
일러스트 박혜림

—

펴낸곳 주식회사 상상스퀘어
출판등록 2021년 4월 29일
주소 경기도 성남시 분당구 성남대로 52, 그랜드프라자 604호
팩스 번호 02-6499-3031
이메일 publication@sangsangsquare.com

—

값 25,000원
ISBN 979-11-975493-7-3 (03740)

365일 매일 영어!
나도 영어 잘할 수 있다!

영어독립 365

영어독립단어 콘텐츠팀
신미주 지음

상상스퀘어

《영어독립 365》를 활용한 여러 콘텐츠를 제공하는 유튜브 채널, 〈**영어독립**〉

영단어를 가장 효율적으로 익힐 수 있도록 도와주는 빅데이터-AI 기반 영어 학습 서비스, 〈**영어독립단어**〉

나 ____________ 은(는)
영어독립 365를 통해
________________________________ 것이 목표다.

추천사

우리는 유튜브, 책 그리고 각종 영어 강의가 범람하는 세상에 살고 있습니다. 클릭 한 번에 쉽게 학습 정보에 접근할 수 있는 세상입니다. 그럼에도 불구하고 다수의 학습자들에게 영어 잘하기는 여전히 어려운 숙제입니다. 특히 기초 영어 학습자들에게 이 책은 좋은 길잡이 역할을 할 수 있는 교본입니다.

스토리를 통한 언어 습득이라는 관점에서 보면, 이 책은 영어 잘하기를 꿈꾸는 많은 독자들에게 훌륭한 대안이 되리라 기대됩니다. 우화를 통한 스토리, 스토리 안에서 뽑아낸 정제된 문장, 그 속에서 골라낸 엑기스 같은 어휘 학습은 '습득-체화-떠올리기'라는 성인이 된 후의 외국어 학습의 표본과 같은 프로세스라고 할 수 있습니다.

본서를 꼭 읽어야 하는 이유는 다양합니다.

01 **책 제목에서 알 수 있듯, 1년 365일 동안 하루에 하나의 주제로 부담 없이 즐기면서 꾸준히 공부할 수 있다는 점**

02 **스토리에 의한 연상 과정을 통해 같은 단어라도 정확히 오래 기억할 수 있다는 점**

03 **기본 동사의 다양한 쓰임새를 익힌 후, 실용적이고 쓸모 있는 다수의 예문으로 동사 활용 폭을 넓힐 수 있다는 점**

04 **영어 학습자들이 어려워하는 전치사를 쉽고 간결한 설명을 통해 정복할 수 있는 좋은 기회를 제공하는 책이라는 점**

05 **수준 높은 어휘조차 쉽게 풀어내어, 학습자들이 원어민만큼 해당 어휘의 느낌을 정확히 알게 만들어 주는 책이라는 점**

06 **영어 공부뿐만 아니라 학습에 도움이 되는 동기부여 글을 만날 수 있다는 점**

본 도서가 영어 학습을 어떻게 해야 하는지에 관한 고민에 종지부를 찍고, 많은 이들에게 효율적으로 영어 공부를 할 수 있는 좋은 기회가 되기를 바랍니다.

감수자 김재우

머리말

영어를 잘하고 싶은데, 도대체 어디서부터 어떻게 시작할지 모르겠다는 고민을 많이 듣습니다. 영어를 잘할 수 있다는 공부 방법을 소개받지만 각자 영어 실력이 다르고, 공부를 위해 투자할 수 있는 시간도 다릅니다. 또한 영어 공부의 목적도 다르고, 마음가짐도 천차만별입니다. 나에게 맞는 방법을 찾지 못했을 뿐인데, 계속되는 실패 속에서 '나는 영어를 못하는 사람'이라는 낙인을 스스로 만들어 영어와 점점 멀어집니다.

하지만 분명히 영어와 친해질 방법은 있습니다. 단어를 공부하면 됩니다. 단어만 알아도 영어를 이해할 수 있고, 의사소통도 가능해집니다. 또한 단어의 뜻을 다양하게 알게 되면 이해할 수 있는 폭은 훨씬 넓어집니다. 〈영어독립단어〉 서비스는 일상에서 실제로 쓰이는 영어 단어들을 빅데이터-AI 기반으로 우선순위를 정리했습니다. 또한 사용자의 영어 실력에 맞추어 카테고리별, 단계별로 접근할 수 있을 뿐 아니라 퀴즈를 풀며 모르는 단어를 찾아 복습할 수 있어 단어를 더욱 효율적으로 습득할 수 있도록 설계했습니다.

《영어독립 365》는 〈영어독립단어〉 서비스를 이용하는 분들이 단어 공부를 한 후에, '매일 재미있게 영어를 접할 수 있는 방법은 없을까?' 라는 고민에서 시작해 신미주 작가와 〈영어독립단어〉 콘텐츠팀이 함께 집필했습니다. 신미주 작가는 중학교 3학년 때 싱가포르로 유학을 가서 싱가포르 국립대학교에서 학사를, 영국 런던 정치경제대학교에서 석사를 마쳤습니다.

현재는 하버드 대학교 박사과정에 재학 중이며, 출판사에서 번역 품질 검토와 역자 선발 업무를 병행하고 있습니다.

신미주 작가는 영어가 자신에게 많은 기회의 문을 열어 주었고, 앞으로도 영어가 자신의 가장 큰 자산 중 하나일 것이라고 말합니다. 이 책을 읽는 모든 독자들도 꾸준히 영어를 익혀, 삶에서 영어가 주는 수많은 혜택을 누릴 수 있으면 좋겠습니다. 어렵고 막연한 긴 영어 공부 여정에서 《영어독립 365》 콘텐츠팀이 실질적으로 도움이 될 수 있도록 최선을 다하겠습니다.

진심으로 여러분이 '영어 독립' 하기를 응원합니다.
그 멋진 여정에 《영어독립 365》가 함께하겠습니다.

〈영어독립단어〉 콘텐츠팀

책의 구성

이 책은 365일 동안 매일 다양한 영어 콘텐츠를 효율적이고 체계적으로 학습할 수 있도록 구성했습니다. 평일에는 요일별로 각기 다른 섹션을 소개하며 단어, 문법, 독해를 아우르는 영어 공부를 할 수 있습니다. 주말은 두 개의 파트가 번갈아가며 나오는 구성입니다. 첫 번째 파트는 영어의 가장 기본적인 동사와 전치사를 소개합니다. 두 번째는 쉬어가는 파트로, 영어 공부 및 학습 전반에 관해 동기부여가 되는 콘텐츠가 실려 있습니다.

Weekdays

월 Read it out loud

원어민이 자주 말하는 문장을 모았습니다. 공식적인 자리보다는 일상에서 빈번히 쓰이는 문장을 소개하고 있습니다. 대화를 할 때 자연스럽게 사용할 수 있도록 여러 번 소리 내어 읽어 완전히 내 것으로 만드는 것이 중요합니다.

화 Enrich your vocabulary

일상 생활뿐 아니라 더 깊은 주제를 다룰 때에도 자주 등장하는 단어를 예문과 함께 배울 수 있습니다. 원어민도 대부분 한정된 범위 내의 단어를 사용합니다. 같은 뜻이라도 더 자주 나오는 단어를 우선적으로 공부하면 영어에 훨씬 자신감이 붙게 됩니다.

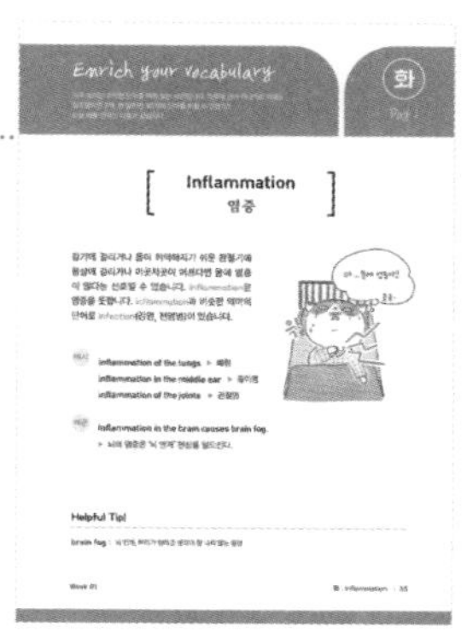

Remember this expression

흔히 숙어라고도 불리는 표현 및 관용구와 문법을 이해하기 쉽게 알려 줍니다. 특히 관용구는 단어 하나만 사용할 때보다 내용이 더 생동감 있게 전달된다는 장점이 있습니다. 일상생활 및 공식적인 곳에서도 사용되므로 영어를 잘하기 위해 익히면 좋습니다.

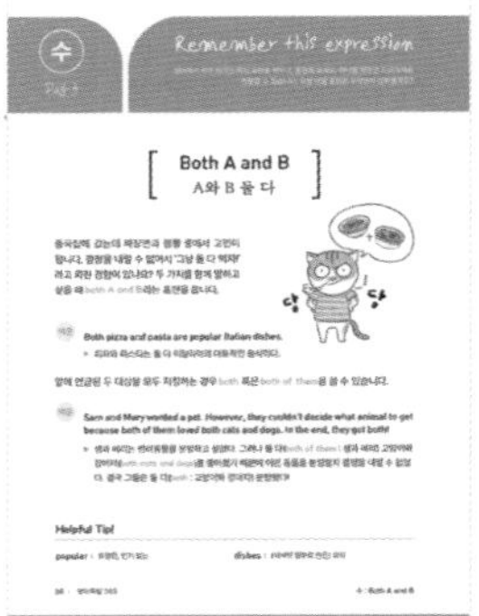

Remember this expression

Both A and B
A와 B 둘 다

Both pizza and pasta are popular Italian dishes.

Sam and Mary wanted a pet. However, they couldn't decide what animal to get because both of them loved both cats and dogs. In the end, they got both!

Helpful Tip!

popular

dishes

Divide and conquer

이해하기 어려운 긴 문장을 꼼꼼히 해석해 보는 파트입니다. 영어 문장은 어디서 끊어 읽는지만 알아도 해석이 수월해집니다. 하나의 문장을 여러 구간으로 나눈 다음, 각 부분별로 한국어 해석을 달아 어떤 식으로 한 문장이 완성되는지 구조적으로 파악할 수 있도록 했습니다. 더불어 주요 표현과 문법적인 설명을 곁들였습니다.

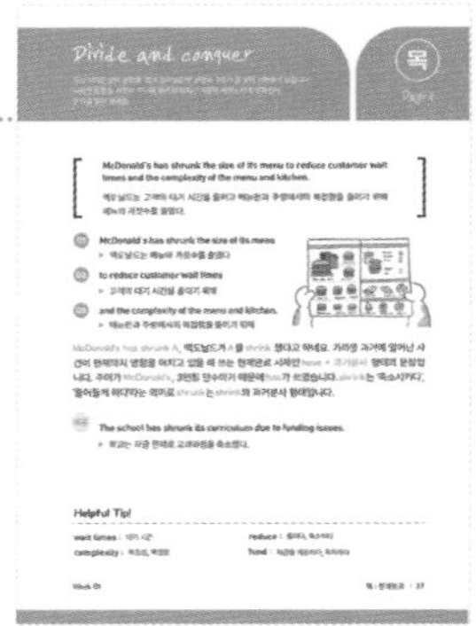

Divide and conquer

McDonald's has shrunk the size of its menu to reduce customer wait times and the complexity of the menu and kitchen.

McDonald's has shrunk the size of its menu

to reduce customer wait times

and the complexity of the menu and kitchen.

The school has shrunk its curriculum due to funding issues.

Helpful Tip!

wait times

reduce

complexity

fund

Week 01

Power up reading

영어 문단 하나를 해석해 봅니다. 재미있고 친숙한 이솝 우화의 한 문단을 해석해 보고, 그 중 몇 개의 문장을 세부적으로 살펴봅니다.

Power up reading

The Goose with the Golden Eggs
황금알을 낳는 거위

A man and his wife were lucky enough to own a goose that laid a golden egg every day. However, imagining that the bird must be full of gold inside, they decided to kill it to get all the golden eggs at once. But when they cut it open, they found that it was just like any other goose. So, they didn't get rich all at once as they had hoped, and they could no longer enjoy the daily addition to their wealth. Much wants more and loses all.

When they cut it open, they found that it was just like any other goose.

금 : The Goose with the Golden Eggs

Weekend

1 주요 동사 · 전치사

주말의 첫 번째 파트는 영어의 핵심 동사 및 전치사를 각각 열 개씩 정리했습니다. 기본적인 동사와 전치사는 뜻이 다양한데다 사전적 의미도 모호해서 어렵습니다. 한 번에 정의하기 쉽지 않고, 같은 문장에 어떤 전치사를 쓰느냐에 따라 의미가 완전히 바뀌기도 합니다. 이러한 고충을 덜어 주고자 기본 동사와 전치사의 쓰임새를 독자들이 이해하기 쉽도록 정리했습니다.

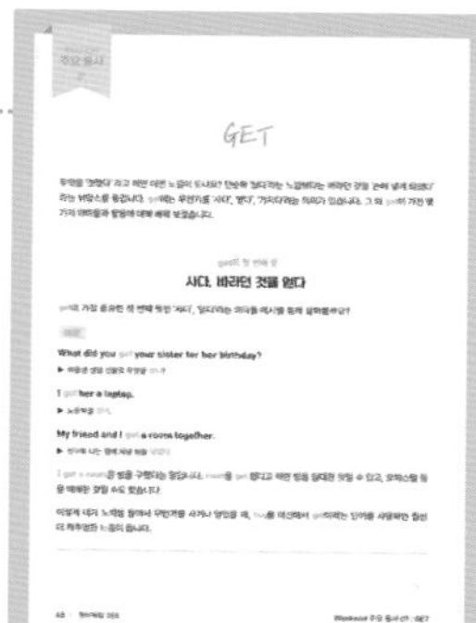

2 Hack your brain!

주말의 두 번째 파트는 Hack your brain! 입니다. 학습과 관련된 검증된 연구를 참고하여 효율적인 공부 방법을 제안합니다. 더불어 본문의 핵심 문장을 영어로 표현하여 핵심 문구를 함께 공부할 수 있습니다.

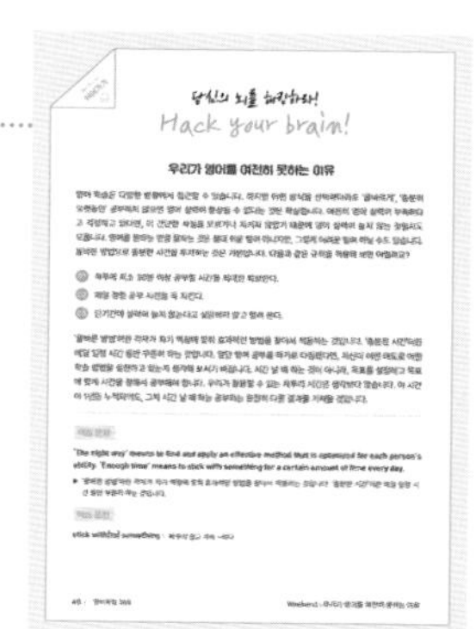

활용 방법

적은 시간이라도 오랜 시간이 쌓이면 큰 변화를 가져올 수 있습니다. 그런 꾸준함에 적절한 방법까지 더한다면 훨씬 더 큰 학습 효과를 얻게 되죠. 〈영어독립단어〉 서비스에서 제공되는 우선 순위 단어를 학습하고, 퀴즈를 통해 독해 실력을 높여 보세요. 〈영어독립〉 유튜브 채널에서 문장을 들으며 리스닝 실력을 키우고, 문장 구조에 대한 이해를 높여 보세요. 《영어독립 365》 콘텐츠팀은 여러분이 영어 공부를 꾸준히 제대로 이어나갈 수 있도록 다양한 콘텐츠를 최선을 다해 제작하겠습니다.

〈 영어독립단어 〉

〈영어독립단어〉는 빅데이터-AI 기반으로 영어 단어를 단시간에 학습할 수 있게 도와주는 체계적인 서비스입니다. 〈영어독립단어〉에서 퀴즈를 풀면서 모르는 단어를 찾아내 따로 학습하고, 학습한 단어를 다시 퀴즈 형식으로 복습해 보세요. 퀴즈는 대표적인 아웃풋 방식으로 영어를 더욱 효율적이고 재미있게 공부할 수 있을 것입니다. 《우리의 뇌는 어떻게 배우는가》에 따르면 '새로운 단어의 의미를 배우는 능력'은 성인이 되어도 아이와 같은 뇌의 가소성을 유지한다고 합니다. 때문에 단어를 학습하는 것은 뇌과학 측면에서도 성인이 되어 영어를 효과적으로 학습할 수 있는 가장 빠른 길 입니다.

〈 영어독립 〉

QR코드로 들어가면 《영어독립 365》에 언급된 모든 영어 문장을 원어민 음성으로 들을 수 있습니다. 각 주 마다 재생 시간이 나누어져 있어, 학습 후 듣기로 마무리 할 수 있습니다. 또한 《영어독립 365》의 매일 콘텐츠는 영상으로 제작됩니다. 단순히 책을 눈으로 읽는 데서 끝나는 것이 아니라, 영상으로 보고 들으며 복습할 수 있습니다. 《영어독립 365》의 책 내용 외에도 〈영어독립〉 유튜브 채널에서는 〈영어독립단어〉 서비스에서 제공하는 예문을 활용하여 영어의 기본 구조와 다양한 표현을 설명하며, 다양하고 유용한 콘텐츠를 기획하여 제공해 드릴 예정입니다.

영어독립 365 학습 진도표

Intro

Week 01

Week 02

Week 06

		페이지	학습 날짜	학습
월 / Day 1	You will miss the boat.	83	. .	☐
화 / Day 2	Majority	84	. .	☐
수 / Day 3	Either A or B / Neither A nor B	85	. .	☐
목 / Day 4	Not only A but also B	86	. .	☐
금 / Day 5	The Mountains in Labor	88	. .	☐
Weekend	아웃풋이 아니라 인풋을 관리하자!	90	. .	☐

Week 07

		페이지	학습 날짜	학습
월 / Day 1	Put yourself in their shoes.	92	. .	☐
화 / Day 2	Assert	93	. .	☐
수 / Day 3	No longer	94	. .	☐
목 / Day 4	Let A creep in	95	. .	☐
금 / Day 5	The Wolf and the Kid	96	. .	☐
Weekend	주요 동사 02 : HAVE	98	. .	☐

Week 08

		페이지	학습 날짜	학습
월 / Day 1	Speak of the devil.	106	. .	☐
화 / Day 2	Persist	107	. .	☐
수 / Day 3	Under the circumstances	108	. .	☐
목 / Day 4	Want to avoid becoming A	109	. .	☐
금 / Day 5	The Fox and the Mask	110	. .	☐
Weekend	집중이 안 되는 원인을 찾아보자	112	. .	☐

Week 09

Week 10

Week 11

Week 12

		페이지	학습 날짜	학습
월 / Day 1	Don't beat around the bush.	144	. .	☐
화 / Day 2	Earnest	145	. .	☐
수 / Day 3	In spite of	146	. .	☐
목 / Day 4	접속사 As	147	. .	☐
금 / Day 5	The Frog and the Ox	148	. .	☐
Weekend	주요 동사 03 : TAKE	150	. .	☐

Week 13

		페이지	학습 날짜	학습
월 / Day 1	I'm on my way.	156	. .	☐
화 / Day 2	Wander	157	. .	☐
수 / Day 3	Air grievances	158	. .	☐
목 / Day 4	As a kid	159	. .	☐
금 / Day 5	Belling the Cat	160	. .	☐
Weekend	외국어를 배워야 하는 진짜 이유	163	. .	☐

Week 14

		페이지	학습 날짜	학습
월 / Day 1	Hang in there, things will get better soon.	165	. .	☐
화 / Day 2	Justify	166	. .	☐
수 / Day 3	As if	167	. .	☐
목 / Day 4	Happen to	168	. .	☐
금 / Day 5	The Fox and the Grapes	169	. .	☐
Weekend	언어 습득의 비밀	171	. .	☐

Week 18

		페이지	학습 날짜	학습
월 / Day 1	Don't get me wrong.	210	. .	☐
화 / Day 2	Vulnerable	211	. .	☐
수 / Day 3	Would ~ if …	212	. .	☐
목 / Day 4	Known for	213	. .	☐
금 / Day 5	The Crow and the Pitcher	214	. .	☐
Weekend	어떻게 호기심을 자극할 수 있을까?	216	. .	☐

Week 19

		페이지	학습 날짜	학습
월 / Day 1	It's only a matter of time.	218	. .	☐
화 / Day 2	Sophisticated	219	. .	☐
수 / Day 3	Had + 과거분사	220	. .	☐
목 / Day 4	Rather than	221	. .	☐
금 / Day 5	The Wild Boar and the Fox	222	. .	☐
Weekend	시험은 아무 잘못이 없다	225	. .	☐

Week 20

		페이지	학습 날짜	학습
월 / Day 1	Fight the enemy where they aren't.	227	. .	☐
화 / Day 2	Dwindle	228	. .	☐
수 / Day 3	If I were you	229	. .	☐
목 / Day 4	Observable shift	230	. .	☐
금 / Day 5	The Heron	231	. .	☐
Weekend	주요 전치사 04 : OFF	233	. .	☐

Week 21

Week 22

Week 23

Week 24

		페이지	학습 날짜	학습
월 / Day 1	Don't mess with him.	273	. .	☐
화 / Day 2	Subsequent	274	. .	☐
수 / Day 3	Everyone	275	. .	☐
목 / Day 4	A is an important part of B	276	. .	☐
금 / Day 5	The Frog and the Mouse	277	. .	☐
Weekend	단어를 공부해야 하는 이유	280	. .	☐

Week 25

		페이지	학습 날짜	학습
월 / Day 1	I haven't heard from you for decades.	282	. .	☐
화 / Day 2	Adequate	283	. .	☐
수 / Day 3	동사원형 -ing	284	. .	☐
목 / Day 4	In the early days	285	. .	☐
금 / Day 5	The Wolf in Sheep's Clothing	286	. .	☐
Weekend	주요 전치사 05 : TO	288	. .	☐

Week 26

		페이지	학습 날짜	학습
월 / Day 1	Let's start with the basics!	294	. .	☐
화 / Day 2	Complacent	295	. .	☐
수 / Day 3	Have / has + 과거분사	296	. .	☐
목 / Day 4	As far in a day as	298	. .	☐
금 / Day 5	The Mother and the Wolf	299	. .	☐
Weekend	무조건 외울 수밖에 없는 암기 꿀팁	302	. .	☐

Week 27

		페이지	학습 날짜	학습
월 / Day 1	I passed the exam with flying colors.	304	. .	☐
화 / Day 2	Marginal	305	. .	☐
수 / Day 3	Make me ~	306	. .	☐
목 / Day 4	Make a basic point	307	. .	☐
금 / Day 5	The Rabbit and the Turtle	308	. .	☐
Weekend	주요 동사 06 : GIVE	310	. .	☐

Week 28

		페이지	학습 날짜	학습
월 / Day 1	Under the weather	319	. .	☐
화 / Day 2	Provocative	320	. .	☐
수 / Day 3	Had better	321	. .	☐
목 / Day 4	A match those of B	322	. .	☐
금 / Day 5	The Dog and His Reflection	323	. .	☐
Weekend	재미있으면 더 잘 기억한다	325	. .	☐

Week 29

		페이지	학습 날짜	학습
월 / Day 1	What if I was wrong?	327	. .	☐
화 / Day 2	Recognize	328	. .	☐
수 / Day 3	Look forward to	329	. .	☐
목 / Day 4	As it can	330	. .	☐
금 / Day 5	The Ant and the Dove	331	. .	☐
Weekend	15분 만에 똑똑해지는 방법	333	. .	☐

Week 30

		페이지	학습 날짜	학습
월 / Day 1	Take advantage of the resources around you.	335	. .	☐
화 / Day 2	Contemplate	336	. .	☐
수 / Day 3	One	337	. .	☐
목 / Day 4	Remain unanswered	339	. .	☐
금 / Day 5	The Fisherman and the Little Fish	340	. .	☐
Weekend	주요 전치사 06 : OF	342	. .	☐

Week 31

		페이지	학습 날짜	학습
월 / Day 1	Mind your own business.	347	. .	☐
화 / Day 2	Accumulate	348	. .	☐
수 / Day 3	Vicious circle	349	. .	☐
목 / Day 4	Resonate	350	. .	☐
금 / Day 5	The Young Crab and His Mother	351	. .	☐
Weekend	우리 뇌는 잘 때도 공부한다	353	. .	☐

Week 32

		페이지	학습 날짜	학습
월 / Day 1	I lost my temper.	355	. .	☐
화 / Day 2	Indecisive	356	. .	☐
수 / Day 3	One of the + 최상급(most / -est) + 복수 명사	357	. .	☐
목 / Day 4	Nurturing activity	358	. .	☐
금 / Day 5	The Hare and His Ears	359	. .	☐
Weekend	주요 동사 07 : GO	361	. .	☐

Week 33

		페이지	학습 날짜	학습
월 / Day 1	Have a change of heart	366	. .	☐
화 / Day 2	Resolution	367	. .	☐
수 / Day 3	The naked eye	368	. .	☐
목 / Day 4	Which	369	. .	☐
금 / Day 5	The Owl and the Grasshopper	370	. .	☐
Weekend	집중력을 길러주는 확실한 훈련	372	. .	☐

Week 34

		페이지	학습 날짜	학습
월 / Day 1	You're all set.	374	. .	☐
화 / Day 2	Immune	375	. .	☐
수 / Day 3	At the expense of	376	. .	☐
목 / Day 4	Pile on	377	. .	☐
금 / Day 5	The Wolf and the Donkey	378	. .	☐
Weekend	'멀티태스킹'이라는 함정	381	. .	☐

Week 35

		페이지	학습 날짜	학습
월 / Day 1	Don't let negativity get the better of you.	383	. .	☐
화 / Day 2	Retirement	384	. .	☐
수 / Day 3	There is no way	385	. .	☐
목 / Day 4	Trying to develop something	386	. .	☐
금 / Day 5	The Oxen and the Wheels	387	. .	☐
Weekend	주요 전치사 07 : FOR	389	. .	☐

Week 36

		페이지	학습 날짜	학습
월 / Day 1	There is an elephant in the room.	394	. .	☐
화 / Day 2	Fabricate	395	. .	☐
수 / Day 3	Couch potato	396	. .	☐
목 / Day 4	Few / a few	397	. .	☐
금 / Day 5	The Farmer and the Stork	398	. .	☐
Weekend	최고의 순간은 그냥 찾아오지 않는다	401	. .	☐

Week 37

		페이지	학습 날짜	학습
월 / Day 1	Don't make a fuss about it.	403	. .	☐
화 / Day 2	Propensity	404	. .	☐
수 / Day 3	At the risk of	405	. .	☐
목 / Day 4	Gorging on	406	. .	☐
금 / Day 5	The Sheep and the Pig	407	. .	☐
Weekend	주요 동사 08 : MAKE	409	. .	☐

Week 38

		페이지	학습 날짜	학습
월 / Day 1	Don't add fuel to the fire.	415	. .	☐
화 / Day 2	Consistent	416	. .	☐
수 / Day 3	Bear fruit	417	. .	☐
목 / Day 4	Symbiosis	418	. .	☐
금 / Day 5	Two Travelers and the Purse	419	. .	☐
Weekend	재미없는 일에서 재미를 만들 수 있다는 전문가의 조언	422	. .	☐

Week 39

		페이지	학습 날짜	학습
월 / Day 1	Poke one's nose into everything	424	. .	☐
화 / Day 2	Stifle	425	. .	☐
수 / Day 3	As a rule of thumb	426	. .	☐
목 / Day 4	동명사	427	. .	☐
금 / Day 5	The Lion and the Donkey	428	. .	☐
Weekend	자신의 '대표 강점' 알아내는 확실한 방법	430	. .	☐

Week 40

		페이지	학습 날짜	학습
월 / Day 1	I have a sweet tooth.	432	. .	☐
화 / Day 2	Exacerbate	433	. .	☐
수 / Day 3	At a loss for words	434	. .	☐
목 / Day 4	A constitute B	435	. .	☐
금 / Day 5	The Wolf and the Lion	436	. .	☐
Weekend	주요 전치사 08 : FROM	438	. .	☐

Week 41

		페이지	학습 날짜	학습
월 / Day 1	I kept a straight face.	444	. .	☐
화 / Day 2	Inevitable	445	. .	☐
수 / Day 3	From the bottom of one's heart	446	. .	☐
목 / Day 4	Transition	447	. .	☐
금 / Day 5	The Rat and the Elephant	448	. .	☐
Weekend	세상에 하나의 정답은 없다	450	. .	☐

Week 42

		페이지	학습 날짜	학습
월 / Day 1	I fought a losing battle.	452	. .	☐
화 / Day 2	Lament	453	. .	☐
수 / Day 3	See red	454	. .	☐
목 / Day 4	Connect the dots in life	455	. .	☐
금 / Day 5	The Boys and the Frogs	456	. .	☐
Weekend	주요 동사 09 : LOOK	459	. .	☐

Week 43

		페이지	학습 날짜	학습
월 / Day 1	Long story short	465	. .	☐
화 / Day 2	Glance	466	. .	☐
수 / Day 3	Turn one's back on someone	467	. .	☐
목 / Day 4	Reap the benefits	468	. .	☐
금 / Day 5	The Ant and the Grasshopper	469	. .	☐
Weekend	핵심은 반복 경험이다	471	. .	☐

Week 44

		페이지	학습 날짜	학습
월 / Day 1	See the light at the end of the tunnel	473	. .	☐
화 / Day 2	Omit	474	. .	☐
수 / Day 3	Something along those lines	475	. .	☐
목 / Day 4	Weigh up to A	476	. .	☐
금 / Day 5	The Donkey Carrying the Sacred Image	477	. .	☐
Weekend	인생은 습관으로 결정된다	480	. .	☐

Week 45

		페이지	학습 날짜	학습
월 / Day 1	Let's look on the bright side.	482	. .	☐
화 / Day 2	Homogeneous	483	. .	☐
수 / Day 3	Gray area	484	. .	☐
목 / Day 4	The moment when one A	485	. .	☐
금 / Day 5	A Raven and a Swan	486	. .	☐
Weekend	주요 전치사 09 : UP	488	. .	☐

Week 46

		페이지	학습 날짜	학습
월 / Day 1	He is on the fence.	493	. .	☐
화 / Day 2	Explicit	494	. .	☐
수 / Day 3	Nothing to do with	495	. .	☐
목 / Day 4	Companionship	496	. .	☐
금 / Day 5	The Salt Merchant and His Donkey	497	. .	☐
Weekend	좋은 게임의 네 가지 요소	499	. .	☐

Week 47

		페이지	학습 날짜	학습
월 / Day 1	Don't take things at face value.	501	. .	☐
화 / Day 2	Redundant	502	. .	☐
수 / Day 3	Stumbling block	503	. .	☐
목 / Day 4	Back up	504	. .	☐
금 / Day 5	The Lion and the Mosquito	505	. .	☐
Weekend	주요 동사 10 : COME	508	. .	☐

Week 48

		페이지	학습 날짜	학습
월 / Day 1	One has no choice but to A	513	. .	☐
화 / Day 2	Tentative	514	. .	☐
수 / Day 3	Follow suit	515	. .	☐
목 / Day 4	Indigenous	516	. .	☐
금 / Day 5	The Monkey and the Camel	517	. .	☐
Weekend	현재에 집중하게 해주는 세 가지 마음챙김	519	. .	☐

Week 49

		페이지	학습 날짜	학습
월 / Day 1	Take it easy.	521	. .	☐
화 / Day 2	Pioneer	522	. .	☐
수 / Day 3	Make up one's mind	523	. .	☐
목 / Day 4	For the sake of A	524	. .	☐
금 / Day 5	The Donkey, the Fox, and the Lion	525	. .	☐
Weekend	바보야, 문제는 시스템이야	527	. .	☐

Week 50

		페이지	학습 날짜	학습
월 / Day 1	I'm falling behind.	529	. .	☐
화 / Day 2	Discrepancy	530	. .	☐
수 / Day 3	Cash cow	531	. .	☐
목 / Day 4	Benefits and protections	532	. .	☐
금 / Day 5	The Lion, the Bear, and the Fox	533	. .	☐
Weekend	주요 전치사 10 : DOWN	535	. .	☐

Week 51

Week 52

Week 01

Read it out loud

기억하면 좋은 문장을 따라 읽고, 암기해 보는 시간입니다.
아래 문장을 크게 소리 내서 읽어 보세요.

[So many options, so little time.
선택지는 너무 많은데, 시간은 너무 적다.]

우리는 선택 과잉 시대에 살고 있습니다. 전공이나 진로와 같은 굵직한 선택부터 점심 메뉴, 영화 고르기 등 일상생활의 작은 선택들까지 수많은 선택지가 종종 우리를 딜레마에 빠뜨립니다. 선택지가 많아지면 이에 비례해 생각할 시간도 많이 필요합니다. 이런 경우에 위와 같은 표현을 씁니다.

선택지는 너무 많은데, 생각해 볼 시간은 적을 때 쓰는 표현입니다. so로 시작하는 구절을 반복하고, but을 생략해서 두 구절의 반대되는 의미를 극대화합니다.

So many books to read, (but) so little time.

▶ 읽을 책은 너무 많은데, 시간은 너무 적다.

Helpful Tip!

option : 선택, 선택지 ▶ 대체할 수 있는 단어로 choice가 있습니다.
so를 too로 바꾸어 사용해도 됩니다. ▶ too many A, too little B.

Enrich your vocabulary

자주 쓰이는 유익한 단어를 배워 보는 시간입니다. 하루에 단어 하나씩만 외워도
일주일이면 7개, 한 달이면 30개의 단어를 외울 수 있겠죠?
오늘 배울 단어는 다음과 같습니다.

[Inflammation 염증]

감기에 걸리거나 몸이 허약해지기 쉬운 환절기에 몸살에 걸리거나 이곳저곳이 아프다면 몸에 염증이 많다는 신호일 수 있습니다. inflammation은 염증을 뜻합니다. inflammation과 비슷한 의미의 단어로 infection(감염, 전염병)이 있습니다.

예시

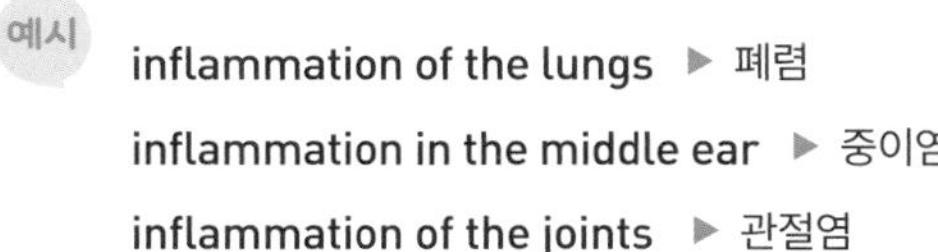

inflammation of the lungs ▶ 폐렴
inflammation in the middle ear ▶ 중이염
inflammation of the joints ▶ 관절염

예문

Inflammation in the brain causes brain fog.
▶ 뇌의 염증은 '뇌 안개' 현상을 일으킨다.

Helpful Tip!

brain fog : 뇌 안개, 머리가 멍하고 생각이 잘 나지 않는 증상

Day 3

Remember this expression

영어에서 자주 쓰이는 핵심 표현을 배우고, 응용해 보세요. 하나를 배우면 자유자재로 적용할 수 있습니다. 오늘 배울 표현은 무엇인지 살펴볼까요?

[Both A and B
A와 B 둘 다]

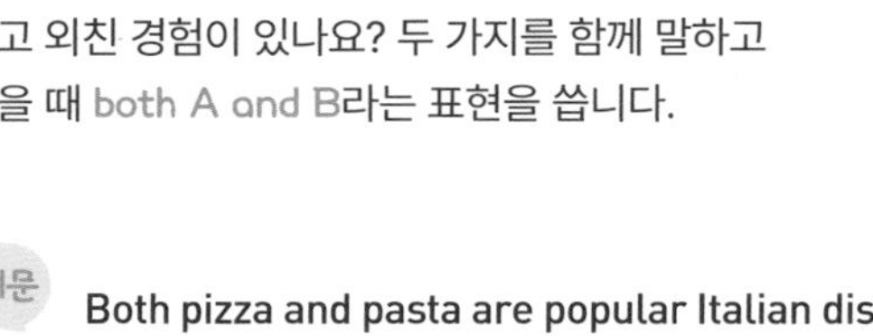

중국집에 갔는데 짜장면과 짬뽕 중에서 고민이 됩니다. 결정을 내릴 수 없어서 '그냥 둘 다 먹자!' 라고 외친 경험이 있나요? 두 가지를 함께 말하고 싶을 때 both A and B라는 표현을 씁니다.

예문 **Both pizza and pasta are popular Italian dishes.**

▶ 피자와 파스타는 둘 다 이탈리아의 대표적인 음식이다.

앞에 언급된 두 대상을 모두 지칭하는 경우 both 혹은 both of them을 쓸 수 있습니다.

예문 **Sam and Mary wanted a pet. However, they couldn't decide what animal to get because both of them loved both cats and dogs. In the end, they got both!**

▶ 샘과 메리는 반려동물을 분양받고 싶었다. 그러나 둘 다(both of them : 샘과 메리) 고양이와 강아지(both cats and dogs)를 좋아했기 때문에 어떤 동물을 분양받을지 결정을 내릴 수 없었다. 결국 그들은 둘 다(both : 고양이와 강아지) 분양받았다!

Helpful Tip!

popular : 유명한, 인기 있는

dishes : (식사의 일부로 만든) 요리

Divide and conquer

길고 어려운 영어 문장을 짧게 끊어 읽으면 문장의 구조가 잘 보여 이해하기 쉽습니다. 나눠진 문장을 보면서 주어와 동사의 위치가 어떻게 바뀌는지 확인하면서 문장을 읽어 보세요.

McDonald's has shrunk the size of its menu to reduce customer wait times and the complexity of the menu and kitchen.

맥도날드는 고객의 대기 시간을 줄이고 메뉴판과 주방에서의 복잡함을 줄이기 위해 메뉴의 가짓수를 줄였다.

01 **McDonald's has shrunk the size of its menu**
▶ 맥도날드는 메뉴의 가짓수를 줄였다

02 **to reduce customer wait times**
▶ 고객의 대기 시간을 줄이기 위해

03 **and the complexity of the menu and kitchen.**
▶ 메뉴판과 주방에서의 복잡함을 줄이기 위해

McDonald's has shrunk A, 맥도날드가 A를 shrink 했다고 하네요. 가까운 과거에 일어난 사건이 현재까지 영향을 미치고 있을 때 쓰는 현재완료 시제인 have + 과거분사 형태의 문장입니다. 주어가 McDonald's, 3인칭 단수이기 때문에 has가 쓰였습니다. shrink는 '축소시키다', '줄어들게 하다'라는 의미로 shrunk는 shrink의 과거분사 형태입니다.

The school has shrunk its curriculum due to funding issues.
▶ 학교는 자금 문제로 교과과정을 축소했다.

Helpful Tip!

wait times : 대기 시간
complexity : 복잡성, 복잡함
reduce : 줄이다, 축소하다
fund : 자금을 제공하다, 투자하다

Power up reading

영어 문단을 읽고 해석해 보는 시간입니다. 단어나 문법뿐만 아니라 실생활에서 사용되는 영어 텍스트와 친숙해짐으로써 영어에 대한 두려움을 극복해 보세요. 아래 문단을 천천히 읽고 스스로 먼저 해석해 본 후, 밑에 있는 해석을 확인해 보세요.

The Goose with the Golden Eggs

황금알을 낳는 거위

A man and his wife were lucky enough to own a goose that laid a golden egg every day. However, imagining that the bird must be full of gold inside, they decided to kill it to get all the golden eggs at once. But when they cut it open, they found that it was just like any other goose. So, they didn't get rich all at once as they had hoped, and they could no longer enjoy the daily addition to their wealth. Much wants more and loses all.

운이 좋은 한 부부에게 매일 황금알을 낳는 거위가 있었습니다. 하지만 부부는 거위의 뱃속에 황금이 가득할 것이라 상상했고, 황금알을 한꺼번에 모두 얻으려고 거위를 죽이기로 결정했습니다. 그러나 거위의 배를 가르니, 여타 거위들과 다른 점이 없었습니다. 부부는 그들이 바라던 대로 한 번에 부자가 되지도 못했고, 매일 얻을 수 있었던 한 알의 황금알도 누릴 수 없게 되었습니다. 이미 많은 것을 가진 이가 욕심을 부리면 모든 것을 잃게 되는 법입니다.

When they cut it open, they found that it was just like any other goose.

▶ 거위의 배를 가르니, 여타 거위들과 다른 점이 없었습니다.

뭔가 찾거나 발견한 것이 없는데 왜 found라는 말이 쓰였을까요? find에는 '~를 알게 되다', '깨닫다'라는 의미도 있습니다. it was just like any other goose라는 사실을 알게 된 것이죠. 더 나아가 주관적인 생각까지 들어간다면 '~라고 여기다'라는 의미도 가지게 됩니다.

Power up reading

영어 문단을 읽고 해석해 보는 시간입니다. 단어나 문법뿐만 아니라 실생활에서 사용되는 영어 텍스트와 친숙해짐으로써 영어에 대한 두려움을 극복해 보세요. 아래 문단을 천천히 읽고 스스로 먼저 해석해 본 후, 밑에 있는 해석을 확인해 보세요.

I found my mother's words to be true.

▶ 나는 어머니의 말씀이 사실이라는 것을 깨달았다.

02 **Much wants more and loses all.**

▶ 이미 많은 것을 가진 이가 더 많은 것을 바라다가 모든 것을 잃는다.

이리 보고 저리 봐도 이해되지 않는 문장이 있다면 속담일 수 있습니다. 이 문장은 'much가 more를 원하다가 all을 잃었다'라는 형식을 띄고 있습니다. much, more, all 하나하나가 각각의 대상인 것처럼 사용되고 있죠.

예문 **I didn't do much of the homework.**

▶ 나는 숙제를 많이 하지 않았다.

예문 **I finished more of the homework than him.**

▶ 나는 그보다 더 많은 숙제를 끝냈다.

예문 **I finished all of the homework.**

▶ 나는 모든 숙제를 끝냈다.

Helpful Tip!

at once : 한꺼번에, 동시에

addition : 추가

당신의 뇌를 해킹하라!

Hack your brain!

우리가 영어를 여전히 못하는 이유

영어 학습은 다양한 방향에서 접근할 수 있습니다. 하지만 어떤 방식을 선택하더라도 '올바르게', '충분히 오랫동안' 공부하지 않으면 영어 실력이 향상될 수 없다는 것은 확실합니다. 여전히 영어 실력이 부족하다고 걱정하고 있다면, 이 간단한 사실을 모르거나 지키지 않았기 때문에 영어 실력이 늘지 않는 것일지도 모릅니다. 영어를 원하는 만큼 잘하는 것은 절대 쉬운 일이 아니지만, 그렇게 어려운 일이 아닐 수도 있습니다. 올바른 방법으로 충분한 시간을 투자하는 것은 기본입니다. 다음과 같은 규칙을 적용해 보면 어떨까요?

01 하루에 최소 30분 이상 공부할 시간을 최대한 확보한다.

02 매일 정한 공부 시간을 꼭 지킨다.

03 단기간에 실력이 늘지 않는다고 실망하지 않고 멀리 본다.

'올바른 방법'이란 각자가 자기 역량에 맞춰 효과적인 방법을 찾아서 적용하는 것입니다. '충분한 시간'이란 매일 일정 시간 동안 꾸준히 하는 것입니다. 일단 영어 공부를 하기로 다짐했다면, 자신이 어떤 태도로 어떤 학습 방법을 실천하고 있는지 생각해 보시기 바랍니다. 시간 날 때 하는 것이 아니라, 목표를 설정하고 목표에 맞게 시간을 정해서 공부해야 합니다. 우리가 활용할 수 있는 자투리 시간은 생각보다 많습니다. 이 시간이 1년만 누적되어도, 그저 시간 날 때 하는 공부와는 완전히 다른 결과를 가져올 것입니다.

핵심 문장

'The right way' means to find and apply an effective method that is optimized for each person's ability. 'Enough time' means to stick with something for a certain amount of time every day.

▶ '올바른 방법'이란 각자가 자기 역량에 맞춰 효과적인 방법을 찾아서 적용하는 것입니다. '충분한 시간'이란 매일 일정 시간 동안 꾸준히 하는 것입니다.

핵심 표현

stick with(to) something : 바꾸지 않고 계속 ~하다

Week 02

Day 1

Read it out loud

기억하면 좋은 문장을 따라 읽고, 암기해 보는 시간입니다.
아래 문장을 크게 소리 내서 읽어 보세요.

[This company has a toxic work culture. 이 회사는 좋지 않은 노동 문화를 가지고 있다.]

우리 사회의 안 좋은 노동 문화에는 무엇이 있을까요? 지나치게 수직적인 의사결정 구조, 긴 업무 시간, 학연 및 지연에 따라 승진이 이루어지는 문화 등이 있을 수 있겠지요.

이런 문화를 toxic culture, 즉 유해한 문화라고 합니다. toxic culture는 당장 눈에 보이지 않더라도 조금씩 공동체를 좀먹고 장기적으로 여러가지 부정적인 결과를 초래합니다.

Cigarettes are highly toxic.

▶ 담배는 독성이 강하다.

Helpful Tip!

toxic : 독성이 있는, 유독성의

culture : 문화

Enrich your vocabulary

자주 쓰이는 유익한 단어를 배워 보는 시간입니다. 하루에 단어 하나씩만 외워도
일주일이면 7개, 한 달이면 30개의 단어를 외울 수 있겠죠?
오늘 배울 단어는 다음과 같습니다.

[Grieve
슬퍼하다, 비통해하다]

기르던 반려동물을 떠나보내고 마음이 힘들었던 경험이 있나요? 사랑하는 존재를 잃는 상실의 아픔을 겪을 때, 혹은 비통에 잠길 때, grieve라는 단어를 씁니다. 이런 슬픔은 너무 커서 꽤 오랜 시간 동안 지속되고 우리의 인생에 큰 영향을 주기도 합니다. 눈물을 보이는 것을 부끄러운 일이라고 생각하는 사람들이 간혹 있습니다. 하지만 무조건 감정을 절제하고 참는 것보다 슬픔의 감정을 드러내고 적절히 grieve 하는 것이 마음을 더 건강하게 할 수 있습니다.

grieve 하고 있는 사람을 본다면 공감하려고 노력하고, 따뜻한 위로의 말을 건네 보세요.

He is grieving over the death of his cat.

▶ 그는 고양이의 죽음을 슬퍼하고 있다.

Helpful Tip!

● **grieve**와 비슷한 단어

cry : 울다　　**mourn** : 애도하다　　**sorrow** : 큰 슬픔

Day 3

Remember this expression

영어에서 자주 쓰이는 핵심 표현을 배우고, 응용해 보세요. 하나를 배우면 자유자재로 적용할 수 있습니다. 오늘 배울 표현은 무엇인지 살펴볼까요?

[Connect with ~와 교류하다]

인간은 사회적 동물이기 때문에 소속감과 친밀감을 느끼는 것이 중요합니다. connect with는 '~와 연결되다' 혹은 '~와 가까워지다'라는 표현입니다. connect with 뒤에 사람이 오면 그 사람을 알아가고, 교류하고, 상호작용한다는 뜻이 됩니다.

예시

connect with classmates ▶ 반 친구들과 교류하다

connect with colleagues ▶ 직장 동료들과 교류하다

예문

He easily connects with his new colleagues.

▶ 그는 새로운 동료들과 쉽게 친해진다.

connect with 사이에 '누군가', 혹은 '무엇'을 뜻하는 단어가 들어갈 수 있습니다. 아래 문장은 values connect us with라고 했으니 가치관이 '우리(us)'를 그 뒤에 나오는 '무엇'과 연결해 준다는 뜻이 됩니다.

예문

Our values connect us with what matters in our lives.

▶ 우리의 가치관은 우리 삶의 소중한 것들과 우리를 연결해 준다.

Helpful Tip!

values : 가치관, 신념

matter : 명 고려해야 할 일, 사정 동 중요하다

Divide and conquer

길고 어려운 영어 문장을 짧게 끊어 읽으면 문장의 구조가 잘 보여 이해하기 쉽습니다.
나눠진 문장을 보면서 주어와 동사의 위치가 어떻게 바뀌는지 확인하면서
문장을 읽어 보세요.

[Imagine that you received one million dollars as an inheritance from a distant relative.

먼 친척으로부터 유산으로 백만 달러를 받았다는 것을 상상해 보아라.]

01 Imagine that
▶ ~을 상상해 보아라

02 you received one million dollars
▶ 백만 달러를 받았다는 (것을)

03 as an inheritance
▶ 유산으로

04 from a distant relative.
▶ 먼 친척으로부터

'~하라'라고 해석되는 명령어 형태의 문장입니다. 이 문장을 보면 핵심 동사 imagine 이외에 주어가 없다는 것을 알 수 있습니다. 명령문은 주어가 사용되지 않아도 완전한 문장으로 취급합니다.

Imagine 20 years from now.
▶ 지금부터 20년 후를 상상해 보세요.

Helpful Tip!

inheritance : 유산

distant relative : 먼 친척

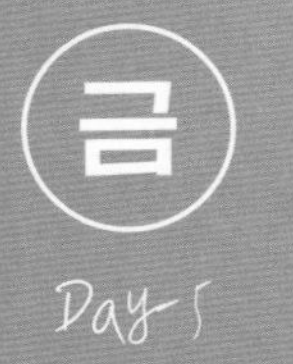

Power up reading

영어 문단을 읽고 해석해 보는 시간입니다. 단어나 문법뿐만 아니라 실생활에서 사용되는 영어 텍스트와 친숙해짐으로써 영어에 대한 두려움을 극복해 보세요. 아래 문단을 천천히 읽고 스스로 먼저 해석해 본 후, 밑에 있는 해석을 확인해 보세요.

The Wolf and the Crane

늑대와 두루미

A wolf was having dinner when suddenly a small bone got stuck in his throat. He was in terrible pain and ran around begging everyone he met to remove the bone. "I would give anything for you to take it out!" Finally, a crane agreed to try. The crane put its long neck down the wolf's throat and got the bone out. "Will you please give me the reward you promised?" asked the crane. The wolf smiled and showed his teeth and said: "You have put your head in and out of a wolf's mouth safely; that should be enough of a reward for you." Gratitude and greed can never go together.

어느 날 늑대가 저녁을 먹고 있었는데 갑자기 작은 가시가 목에 걸렸습니다. 끔찍한 고통을 느끼게 된 늑대는 이리저리 뛰어다니며 만나는 동물마다 가시를 빼 달라고 애걸복걸했습니다. "가시를 빼 주면 내가 뭐든지 다 해줄게!" 마침내 두루미가 가시를 빼 주겠다고 했습니다. 두루미는 기다란 목을 늑대의 입안에 넣고 가시를 빼 주었습니다. "이제 약속한 답례를 주시겠어요?"라고 말하자, 늑대는 이빨을 보이고 웃으며 말했습니다. "네가 늑대 입에 안전하게 머리를 넣었다 뺐는데 그거면 충분한 보상이지." 욕심쟁이는 감사할 줄 모르는 법입니다.

01 Will you please give me the reward you promised?

▶ 약속하신 답례를 주시겠어요?

영어에 존댓말은 없지만 '공손한 말'은 분명 있습니다. 그리고 공손함의 기본이 되는 두 단어가 바로 please와 thank you입니다. magic word(마법의 단어)라고 부를 만큼, 부모가 자녀에게 말을 가르칠 때 이 두 단어를 철저하게 교육합니다. 공손하게 부탁하고 싶다면 문장의 앞이나 뒤에 please를 덧붙여 보세요. please에는 '제발'이라는 뜻도 있기 때문에, 말하는 어투와 맥락에 따라 해석이 달라집니다.

Power up reading

영어 문단을 읽고 해석해 보는 시간입니다. 단어나 문법뿐만 아니라 실생활에서 사용되는 영어 텍스트와 친숙해짐으로써 영어에 대한 두려움을 극복해 보세요. 아래 문단을 천천히 읽고 스스로 먼저 해석해 본 후, 밑에 있는 해석을 확인해 보세요.

Would you like some water?

▶ 물 드시겠어요?

Yes, please.

▶ (공손하게) 네, 감사합니다.

02 **Gratitude and greed can never go together.**

▶ 감사함과 탐욕은 함께 갈 수 없습니다.

A and B can never go together는 'A와 B가 섞일 수 없다', 'A와 B가 함께 할 수 없다'라는 뜻입니다. A와 B는 물과 기름처럼 상반되는 성질을 가진 대상입니다.

예문

I thought pineapple and pizza could never go together, but now I like it.

▶ 파인애플과 피자는 절대 어울리지 않는다고 생각했지만, 지금은 (둘의 조화를) 좋아한다.

나름대로 선행을 베풀었는데 오히려 나를 비웃거나 무시한 사람을 만난 적 있나요? 우리는 사람들에게 친절하라고 배웠기 때문에 감사할 줄 모르는 사람을 만나면 당황합니다. 안 좋은 경험을 했다고 훌훌 털어버리는 사람이 있는가 하면, 그 경험으로 인해 더 이상 사람을 신뢰하지 못하는 경우도 있지요.

이 우화는 친절을 베풀었다고 반드시 보답이 돌아오는 것은 아니라는 교훈을 보여줍니다.

Helpful Tip!

suddenly : 갑자기

terrible : 끔찍한

beg : 애원하다

reward : 보상, 상품

remove : 제거하다

promise : 약속하다

Weekend
주요 동사
01

GET

무엇을 '겟했다' 라고 하면 어떤 느낌이 드나요? 단순히 '샀다'라는 느낌보다는 바라던 것을 '손에 넣게 되었다' 라는 뉘앙스를 풍깁니다. get에는 무언가를 '사다', '얻다', '가지다'라는 의미가 있습니다. 그 외 get이 가진 몇 가지 의미들과 활용에 대해 배워 보겠습니다.

get의 첫 번째 뜻

사다, 바라던 것을 얻다

get의 가장 중요한 첫 번째 뜻인 '사다', '얻다'라는 의미를 예시를 통해 살펴볼까요?

예문

What did you get your sister for her birthday?

▶ 여동생 생일 선물로 무엇을 샀니?

I got her a laptop.

▶ 노트북을 샀어.

My friend and I got a room together.

▶ 친구와 나는 함께 지낼 방을 얻었다.

I got a room.은 방을 구했다는 말입니다. room을 get 했다고 하면 방을 임대한 것일 수 있고, 오피스텔 등을 매매한 것일 수도 있습니다.

이렇게 내가 노력을 들여서 무언가를 사거나 얻었을 때, buy를 대신해서 get이라는 단어를 사용하면 훨씬 더 캐주얼한 느낌이 듭니다.

GET

get의 두번째 뜻

받다

You've got mail. '당신은 메일을 받았습니다'라는 의미로 메일이 도착했음을 알리는 메시지입니다. You've got a message.라고 하면 '문자를 받았습니다'라는 의미입니다.

무언가를 받는다는 의미로 보통 receive(받다)라는 표현을 씁니다. 하지만 receive보다 격식을 덜 갖춘 표현으로 get이 자주 사용됩니다. '상 혹은 선물을 받았다'는 표현에 get을 어떻게 사용할 수 있을까요?

예문

I got an award for being the top student in class.

▶ 나는 반에서 일등을 해서 상을 받았다.

I got a present from Santa Claus.

▶ 나는 산타클로스한테 선물을 받았다.

이때 I got a present.만 쓴다면 get의 첫 번째 뜻인 '선물을 샀다'라고 해석할 수 있습니다. 하지만 뒤에 from Santa Claus라고 되어 있으니 선물을 '받았다'라고 해석합니다. 이처럼 완전히 상반되는 의미로 쓰일 수 있습니다.

I got it.은 어떻게 해석할 수 있을까요? 상황에 따라 다르게 쓰일 수 있는데요, 예를 들어, Did you get my letter?라고 물어보았을 때, I got it.이라고 대답한다면 '응, 편지 받았어'라는 뜻이 됩니다.

한편 누군가가 무엇을 설명해 주었을 때, I got it.이라고 한다면 '이해했어'라는 뜻입니다. 상대방이 이야기한 정보를 받았다는 뜻으로 '이해했다'라고 해석할 수 있습니다.

get의 세 번째 뜻

~한 상태가 되다

Get lost! 누군가가 이렇게 당신에게 외친다면 어떻게 해야 할까요? 상대방은 크게 화가 난 상태일지도 모릅니다. 바로 당신에게 '내 앞에서 사라져!'라고 외치고 있기 때문입니다. 여기서 lost는 '없어진', '사라진'을 의미합니다. get lost는 '내 눈앞에서 사라져'라는 의미입니다.

한편, I got lost.라고 하면 무슨 뜻일까요? '나는 길을 잃었다'라는 말로, 여기서 lost는 '길을 잃다'라는 뜻으로 쓰였습니다. 말 그대로 길을 잃은 것일 수도 있고, 비유적인 의미로 나아가야 할 방향을 잃어버렸다는 뜻일 수도 있습니다.

Get ready in ten minutes! 외출을 앞두고 있던 어느 날 오후, 어머니가 당신에게 이렇게 말한다면 "10분 안에 준비해!" 라는 뜻입니다.

다른 예로, 당신이 오늘 아파서 회사에 가지 못했습니다. 이때 동료에게 한 통의 문자가 왔습니다. I hope you get well soon. '얼른 낫기를 바랍니다'라는 따뜻한 내용의 문자입니다.

아래와 같이 상태의 변화를 나타내기 위해서도 사용할 수 있습니다.

예문

It is getting colder.

▶ 점점 추워지고 있다.

I got better thanks to you.

▶ 덕분에 많이 나았어.

GET

get의 네 번째 뜻

~를 당하다

요즘 보이스 피싱 사기가 날이 갈수록 심해지고 있습니다. 사기는 영어로 fraud라고 하지만, 비격식적으로 scam이라는 말을 많이 씁니다.

예문

My mom got scammed. = My mom was scammed.

▶ 어머니가 사기를 당했다.

be동사 + 과거분사는 주어가 주체가 아니라 제 3자에 의해 동작의 영향을 받거나 당하는 상황을 표현합니다. 여기서 be동사를 get으로 대체해도 똑같은 의미가 됩니다. 같은 뜻이지만, 좀 더 격식 없이 쓸 수 있는 표현이죠.

예를 들어볼까요? 공공 도서관 열람실은 보통 커피나 음료를 들고 들어가는 것이 금지되어 있습니다. 그런데 이를 어기고 커피나 음료를 들고 갔을 때, 도서관에서 퇴출당할 수 있습니다.

예문

I got kicked out of the library for drinking coffee.

▶ 나는 커피를 마셔서 도서관에서 쫓겨났다.

여기까지 get의 다양한 뜻을 살펴봤습니다. 조금씩 다른 의미이지만, 그 속에서 나만이 생각할 수 있는 공통점을 발견한다면 더 오래 기억할 수 있을 것입니다. get을 잘 활용한다면 원어민처럼 격식 없는 표현을 자유자재로 구사할 수 있게 됩니다. 이제부터 영어를 할 때 get을 활용하는 걸 두려워하지 마세요.

Week 03

Read it out loud

기억하면 좋은 문장을 따라 읽고, 암기해 보는 시간입니다.
아래 문장을 크게 소리 내서 읽어 보세요.

Better late than never.

하지 않는 것보다는
늦더라도 하는 게 낫다.

친구가 '지금은 너무 늦은 게 아닐까?' 하는 고민을 할 때 뭐라고 말해 주시겠습니까? 헬렌 켈러는 '인생은 과감한 모험이 아니면 아무것도 아니다'라고 말했습니다. 도전에 늦은 때는 없습니다. 늦게(late) 하는 것이 아예 하지 않는 것(never)보다 낫습니다. 변화하기가 망설여지거나, 하고 싶은 것이 있는데 고민된다면, 이렇게 말해보는 건 어떨까요? It's better late than never.

It's better to do it late than to regret not doing it at all.

▶ 하지 않아 후회하는 것보다, 늦더라도 하는 게 낫다.

Helpful Tip!

regret : 명 후회 동 후회하다

at all : 전혀

Enrich your vocabulary

자주 쓰이는 유익한 단어를 배워 보는 시간입니다. 하루에 단어 하나씩만 외워도 일주일이면 7개, 한 달이면 30개의 단어를 외울 수 있겠죠? 오늘 배울 단어는 다음과 같습니다.

Confide
(비밀을) 털어놓다.

힘든 일이 있을 때 가족이나 친구 등 가까운 사람에게 고민을 털어놓으면 마음의 짐이 줄어들기도 합니다. 하지만 우리는 아무에게나 고민을 이야기하지 않습니다. 신뢰할 수 있는 사람에게 사적인 이야기를 털어놓는 것을 confide 한다고 합니다. confide in someone이라고 하면 개인적인고민을 털어놓을 수 있을 만큼 그 사람을 신뢰한다는 뜻입니다.

예문 I confide in my friends and family.

▶ 나는 내 친구들과 가족에게 마음을 자유롭게 털어놓는다.

예문 Dylan has confided in me by telling me all the details about his situation and asking for my advice.

▶ 딜런은 상황을 상세히 말해주고 내 조언을 구하며 나에게 비밀을 털어놓았다.

예문 It was a relief that Charlotte could confide in her parents about the matter.

▶ 샬럿이 그 문제를 부모님께 털어놓을 수 있어서 다행이었다.

Helpful Tip!

advice : 조언

relief : 안심, 다행

Remember this expression

영어에서 자주 쓰이는 핵심 표현을 배우고, 응용해 보세요. 하나를 배우면 자유자재로 적용할 수 있습니다. 오늘 배울 표현은 무엇인지 살펴볼까요?

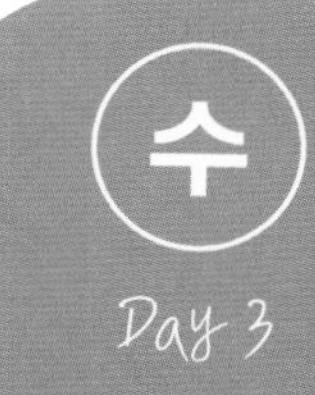
수
Day 3

[Prefer A to B
B보다 A를 선호하다]

여러가지 중 한 가지를 좋아한다면 I prefer A to others라고 할 수 있습니다. 중요한 점은 비교 대상이 있어야 한다는 것입니다. prefer A to B를 통상적으로 자주 쓰지만, to 대신에 over를 써도 좋습니다.

예문 I prefer lattes to americanos.

▶ 나는 아메리카노보다 라떼를 선호한다.

I prefer lattes to americanos.

예문 I prefer books to movies.

▶ 나는 영화보다 독서를 좋아한다.

예문 I prefer going to the beach to hiking.

▶ 나는 등산보다 바다에 가는 것을 더 좋아한다.

Helpful Tip!

prefer : 선호하다

preference : 선호

Divide and conquer

길고 어려운 영어 문장을 짧게 끊어 읽으면 문장의 구조가 잘 보여 이해하기 쉽습니다.
나눠진 문장을 보면서 주어와 동사의 위치가 어떻게 바뀌는지 확인하면서
문장을 읽어 보세요.

Being aware of who you are and what you need is essential in order to grow together in a relationship.

관계 속에서 함께 성장하려면 '당신이 어떤 사람이고 무엇을 필요로 하는지' 아는 것이 중요하다.

01 **Being aware of who you are and what you need**
▶ 당신이 어떤 사람이고 무엇을 필요로 하는지 아는 것은

02 **is essential**
▶ 필수적이다

03 **in order to grow together in a relationship.**
▶ 관계 속에서 함께 성장하려면

be aware of A는 A를 인지하는 상태를 나타내는 표현입니다. 간단하게는 aware of + 명사 형태로 사용됩니다. in order to B는 'B를 하기 위해'라는 뜻으로 in order to 뒤에는 동사 원형이 나옵니다. 두 표현 모두 빈번하게 쓰이니 꼭 기억하세요!

예시

aware of the mistake ▶ 실수를 인지하다
in order to succeed ▶ 성공하기 위해

Helpful Tip!

essential : 필수적, 핵심적
relationship : 관계

Power up reading

영어 문단을 읽고 해석해 보는 시간입니다. 단어나 문법뿐만 아니라 실생활에서 사용되는 영어 텍스트와 친숙해짐으로써 영어에 대한 두려움을 극복해 보세요. 아래 문단을 천천히 읽고 스스로 먼저 해석해 본 후, 밑에 있는 해석을 확인해 보세요.

The Man and the Snake

농부와 뱀

A farmer's son accidentally stepped on a snake's tail. The snake turned around and bit him resulting in his death. In a rage, the father cut off part of the snake's tail with an ax. Eventually, the farmer thought he should make up with the snake, so he brought the snake some food and honey. Then, he said, "Let's forgive and forget; perhaps you were right to punish my son, but surely I was right to avenge the death of my son. Now that we are both satisfied, we can be friends again, right?" "No, no," said the snake; "you can never forget the death of your son, and I can never forget the loss of my tail." Injuries may be forgiven, but not forgotten.

한 농부의 아들이 실수로 뱀의 꼬리를 밟았습니다. 뱀은 뒤돌아 아들을 물었고, 결과적으로 아들은 죽음에 이르렀습니다. 격노한 농부는 도끼로 뱀의 꼬리를 잘라버렸습니다. 얼마 안 있어 농부는 뱀과 화해해야겠다고 생각했고, 음식과 꿀을 뱀에게 주며 말했습니다. "서로 용서하고 잊어버립시다. 당신은 내 아들에게 정당하게 벌을 주었다고 생각하겠지만, 마찬가지로 저도 제 아들의 죽음을 정당하게 갚은 것입니다. 이제 우리 둘 다 만족했으니 화해할 수 있겠죠?" 뱀이 말했습니다. "아니, 당신은 아들의 죽음을 절대 잊을 수 없고, 나는 꼬리를 잃은 것을 절대 잊을 수 없어." 상처를 용서할 수 있을지는 모릅니다. 하지만 상처를 잊을 수는 없습니다.

Eventually, the farmer thought he should make up with the snake.

▶ 얼마 안 있어 농부는 뱀과 화해해야겠다고 생각했습니다.

Power up reading

영어 문단을 읽고 해석해 보는 시간입니다. 단어나 문법뿐만 아니라 실생활에서 사용되는 영어 텍스트와 친숙해짐으로써 영어에 대한 두려움을 극복해 보세요. 아래 문단을 천천히 읽고 스스로 먼저 해석해 본 후, 밑에 있는 해석을 확인해 보세요.

eventually에는 '얼마 안 있어', '결국', '마침내'라는 의미가 있습니다. 오랫동안 이어진 상태가 마침내 바뀌게 되었을 때 사용합니다. 곧이어 일어난 변화를 말하고자 사용되는 soon after와는 시간 차이가 있습니다.

I'll help you this time, but eventually, you'll have to do it yourself.

▶ 이번에는 내가 돕겠지만, 결국에는 네가 직접 해야 할거야.

02 **Perhaps you were right to punish my son, but surely I was right to avenge the death of my son.**

▶ 당신은 내 아들에게 정당하게 벌을 주었다고 생각하겠지만, 마찬가지로 저도 제 아들의 죽음을 정당하게 갚은 것입니다.

perhaps A but surely B는 'A이겠지만 분명 B이다'라고 상대 입장을 존중하며 자신의 의견을 강조하고자 할 때 사용합니다. perhaps 대신 maybe를 사용할 수도 있습니다.

Perhaps it is civic virtue, but surely not love.

▶ 그것을 사회적 미덕이라고 할 수는 있겠지만, 분명 사랑은 아니다.

Helpful Tip!

accidentally : 우연히

result in : 결과적으로 ~이 되다

당신의 뇌를 해킹하라!

Hack your brain!

남이 아니라 자신을 위해 일하라

약 2,300년 전에 쓰인 《손자병법》에는 이런 내용이 있습니다. 불가승재기 가승재적(不可勝在己 可勝在敵). '나를 이길 수 없도록 하는 것은 나에게 달려 있고, 내가 이기는 것은 적에게 달려 있다'라는 말입니다. 가승재적, 내가 이기는 것이 적에게 달려 있다는 말은 나 스스로 내 경쟁자와 주위 환경을 통제하지 못한다는 지혜를 보여줍니다. 경쟁에서 이길 것이라 장담하는 것은 불가능합니다.

반면, 불가승재기, 나를 이길 수 없도록 하는 것이 나에게 달려 있다는 말은 나의 마음가짐이나 태도를 누구도 침해할 수 없다는 뜻입니다. 자신의 기술을 갈고 닦는 것도 마찬가지입니다. 꾸준히 연습하고 훈련하는 데 집중하다 보면 실력이 늘지 않을 수 없습니다. 그리고 자신이 이뤄낸 것은 그 누구도 침범할 수 없습니다.

어쩌면 우리가 어려움을 겪는 것은 충분히 노력했는데도 결과가 좋지 않아서가 아닐 수도 있습니다. 원하는 결과를 얻지 못했을 때 '패배'했다고 생각하기 때문일 수 있습니다. 하지만 《손자병법》에 따르면 원하는 결과를 얻지 못하는 것은 적을 이기지 못한 것일 뿐이지 적에게 패배한 것이 아닙니다. 세상이 우리를 무너뜨리지 못하도록 하는 것은 온전히 우리에게 달려있습니다.

"노력은 수단이 아니라 그 자체로 목적이다. 노력하는 것 자체에 보람을 느낀다면 누구든지 인생의 마지막에 웃을 수 있을 것이다. "
- 톨스토이(Lev Nikolaevich Tolstoy) -

핵심 문장

It is up to me not to be conquered, and it is up to the enemy to conquer.

▶ 나를 이길 수 없도록 하는 것은 나에게 달려 있고, 내가 이기는 것은 적에게 달려 있다.

핵심 표현

be up to someone : ~에게 달려있다, ~의 책임이다

참고: 《최악을 극복하는 힘》 I 엘리자베스 스탠리 저 I 로크미디어

Week 04

Read it out loud

기억하면 좋은 문장을 따라 읽고, 암기해 보는 시간입니다.
아래 문장을 크게 소리 내서 읽어 보세요.

월
Day 1

[The fire got out of control.
불이 걷잡을 수 없이 커졌다.]

매년 가을 즈음이 되면, 미국에 큰 산불이 났다는 뉴스가 간혹 들려오곤 합니다. 가뭄으로 말라붙은 숲에서 작은 불씨로 시작된 화재가 걷잡을 수 없이 빠르게 퍼집니다. 통제가 불가능한 상태, out of control이 되어 재난 상황에까지 이르기도 합니다. 제압하기 어려운 산불처럼 어떠한 일이 통제 불가능하고 예상치 못한 방향으로 흘러갈 때 영어로 out of control이라고 합니다.

예문

The fight got out of control as people started throwing bottles at each other.

▶ 사람들이 서로에게 병을 던지기 시작하면서 싸움은 걷잡을 수 없게 되었다.

비슷하지만 다른 표현으로 out of my hands가 있습니다. '나의 손을 떠났다'라는 뜻인데요, 어떤 일에 더 이상 권한이 없거나 관여하지 않을 때 이러한 표현을 씁니다.

보고서를 제출한 후, 작성 과정은 최선을 다해 열심히 했지만 '결과는 내 손을 떠났다', '이제 결과는 내가 어떻게 할 수 있는 일이 아니다'라고 말하고 싶을 때, The result is out of my hands.라고 말할 수 있습니다.

The result is out of my hands.

Helpful Tip!

out of control : 통제 불가한

out of my hands : 내 손을 떠난

Enrich your vocabulary

자주 쓰이는 유익한 단어를 배워 보는 시간입니다. 하루에 단어 하나씩만 외워도 일주일이면 7개, 한 달이면 30개의 단어를 외울 수 있겠죠? 오늘 배울 단어는 다음과 같습니다.

[Convince 납득시키다, 확신시키다]

원하는 것을 얻으려면 다른 사람을 설득해야 할 때가 많습니다. 그들이 나를 믿고 지지할 수 있도록 내 주장에 대한 근거를 제시하고 확신을 심어 주어야 하죠. 타인을 설득해서 내 의견을 납득하게 만드는 것을 convince 한다고 합니다. 설득에 실패했다면 당신은 그들을 convince 하지 못한 것입니다.

Dave convinced me to buy an electric car.

▶ 전기차를 사라고 데이브가 나를 설득했다.

conviction은 convince의 명사 형태로 '신념', 또는 '확신'으로 해석할 수 있습니다. 누군가가 said with conviction 했다면 강한 신념과 확신을 갖고 이야기한 것입니다. 예를 들면, 어떤 분야나 영역에서 경험이 풍부한 사람은 그 주제에 대해 conviction을 가지고 말할 수 있습니다.

conviction은 유죄 선고를 뜻하기도 하는데요. 예를 들어, murder conviction이라고 한다면, 재판관이 살인에 대한 피고인의 유죄가 성립되었다고 판단해 유죄 판결을 내린 것입니다.

She was convicted of murder.

▶ 그녀는 살인죄로 유죄 판결을 받았다.

Helpful Tip!

murder : 살인, 살해

convict : 유죄 판결을 내리다

영어에서 자주 쓰이는 핵심 표현을 배우고, 응용해 보세요. 하나를 배우면 자유자재로 적용할 수 있습니다. 오늘 배울 표현은 무엇인지 살펴볼까요?

[A as well as B
B뿐 아니라 A도]

자신을 소개할 때 여러가지 직업이나 취미가 있다면 as well as를 사용해서 말할 수 있습니다. A as well as B는 'B뿐만 아니라 A도', 'B와 더불어 A도'라는 뜻으로 광범위하게 쓰이는 접속사입니다. and와 뜻은 비슷하지만, and는 두 대상을 단순히 연결하는 것에 비해 as well as는 A를 B보다 조금 더 강조하는 느낌으로 사용됩니다.

I am a talented photographer as well as a poet.

▶ 저는 시인일 뿐만 아니라 능력 있는 사진작가입니다.

예문 She likes yoga as well as surfing.

▶ 그녀는 서핑과 요가를 모두 즐겨한다.

예문 The letter was addressed to his grandparents as well as his parents.

▶ 그가 쓴 편지는 부모님뿐만 아니라 할아버지, 할머니께도 보내졌다.

Helpful Tip!

address : 향하다, 보내다

talented : 재능(재주)이 좋은

Divide and conquer

길고 어려운 영어 문장을 짧게 끊어 읽으면 문장의 구조가 잘 보여 이해하기 쉽습니다.
나눠진 문장을 보면서 주어와 동사의 위치가 어떻게 바뀌는지 확인하면서
문장을 읽어 보세요.

[**I needed a break from work for at least a day to recharge myself before starting the next project.**

다음 프로젝트를 시작하기 전에 적어도 하루 동안은 재충전하기 위한 휴식이 필요했다.]

01 **I needed a break from work**
▶ 나는 일로부터 휴식이 필요했다

02 **for at least a day**
▶ 적어도 하루 동안

03 **to recharge myself**
▶ 스스로를 재충전하기 위해

04 **before starting the next project.**
▶ 다음 프로젝트를 시작하기 전에

a break from A는 A로부터의 break, 즉 A를 멈춘 휴식 시간을 뜻합니다. 따라서 take a break from work는 일에서 벗어나 휴식을 취한다는 표현입니다. 잠깐 쉬기 위해 하던 일을 중단한다는 의미가 있습니다.

at least는 '최소한'이라는 뜻으로, 허용할 수 있는 가장 작은 범위를 이야기할 때 사용하는 표현입니다.

예시
at least an hour ▶ 최소 1시간
at least half of it ▶ 적어도 그것의 절반

Helpful Tip!

recharge : 충전하다, 재충전하다 **break :** 휴식

Power up reading

영어 문단을 읽고 해석해 보는 시간입니다. 단어나 문법뿐만 아니라 실생활에서 사용되는 영어 텍스트와 친숙해짐으로써 영어에 대한 두려움을 극복해 보세요. 아래 문단을 천천히 읽고 스스로 먼저 해석해 본 후, 밑에 있는 해석을 확인해 보세요.

The Lion and the Mouse

사자와 생쥐

One day when a lion was sleeping, a little mouse began running up and down on him. Annoyed, the lion woke up and opened his big jaws to swallow the little creature. "Excuse me, King," cried the little mouse. "If you forgive me this time, I will never forget it. I might be able to help you someday, who knows?" The lion was eventually convinced by the mouse and let him go. A few days later, the lion got caught in a trap. The whole animal kingdom heard him roar, but only the little mouse went to check it out. Seeing the lion in danger, he chewed away the ropes and freed the lion. Little friends may prove great friends.

어느 날 사자가 잠을 자고 있었는데, 작은 생쥐가 사자 위를 이리저리 기어 다녔습니다. 짜증 난 사자가 잠이 깨버렸고, 입을 크게 벌려 생쥐를 먹으려 했습니다. "왕이시여, 죄송합니다." 작은 생쥐가 애원했습니다. "이번만 저를 용서해 주시면 은혜를 잊지 않겠습니다. 미래에 제가 도움이 될지 누가 알겠어요?" 사자는 그 말이 타당하다고 여겨 생쥐를 놓아주었습니다. 며칠 뒤, 사자가 함정에 빠졌습니다. 동물 왕국에 사자의 포효 소리가 울려 퍼졌지만, 오직 작은 생쥐만이 무슨 상황인지 살피러 왔습니다. 위험에 빠진 사자를 본 생쥐는 그물을 이빨로 갉아내어 사자를 풀어 주었습니다. 약하고 힘없는 친구가 오히려 두터운 의리를 보여줄 수 있습니다.

Day 5

Power up reading

영어 문단을 읽고 해석해 보는 시간입니다. 단어나 문법뿐만 아니라 실생활에서 사용되는 영어 텍스트와 친숙해짐으로써 영어에 대한 두려움을 극복해 보세요. 아래 문단을 천천히 읽고 스스로 먼저 해석해 본 후, 밑에 있는 해석을 확인해 보세요.

Only the little mouse went to check it out.
오직 작은 생쥐만이 무슨 상황인지 살피러 왔습니다.

check A out은 'A를 확인하다', 'A를 살펴보다'라는 의미가 있습니다. check와 의미가 다르지 않지만, 말할 때 자연스럽게 더 많이 사용되는 표현입니다. 무언가 흥미로운 것을 보라고 친구에게 '이것 좀 봐' 라고 말할 때, 또는 공포 영화에서 어떤 장소를 살피러 갈 때 자주 들을 수 있는 표현입니다. '(어떤 정보가) 사실로 확인되다'라는 응용 표현도 있습니다. 이 표현은 범죄 드라마에서 알리바이가 진짜인지 아닌지 경찰이 확인할 때 많이 쓰는 표현입니다.

Check out my new shoes!
▶ 내가 새로 산 신발 봐봐! (멋있지?)

Let's go check out where that noise is coming from.
▶ 저 소리가 어디서 나는 소리인지 확인해 보러 가자.

Ethan's alibi checks out.
▶ 이튼의 알리바이가 사실로 확인된다.

check out은 말 그대로 '확인 받다'라는 의미로 쓰이기도 합니다. 가게에서 물건을 고르고 계산하는 것은 물건을 확인 받고 금액을 지불하는 일입니다. 도서관에서 책을 대출받을 때는 책을 확인 받고 나옵니다. 마찬가지로 호텔에 체크인하거나 체크아웃하는 것도 확인 받아 방에 들어가고 나오는 일입니다.

check out the groceries ▶ 식료품을 계산하다
check out the books ▶ 책을 대출하다
check out of a hotel ▶ 호텔에서 체크아웃하다

Power up reading

영어 문단을 읽고 해석해 보는 시간입니다. 단어나 문법뿐만 아니라 실생활에서 사용되는 영어 텍스트와 친숙해짐으로써 영어에 대한 두려움을 극복해 보세요. 아래 문단을 천천히 읽고 스스로 먼저 해석해 본 후, 밑에 있는 해석을 확인해 보세요.

사자와 생쥐 이야기는 보통 '친절을 베풀면 반드시 보답을 받는다'라는 교훈으로 알려져 있는데요, 여기서는 우리가 과소평가하는 친구가 오히려 누구보다도 도움이 될 수 있다는 교훈을 말하고 있습니다.

02 **Little friends may prove great friends.**
약하고 힘없는 친구가 오히려 두터운 의리를 보여줄 수 있습니다.

little과 great의 대비로 의미가 더 강조되지만, 단순히 반대의 의미로 사용된 것은 아닙니다. little은 크기의 작음을, great은 의리의 크기를 의미합니다.

예문 **The surprise took little effort but had a great impact.**
▶ 작은 서프라이즈였지만, 큰 감동이 있었다.

Helpful Tip!

swallow : 동 삼키다 명 제비
trap : 함정
chew : 씹다, 물어뜯다
creature : 생명이 있는 존재, 생물
roar : 포효하다
injury : 상처, 부상

당신의 뇌를 해킹하라!

Hack your brain!

‘진짜 일’에 몰입할 수 있는 1시간을 확보하라

온전히 집중하는 시간은 어떻게 만들 수 있을까요? 사전에 계획하면 가능합니다. 중요한 일을 하는 데 충분히 집중할 수 있도록 시간을 미리 확보해야 합니다. 이때 중요한 것은 이 시간을 다른 일정과 함께 자신의 일정표에 기록하는 것입니다. 이렇게 하면 누군가 그 시간에 다른 일을 부탁하더라도 내 본래 계획을 그대로 밀어붙일 수 있습니다. “죄송하지만, 그날 10시부터 12시까지는 일정이 있어요” 라고 말이죠.

일단 시간을 확보한 후에는 절대 딴짓을 하지 않도록 훈련이 필요합니다. 《딥워크》의 저자 칼 뉴포트가 말하는 ‘집중 시간대를 사수하기 위한 3가지 조언’을 참고해 보시기 바랍니다.

01 처음 시도해 본다면 일단 짧게 시작하자. 처음에는 1시간으로 시작하고, 2주가 지날 때마다 15분씩 늘려가는 방법이 효과가 좋다.

02 다른 일과 명확히 구분되는 독립적인 업무를 해 보자. 보고서를 써야 한다면 조사나 연구 작업을 병행하지 말고, 보고서 작성에만 집중해 보자.

03 집중하기 좋은 별도의 장소를 활용하자.

핵심 문장

You need to set aside time in advance so that you can fully focus on the things that matter the most to you.

▶ 중요한 일을 하는 데 충분히 집중할 수 있도록 시간을 미리 확보해야 합니다.

핵심 표현

set aside : 곁에 두다, 확보하다

so that : ~하기 위해서, ~할 수 있도록

참고: 《세상에서 가장 발칙한 성공법칙》 I 에릭 바커 저 I 갤리온

《루틴의 힘》 I 댄 애리얼리, 그레첸 루빈, 세스 고딘 외 저 I 부키

Week 05

Read it out loud

기억하면 좋은 문장을 따라 읽고, 암기해 보는 시간입니다.
아래 문장을 크게 소리 내서 읽어 보세요.

Let's call it a day.
오늘은 이쯤에서 그만하자.

Let's call it a day and go get a drink! '이제 마무리하고 술이나 한잔하러 가자!' 무언가를 하다가 오늘은 그만하자고 말할 때 영어로 Let's call it a day.라고 합니다. 직역하자면 '이제 하루가 끝났다고 하자'라는 의미입니다.

Let's call it a day and go get a drink!

▶ 오늘은 그만하고, 술이나 한잔하러 가자!

Helpful Tip!

call it a day : 오늘은 그만 마무리 하자

call it a night : (저녁에 있는 식사나 행사를 마무리 할 때) 이제 그만 마무리 하자

Enrich your vocabulary

자주 쓰이는 유익한 단어를 배워보는 시간입니다. 하루에 단어 하나씩만 외워도 일주일이면 7개, 한 달이면 30개의 단어를 외울 수 있겠죠? 오늘 배울 단어는 다음과 같습니다.

Day 2

[Conflict 갈등]

'갈등' 혹은 '충돌'을 일컬어 conflict라고 합니다.

There was a period of bitter conflict between John and Lisa.

▶ 존과 리사 사이에 극심한 갈등의 시기가 있었다.

conflict는 '상충하다'라는 뜻으로도 사용됩니다. 결과나 의견 등이 서로 대립할 때 사용할 수 있습니다.

This report shows conflicting results from the earlier findings.

▶ 이 보고서는 이전의 연구들과 상충하는 결과를 보여 준다.

Helpful Tip!

period : 시기

bitter : 맛이 쓴, 격렬한, 혹독한

report : 명 보고서 동 보고하다

result : 결과, 연구 결과

Remember this expression

영어에서 자주 쓰이는 핵심 표현을 배우고, 응용해 보세요. 하나를 배우면 자유자재로 적용할 수 있습니다. 오늘 배울 표현은 무엇인지 살펴볼까요?

Let's get it over with!
끝내자!

하기 싫거나 어려운 일을 해치우는 것을 Get it over with!라고 합니다. 이 표현에는 '어차피 끝내야 할 일을 빨리 마무리 짓고 부담감에서 벗어나자!' 라는 뉘앙스가 있습니다. over(over with)가 '끝', '끝내다'라는 의미로 쓰이고 있습니다.

I might scream out of happiness once I get this project over with.

▶ 이 프로젝트가 끝나면 나는 기뻐서 소리를 지를지도 몰라.

비슷한 표현으로는 다음과 같은 것들이 있습니다.

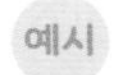

Let's get it done. ▶ 끝내 버리자.

Let's get it done and over with. ▶ 얼른 해치우고 끝내 버리자.

over와 done을 함께 써서 '끝내자'라는 의미를 확실하게 강조하고 있습니다.

Helpful Tip!

scream : 소리치다, 비명을 지르다

project : 프로젝트

Divide and conquer

길고 어려운 영어 문장을 짧게 끊어 읽으면 문장의 구조가 잘 보여 이해하기 쉽습니다.
나눠진 문장을 보면서 주어와 동사의 위치가 어떻게 바뀌는지 확인하면서
문장을 읽어 보세요.

[**Malaria is a life-threatening disease that can lead to brain damage or even death if not treated quickly.**

말라리아는 신속히 치료하지 않으면 뇌 손상을 일으키거나 사망에 이를 수 있는 치명적인 질병이다.]

01 **Malaria is a life-threatening disease**

▶ 말라리아는 생명을 위협하는 질병이다

02 **that can lead to brain damage or even death**

▶ 뇌 손상을 일으키거나 사망에 이를 수 있는

03 **if not treated quickly.**

▶ 신속히 치료하지 않으면

A lead to B는 'A가 B로 이어지다', 'A가 B를 초래하다'라는 뜻으로, 특정한 행동이나 사건이 어떠한 결과로 이어졌을 때 lead to를 사용합니다. 단어 lead의 뜻을 고려하여, 원인 A가 우리를 어딘가로 끌고 간다고 상상해 보세요. 그 어딘가는 결과 B입니다. A를 따라가면 B에 다다르게 되는 셈입니다.

A sedentary lifestyle can lead to many health problems.

▶ 앉아서 생활하는 습관은 많은 건강상의 문제로 이어질 수 있다.

Helpful Tip!

life-threatening : 생명을 위협하는 **brain damage :** 뇌 손상

Power up reading

영어 문단을 읽고 해석해 보는 시간입니다. 단어나 문법뿐만 아니라 실생활에서 사용되는 영어 텍스트와 친숙해짐으로써 영어에 대한 두려움을 극복해 보세요. 아래 문단을 천천히 읽고 스스로 먼저 해석해 본 후, 밑에 있는 해석을 확인해 보세요.

The Swallow and the Other Birds

제비와 다른 새들

One spring, a farmer was planting hemp seeds in a field where a swallow and some other birds were eating. "Beware of that man," said the swallow. "Why?" asked the others. "He is planting hemp seeds. Make sure to eat them all, or else you will regret it." However, the birds didn't listen to the swallow's warning, so the hemp grew and was eventually used to make nets. Many of the birds that ignored the swallow's warning were caught in the nets made of hemp. Destroy the seed of evil, or it will grow up to your ruin.

어느 봄, 농부는 제비와 다른 새들이 모이를 먹고 있는 밭에 삼씨를 뿌리고 있었습니다. "저 농부를 조심해야 해요." 제비가 다른 새들에게 말했습니다. "왜요?" 다른 새들이 물었습니다. "농부는 지금 삼씨를 심고 있어요. 씨앗을 반드시 다 주워 먹어야 합니다. 아니면 후회하게 될 거예요." 하지만 다른 새들은 제비의 경고를 귀담아듣지 않았습니다. 다 자란 삼은 결국 그물을 만드는 데 사용되었습니다. 그리고 제비의 경고를 무시한 새들은 삼으로 만든 그물에 모두 잡혔습니다. 악의 씨앗을 완전히 없애지 않으면 당신의 파멸로 자라날 것입니다.

01 One spring, a farmer was planting hemp seeds in a field where a swallow and some other birds were eating.

▶ 어느 봄, 농부는 제비와 다른 새들이 모이를 먹고 있는 밭에 삼씨를 뿌리고 있었습니다.

where는 밭이 어떠한 장소인지 부연 설명을 덧붙이는 역할을 합니다. field, 밭인데 어딘가 하면, a swallow and some other birds were eating, 제비와 다른 새들이 모이를 먹고 있는 장소입니다.

Power up reading

영어 문단을 읽고 해석해 보는 시간입니다. 단어나 문법뿐만 아니라 실생활에서 사용되는 영어 텍스트와 친숙해짐으로써 영어에 대한 두려움을 극복해 보세요. 아래 문단을 천천히 읽고 스스로 먼저 해석해 본 후, 밑에 있는 해석을 확인해 보세요.

We decided to visit the place where we first met.

▶ 우리는 처음 만났던 곳을 가보기로 했다.

Destroy the seed of evil, or it will grow up to your ruin.

▶ 악의 씨앗을 완전히 없애지 않으면 당신의 파멸로 자라날 것입니다.

이야기에서는 destroy the seed of evil, 즉 악의 씨앗을 없애라고 합니다. 명령문 뒤에 or가 나오면 명령을 듣지 않았을 경우에 어떤 일이 벌어질지를 말해줍니다. '~해라, 그렇지 않으면(or) …하게 될 거야' 라는 뜻이죠. 악의 씨앗을 없애지 않으면 어떻게 되느냐, it will grow up to your ruin, 당신의 파멸로 자라날 것이라고 합니다.

바늘 도둑이 소도둑이 된다고 합니다. 처음에는 작아 보여 그대로 두었다가, 나중에는 손쓸 수 없는 지경까지 이르게 되는 경우가 많습니다. 안 좋은 습관인 것을 알지만, 딱히 큰 문제가 없기에 그대로 두고 있는 습관이 있다면 한번 마음 단단히 먹고 고쳐 보는 게 어떨까요?

It's better to quit bad habits when you're young. Destroy the seed of evil now, or it will grow up to your ruin.

▶ 어릴 때 나쁜 습관을 만들지 않는 것이 좋다. 나쁜 습관의 뿌리를 지금 뽑지 않으면, 앞으로 삶이 힘들어질 것이다.

Helpful Tip!

beware of A : A를 주의하다, A를 유의하다

regret : 명 유감, 후회 동 후회하다

warning : 경고, 경고문, 주의

make sure to A : 반드시 A 하도록 하다

destroy : 파괴하다, 말살하다

grow : 자라다, 커지다

IN

a pie in the sky
하늘에 있는 파이

'하늘에 있는 파이'는 무슨 의미일까요? 일어나길 희망하지만, 이루어질 수 없는 거의 불가능한 일을 말할 때 쓰는 표현이랍니다. 한국어 속담, '그림의 떡'과 같은 의미라고 보면 됩니다. 여기서 전치사 in은 '~에 있는'이라는 의미로 어떠한 장소나 위치 등을 나타내는 역할을 합니다.

in은 장소나 시간 모두에 쓰이는 전치사입니다. 정해진 공간이나 사물 안에 들어가 있는 모습을 나타낼 수도 있고, 추상적인 영역 안, 시간적 범위 안에 들어가 있는 것을 나타내기도 합니다. 이렇게 다양하게 활용할 수 있는 전치사 in에 대해 배워 보겠습니다.

in의 첫 번째 사용법

건물, 공간 등 구분된 영역 안에 있음

경계가 뚜렷하게 존재하는 건물과 같이 입체적인 공간 속에 들어가 있는 모양을 표현할 때 in을 사용합니다. 우리가 비교적 쉽게 영역을 구분할 수 있는 공간입니다.

예문

George's son is still in school.

▶ 조지의 아들은 아직 학교에 있다.

in school은 아직 '학교'라는 경계 안에 있다는 뜻인데요, 조금 더 나아가서 in을 소속의 개념으로 접근해 '아직 학교에 소속된 학생'이라는 풀이도 가능합니다. 어디에 소속되었다는 것도 개념적인 경계를 짓는 것이죠.

IN

다음은 더 작은 단위의 공간으로 예시를 한번 들어보겠습니다.

예문

May is sleeping in her room.

▶ 메이는 그녀의 방에서 잠을 자고 있다.

메이가 '방'이라는 경계 안에 들어가서 잠을 자고 있습니다. in her room 대신 in her bed라고 한다면 '침대'라는 경계 안에 들어가서 잠을 자는 것입니다.

예문

What's in your hands?

▶ 손 안에 있는 게 뭐야?

위 예시에서 in은 '손'이라는 경계 안에 무언가 있다는 것을 의미하려고 사용되었습니다. in one's hands는 알아 두면 좋은 표현입니다. 물리적으로 '~의 손안에 있다'는 뜻 외에도 여러 방면으로 활용이 가능합니다. 물건을 '수중에 가지고 있음', 처리해야 할 업무나 문제 등 추상적인 것을 '가지고 있음' 그리고 특정한 상황에 대한 권한의 위치를 의미하기도 합니다.

예문

I only have $10 in my hands.

▶ 수중에 돈이 10달러밖에 없다.

예문

Unfortunately, the urgent matter is now in my hands.

▶ 죄송합니다. 현재 처리해야 할 급한 일이 있어요.

예문

The decision is in your hands.

▶ 결정은 너에게 달렸다.

IN

in의 두 번째 사용법

정해진 영역 안에 있음

입고 있는 옷이나 특정한 신체 부위 등 무언가의 범위 안에 있음을 이야기할 때도 in을 사용합니다. 뚜렷하게 경계선을 구분하기는 모호하지만, 분명 경계가 존재하는 것들입니다.

예문

I put a lot of chili in that sauce.

▶ 그 소스 안에 고추를 많이 넣었어.

매운 걸 좋아하는 친구를 위해 고추를 잔뜩 넣은 소스를 만들었습니다. 소스는 액체이기에 눈에 보이는 경계선이 항상 바뀌지만, '소스'라는 덩어리 안에, 즉 그 범위 안에 고추를 넣었다고 말할 수 있습니다.

예문

Who is that guy in the green suit?

▶ 저 녹색 정장 안에 있는 남자는 누구야?

➜ 저 녹색 정장 차림의 남자는 누구야?

우리는 옷 안에 몸을 넣습니다. 따라서 in을 사용할 때, 옷의 영역을 하나의 덩어리라고 생각하면 됩니다. 동물, 사물, 사람이 옷이라는 영역 안에 들어간 것이죠. 그러므로 the guy in the green suit는 '녹색 정장 차림의 남자'로 풀이됩니다.

예문

You look great in blue.

▶ 너는 파란색이 잘 어울린다.

'어떤 색의 영역에 속한 옷'을 말할 때도 in을 쓸 수 있습니다. 위 문장은 특정한 색의 옷이 잘 어울릴 때 사용할 수 있는 표현입니다.

IN

예문

The victim was beaten badly in the face.

▶ 피해자는 얼굴에 심하게 구타를 당했다.

➜ 피해자는 얼굴을 호되게 맞았다.

Henry was shot in the leg.

▶ 헨리는 다리에 총을 맞았다.

두 예시 모두 얼굴과 다리라는 신체 부위의 영역을 의미하고자 in이 사용되었습니다. 형태와 상관없이 경계나 범위가 정해져 있는 영역에 들어가 있음을 표현할 때 in이 사용된다는 것을 알 수 있습니다.

in의 세 번째 사용법

추상적인 개념의 영역 안에 있음

in은 물리적 공간과 경계를 넘어 어떠한 상태에 있는 것을 나타내거나, 추상적인 개념 안에 있음을 표현할 때도 사용됩니다.

예문

You should tell mom when she is in a good mood.

▶ 엄마가 기분 좋은 상태에 있을 때 이야기하는 게 좋을 거야.

누군가의 기분을 표현할 때 one is in a good/bad mood라는 표현을 자주 사용하는데요, '좋은/나쁜 기분의 영역' 안에 들어가 있는 것입니다.

예문

Michael made his mark in politics.

▶ 마이클은 정치의 경계 안에 그의 표식을 남겼다.

➜ 마이클은 정계에서 명성을 떨쳤다.

Michael works in politics.

▶ 마이클은 정계에 몸을 담고 있다.

IN

앞 예시의 두 문장 속 in을 모두 한국어로 풀이했을 때 '~내에서', '몸을 담은'과 같은 표현으로 풀이되는 것을 알 수 있습니다.

예문

James is definitely in love with Gwen.

▶ 제임스는 그웬과 사랑에 빠진 게 분명해.

위 예시에서도 in은 사랑이라는 영역의 울타리 안으로 들어갔음을 표현합니다. 한국어로는 '사랑에 빠지다'라는 표현과 일맥상통합니다.

예문

Isaac believes in God.

▶ 아이삭은 신을 믿는다.

신을 믿는다는 것은 신의 존재를 믿는다는 뜻으로 이해할 수 있는데요, 넓은 의미로 '종교적인 믿음을 가졌다'로 해석할 수 있습니다.

believe A 라고 한다면 A라는 사실, 혹은 A라는 사람이 한 말을 믿는다는 뜻입니다. 하지만 believe in A라고 할 때는 A의 존재, 능력, 가치를 믿는다는 뜻을 가집니다. 즉, 사람이라면 그 사람의 전체적인 인격체를 믿는다는 것을 의미하죠. 친구를 격려할 때 한번 활용해 보시면 좋은 표현입니다.

예문

I believe you.

▶ 나는 네 말을 믿어.

I believe in you.

▶ 나는 너의 인격/존재/가치/능력을 믿어.

➜ 나는 네가 해낼 수 있을 것이라 믿어.

IN

in의 네 번째 사용법

(시간적 범위) 안에

전치사가 시간과 관련해 사용될 때 헷갈릴 수 있습니다. 우선 각 전치사가 지니고 있는 의미와 느낌을 구별할 수 있어야 하는데요, in은 시간과 관련된 표현으로 사용할 때 '(시간적 범위) 안에'라는 의미로 사용됩니다.

자주 혼동되어 사용되는 in time과 on time을 예시로 설명해 보겠습니다. in time은 '제시간 안에'라는 의미로, on time은 '정확하게 주어진 시간에'라는 의미로 사용됩니다.

예문

Ivy arrived in time.

▶ 아이비는 (특정한) 시간 안에 도착했다.

➜ 아이비는 늦지 않게 도착했다.

Ivy arrived on time.

▶ 아이비는 (특정한) 시간에 도착했다.

➜ 아이비는 정각에 도착했다.

약속 시간이 저녁 6시입니다. 아날로그시계를 떠올리며 내가 시침이 되어서 숫자 6을 향해 달려가고 있다고 생각해 보세요. in의 기본 개념은 '어떠한 경계 안에'라는 뜻이기 때문에, in time은 시침이 숫자 6에 도달하기 전의 영역에 있을 때 사용합니다. 반면 on은 접촉의 느낌이 있기 때문에 on time은 시침이 딱 6시 위에 겹쳐져 있을 때 사용한다고 상상하면 됩니다.

예문

Jerome managed to finish the report in time.

▶ 제롬은 제시간 안에 리포트를 끝낼 수 있었다.

앞서 이야기했듯이 in time은 '제시간 안에'라는 뜻입니다. on time은 '제시간에'라는 뜻으로 '정확하게 주어진 시간에'라는 느낌으로 사용됩니다. 만약 Jerome finished the report on time.이라고 하면 '주어진 시간에 딱 맞춰 보고서를 끝냈다'는 의미가 됩니다.

in이 갖는 기본적인 개념을 이해하고, 뚜렷한 in의 이미지를 머릿속에 그리면 더 쉽게 활용할 수 있을 겁니다.

Week 06

Read it out loud

기억하면 좋은 문장을 따라 읽고, 암기해 보는 시간입니다.
아래 문장을 크게 소리 내서 읽어 보세요.

[You will miss the boat.
넌 기회를 놓치게 될 거야.]

좋은 기회를 놓친 경우를 일컬어 miss the boat라고 합니다. 항구에서 이미 떠나간 배를 떠올려 보세요. 한국말로 '기차는 이미 떠났다'라고 말하는 것과 같은 맥락입니다.

You should buy the shares of that company by the end of this week. Otherwise, you will miss the boat.

▶ 이번 주 안에 그 회사 주식을 사는 게 좋겠어. 아니면 기회를 놓칠 거야.

If you don't buy it now, you'll miss the boat.

▶ 지금 사지 않으면, 기회를 놓칠거야.

Helpful Tip!

buy the shares : 주식을 매수하다

otherwise : 그렇지 않으면

Emrich your vocabulary

자주 쓰이는 유익한 단어를 배워 보는 시간입니다. 하루에 단어 하나씩만 외워도 일주일이면 7개, 한 달이면 30개의 단어를 외울 수 있겠죠? 오늘 배울 단어는 다음과 같습니다.

Majority
다수

회사에서 새로운 복지 제도 도입에 관한 투표를 진행합니다. 셔틀버스 제공, 도서비 지원, 식대지원 등 여러 제도 중 과반수가 넘는 직원들이 식대 지원을 고른 결과, 새로운 복지 정책에 식대 지원이 포함되었습니다. 과반수 또는 다수를 majority라고 합니다. 민주적인 절차를 거쳐 어떤 사안을 결정할 때 majority의 의견을 따르는 경우가 많습니다.

The majority of the employees voted to receive meal allowance for welfare.

▶ 대다수의 직원이 복지 제도로 식대 지원에 투표했다.

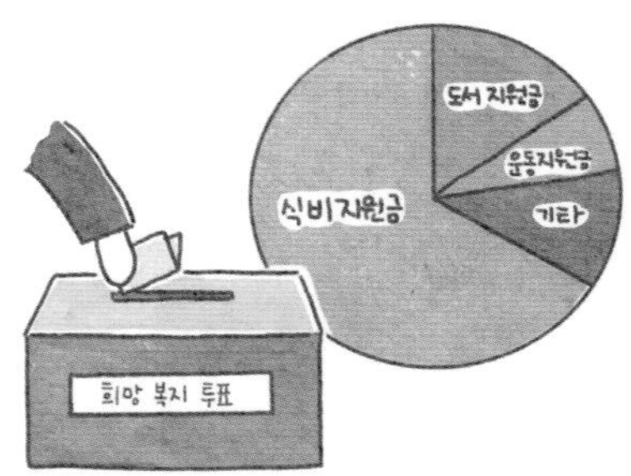

The majority of my family has low alcohol tolerance.

▶ 우리 가족 대부분이 술을 잘 마시지 못한다.

Helpful Tip!

allowance : 허용된 비용, 용돈, 수당

welfare : 복지

tolerance : 용인, 내성

vote : 명 투표 동 투표하다

Remember this expression

영어에서 자주 쓰이는 핵심 표현을 배우고, 응용해 보세요. 하나를 배우면 자유자재로 적용할 수 있습니다. 오늘 배울 표현은 무엇인지 살펴볼까요?

Day 3

[Either A or B / Neither A nor B]

A와 B 중 둘 중 하나 / A와 B 중 어느 것도 아닌

점심 메뉴를 고르는데 뭘 먹어야 할지 정하기 어려울 때가 있습니다. 그럴 때 '햄버거 아니면 피자를 먹자'라고 선택지를 좁히면 도움이 됩니다. 'A와 B 중에 하나'를 either A or B라고 합니다.

한 가지 기억해야 할 점은 A와 B의 형식이 일치해야 한다는 것입니다. 예를 들어, A가 명사라면 B도 명사, A가 절이라면 B에도 절이 들어가는 식입니다.

We should either have brunch before we leave or have a late lunch once we get there.

▶ 출발하기 전에 브런치를 먹든지 도착해서 늦은 점심을 먹든지 해야겠다.

A와 B 둘 다 아닌 것을 이야기할 때는 neither A nor B를 사용합니다. neither A nor B는 'A와 B 중 어느 것도 아닌'이라는 뜻으로 A와 B를 모두 부정합니다.

Neither Suzy nor Brian wants to do the dishes.

▶ 수지와 브라이언 어느 누구도 설거지를 하고 싶어 하지 않는다.

Helpful Tip!

late lunch : 늦은 점심

do the dishes : 설거지를 하다

Divide and conquer

길고 어려운 영어 문장을 짧게 끊어 읽으면 문장의 구조가 잘 보여 이해하기 쉽습니다.
나눠진 문장을 보면서 주어와 동사의 위치가 어떻게 바뀌는지 확인하면서
문장을 읽어 보세요.

[**Lately, farmers around the world are beginning to consider seaweed farming because seaweed is not only nutritious but also environmentally friendly to farm.**

해조류는 영양가가 풍부할 뿐만 아니라 환경친화적 양식이 가능하기 때문에 최근 들어 세계 곳곳의 농부들이 해조류 양식을 고려하기 시작했다.]

01 **Lately, farmers around the world**
▶ 최근 들어 세계 곳곳의 농부들이

02 **are beginning to consider seaweed farming**
▶ 해조류 양식을 고려하기 시작했다

03 **because seaweed is not only nutritious but also environmentally friendly to farm.**
▶ 영양가가 풍부할 뿐만 아니라 양식하기에 친환경적이기도 하기 때문이다

Divide and conquer

길고 어려운 영어 문장을 짧게 끊어 읽으면 문장의 구조가 잘 보여 이해하기 쉽습니다.
나눠진 문장을 보면서 주어와 동사의 위치가 어떻게 바뀌는지 확인하면서
문장을 읽어 보세요.

lately A are beginning to B, 최근 A가 B 하기 시작했다고 해요. farmers around the world, 세계 곳곳의 농부들이, consider seaweed farming, 해조류 양식을 고려하기 시작했습니다. (여기서 seaweed는 우리가 흔히 먹는 김이 아니라 더 큰 의미에서 해조류를 뜻합니다.)

해조류 양식 산업을 고려하는 이유는 무엇일까요? 여기서 주요 표현은 because it is not only A but also B 입니다. 'A뿐만 아니라 B 때문인 것도 있다'라는 뜻으로, 이 표현은 두 가지 이유를 함께 제시할 때 사용됩니다.

한 문장에 한 가지 이상의 설명이 포함되어 있을 때는 해석이 어려워 보일 수 있습니다. 하지만 not only A but also B와 같은 표현을 기억하고, 문장을 나눌 수 있는 포인트를 찾을 수 있다면, 해석이 훨씬 수월해집니다.

He is not only a full-time employee but also a full-time student.

▶ 그는 정규직 직원일 뿐만 아니라 학생이기도하다.

Helpful Tip!

lately : 최근

begin to consider : 고려하기 시작하다

nutritious : 영양가가 높은

environmentally friendly : 환경 친화적인, 친환경적

Power up reading

영어 문단을 읽고 해석해 보는 시간입니다. 단어나 문법뿐만 아니라 실생활에서 사용되는 영어 텍스트와 친숙해짐으로써 영어에 대한 두려움을 극복해 보세요. 아래 문단을 천천히 읽고 스스로 먼저 해석해 본 후, 밑에 있는 해석을 확인해 보세요.

The Mountains in Labor

산의 진통

One day, the mountains surrounding a village started moving. Smoke rose from the mountain peaks, the earth was shaking, trees were crashing down, and huge rocks were falling. The villagers were sure that something horrible was going to happen. They waited and waited, but nothing happened. Then suddenly, there was an even stronger earthquake, and a huge crevice formed on the side of the mountains. The villagers all kneeled and prayed. Finally, a teeny-tiny mouse poked its little head out. Seeing the mouse, a villager said: "Much outcry, little outcome."

어느 날, 한 마을을 둘러싸고 있는 산들이 움직이기 시작했습니다. 산 정상에서 연기가 뿜어져 나오고, 땅이 흔들리고, 나무가 무너지고, 큰 돌이 굴러 내려왔습니다. 마을 사람들은 분명히 안 좋은 일이 일어나리라 확신했습니다. 그들은 기다리고 기다렸지만, 아무 일도 일어나지 않았습니다. 그러다 갑자기 더 큰 지진이 일어나며 산 중턱에서 땅이 갈라졌습니다. 마을 사람들은 모두 무릎을 꿇고 기도했습니다. 마침내 작은 생쥐가 땅이 갈라진 틈에서 쑥 고개를 내밀었습니다. 생쥐를 본 마을 사람이 말했습니다. "시끄럽기만 하고 실속은 없군."

우화에서 보았듯이 산이 흔들리고, 나무가 쓰러지고, 땅이 갈라지는 천재지변이 마치 아이를 낳는 산모의 진통을 표현하는 것 같습니다. 따라서 the mountains in labor를 '산의 진통'이라고 풀이한 것이죠. 이 우화로 인해 the mountains in labor라는 구절 자체가 '애만 쓰고 보람이 없는 일'을 뜻하는 숙어로 자리매김하게 되었습니다.

Power up reading

영어 문단을 읽고 해석해 보는 시간입니다. 단어나 문법뿐만 아니라 실생활에서 사용되는 영어 텍스트와 친숙해짐으로써 영어에 대한 두려움을 극복해 보세요. 아래 문단을 천천히 읽고 스스로 먼저 해석해 본 후, 밑에 있는 해석을 확인해 보세요.

01 **Finally, a teeny-tiny mouse poked its little head out.**

▶ 마침내 작은 생쥐가 땅이 갈라진 틈에서 쏙 고개를 내밀었습니다.

teeny-tiny는 아주 작은 모양을 나타내는 표현입니다. 구어체에서 많이 사용합니다.

예문 **She made a teeny-tiny mistake while painting, but it was so small I could barely see it.**

▶ 그녀는 그림을 그리는 동안 작은 실수를 했지만, 너무 작아서 거의 볼 수 없었다.

02 **Much outcry, little outcome.**

▶ 시끄럽기만 하고 실속은 없군.

much outcry, little outcome는 숙어로, 한국어 속담으로는 '소문난 잔치에 먹을 것 없다'라는 표현이죠. outcry는 밖으로 크게 우는 모양이라고 해서 '격렬한 반응'의 뜻을 가진 단어가 되었습니다. outcome은 밖으로 나오는 것이라고 해서 '결과'를 뜻하게 되었습니다.

이 짧은 문장에는 영어 숙어에서 자주 볼 수 있는 대표적인 특징이 세 가지 담겨 있습니다. much와 little의 대비로 의미가 강조되고, out으로 시작되는 두 단어의 반복으로 운율을 더했습니다. 또 두 구절 사이에 but이 생략되어 최소 단어로 최대 효과를 발휘했습니다.

예문 **During the storm, there was so much noise but surprisingly very little damage as a result.**

▶ 폭풍우 동안 많은 소음이 있었지만, 결과적으로 놀랍게도 피해는 거의 없었다.

Helpful Tip!

surround : 둘러싸다, 에워싸다

peak : 명 절정, 정점, 산 정상 동 최고조에 달하다

crevice : 바위나 담에 생긴 틈

kneel : 무릎을 꿇다

당신의 뇌를 해킹하라!

Hack your brain!

아웃풋이 아니라 인풋을 관리하자!

아마존에는 특별한 경영철학이 하나 있습니다. '아웃풋 지표보다 통제 가능한 인풋 지표에 최선의 노력을 기울여라!'입니다. 여기서 아웃풋(output) 지표란, 내가 통제할 수 없는 결과이고, 인풋(input) 지표란 스스로 통제할 수 있는 원인이라고 설명할 수 있습니다. 수익, 매출, 조회수 등은 분명 회사 경영에 중요한 지표이지만, 원하는 대로 조정할 수 있는 것이 아닙니다. 대신 결과에 직·간접적으로 영향을 미치는 원인을 선별해서 결과와 어떤 연관이 있는지 추적하여 개선하는 노력이 필요합니다.

아마존의 철학은 우리 생활에도 적용할 수 있습니다. 일이 계획대로 돌아가지 않으면 결과에 대해 답답하기 마련입니다. 이럴 때 인풋에만 신경을 써 봅시다. 시간을 투입해서 긍정적인 결과가 나오는 것은 희망사항일 뿐, 결과를 보장하지 않는다는 사실을 이해하는 것이 중요합니다. 불면증 때문에 잠이 안 오는 건 어쩔 수 없는 일입니다. 너무 스트레스 받지 마세요. 다만, 잠을 자기로 한 시간에 침대에 눕고, 책을 쓰기로 한 시간에 책상에 앉는 노력이 필요합니다.

내 삶에서 통제 가능한 영역과 통제 불가능한 영역을 분리해 보세요. 통제 가능한 영역, 즉 인풋 지표에 집중하면 상황을 주도할 수 있습니다. 어떤 상황에 대해 스스로 주체성이 있다고 생각하면 스트레스도 함께 줄어듭니다.

핵심 문장

It's important to understand that putting your time into getting positive results is only a hope, not a guarantee.

▶ 시간을 투입해서 긍정적인 결과가 나오는 것은 희망사항일 뿐, 결과를 보장하지 않는다는 사실을 이해하는 것이 중요합니다.

핵심 표현

put A in(into) B : A를 B에 쏟아붓다(노력하다)

참고 : 《초집중》 I 니르 이얄 저 I 로크미디어
《순서파괴》 I 콜린 브라이어, 빌 카 저 I 다산북스

Week 07

Read it out loud

기억하면 좋은 문장을 따라 읽고, 암기해 보는 시간입니다.
아래 문장을 크게 소리 내서 읽어 보세요.

[Put yourself in their shoes.
그들의 입장이 되어 생각해 보세요.]

엄마와 말다툼을 했습니다. 화가 많이 났지만, 입장을 바꿔서 생각해 보니 엄마의 마음이 조금은 이해가 갑니다. 입장을 바꿔 생각해 보는 것을 영어로 put oneself in someone's shoes라고 합니다. 직역하면 '타인의 신발을 신어보다'라는 의미로 상대방이 처한 상황에 나를 대입하는 상상을 해보라는 말입니다.

우리는 타인을 판단할 때 상대의 상황을 고려하지 않고 상대의 행동이 성격 등 개인적인 요소에서 비롯되었다고 생각하는 경우가 있습니다. 이는 put oneself in their shoes를 해보지 않아서 생기는 일이기도 합니다. 누군가를 비난하거나 판단하기 전에 먼저 상대의 입장이 되어 생각해 보세요. 그 사람을 조금은 더 이해할 수 있게 될지도 모릅니다.

Before being quick to judge someone for their actions, you should always try to put yourself in their shoes.

▶ 누군가의 행동을 섣부르게 판단하기보다, 먼저 항상 그들의 입장이 되어 생각해 봐야 한다.

Helpful Tip!

put oneself in someone's position : 다른 사람의 위치에서 생각해 보다

be quick to judge : 섣부르게 판단하다

Enrich your vocabulary

자주 쓰이는 유익한 단어를 배워 보는 시간입니다. 하루에 단어 하나씩만 외워도
일주일이면 7개, 한 달이면 30개의 단어를 외울 수 있겠죠?
오늘 배울 단어는 다음과 같습니다.

[Assert 확고하게 주장하다]

내가 하지 않은 일에 대해 억울하게 비난 받았던 적이 있나요? 그럴 때는 자신이 한 일이 아니라는 것을 강하게 주장하게 됩니다. 기소된 사람이 결백을 주장하는 모습을 떠올려 보세요. assert란 '강하게 주장하다', '(권리 등을) 확고히 하다'라는 뜻입니다. 의견을 단호하게 피력하는 상황에서 주로 사용할 수 있습니다.

James continues to assert his innocence.

▶ 제임스는 계속 결백을 주장하고 있다.

예문

Gina asserted her rights in front of her boss.

▶ 지나는 상사 앞에서 그녀의 권리를 주장했다.

영어에서 -sert 라는 어근은 '결합하다'라는 의미가 있습니다. assert를 생각하며 앞으로 당당히 나아가 자신의 주장을 펼치는 모습을 상상해 보세요.

Helpful Tip!

innocence : 순수함, 결백

guilty : 유죄의

right : 권리, 권한

continue : 계속하다

Remember this expression

영어에서 자주 쓰이는 핵심 표현을 배우고, 응용해 보세요. 하나를 배우면 자유자재로 적용할 수 있습니다. 오늘 배울 표현은 무엇인지 살펴볼까요?

[No longer 더 이상 아닌]

no longer A는 '더 이상 A하지 않는다'라는 뜻입니다. 과거에 대한 직접적인 언급은 없지만, 암묵적으로 '과거에는 A 했지만, 이제 A 하지 않는' 것을 뜻합니다.

The number you have dialed is no longer in service. Please try again.

▶ 입력하신 번호는 더 이상 사용하지 않는 번호입니다. 다시 시도해 주세요.

I am sorry. The item you are looking for is no longer available.

▶ 죄송합니다. 찾으시는 상품은 더 이상 판매하지 않습니다.

Helpful Tip!

dial : 전화를 걸다

no longer available : 단종, 영구 품절

not available at the moment : 일시 품절

Divide and conquer

길고 어려운 영어 문장을 짧게 끊어 읽으면 문장의 구조가 잘 보여 이해하기 쉽습니다.
나눠진 문장을 보면서 주어와 동사의 위치가 어떻게 바뀌는지 확인하면서
문장을 읽어 보세요.

[**We consider it normal to let our sedentary lifestyles creep in as we age, but this is far from the truth.**

나이가 들수록 앉아만 있는 생활습관에 점점 익숙해지는 것을 당연하게 여기는데, 이는 잘못된 생각이다.]

01 **We consider it normal**

▶ 우리는 그것을 정상이라고 생각한다

02 **to let our sedentary lifestyles creep in as we age,**

▶ 나이가 들수록 앉아만 있는 생활습관에 점점 익숙해지도록 두는 것

03 **but this is far from the truth.**

▶ 하지만 이는 진실과 거리가 멀다

let A creep in은 'A가 은밀히 들어오도록 허락하다'라는 뜻입니다. 비유적으로 어떠한 생활 방식이나 습관이 천천히 스며드는 것을 알면서도 별다른 대응 없이 받아들인다는 뜻으로 쓰였습니다. 여기서 let 대신 allow로 바꿔서 사용할 수도 있습니다. sedentary는 '앉아있는'이라는 의미로 주로 좌식생활을 일컫습니다.

If you let bad habits creep into your daily routine, they will become harder and harder to break.

▶ 만약 나쁜 습관이 우리의 일상에 스며들게 방치한다면, 점점 더 고치기 어려워질 것이다.

Helpful Tip!

creep in : 소리 없이 들어오다, 영향을 미치다

far from the truth : 진실과 거리가 먼

sedentary : 주로 앉아서 생활하는

Power up reading

영어 문단을 읽고 해석해 보는 시간입니다. 단어나 문법뿐만 아니라 실생활에서 사용되는 영어 텍스트와 친숙해짐으로써 영어에 대한 두려움을 극복해 보세요. 아래 문단을 천천히 읽고 스스로 먼저 해석해 본 후, 밑에 있는 해석을 확인해 보세요.

The Wolf and the Kid

늑대와 어린 염소

A kid was playing on the roof of his house when he suddenly saw a wolf passing by. Immediately, he began to yell at the wolf. "What are you doing here? Get away from my house!" "Be quiet, my young friend," said the wolf. "It is easy to be brave from a safe distance."

한 어린 염소가 지붕 위에서 놀고 있었습니다. 그 순간 늑대 한 마리가 지나가는 것을 보았습니다. 어린 염소는 바로 늑대에게 험한 말을 퍼부었습니다. "여기서 뭘 하는 거지? 우리 집에서 떨어져!" 늑대가 말했습니다. "우리 작은 친구, 조용히 하는 게 좋을 거야. 안전한 곳에 있을 때는 용감하기 쉬운 법이지."

Power up reading

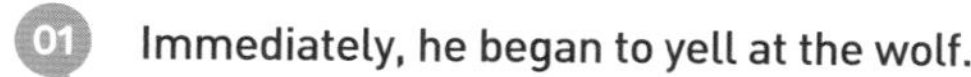

영어 문단을 읽고 해석해 보는 시간입니다. 단어나 문법뿐만 아니라 실생활에서 사용되는 영어 텍스트와 친숙해짐으로써 영어에 대한 두려움을 극복해 보세요. 아래 문단을 천천히 읽고 스스로 먼저 해석해 본 후, 밑에 있는 해석을 확인해 보세요.

01 **Immediately, he began to yell at the wolf.**

▶ 어린 염소는 바로 늑대에게 험한 말을 퍼부었습니다.

began to A는 'A 하기를 시작했다'라는 뜻으로 어떠한 행동이 시작되었음을 알려줍니다. 어린 염소가 늑대를 보자마자 험한 말을 퍼붓기 시작했다는 뜻입니다.

예문 **The crowd began to cheer as the players walked out onto the field.**

▶ 선수들이 경기장으로 나가자 관중들이 환호하기 시작했다.

02 **"Be quiet, my young friend," said the wolf. "It is easy to be brave from a safe distance."**

▶ "우리 작은 친구, 조용히 하는 게 좋을 거야"라고 늑대가 말했습니다. "안전한 곳에 있을 때는 용감하기가 쉬운 법이야."

이솝우화를 읽으며 등장인물들이 말할 때 반복되는 유형을 눈치채셨나요? 말 한마디가 먼저 나온 후 화자가 누구인지 알려주고 또 말이 이어집니다. 대화문을 끊어서 긴장감을 높이는 방법입니다.

it is easy to는 '~하기 쉽다' 라는 의미로 일상생활에서 자주 쓸 수 있는 표현입니다.

예문 **It is easy to give advice but hard to follow it.**

▶ 충고하는 것은 쉽지만 실천하기는 어렵다.

Helpful Tip!

kid : 새끼 염소, 어린 염소

quiet : 조용한, 고요한

brave : 용감한, 용기 있는

distance : (공간상 시간상으로 떨어진) 거리

Weekend
주요 동사
02

HAVE

Have a good day!
좋은 하루를 보내세요!

많이 들어 본 문장이죠? 그런데 have는 '가지다'라는 의미인데 '좋은 하루를 보내세요'라는 문장에 왜 have가 등장할까요?

한국어로 풀이하는 과정에서 have의 중요한 의미가 많이 누락되었는데요, have가 기본적으로 '소유한 상태'를 의미하는 것은 맞습니다. 지금부터 have가 가진 몇 가지 뜻을 같이 공부해 보겠습니다.

have의 첫 번째 뜻

(물질적인 무언가를) 가지다, 소유하다

have를 사용해서 '물건을 소유하고 있는 상태'를 표현할 수 있습니다. 예시를 살펴보겠습니다.

예문

May has 5 dollars in her pocket.

▶ 메이는 주머니에 5달러를 가지고 있다.

➜ 메이는 주머니에 5달러가 있다.

I want to have a sports car.

▶ 나는 스포츠카를 가지고 싶다.

➜ 스포츠카가 있었으면 좋겠다.

have가 not과 같은 부정문과 함께 사용되면 '없다'가 됩니다.

예문

We don't have any spare laptops at the moment.

▶ 우리는 지금 여분의 노트북을 가지고 있지 않아요.

➜ 우리는 지금 여분의 노트북이 없어요.

이렇듯 내가 무언가를 소유하고 있을 때, 소유를 원할 때, 소유하지 않았을 때에 have를 사용할 수 있습니다.

HAVE

have의 두 번째 뜻

~해야 한다, ~해야 할 의무가 있다

조금 더 나아가서 have 뒤에 to를 붙여 '~해야 한다'라는 의미로 활용할 수 있습니다. 우리가 흔하게 접할 수 있는 have의 형태 중 하나입니다.

have to A를 'A를 해야 한다'라고 그대로 외울 수도 있지만, 'to A를 가지다', 즉 'A 해야 함을 가지고 있다'로 먼저 파악해 보겠습니다. 우리가 'A 해야 함'을 가진다는 것은 곧 A에 대한 우리의 의무와 책임을 의미합니다.

have to 안에 have (a duty) to와 have (a responsibility) to와 같이 생략된 뜻이 포함되어 있다고 생각하셔도 됩니다. 이때도 마찬가지로 '~해야 할 의무가 있다'로 풀이됩니다.

이렇게 풀이하면 have의 핵심 의미인 '(가지고) 있다'라는 뜻이 포함된 형태로 해석할 수 있습니다. 예시를 살펴보겠습니다.

예문

We all have to take care of the Earth.

▶ 우리는 모두 지구를 보살펴야 할 의무를 가지고 있다.

➜ 우리는 모두 지구를 보살펴야 한다.

I have to finish some paperwork.

▶ 나는 문서작업을 끝내야 할 책임을 가지고 있다.

➜ 나는 문서 작업을 끝내야만 한다.

마무리를 지어야 할 일이 있을 때, 혹은 해야 할 일이 있다고 이야기할 때 가장 흔하게 사용되는 표현입니다. 활용도가 높은 표현이니 기억해두면 좋습니다.

Weekend
주요 동사
02

HAVE

have의 세 번째 뜻

(추상적인 무언가를) 가지다

have를 활용해 물리적 형태로 '소유'하지 않아도 그저 '(가지고) 있는' 무형의 가치나 추상적인 개념을 대상으로 지칭할 수 있습니다. 예시를 보겠습니다.

예문

I don't have time for lunch. I have some work to finish by 2 p.m.

▶ 점심 먹을 시간이 없어. 오후 2시까지 끝내야 할 일이 있어.

갑자기 일이 많이 쏟아질 때는 밥을 먹을 여유조차 없을 때가 있어요. 점심 먹을 시간을 '가지고 있지 않다(don't have)', 할 일을 '가지고 있다(have)'의 형태로 표현할 수 있습니다.

추상적인 개념을 가리키는 또 다른 예시를 살펴볼까요?

예문

Kevin had a misunderstanding with his boss.

▶ 케빈은 상사에 대한 오해를 가지고 있었다.

➜ 케빈은 상사를 오해하고 있었다.

일을 하다 보면 직장 동료와의 소통에 오해가 종종 발생할 수 있어요. 오해는 추상적인 개념이지만 '오해(a misunderstanding)를 가지고 있다(have)'라고 이야기할 수 있습니다. 비슷한 맥락으로 다음과 같은 문장 표현도 가능합니다.

HAVE

예문

We have a meeting in 10 minutes.

▶ 우리는 10분 뒤에 회의가 있다.

We are having a party next week to celebrate the end of the year.

▶ 우리는 다음 주에 송년회를 가질 것이다.

➜ 다음 주에 송년회를 열 것이다.

이렇듯 have는 대상의 실재 여부나 형태와는 무관하게 '~가 있다'고 표현할 때 자주 쓰입니다. 무형의 가치나 추상적인 개념에도 적용할 수 있다는 점 꼭 기억하세요.

have의 네 번째 뜻

관계를 맺고 있다, 관계가 있다

have를 쓴다고 언제나 소유를 의미하는 것은 아닙니다. 대표적으로 사람과의 관계에서 쓸 때 그렇습니다. 예시를 살펴보겠습니다.

예문

David has two older sisters and one younger brother.

▶ 데이비드는 두 명의 누나와 한 명의 남동생을 가지고 있다.

➜ 데이비드에게는 두 명의 누나와 한 명의 남동생이 있다.

David has a beautiful girlfriend.

▶ 데이비드는 아름다운 여자 친구를 가지고 있다.

➜ 데이비드에게는 아름다운 여자 친구가 있다.

이번 뜻에서도 마찬가지로 '~가 있다'라는 have의 핵심 의미를 나타냅니다.

HAVE

have의 다섯 번째 뜻

먹다, 마시다 등 행위

식사를 하거나 커피를 마실 때도 have를 사용할 수 있습니다.

예문

We just had pizza for dinner.

▶ 우리는 방금 저녁으로 피자를 먹었다.

have가 '먹다'로 표현될 때는 '어르신들과 식사 자리를 가졌어'라는 표현을 떠올리면 맥락을 좀 더 쉽게 연상할 수 있습니다. '식사하다' 속에는 '식사하는 시간/경험을 가지다'라는 의미가 내포되어 있는 것이죠.

▶ 식사 자리를 갖다 ➜ 식사 시간을 갖다 ➜ 식사를 하다

그러면 미래를 나타낼 때는 어떻게 할까요?

예문

They are having coffee after lunch.

▶ 그들은 점심을 먹고 커피를 마실 거야.

'~을 먹을 예정이다'라고 말하고 싶을 때는 be동사 + having의 형태로 표현합니다.

FooD
꺼억
빵
빵
기웃
I Just had lunch
I am having lunch

HAVE

이외에도 여러 명사에 have를 붙여서 어떠한 행위를 나타낼 수 있습니다. '가지다' 그대로 풀이가 안 되는 경우 한국어로 가장 적절한 동사를 적용해 보세요.

예문

I had a walk with him.

▶ 나는 그와 함께 걸었다.

Kailey is having a baby.

▶ 케일리가 임신했다.

have의 여섯 번째 뜻

~를 경험하다, 겪다

Have a nice day! 우리가 실생활에서 가장 흔히 듣는 have를 활용한 문장입니다. have의 여섯 번째 뜻은 바로 '~를 경험하다', '겪다'라는 뜻입니다. 예시를 함께 살펴볼까요?

예문

Madison is having a hard time falling asleep.

▶ 매디슨은 잠이 드는데 어려움을 가지고 있다.

➜ 매디슨은 잠이 드는데 어려움을 겪고 있다.

➜ 매디슨은 쉽게 잠에 들지 못하고 있다.

have가 수식하는 것이 경험이면 '~한 경험을 가지다', 즉 '~를 겪다'라고 풀이할 수 있습니다. 조금 어려운 부분일 수 있지만, 풀어서 이해해 보면 have의 핵심 의미인 '(가지고) 있다'를 확장한 개념으로 이해할 수 있습니다.

Weekend
주요 동사
02

HAVE

예문

We had a great time at the after party.

▶ 우리는 뒤풀이 파티에서 좋은 시간을 가졌다.

➜ 우리는 뒤풀이 파티에서 좋은 시간을 보냈다.

시간을 가진 것은 곧 시간을 보낸 것, 경험한 것입니다. 우리가 누군가와 함께 시간을 보낸 후 '이런 자리를 갖게 되어서 기쁩니다'라고 말하는 것을 생각해 보세요.

이렇게 have의 여섯 가지 뜻을 함께 배워 봤습니다. 다양한 의미로 쓰이고 응용되는 단어이지만, have의 뿌리는 모두 동일한 핵심 의미에서 온다는 걸 잘 기억하세요. 무엇보다 내 상황에 적용해서 복습해 본다면 금방 have라는 동사와 친해질 수 있을 거예요. 그럼 모두 Have a nice day!

Week 08

Read it out loud

기억하면 좋은 문장을 따라 읽고, 암기해 보는 시간입니다.
아래 문장을 크게 소리 내서 읽어 보세요.

Speak of the devil.
호랑이도 제 말 하면 온다.

'호랑이도 제 말 하면 온다'라는 말은 어떤 사람에 대해 이야기하고 있을 때 우연히 그 사람이 나타나는 경우를 일컫는 속담입니다. 영어에도 비슷한 표현이 있다는 사실을 알고 있나요? speak of the devil 그대로 풀이하면 '악마에 대해 말을 했더니 (정말로 왔네)'라는 의미입니다. 악마에 대해 이야기하는 것은 액운을 불러온다는 미신에서 유래된 표현입니다. 한국에서도 두려운 존재로 여겨지던 호랑이가 속담에 사용된 것과 비슷한 맥락이지요.

Mr. Jones is such a lazy guy. Speak of the devil, here he comes.

▶ 존스 씨는 너무 게을러. 호랑이도 제 말 하면 온다더니, 저기 오네.

Helpful Tip!

lazy : 게으른

devil : 악마

Enrich your vocabulary

자주 쓰이는 유익한 단어를 배워 보는 시간입니다. 하루에 단어 하나씩만 외워도
일주일이면 7개, 한 달이면 30개의 단어를 외울 수 있겠죠?
오늘 배울 단어는 다음과 같습니다.

Persist
집요하게 지속하다

끈질기게 지속되는 것을 일컬어 영어로 persist라고 합니다. persist는 문맥에 따라 긍정적, 부정적인 상황 모두에 사용할 수 있습니다.

How long do you expect this crisis to persist?

▶ 이 위기가 얼마나 지속될 것으로 예상하나요?

crisis는 '위기'로 위 예문에서는 이 위기가 얼마나 오래 지속될 것으로 예상하는지 물어보고 있습니다. 고통이나 특정한 행동을 지속할 때에도 persist를 사용합니다.

예문 **You should see a doctor if the pain persists.**

▶ 통증이 계속되면 의사를 보러 가는 게 좋을 것 같아.

persist는 고집이나 굽히지 않은 의지와 노력을 나타내기도 합니다.

예문 **If I continue to persist, I believe I'll achieve my goal.**

▶ 내가 인내한다면 목표를 이룰 것을 믿는다.

Helpful Tip!

expect : 예상하다

continue : 계속하다

Remember this expression

영어에서 자주 쓰이는 핵심 표현을 배우고, 응용해 보세요. 하나를 배우면 자유자재로 적용할 수 있습니다. 오늘 배울 표현은 무엇인지 살펴볼까요?

Day 3

[Under the circumstances 상황에 따라]

상황에 맞춰 유연하게 대응하거나 타협할 때 쓸 수 있는 표현이 바로 under the circumstances입니다. circumstance는 '환경', '상황'이라는 뜻인데, 위 표현에는 여러 복합적인 상황과 요인들을 고려한다는 뜻이 담겨있기 때문에 복수 형태가 사용되었습니다.

예문 **The schedule may change under the circumstances.**

▶ 상황에 따라 일정이 변경될 수 있습니다.

예문 **Under these circumstances, no one could blame him for what happened last night.**

▶ 이러한 상황에서, 어젯밤에 일어난 일에 대해 그를 비난할 수 있는 사람은 없습니다.

under any circumstances는 '어떠한 경우에도', '어떠한 상황에도'라는 단호한 표현입니다.

예문 **I won't cancel my trip under any circumstances.**

▶ 무슨 일이 있어도 나는 여행을 취소하지 않을 거예요.

Helpful Tip!

blame : 탓하다, 비난하다

circumstance : 환경, 상황

Divide and conquer

길고 어려운 영어 문장을 짧게 끊어 읽으면 문장의 구조가 잘 보여 이해하기 쉽습니다.
나눠진 문장을 보면서 주어와 동사의 위치가 어떻게 바뀌는지 확인하면서
문장을 읽어 보세요.

[**Sephora wanted to avoid becoming a store where customers just go to buy things.**

세포라(Sephora)는 고객들이 그저 물건만 사러 가는 상점이 되고 싶지 않았다.]

01 **Sephora**

▶ 세포라는

02 **wanted to avoid becoming a store**

▶ ~한 상점이 되는 것을 피하고 싶었다

03 **where customers just go to buy things.**

▶ 고객들이 그저 물건만 사러 가는

wanted to avoid becoming A는 'A가 되는 것을 피하고 싶었다'라는 뜻입니다. 무언가가 되고 싶거나, 혹은 반대로 되고 싶지 않다고 이야기할 때 want to become A, want to avoid becoming A를 자주 사용합니다.

예시

보편적인 소망

wish to become ▶ ~가 되기를 소원하다

want to do ▶ ~하기를 원하다

조금 더 강한 바람

desire to become ▶ ~가 되기를 바라다, 갈망하다

aspire to do ▶ ~하기를 열망하다

Helpful Tip!

avoid : 피하다

aspire : 열망하다

Power up reading

영어 문단을 읽고 해석해 보는 시간입니다. 단어나 문법뿐만 아니라 실생활에서 사용되는 영어 텍스트와 친숙해짐으로써 영어에 대한 두려움을 극복해 보세요. 아래 문단을 천천히 읽고 스스로 먼저 해석해 본 후, 밑에 있는 해석을 확인해 보세요.

The Fox and the Mask

여우와 가면

A fox sneaked into the storage room of a theater. Suddenly, he saw a face staring at him, and he was terrified; but after looking more closely, he realized it was only a mask that actors wear. "Ah," said the fox, "you look perfect; it's so sad that you don't have a heart." Outside show is a poor substitute for inner worth.

여우가 극장 창고로 몰래 들어갔습니다. 갑자기 어떤 얼굴이 자신을 쳐다보고 있는 것을 보고 까무러쳤습니다. 하지만 다시 한번 자세히 보니, 배우들이 쓰는 가면일 뿐이었다는 것을 깨달았습니다. 여우가 말했습니다. "아! 완벽한 얼굴이야. 이 안에 마음이 없다니 슬프군." 겉보기는 내면의 가치를 대신할 수 없습니다.

01 **A fox sneaked into the storage room of a theater.**

▶ 여우가 극장의 창고로 몰래 들어갔습니다.

sneak는 '살금살금 가다', '몰래 가다'라는 뜻을 가지고 있습니다. 즉, sneaked into A는 'A로 은밀히 들어갔다'라는 말이 됩니다.

조금 변형해 보겠습니다. sneak in B라고 하면 'B를 가지고 몰래 들어가다', 'B를 밀반입하다'라는 뜻이 됩니다.

예문 **Bonnie sneaked into her sister's room and sneaked in a mouse.**

▶ 보니는 언니 방으로 은밀히 들어가며 생쥐를 몰래 들여왔다.

이러한 장난꾸러기를 sneaky 하다고 합니다. sneaky는 '교활한', '엉큼한'을 뜻합니다.

02 **After looking more closely, he realized it was only a mask that actors wear.**

▶ 다시 한번 자세히 보니, 배우들이 쓰는 가면일 뿐이었습니다.

after A, one realizes B는 '~한 후에 …를 깨닫다'라는 뜻입니다. 여우가 처음에는 가면이 사람인 줄 알고 놀랐지만, 나중에 가면인 것을 안 것처럼, 어떠한 계기가 있고 난 뒤 무언가를 깨달을 때 쓰는 표현입니다.

예문 **After becoming a mom myself,
I realized how much my mom loved me.**

▶ 엄마가 되고 난 후에야 엄마가 얼마나 나를 사랑했는지 깨달았다.

Helpful Tip!

storage : 저장, 저장고, 보관소

terrified : 몹시 무서워하는, 몹시 겁이 난

theater : 극장, 영화관

actor : 배우 (남자)

당신의 뇌를 해킹하라!

Hack your brain!

집중이 안 되는 원인을 찾아보자

일을 의욕적으로 하고 싶은데 집중하지 못한다면 우리는 '의지'를 탓하곤 합니다. 《초집중》의 저자 니르 이얄은 집중을 방해하는 두 가지 원인을 '외부 계기'와 '내부 계기'로 나눕니다.

'내부 계기'란 배고픔, 슬픔, 외로움 같이 내면에서 오는 신호입니다. 반면 '외부 계기'란 주변에서 오는 자극입니다. 막 집중하려던 찰나에 울리는 전화, 커피 마시러 가자는 동료, 밖에서 들리는 공사 소음 등과 같이 모든 외적인 요인이 외부 계기에 해당합니다.

정말 집중하고 싶다면 내가 갑자기 다른 행동을 하는 원인을 추적해 봐야 합니다. 먼저 딴짓을 하기 직전에 느껴지는 감정에 주목해 보세요. 내가 글을 쓸 때마다 자꾸 뭔가를 검색하고 싶어지는 이유는 진실로 자료 검색을 위한 것이 아니라, 글 쓰는 게 힘들기 때문에 잠시 그 상황을 피하고 싶기 때문일 수 있습니다. 하던 일에서 벗어나 딴짓을 하는 나를 발견한다면 즉시 그 감정을 기록해 보세요. 도망가고 싶은 욕망을 해소하지 않으면 딴짓의 방법만 바뀔 뿐입니다. 욕망을 무시하지 말고 자세히 들여다보면 해결 방법이 보입니다.

핵심 문장

If you really want to focus, you need to track down what's causing you to do other things that you didn't plan on doing.

▶ 정말 집중하고 싶다면 당신이 계획하지 않은 다른 행동을 하는 원인을 추적해 봐야 합니다.

핵심 표현

track down : (~을) 찾아내다, 추적하다

plan on : ~할 예정(계획)이다

참고 : 《초집중》 I 니르 이얄 저 I 로크미디어

Week 09

Read it out loud

기억하면 좋은 문장을 따라 읽고, 암기해 보는 시간입니다.
아래 문장을 크게 소리 내서 읽어 보세요.

[You made it! 해냈군요!]

오랜만에 친구들과 모이는 자리에 한 친구가 갑자기 일이 생겨서 못 올 것 같다고 연락이 왔습니다. 아쉽지만 다음을 기약하며 남은 사람들끼리 저녁을 먹습니다. 분위기가 무르익어갈 무렵, 못 온다던 친구가 나타났어요. 이때 이렇게 말할 수 있습니다. You made it! '왔구나! 나는 네가 오늘 못 올 줄 알았어.'

one makes it이라는 표현은 '이뤄내다', '해내다'를 뜻합니다. 어려운 일을 성공적으로 마치거나 성과를 거두었을 때 사용합니다. 이 상황에서는 '못 올 줄 알았는데 결국 왔구나'라고 해석할 수 있습니다. 또, 늦을 줄 알았는데 제시간에 왔을 때는 다음과 같이 말할 수 있습니다.

You made it on time!

▶ 시간에 맞춰서 왔구나!

Helpful Tip!

on time : 정시에, 제시간에

Enrich your vocabulary

자주 쓰이는 유익한 단어를 배워 보는 시간입니다. 하루에 단어 하나씩만 외워도
일주일이면 7개, 한 달이면 30개의 단어를 외울 수 있겠죠?
오늘 배울 단어는 다음과 같습니다.

Day 2

[Disposition 타고난 기질, 성향]

사람들의 타고난 기질이나 성향을 영어로 설명할 때 disposition이라는 단어를 사용합니다. 잘 변하지 않는 성향 혹은 기질을 이야기할 때 disposition을 사용해 보세요.

예문 **I have a quiet disposition.**

▶ 나는 조용한 성격을 가졌다.

예문 **Jonas has an optimistic disposition.**

▶ 조나스는 낙천적인 성향을 가졌다.

예문 **From the age of seven, Lora showed a disposition to paint.**

▶ 로라는 7살 때부터 그림에 소질을 보였다.

Helpful Tip!

quiet : 조용한

optimistic : 낙천적인, 긍정적인

Remember this expression

영어에서 자주 쓰이는 핵심 표현을 배우고, 응용해 보세요. 하나를 배우면 자유자재로 적용할 수 있습니다. 오늘 배울 표현은 무엇인지 살펴볼까요?

[Run out of ~을 다 써버리다]

차를 타고 제주도 해안가 도로를 달리고 있는 모습을 상상해 보세요. 시원하게 펼쳐진 푸른 바다 풍경을 즐기며 달리고 있는데, 차의 연료가 별로 남지 않았어요. 이때 영어로 뭐라고 해야 할까요?

예문 **Oh no, we are running out of fuel.**

▶ 이런, 기름이 다 떨어져 가.

run out of something은 무엇을 다 써버리거나, 사용하거나, 팔거나 해서 바닥나고 있는 상황을 표현합니다.

예문 **I am running out of time.**

▶ 나 시간이 얼마 없어.

인내심, 아이디어 등의 추상적인 개념에도 적용할 수 있습니다.

예문 **I finally ran out of patience after waiting for an hour.**

▶ 1시간을 기다리니 마침내 인내심이 바닥났다.

Helpful Tip!

finally : 결국, 마침내

patience : 인내심, 기다림

Divide and conquer

길고 어려운 영어 문장을 짧게 끊어 읽으면 문장의 구조가 잘 보여 이해하기 쉽습니다.
나눠진 문장을 보면서 주어와 동사의 위치가 어떻게 바뀌는지 확인하면서
문장을 읽어 보세요.

When *Iron Man* hit the theaters, Marvel turned its luck around and gained international preeminence in the character-oriented entertainment field.

〈아이언맨〉이 극장에 출시되었을 때, 마블은 전화위복의 계기를 마련했으며 캐릭터 중심 엔터테인먼트 산업에서 국제적 명성을 얻었다.

01 When *Iron Man* hit the theaters,

▶ 〈아이언맨〉이 극장에 출시되었을 때

02 Marvel

▶ 마블은

03 turned its luck around

▶ 전화위복의 계기를 마련했으며

04 and gained international preeminence in the character-oriented entertainment field.

▶ 캐릭터 중심 엔터테인먼트 분야에서 국제적 명성을 얻었다

turn one's luck around는 '운을 반대로 돌리다'라는 뜻으로, 안 좋은 쪽으로 향하던 운세가 역전되었을 때 사용하는 표현입니다. 주로 어렵거나 힘든 상황에 기회를 잡아 상황을 호전시키고 좋은 방향으로 흘러가게 만드는 것이죠. 사자성어 중에서 '전화위복'과 뜻이 통합니다.

예문 If you want to turn your luck around, focus on improving your daily routine first.

▶ 만약 여러분이 삶을 역전시키길 바란다면, 먼저 여러분의 일상을 개선하는데 집중하세요.

Helpful Tip!

A oriented B : A 중심의 B

hit the theaters : (사람이) 영화관에 가다, (영화가) 출시되다

Power up reading

영어 문단을 읽고 해석해 보는 시간입니다. 단어나 문법뿐만 아니라 실생활에서 사용되는 영어 텍스트와 친숙해짐으로써 영어에 대한 두려움을 극복해 보세요. 아래 문단을 천천히 읽고 스스로 먼저 해석해 본 후, 밑에 있는 해석을 확인해 보세요.

The Snake and the File

독사와 쇠줄

A snake went into an armory. As he slithered on the floor, a file poked his skin. In a rage, he turned around and tried to sink his fangs into it. But he couldn't do any harm to the iron no matter how hard he tried. It is useless attacking the insensible.

한 독사가 대장간으로 들어갔습니다. 바닥을 스르르 기어 다니다가 쇠줄에 찔려버렸습니다. 화가 난 독사는 뒤돌아 쇠줄을 확 물려고 했습니다. 그러나 아무리 세게 물어도 쇠에 상처를 낼 수는 없었습니다. 무감각한 이를 공격하는 것은 헛된 일입니다.

01 **But he couldn't do any harm to the iron no matter how hard he tried.**

▶ 그러나 아무리 노력한다고 해도 쇠에 상처를 낼 수는 없었습니다.

no matter how hard one tries는 얼마나 힘써 노력하든지 간에 상관없다는 뜻으로, 불가능함을 말하고 싶을 때 자주 쓰는 표현입니다. 보통 이 구절 앞이나 뒤에는 '~할 수가 없었다'라는 뜻을 가진 구절이 들어갑니다. 여기서는 독사가 아무리 노력을 해도, he couldn't do any harm to the iron, 쇠에 상처를 낼 수 없었다고 말하고 있습니다.

예문 **No matter how hard I tried, I couldn't solve the puzzle.**

▶ 아무리 노력해도 퍼즐을 풀 수가 없었다.

02 **It is useless attacking the insensible.**

▶ 무감각한 이를 공격하는 것은 헛된 일이다.

Power up reading

영어 문단을 읽고 해석해 보는 시간입니다. 단어나 문법뿐만 아니라 실생활에서 사용되는 영어 텍스트와 친숙해짐으로써 영어에 대한 두려움을 극복해 보세요. 아래 문단을 천천히 읽고 스스로 먼저 해석해 본 후, 밑에 있는 해석을 확인해 보세요.

useless는 영화를 보다 보면 자주 들을 수 있는 말입니다. 보통 단어 뒤에 -less가 붙으면 앞에 붙은 단어의 부정형이 됩니다. use는 '사용하다' 즉, '쓸모'를 의미하니 useless는 '쓸모 없는', '헛된' 것을 의미하겠죠.

예시

fearless = fear + -less ▶ 두려움이 없는, 용감한

harmless = harm + -less ▶ 해가 없는, 무해한

tasteless = taste + -less ▶ 아무런 맛이 없는

위 우화에서는 무감각한 사람에게 상처를 입히려고 노력하는 것은 전혀 도움이 되지 않는다는 사실을 말해 주고 있습니다. 오히려 분노에 사로잡혀 쇠줄을 물어뜯었다면, 독사는 이빨만 잔뜩 상해서 돌아갔을 것입니다. 나를 화나게 한 상대에게 상처를 주고 싶을 때 기억하면 좋을 우화입니다.

Helpful Tip!

rage : 분노, 격노

sink : ~을 가라앉히다, (~에) 밀어 넣다

slither : 미끄러지듯 기어가다

file : 쇠줄

당신의 뇌를 해킹하라!

Hack your brain!

다시 출발점으로 돌아가자

“그 사람이 어떻게 시간을 보내는지 알면 어떤 사람이 될지 알 수 있다.” 독일 철학자인 괴테가 한 말입니다. 우리는 돈을 필요한 곳이나 가치 있는 곳에 검소하게 쓰려고 하면서, 시간을 가치 있게 쓰기 위해서는 큰 노력을 기울이지 않습니다.

시간을 가치 있게 쓰기 위해서는 가치 있는 일들을 하기 위한 시간을 미리 확보해야 합니다. 가족이 중요하다면 가족과 보내는 시간을 내야 하죠. 무엇을 할지, 언제 할지 미리 계획해야 합니다. 하지만 대부분이 우선순위를 정하는 것을 어려워합니다. 어디서 어떻게 시작해야 할지 모르기 때문입니다.

나에게 가치 있는 것들이 무엇인지 잘 모르겠다면, ‘나는 어떤 사람이 되고 싶은가’를 먼저 생각해 보세요. 건강한 사람이 되고 싶다면 평소에 규칙적으로 운동할 수 있는 시간을 확보해야 합니다. 늘 성장하는 사람이 되고 싶다면 규칙적으로 학습할 수 있는 시간을 확보해야 합니다.

계획 없이 시간을 보내다 보면 무가치한 일들에 시간을 허비하기 마련입니다. 하루 일정에 당신의 가치관이 반영되어 있나요? 내가 지금 보내는 시간이 미래의 나를 만들어 간다는 괴테의 말을 기억하시기 바랍니다.

핵심 문장

You need to plan what you will do and when you will do it in advance. However, most people struggle with prioritization.

▶ 무엇을 할지, 언제 할지 미리 계획해야 합니다. 하지만 대부분이 우선순위를 정하는 것을 어려워합니다.

핵심 표현

in advance : 미리, 사전에

prioritization : 우선순위를 매김

참고 : 《초집중》 I 니르 이얄 저 I 로크미디어

Week 10

Read it out loud

기억하면 좋은 문장을 따라 읽고, 암기해 보는 시간입니다.
아래 문장을 크게 소리 내서 읽어 보세요.

[Give the cold shoulder 쌀쌀맞게 대하다]

어느 날 갑자기 친구의 태도가 냉랭해졌어요. cold shoulder는 무시, 냉대를 뜻합니다. 중세 시대에 중요하지 않은 손님에게 남은 차가운 고기를 주었던 것에서 비롯된 표현이라고 해요. give someone the cold shoulder는 누군가를 쌀쌀맞게 대하는 것을 뜻합니다. 의도적으로 누군가를 무시하거나 불친절하게 대하는 장면을 상상해 보세요. 반갑게 인사를 했는데 상대방이 쌩~하고 몸을 돌려 가버린다면 쌀쌀맞게 느껴지겠죠?

I don't understand why she is giving me the cold shoulder.

▶ 나는 그녀가 왜 나를 쌀쌀맞게 대하는지 이해가 안 가.

Helpful Tip!

shoulder : 어깨

give the cold shoulder to : ~에게 냉대하다, 냉담한 태도를 보이다

Enrich your vocabulary

자주 쓰이는 유익한 단어를 배워 보는 시간입니다. 하루에 단어 하나씩만 외워도
일주일이면 7개, 한 달이면 30개의 단어를 외울 수 있겠죠?
오늘 배울 단어는 다음과 같습니다.

[Apparently 보아하니]

apparently는 '명백한'이라는 뜻을 가진 apparent에서 왔습니다. 상황에 따라 여러 의미로 쓰입니다. 정확히 아는 것은 아니지만 무엇을 보았거나, 무엇을 들어서 '~한 것 같더라'라고 말하고 싶을 때, '보아하니', '듣자 하니'라는 뜻으로 쓰입니다.

예문 **Apparently, Benjamin studied very hard for the exam.**

▶ 보아하니, 벤자민은 시험공부를 매우 열심히 했네.

예문 **Apparently, Adam lost a lot of money in the stock market.**

▶ 듣자 하니, 아담이 주식으로 많은 돈을 잃었다더라.

apparently는 생각했던 것과 실제 사실이 다를 때, '알고 보니', '사실은' 이라는 뜻으로도 사용됩니다.

예문 **I thought they were married but apparently not.**

▶ 난 그들이 결혼했다고 생각했는데 알고 보니 아니네.

Helpful Tip!

a lot of : 많은

stock market : 주식 시장

Remember this expression

영어에서 자주 쓰이는 핵심 표현을 배우고, 응용해 보세요. 하나를 배우면 자유자재로 적용할 수 있습니다. 오늘 배울 표현은 무엇인지 살펴볼까요?

Look into
들여다보다

퇴근 후 집에 도착하니 누가 보냈는지 알 수 없는 큰 택배 상자가 문 앞에 놓여있어요. 궁금한 마음으로 무언가를 들여다보는 것을 look into라고 합니다. 물이 새는 싱크대, 사용설명서 등 무언가를 살펴볼 때도 사용됩니다.

예시

look into the dripping tap ▶ 물이 새는 수도꼭지를 살펴보다

look into the manual ▶ 사용설명서를 살펴보다

어떠한 사안을 '조사하다', '검토하다'라는 뜻도 가지고 있습니다. 예를 들어, 신고가 접수되면 경찰은 사건을 정확히 파악하기 위해 조사를 합니다. 사건을 look into 하는 것, 전말을 알아보기 위해 가까이 들여다보는 것입니다.

예문

The policeman promised to look into the case.

▶ 경찰관은 그 사건에 관해 조사할 것을 약속했다.

예문

The government is looking into how to reduce unemployment.

▶ 정부는 실업률을 낮추기 위한 방안을 검토하고 있다.

Helpful Tip!

dripping tap : 수도꼭지

government : 정부

Divide and conquer

길고 어려운 영어 문장을 짧게 끊어 읽으면 문장의 구조가 잘 보여 이해하기 쉽습니다.
나눠진 문장을 보면서 주어와 동사의 위치가 어떻게 바뀌는지 확인하면서
문장을 읽어 보세요.

[**Deeply rooted misconceptions surrounding mental illness led to a lack of open discussions, resulting in poor diagnosis and treatment for depression and anxiety.**

정신 질환에 대한 뿌리 깊은 오해들로 인해 진솔한 대화가 충분히 이루어지지 않은 결과, 우울증과 불안증에 대한 진단과 치료가 제대로 이루어지지 않았다.]

01 **Deeply rooted misconceptions surrounding mental illness**
▶ 정신 질환을 둘러싼 뿌리 깊은 오해는

02 **led to a lack of open discussions,**
▶ 열린 토의의 부족으로 이어져

03 **resulting in poor diagnosis and treatment for depression and anxiety.**
▶ 우울증과 불안증에 대한 진단과 치료가 제대로 이루어지지 않았다

'A의 결과로 B가 이어지다', 'A가 B를 야기하다'라는 뜻을 가진 A result in B를 살펴보겠습니다. 여기서 result는 '결과가 발생하다', in은 어떠한 범주를 나타냅니다. 원인 A가 B라는 결과를 초래한 것입니다.

예문 **Negative work environments can result in lower productivity.**
▶ 안 좋은 근무 환경은 생산성 저하로 이어질 수 있다.

Helpful Tip!

deeply rooted : 뿌리 깊은
mental illness : 정신 질환
misconception : 오해, 선입견, 편견
open discussion : 솔직한 논의

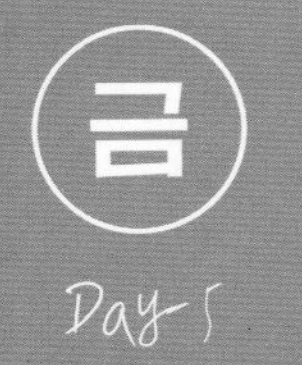

Power up reading

영어 문단을 읽고 해석해 보는 시간입니다. 단어나 문법뿐만 아니라 실생활에서 사용되는 영어 텍스트와 친숙해짐으로써 영어에 대한 두려움을 극복해 보세요. 아래 문단을 천천히 읽고 스스로 먼저 해석해 본 후, 밑에 있는 해석을 확인해 보세요.

The Bear and the Two Friends

곰과 두 친구

Two friends came across a big bear when they were traveling. One of the friends quickly climbed up a tree and hid among the branches. The other fell flat on the ground and held his breath as the bear got close and smelled him all over. Eventually, the bear left, so the other man came down from the tree and asked his friend what the bear said to him. "He gave me this advice," his friend replied. "Never travel with a friend who leaves you alone in danger." Misfortune tests the sincerity of friends.

두 친구가 여행 중 큰 곰과 마주쳤습니다. 한 친구는 빠르게 나무 위로 올라가 나뭇가지 사이로 숨었고, 또 다른 친구는 땅에 바짝 엎드리고 곰이 가까이 다가와 구석구석 그의 냄새를 맡자 숨을 참았습니다. 마침내 곰이 그 자리를 떠난 후, 나무 위에 숨어있던 친구가 내려와 곰이 무어라고 했는지 물었습니다. "곰이 내게 조언을 좀 해줬는데 말이야. 위험할 때 혼자 두고 도망치는 친구와는 절대 같이 다니지 말라더군." 불행이 닥쳤을 때 우정의 깊이가 드러나는 법입니다.

01 Two friends came across a big bear.

▶ 두 친구가 큰 곰과 마주쳤다.

두 친구가 곰을 come across 했습니다. come across에는 '~을 우연히 발견하다', '~을 우연히 마주치다'라는 뜻이 있습니다. come은 '오다', across는 '가로지르다', '맞은편'이라는 의미입니다. 맞은편에서 오는 곰을 가로지르게 된 것, 즉 곰을 마주친 것입니다.

우연히 발견하거나, 마주치게 된 것을 의미하고자 come이 사용되었습니다.

come across의 또 다른 의미로는 '이해되다', '~한 인상을 주다'가 있습니다.

누군가에게 좋은 사람이라는 인상을 받았다면 '그 사람이 나에게 좋게 다가왔다'는 뜻이 됩니다. 나에게 좋게 '와닿은' 것이죠.

예문 **She comes across as very intelligent.**
▶ 그녀는 정말 똑똑한 것 같아.

02 **The bear got close and smelled him all over.**
▶ 곰이 가까이 다가와 구석구석 그의 냄새를 맡았다.

all over는 '온통', '사방에', '전체'라는 뜻을 지니고 있습니다. 물론 무엇을 all over 했는지에 따라 풀이가 달라집니다. 우화에서는 곰이 엎드린 친구를 구석구석 모든 곳의 냄새를 맡았다는 뜻이 되겠죠.

예문 **The children are running all over the place.**
▶ 아이들이 사방으로 뛰어다니고 있어요.

Helpful Tip!

hide : 숨다, 숨기다

fall flat : 풀썩 넘어지다, 엎어지다

branch : 나뭇가지, 분점

advice : 조언

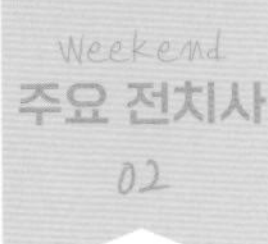

ON

ON AIR

방송 중

생방송 중인 라디오나 텔레비전 프로그램을 보면 ON AIR라는 표시가 떠 있습니다. on air는 공중으로 송출되고 있는 상태라고 이해할 수 있습니다. 여기서 air는 '공중'이라는 의미로 풀이가 가능한데, 그렇다면 on은 무슨 역할을 하는 걸까요?

on은 '접촉' 혹은 '닿아 있는' 모습을 보여줍니다. on이 '~위에'라는 뜻으로 설명되는 이유는 한 물체가 어떠한 표면에 닿아 있는 상태를 있는 그대로 묘사했기 때문이죠. on의 핵심 의미를 파악하고 몇 가지 사용법에 대해 배워 보겠습니다.

on의 첫 번째 사용법

물리적 접촉의 On

on의 '닿아 있는' 이미지를 가장 쉽게 이해할 수 있는 표현은 물리적 접촉을 나타내는 것입니다. 예시와 함께 한 물체가 다른 표면에 닿아 있는 모습을 이야기해 보겠습니다.

예문

Nathan is standing on the grass.

▶ 네이슨이 잔디 위에 서 있다.

잔디 위에 서 있는 것은 발이 바닥의 표면과 닿아 있는 것이기 때문에 on을 사용합니다. 위 문장에서 stand는 서 있는 행동을, on은 그러한 행동이 행해지는 위치를 결정하고 있습니다.

ON

예문

Dave sat on the chair.

▶ 데이브가 의자에 앉았다.

여기서 on은 데이브가 의자와 접촉하는 것을 보여줍니다.

on은 바닥이나 어떤 사물의 '위'가 아닌 벽이나 천장 등에 닿아 있는 모습에도 적용이 가능합니다.

예문

There is a family photo on the wall.

▶ 가족사진이 벽에 (걸려) 있다.

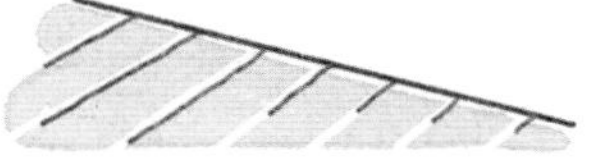

벽에 가족사진이 접촉해 있다는 뜻입니다. 별다른 동사 없이 on으로 벽에 걸려있음을 말할 수 있습니다.

예문

I was amazed by the painting on the ceiling of the Sistine Chapel.

▶ 나는 시스티나 예배당 천장에 그려진 그림을 보고 놀랐다.

세계적으로 유명한 시스티나 예배당의 〈천지창조〉 천장화를 보고 놀란 모습입니다. on the ceiling은 그림의 물감이 천장에 닿아 있는 모습을 보여 주고 있습니다.

on 을 '~위에' 혹은 '~에'라고 그대로 암기하기보다는 다양한 예문을 살펴보며 on이 가진 '접촉'의 이미지를 연상해 보세요.

on의 두 번째 사용법

의존적 관계 속 on

물리적인 표면이 아닌 마음이나 관계가 닿아 있음을 표현할 때에도 on을 사용할 수 있습니다. 상대에게 마음을 기대는 것도 '닿아 있는' 것이죠. 두 대상 간의 관계를 나타내는 동사에 on이 붙어 있으면 의존하는 관계를 나타냅니다. '의지하다', '의존하다', '기대다'를 뜻하는 세 가지 표현, count on, rely on, depend on을 살펴보겠습니다.

예문

I'm counting on you.

▶ 너에게 기대고 있어.

➜ 너를 믿는다.

이 표현은 중요한 일을 맡긴 상대에게 믿음을 나타내는 것입니다. count on은 의존을 나타내는 말 중에서 '신뢰'와 '일에 대한 책임감'을 특별히 강조하고자 할 때 사용합니다.

예문

You can always rely on me.

▶ 언제든 나에게 의지해도 돼.

Don't depend on others to find happiness.

▶ 다른 사람에게 의존해서 행복을 찾지 말아라.

Count on

Rely on

Depend on

rely on과 depend on은 심리적인 의존뿐만 아니라 물리적, 금전적 의존을 표현하는 데에도 사용할 수 있습니다. rely on은 상대에게 의지하는 이미지, depend on은 보다 수동적으로 의존하고 있는 이미지가 있습니다.

on의 세 번째 사용법

주제, 근거, 이유의 on

무언가의 기반이 되는 것을 이야기할 때도 on을 사용합니다. 무언가를 지탱하고 있는 모습을 on의 '닿아 있음'으로 표현할 수 있는 것이죠. 만약 A가 B를 근거로 하고 있다면, B라는 땅 위에 자라난 나무 A의 모습을 상상해 보면 됩니다.

예문

This book is based on a true story.

▶ 이 책은 실화를 바탕으로 하고 있다.

based on은 '~를 기반으로 하다'라는 뜻입니다. 이 책이 어디서 왔는지를 따라 내려가 보면 글의 기반이 되는 실화라는 땅에 닿아 있음을 말하고 있습니다.

예문

I watched a documentary film on wild animals.

▶ 야생동물에 관한 다큐멘터리 영화를 보았다.

책, 영화 등은 주로 한 가지 주제에서 파생된 이야기를 담고 있습니다. 위 예문에서도 다큐멘터리 영화의 근간이 되는 주제가 야생동물이라고 말하고 있습니다.

예문

Congratulations on your promotion!

▶ 승진을 축하해!

여기서 promotion은 승진을 의미합니다. 누군가를 축하할 때 종종 축하의 이유도 함께 언급하곤 하는데요, 이 또한 축하의 근거를 이야기하는 것이기 때문에 on을 사용합니다. 그래서 congratulations on이라고 하면 '~한 것을 축하해'라는 뜻이 됩니다.

on의 네 번째 사용법

교통수단을 나타내는 on

교통수단에 타고 있는 모습을 이야기할 때 on을 사용합니다. 단, 택시, 트럭과 같이 승용차의 모습을 한 이동 수단에는 in을 사용합니다. 교통수단에서 쓰이는 in과 on의 차이를 알아보겠습니다.

예문

I'm on the bus.

▶ 나는 버스를 타고 있어.

I'm in the bus.

▶ 나는 버스 안에 있어.

두 문장은 언뜻 보기에 비슷해 보이지만, 조금 다른 의미를 가졌습니다. on the bus는 교통수단을 탔다는 사실에 중점을 두고 있으며, in the bus는 버스의 움직임과 관계없이 버스 안에 있는 모습에 중점을 두고 있습니다.

예문

Oliver got on the plane.

▶ 올리버가 비행기에 탑승했다.

Oliver got in the plane.

▶ 올리버가 비행기 안으로 들어갔다.

get on A는 A라는 교통수단에 '탑승하다'라는 뜻을 가지고 있습니다. 즉, 올리버가 교통수단으로써 비행기에 탔음을 의미하기 위해 사용되었습니다. get in은 비행기의 출입문을 지나 비행기에 발을 들여놓았다는 것을 의미합니다. 늦잠을 잔 올리버가 출입문이 닫히기 전에 간신히 도착해서 들어간 모습을 상상해 보면 이해하기 쉬울 것입니다.

ON

on의 다섯 번째 사용법

시간을 나타내는 on

이번에는 at, in, on을 비교하며 연, 월, 일, 요일 등 날짜와 관련해서 언제 on을 사용하는 지 배워 보겠습니다.

at

정확한 시간을 이야기할 때 사용합니다.

▶ at 6 o'clock : 6시 정각에
▶ at 6:30 p.m. : 오후 6시 30분에
▶ at noon : 정오에
▶ at sunset : 해 질 녘에
▶ at the moment : 그 순간에

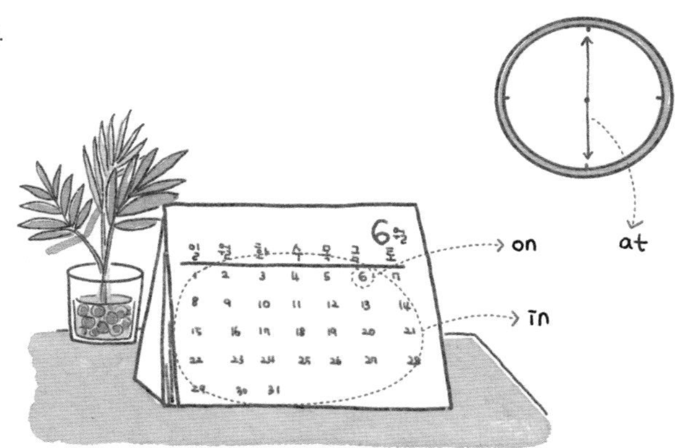

on은 구체적인 시간에 대한 정보 없이 요일, 특별한 날 등 특정한 날짜를 이야기할 때 사용합니다. 달력에 손가락을 대면 손가락이 날짜 위에(on) 올려지게 되지요. 그리고 연도와 월 안에(in) 위치하게 됩니다.

in

연, 월, 세기, 계절 등 장기적 기간을 이야기할 때 사용합니다.

▶ in May : 5월에
▶ in summer : 여름에
▶ in 1900 : 1900년에
▶ in the 1900s : 1900년대에
▶ in the stone age : 구석기 시대에
▶ in the past : 과거에

on

요일, 공휴일 등 특정한 날짜를 이야기할 때 사용합니다.

▶ on Monday : 월요일에
▶ on the 7th of March, 2020 : 2020년 3월 7일에
▶ on the 22nd of August : 8월 22일에
▶ on that evening : 그날 저녁에
▶ on Christmas Day : 크리스마스 날에
▶ on my birthday : 내 생일에

Weekend
주요 전치사
02

ON

예문

My exam is on November 11th.

▶ 내가 시험 보는 날은 11월 11일이다.

정확한 날짜가 주어졌기 때문에 날짜 앞에 on이 들어갑니다.

예문

Let's have a party on Christmas Day!

▶ 크리스마스에 파티하자!

크리스마스, 명절, 생일 등은 날짜가 정해져 있는 특정한 날이며, 또한 정확한 정보가 주어졌으므로 on으로 표현합니다.

시간과 관련된 표현으로 on을 사용할 때에도 시간과 '닿아 있는' 모습을 머릿속에 그리면 이해하기가 더 쉽습니다.

on time은 '정해진 시간에'라는 의미이며 in time은 '정해진 시간 안에'라는 의미로 사용됩니다.

예문

Please be on time.

▶ 제시간에 와 줘.

I arrived in time.

▶ 나는 시간 안에 도착했다.

전치사 on에 대해 배워 봤습니다. 더 이상 '~위에'로만 기억하지 마시고 '닿아 있는' 느낌을 찾는 것에 집중해 보세요. 어떠한 형태로든 대상이 어딘가에 닿아 있는 그림이 연상되면 on을 사용하면 됩니다. 내 상황에 대입해보고 연습하는 습관을 들여 보세요. 더 빨리 습득될 것입니다.

Week 11

Day 1

Read it out loud

기억하면 좋은 문장을 따라 읽고, 암기해 보는 시간입니다.
아래 문장을 크게 소리 내서 읽어 보세요.

Be my guest.
그러세요.

저녁 식사 자리에서 와인을 더 마셔도 되냐는 질문에 집주인이 이렇게 대답합니다. Sure, be my guest. '얼마든지요.' 이 표현은 부탁을 받았을 때 '좋을 대로 해'와 같이 허락의 뉘앙스를 가진 표현입니다.

Do you mind if I have another glass of wine?

▶ 와인 한 잔 더 해도 괜찮을까요?

Be my guest.

▶ 얼마든지 마셔요.

Helpful Tip!

mind : (주로 의문문이나 부정문에서) 신경쓰다, 꺼리다

guest : 손님

Enrich your vocabulary

자주 쓰이는 유익한 단어를 배워 보는 시간입니다. 하루에 단어 하나씩만 외워도
일주일이면 7개, 한 달이면 30개의 단어를 외울 수 있겠죠?
오늘 배울 단어는 다음과 같습니다.

Day 2

[Bully
(약자를) 괴롭히는 사람
/ (약자를) 괴롭히다]

bully는 동사형으로 '약자를 괴롭히다', 명사형으로 '약자를 괴롭히는 사람'을 뜻합니다. 또, bullying이 명사형으로 쓰이면 '괴롭힘'이 됩니다. 강자가 약한 자를 괴롭히고 협박하거나 따돌리는 것을 의미하는 것이죠. 우리나라의 갑질 문화도 bullying의 한 형태가 될 수 있습니다.

What would you do if you spotted bullying at work?

▶ 만약 사내 괴롭힘을 목격한다면 당신은 어떻게 할 건가요?

Helpful Tip!

spot : 명 점, 얼룩 동 목격하다, 발견하다

work : 일, 직장, 직업

Remember this expression

영어에서 자주 쓰이는 핵심 표현을 배우고, 응용해 보세요. 하나를 배우면 자유자재로 적용할 수 있습니다. 오늘 배울 표현은 무엇인지 살펴볼까요?

[Nothing but 단지 ~일 뿐]

딱 이것만 있으면 혹은 이뤄졌으면 좋겠다고 생각하는 게 있으신가요? 이때 nothing but이라는 표현을 사용할 수 있습니다. '어떤 것을 빼고는~' 이라는 뜻을 가지고 있기 때문에 only와도 같은 의미로 사용될 수 있습니다. nothing but은 '아무것도 + 하지만'의 조합으로, 이중부정이 된 긍정 표현입니다.

I want nothing but a cup of coffee.

= I don't want anything(아무것도 원하지 않는다) + I just want a cup of coffee(커피 한 잔만 마시고 싶다)

= I want nothing(아무것도 원하지 않는다) + but a cup of coffee(커피 한 잔 빼고)

▶ 커피 딱 한 잔만 마시면 좋겠다.

이처럼 nothing but은 긴 문장을 간결하게 만들어 줄 수 있습니다.

We have nothing but our lives to live.

▶ 우리에게는 살아갈 우리의 인생밖에 없다.

Helpful Tip!

a cup of coffee : 커피 한 잔

life : 생명, 인생

Divide and conquer

길고 어려운 영어 문장을 짧게 끊어 읽으면 문장의 구조가 잘 보여 이해하기 쉽습니다. 나눠진 문장을 보면서 주어와 동사의 위치가 어떻게 바뀌는지 확인하면서 문장을 읽어 보세요.

Demand for alternatives to mined diamonds has been increasing due to the growing concern about the work environment in the mining industry.

광산업 노동 환경에 대한 우려가 커지면서, 채굴 다이아몬드 대체품에 대한 수요가 증가하고 있다.

01 **Demand for alternatives to mined diamonds**
▶ 채굴 다이아몬드 대체품에 대한 수요가

02 **has been increasing**
▶ 증가하고 있다

03 **due to the growing concern**
▶ 커져가는 우려 때문에

04 **about the work environment in the mining industry.**
▶ 광산업의 노동 환경에 대한

alternative는 '대안', '대체품'이라는 의미로 다른 선택지를 뜻합니다. alternative to A라고 하면 'A를 대체할 수 있는 다른 것'으로 해석합니다.

예문 **Stainless steel straws are a good alternative to plastic straws if you're trying to be more eco-friendly.**
▶ 만약 우리가 좀 더 환경친화적인 사람이 되고 싶다면, 스테인리스 빨대는 플라스틱 빨대의 좋은 대안이 될 수 있다.

Helpful Tip!

due to : ~로 인한, ~때문에
environment : 환경
mining industry : 광업, 광산업
growing concern : 커져가는 우려

Day 5

Power up reading

영어 문단을 읽고 해석해 보는 시간입니다. 단어나 문법뿐만 아니라 실생활에서 사용되는 영어 텍스트와 친숙해짐으로써 영어에 대한 두려움을 극복해 보세요. 아래 문단을 천천히 읽고 스스로 먼저 해석해 본 후, 밑에 있는 해석을 확인해 보세요.

The Boy and the Nuts
남자아이와 견과

A boy put his hand in a jar full of nuts. He grabbed as many as he could, but when he tried to pull his hand out, he couldn't because of the neck of the jar. He burst into tears because he wanted to keep the nuts. A bystander said to him, "Be happy with half the quantity, and you will be able to pull your hand out." Do not attempt too much at once.

한 남자아이가 견과류로 가득한 병 안에 손을 넣었습니다. 아이는 할 수 있는 한 많이 쥐었습니다. 하지만 손을 빼려고 하자, 병 입구가 좁아 손을 뺄 수 없었습니다. 손에 쥔 견과를 다 먹고 싶었던 아이는 울음을 터뜨렸습니다. 지나가던 사람이 그 모습을 보고 말했습니다. "반 정도로 만족하렴. 그럼 손을 뺄 수 있을 거야." 한 번에 너무 많은 일을 하려고 하지 마세요.

Power up reading

영어 문단을 읽고 해석해 보는 시간입니다. 단어나 문법뿐만 아니라 실생활에서 사용되는 영어 텍스트와 친숙해짐으로써 영어에 대한 두려움을 극복해 보세요. 아래 문단을 천천히 읽고 스스로 먼저 해석해 본 후, 밑에 있는 해석을 확인해 보세요.

01 **He grabbed as many as he could.**

▶ 남자아이는 잡을 수 있는 만큼 많이 쥐었다.

as many as A는 'A만큼의 양'을 말하고자 할 때 쓰는 표현입니다. as는 '~처럼', '~만큼'의 뜻으로 쓰이고 있습니다. 말 그대로 살펴보면 'A만큼 많은 양'이라는 뜻이 됩니다. 우화에서는 남자 아이가 많은 양을 grab 했다고 합니다. 즉, 최대한 잡을 수 있을 만큼의 양을 손에 쥔 것입니다.

예문 **It is as good as it gets.**

▶ 좋아질 수 있는 만큼 좋다.

➜ 이보다 더 좋을 수 없다. / 더할 나위 없이 좋다.

02 **Do not attempt too much at once.**

▶ 한꺼번에 너무 많은 것을 시도하지 마세요.

once는 '한 번'이라는 의미가 있으며 at once는 '한 번에', '한꺼번에'라는 뜻이 됩니다.

예문 **At this restaurant we can try many different Korean side dishes at once.**

▶ 이 식당에서는 다양한 한국식 반찬을 한꺼번에 맛볼 수 있다.

Helpful Tip!

neck of the jar : 병의 입구
bystander : 행인, 구경꾼, 방관자
attempt : 시도하다
grab : 잡다, 쥐다
burst into tears : 울음을 터뜨리다
quantity : 양

당신의 뇌를 해킹하라!

Hack your brain!

당장 도움이 안 되어도 영어 공부를 해야 할까?

시대에 따라 직업 문화가 계속해서 바뀌어 가고 있습니다. 한 분야의 전문가가 되면 생계 걱정을 하지 않아도 되는 때가 있었고, 한 번 직장을 잡으면 그 직장이 평생직장이 되는 때가 있었습니다. 하지만 이제는 이직하거나 아예 업종을 바꾸는 것이 보편화되었고, 또 AI가 대체할 수 있는 직업들은 차차 사라지리라 전망되고 있습니다. 그렇다면 시대에 맞춰가기 위해 우리는 무엇을 할 수 있을까요?

《마스터리의 법칙》의 저자 로버트 그린은 "여러 형태의 지식과 기술을 결합할 줄 아는 자들이 미래를 결정한다"고 말합니다. 인공지능이 전문가를 대체하는 시대에 우리는 AI가 무엇을 대체할지 고민할 게 아니라 AI가 대체하지 못하는 것이 무엇인지 고민해 보아야 합니다.

영어 공부가 당장 도움이 되지 않을지는 모르겠지만, 우리의 주된 전문성과 통합할 새로운 지식을 습득한다는 면에서 장기적으로 이득이 될 것입니다. 영어만 잘하는 것보다, 영어도 잘해서 역량 범주를 확장하는 것입니다. 본업과 무관한 공부와 취미가 전문 분야에 상관없는 시대는 지나갔고, 오히려 전문 분야를 더 깊이 이해하고 갈고 닦을 수 있는 촉진제가 되어 줄 수 있습니다.

핵심 문장

In an era where artificial intelligence replaces experts, we need to think about not what AI can do well but what AI can't do.

▶ 인공지능이 전문가를 대체하는 시대에 우리는 AI가 무엇을 대체할지 고민할 게 아니라 AI가 대체하지 못하는 것이 무엇인지 고민해 보아야 합니다.

핵심 표현

in an era where : ~ 하는 시대에

not A but B : A가 아니라 B

참고 : 《마스터리의 법칙》 I 로버트 그린 저 I 살림Biz
《폴리매스》 I 와카스 아메드 저 I 로크미디어

Week 12

Read it out loud

기억하면 좋은 문장을 따라 읽고, 암기해 보는 시간입니다.
아래 문장을 크게 소리 내서 읽어 보세요.

[Don't beat around the bush. 빙빙 돌려 말하지 마세요.]

beat around the bush는 사냥할 때 덤불 주변을 두드려 숨어있는 동물들이 겁을 먹고 날아오르거나 뛰쳐나오게 만드는 행동에서 유래되었습니다. 자칫 동물을 직접 건드려 화나게 할 수 있기 때문에 덤불을 직접 치지 않고 주변을 쳤던 것입니다. 핵심을 건드리지 않고 주변 덤불을 두드리는 모습을 표현한 이 문장은 '변죽을 울리다'라는 의미로 사용되고 있습니다.

Don't beat around the bush. Just get to the point.

▶ 빙빙 돌려 말하지 마. 그냥 핵심을 말해.

get to the point는 beat around the bush와 함께 자주 사용되는 표현입니다. 돌려 말하지 말고 요점으로 바로 넘어가자고 이야기하는 것입니다. just를 붙이면 '그냥 빨리 본론으로 들어가자'라는 뉘앙스를 더할 수 있습니다.

Helpful Tip!

beat : 때리다, 두드리다

bush : 덤불

Enrich your vocabulary

자주 쓰이는 유익한 단어를 배워 보는 시간입니다. 하루에 단어 하나씩만 외워도 일주일이면 7개, 한 달이면 30개의 단어를 외울 수 있겠죠? 오늘 배울 단어는 다음과 같습니다.

Day 2

Earnest
성실한, 진심 어린

'한국 사람들은 치킨에 진심이야.' 요즘 이렇게 '~에 진심이다'라는 표현이 유행하고 있죠. 무언가를 진지하게 원할 때, 혹은 진심에서 우러나오는 말이나 행동을 할 때 earnest 하다고 합니다.

Despite Lora's earnest efforts, she did not get the job.

▶ 진심 어린 노력에도 불구하고 로라는 그 일자리를 얻지 못했다.

여기서 earnest는 '최선을 다한 노력', '진심을 다한 노력'으로 해석할 수 있으며 상황과 문맥에 따라 '진심 어린', '진정성 있는', '진지하게', '성실하게', '본격적으로' 등으로 해석할 수 있습니다. 진심을 담고 있는 것이 핵심입니다.

George has an earnest desire to help poor children.

▶ 조지는 가난한 아이들을 돕고자 하는 간절한 바람을 품고 있다.

위 문장에서 earnest desire는 '간절한 바람'으로 해석할 수 있습니다. 이렇게 earnest가 가진 의미를 포괄적으로 이해한다면 다양한 상황과 맥락에 적용할 수 있습니다.

Helpful Tip!

effort : 노력

desire : 희망, 욕망

Remember this expression

영어에서 자주 쓰이는 핵심 표현을 배우고, 응용해 보세요. 하나를 배우면 자유자재로 적용할 수 있습니다. 오늘 배울 표현은 무엇인지 살펴볼까요?

[In spite of ~에도 불구하고]

힘든 상황에서, 그럼에도 불구하고 문제를 헤쳐나갈 때 사용할 수 있는 표현이 in spite of입니다. '~에도 불구하고'라는 뜻을 가진 표현입니다. in spite of 바로 뒤에는 질병, 안 좋은 날씨, 실패 등 성공을 어렵게 만드는 요소가 나옵니다. 그리고 바로 이어서 상반되는 내용을 넣으면 됩니다. in spite of 뒤에는 명사나 명사구가 와야 한다는 사실을 기억해 주세요.

예문 **In spite of being sick, I went to work.**

▶ 몸이 아팠지만, 일을 나갔다.

예문 **Penelope stayed optimistic in spite of previous failure.**

▶ 페넬로페는 과거에 실패했음에도 긍정적인 태도를 유지했다.

예문 **In spite of the rain, they went out for a jog.**

▶ 비가 오고 있는데도, 그들은 조깅하러 나갔다.

Helpful Tip!

despite는 **in spite of**와 같은 의미 입니다. 발음이 비슷하므로 **despite**에도 **of**를 붙여 쓰는 경우가 많은데, 이는 잘못된 표현입니다. **in spite of** 와 **despite**입니다.

Divide and conquer

길고 어려운 영어 문장을 짧게 끊어 읽으면 문장의 구조가 잘 보여 이해하기 쉽습니다.
나눠진 문장을 보면서 주어와 동사의 위치가 어떻게 바뀌는지 확인하면서
문장을 읽어 보세요.

[As the lockdown eased up, the chief executive sent an email encouraging employees to work in the office at least three days a week.

이동제한령이 완화되면서 최고 경영자는 직원들에게 일주일에 최소 3일 사무실에서 일할 것을 권장하는 이메일을 보냈다.]

01 As the lockdown eased up,
▶ 이동제한령이 완화되면서,

02 the chief executive sent an email
▶ 최고 경영자는 이메일을 보냈다

03 encouraging employees to work in the office
▶ 직원들에게 사무실에서 일할 것을 권장하는

04 at least three days a week.
▶ 일주일에 최소 3일

as the lockdown eased up에서 as는 '~이므로', '~되었기에' 등을 설명하는 접속사로 주로 어떠한 사건의 원인, 계기 등을 언급할 때 사용됩니다. 여기서는 '이동제한령이 완화되면서' 정도로 풀이할 수 있습니다.

Road traffic increased as the lockdown eased up.
▶ 봉쇄가 완화되면서 도로 교통량이 증가 했다.

Helpful Tip!

lockdown : (움직임, 행동에 대한) 제재, 이동제한령
ease up : 완화되다
executive : 임원, 간부, 경영진
chief : (계급 · 직급상) 최고위자

Power up reading

영어 문단을 읽고 해석해 보는 시간입니다. 단어나 문법뿐만 아니라 실생활에서 사용되는 영어 텍스트와 친숙해짐으로써 영어에 대한 두려움을 극복해 보세요. 아래 문단을 천천히 읽고 스스로 먼저 해석해 본 후, 밑에 있는 해석을 확인해 보세요.

The Frog and the Ox

개구리와 황소

An ox went down to the water for a drink. Seeing him splash around, two little frogs ran to their mother. "A great big monster almost stepped on us!" said one of them. "Big?" said the mother frog, puffing herself up. "Was he as big as this?" "Oh, much bigger!" They cried together. The mother frog puffed herself up more. "He could not have been bigger than this," she said. But the little frogs all said that the monster was much bigger. So, the mother frog kept puffing herself up more and more until her belly burst. Do not attempt the impossible.

황소 한 마리가 물을 마시러 물가로 갔습니다. 황소가 첨벙거리는 모습을 본 두 마리의 어린 개구리들이 어미에게 달려갔습니다. "어머니, 거대한 괴물이 우리를 거의 밟을 뻔했어요!" 한 개구리가 말했습니다. "크다고?" 어머니는 몸을 부풀리면서 물었습니다. "이만큼 컸니?" 작은 개구리들은 한목소리로 외쳤습니다. "아니요, 훨씬 더 컸어요!" 어미 개구리는 몸을 더 부풀렸습니다. "이보다 더 클 수는 없을거야." 하지만 어린 개구리들은 모두 괴물이 훨씬 더 크다고 말했습니다. 그래서 어미 개구리는 계속 몸을 부풀렸습니다. 배가 터져 버릴때까지요. 불가능한 일은 시도하지 마세요.

Power up reading

영어 문단을 읽고 해석해 보는 시간입니다. 단어나 문법뿐만 아니라 실생활에서 사용되는 영어 텍스트와 친숙해짐으로써 영어에 대한 두려움을 극복해 보세요. 아래 문단을 천천히 읽고 스스로 먼저 해석해 본 후, 밑에 있는 해석을 확인해 보세요.

01 **Was he as big as this?**

▶ 그 괴물이 이만큼 컸니?

같은 맥락으로 as big as는 '~만큼 큰'을 의미합니다.

예시

as busy as a bee ▶ 벌만큼 바쁜 (아주 바쁜)

as far as I know ▶ 내가 아는 한

02 **Oh, much bigger!**

▶ 훨씬 더 컸어요!

big보다 더 큰 것이 bigger입니다. 그리고 가장 큰 것이 biggest입니다. 이처럼 단어의 변형으로 큰 것, 더 큰 것, 가장 큰 것을 말할 수 있습니다.

예시

long ▶ 긴 ⇨ **longer** ▶ 더 긴 ⇨ **longest** ▶ 가장 긴

short ▶ 짧은 ⇨ **shorter** ▶ 더 짧은 ⇨ **shortest** ▶ 가장 짧은

Helpful Tip!

ox : 황소, 수소

splash : 명 물이 첨벙첨벙하는 소리 동 물을 튀기다

puff oneself up : ~의 몸을 부풀리다

burst : 터지다, 파열하다

Weekend
주요 동사
03

TAKE

give and take는 일상 속에서 쉽게 접하는 영어 표현이에요. '무엇을 주면 그 대가로 다른 무언가를 돌려받는 것'이라는 의미로 쓰이는데요, 여기서 take의 역할은 '가져오다', '받다', '취하다'를 뜻하는 것입니다.

take의 기본 의미는 '취하다', '손을 뻗어 가지고 오다'입니다. 상황에 따라 다른 여러 행위를 take를 사용하여 표현할 수 있습니다. 그래서 더 헷갈리기 쉬운 동사입니다. 그럴 땐 실제로 손을 뻗어 무언가를 갖고 오는 행위와 모양새를 떠올리면 쉽게 이해할 수 있을 거예요.

take의 첫 번째 뜻

(행동, 추상적인 개념 등을) 취하다

열심히 운동을 하고나면, 우리는 가쁜 숨을 몰아쉬죠. 이때 take의 가장 핵심적인 의미인 '취하다'를 활용해 볼 수 있습니다.

예문

Take a deep breath.

▶ 깊은 숨을 취하세요.

➜ 숨을 깊게 들이마셔요.

숨을 들이쉬는 행위는 사실상 공기를 취하는, 내 몸속으로 가져오는 행위라고 볼 수 있습니다. 비슷한 문장을 외국 드라마나 영화에서 한 번쯤 들어 보셨을 거예요. 다른 예시를 살펴볼까요?

예문

I should take a nap.

▶ 나는 낮잠을 취해야겠어.

➜ 나는 낮잠을 자야겠어.

TAKE

take는 추상적인 개념을 취하는 행위에도 적용이 가능합니다.

예문

Pam is taking advantage of you.

▶ 팸은 너를 이용해서 이득을 취하고 있어.

➜ 팸은 너를 이용하고 있어.

누군가를 이용하는 행위는 물리적인 행동이 아니지만, 이익을 취하거나 유리하게 상황을 가져가는 모습을 보여줍니다. 상대방에게 손을 뻗어 무언가를 뺏어오는 모습으로 상상할 수 있죠.

take의 두 번째 뜻

잡다, 가져가다

take는 기본 의미 그대로 손을 뻗어 무언가를 잡는 것을 나타낼 때 사용하며 우리의 일상에서도 많이 사용되는 의미입니다.

예문

Don't forget to take your umbrella with you when you leave.

▶ 나갈 때 우산 가져가는 걸 잊지 마.

➜ 나갈 때 우산 챙기는 걸 잊지 마.

집을 나서기 전 손을 뻗어 우산을 집어 들고 나가는 장면을 상상해 보세요. '챙기다'라는 말속에 '손으로 집어서 들고 가다'라는 의미가 포함되어 있어요. 해석이 어려운 표현들은 이렇게 단어를 풀어서 해석하면 이해하기가 더 쉬울 것입니다.

예문

Let's take a cab.

▶ 택시를 잡자.

➜ 택시를 타자.

TAKE

우리는 택시를 잡을 때 손을 뻗어 흔들어서 택시를 세웁니다. 이처럼 무언가를 잡는 행동이 연상되는 상황에 take를 사용할 수 있습니다.

활용 표현

take a call ▶ 전화를 받다
take one's hand ▶ ~의 손을 잡다

원어민처럼 말하기 tip

"아메리카노 한 잔 주세요, 테이크아웃으로요."

우리가 흔히 사용하는 take out이란 표현은 콩글리시였다는 사실을 아시나요? take out을 해석하면 '밖으로 취하다', 즉 '꺼내다'가 됩니다. 영미 문화권에서는 take-away(가지고 가다) 또는 to-go(가지고 갈~)로 표현하는 경우가 많습니다. 기억해 두세요.

---

take의 세 번째 뜻

데리고 가다, 안내하다

쇼핑을 하다 마음에 쏙 드는 옷이나 전자기기 등을 발견했을 때 '이것 제가 데려갈게요!'라고 속으로 생각해보신 적 있으신가요? 영어에서는 이동되는 대상이 사물에서 사람으로 바뀌어도 그 행위를 take로 동일하게 표현할 수 있습니다.

예문

I will take you to the marketing department.

▶ 제가 당신을 마케팅 부서로 데려다 드릴게요.
→ 제가 마케팅 부서로 안내해 드릴게요.

여기서 take는 '다른 공간으로의 이동을 돕다'라는 의미로 쓰입니다. 사람의 옷깃을 손으로 '잡고' 다른 곳으로 '이끌어' 가는 모습을 머릿속에 그려 보세요. 물론 실제로 사람을 잡지는 않겠지만, 물건을 들어서 옮길 때와 비슷한 느낌을 살리면 이해하기 쉬울 것입니다.

TAKE

예문

Ryan took his parents on a trip.

▶ 라이언은 그의 부모를 여행에 데려갔다.

➜ 라이언은 부모님을 모시고 여행을 갔다.

take someone on a trip은 '누군가를 여행에 데려간다'라는 표현입니다. 위 예와 같이 부모님을 모시고 여행을 가거나, 아이들을 놀이공원에 데려가는 등의 상황에 적절한 표현이죠.

---

take의 네 번째 뜻

받다, 받아들이다

무언가를 받거나 받아들이는 행위를 묘사할 때 take를 쓸 수 있습니다. 물건일 수도 있고 무형의 가치 혹은 추상적인 개념일 수도 있습니다.

요즘은 현금보다 카드로 결제하는 경우가 많고 현금을 아예 받지 않는 매장도 늘고 있습니다. 아래 예시와 같이 식당에서 현금이나 카드로 계산할 때 take를 사용합니다.

예문

Do you take credit cards?

▶ 카드 받으시나요?

➜ 카드로 계산이 가능할까요?

식당 주인의 입장에서는 손님에게 음식과 서비스를 제공하고 돈을 받습니다. 그래서 '(음식의 대가로) 카드도 받나요?'라고 묻는 것입니다.

칭찬, 조언, 제안 등을 받아들일 때도 take를 활용할 수 있습니다.

예문

I will take that as a compliment.

▶ 그 말, 칭찬으로 받아들일게요.

Weekend
주요 동사
03

TAKE

승진, 입사 등을 제안받을 때 take를 사용해 '제가 그 제안을 받아들이겠습니다'라고 말할 수 있습니다.

예문

Monica took the offer to be a team leader.

▶ 모니카는 팀장직 제안을 받아들였어요.

받는 이의 입장에서 생각해보고 무언가를 취하는 동작을 상상해 보면서 take라는 단어를 이해하면 좋겠습니다.

이렇게 take의 몇 가지 주요 의미와 활용에 대해 배워 보았습니다. take를 '손을 뻗어 잡는' 행동의 모양새와 연관해서 설명해보았는데요, 주어진 상황과 이야기하고자 하는 장면을 떠올리면서 차근차근 익혀간다면 take라는 동사를 take in, 이해할 수 있을 거예요.

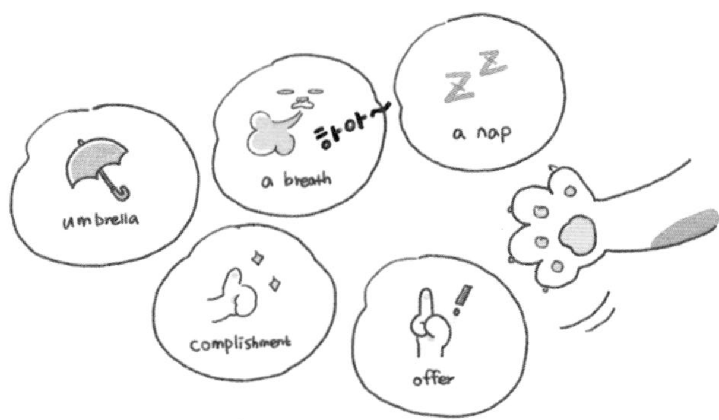

Week 13

Read it out loud

기억하면 좋은 문장을 따라 읽고, 암기해 보는 시간입니다.
아래 문장을 크게 소리 내서 읽어 보세요.

I'm on my way.
지금 가는 중이야.

약속 장소로 가고 있는 상황에 친구에게 전화를 합니다. I'm on my way. '지금 가고 있어'라는 의미입니다. on one's/the way는 '목적지로 향해 가는 길에 있다'라는 의미입니다.

친구들과 어디론가 향하고 있는데 한 친구가 우체국에 들렀다 갔으면 좋겠다고 말합니다. 다행히 가는 길에 우체국이 있었습니다.

예문 **The post office is on the way.**
▶ 가는 길에 우체국이 있어.

특정한 장소를 향해 가는 것을 강조하고 싶을 때는 on one's/the way 뒤에 to를 붙입니다.

예문 **I am on my way to the coffee shop.**
▶ 지금 카페로 가고 있어.

예문 **Christy bought a cup of coffee on her way to work.**
▶ 크리스티는 출근하는 길에 커피를 샀다.

Helpful Tip!

on one's/the way : 가는 길에

way to work : 출근길

Enrich your vocabulary

자주 쓰이는 유익한 단어를 배워 보는 시간입니다. 하루에 단어 하나씩만 외워도
일주일이면 7개, 한 달이면 30개의 단어를 외울 수 있겠죠?
오늘 배울 단어는 다음과 같습니다.

Day 2

[Wander 헤매다]

길을 헤맬 때 wandering 한다고 합니다.

A dog is wandering around the park.

▶ 개 한 마리가 공원을 돌아다니고 있다.

정신이 다른 곳을 헤맬 때도 wander를 사용할 수 있습니다. 회장님의 연설이 훈화가 너무 지루해 딴생각을 하는 등 mind가 wander 하는 것입니다. 길을 잃은 강아지처럼 이곳저곳, 생각이 떠도는 모습을 상상해 보세요.

Once the president's speech began, my mind started to wander.

▶ 회장님의 연설이 시작되자 딴생각을 하기 시작했다.

Helpful Tip!

wonder : 경탄, 경이로움

* 스펠링이 비슷해 헷갈리기 쉽지만, **wander**와 **wonder**는 서로 다른 의미입니다. 피터팬에 나오는 원더랜드에 쓰이는 단어가 **wonder**입니다.

Day 3

Remember this expression

영어에서 자주 쓰이는 핵심 표현을 배우고, 응용해 보세요. 하나를 배우면 자유자재로 적용할 수 있습니다. 오늘 배울 표현은 무엇인지 살펴볼까요?

[Air grievances 불만을 표현하다]

불만을 표현하는 상황에서 complain을 쓰기에는 적절해 보이지 않을 때, air grievances라는 표현을 쓸 수 있습니다. grieve의 명사 형태에는 grief와 grievance가 있는데요. grief는 '슬픔', '고통'을 뜻하지만, grievance는 '불만', '고충'을 뜻합니다.

회사에서 직원들이 경영진한테 월급 인상률이나 성과급이 적다고 공식적으로 불만을 표출하는 경우 혹은 주민들이 지방자치단체에 문제 사항에 관한 민원을 넣을 때도 air grievances라는 표현을 쓸 수 있습니다.

air grievances는 보통 시정되기를 바라는 것이 있을 때 사용합니다. 모두가 만족하는 시스템을 만들어 나가기 위해 민주적으로 문제를 제기하고 개선해 나가는 것이라고 할 수 있습니다.

예문 **We feel comfortable enough at home to air our grievances freely.**

▶ 우리는 집에서 자유롭게 불만을 이야기할 만큼 편안함을 느낍니다.

Helpful Tip!

comfortable : 편안한

freely : 자유롭게

Divide and conquer

길고 어려운 영어 문장을 짧게 끊어 읽으면 문장의 구조가 잘 보여 이해하기 쉽습니다.
나눠진 문장을 보면서 주어와 동사의 위치가 어떻게 바뀌는지 확인하면서
문장을 읽어 보세요.

She was sitting aside, enjoying the moment in her family's kitchen, the place where she learned how to cook as a child.

그녀는 한쪽에 앉아서 가족과 함께 주방에서 보냈던 시간을 추억하고 있었습니다. 어린 시절 요리를 배웠던 곳에서 말이죠.

01 **She was sitting aside,**
▶ 그녀는 한쪽에 앉아 있었다

02 **enjoying the moment in her family's kitchen,**
▶ 가족과 함께 주방에서 보냈던 시간을 추억하다

03 **the place where she learned how to cook as a child.**
▶ 어린 시절 그녀가 요리를 배운 곳

위 문장은 특정한 공간에 대한 어린 시절 경험을 회상하는 문장입니다. 이 문장에서 as는 '~로서'라는 의미로 as a kid는 '어렸을 때'로 해석할 수 있습니다.

예시
the park where I rode a bike as a child ▶ 어린 시절 자전거를 타던 공원
the restaurant I used to go to as a student ▶ 학생 때 자주 가던 식당

Helpful Tip!

sitting aside : 한쪽에 앉아
enjoying the moment : 순간을 즐기며

Power up reading

영어 문단을 읽고 해석해 보는 시간입니다. 단어나 문법뿐만 아니라 실생활에서 사용되는 영어 텍스트와 친숙해짐으로써 영어에 대한 두려움을 극복해 보세요. 아래 문단을 천천히 읽고 스스로 먼저 해석해 본 후, 밑에 있는 해석을 확인해 보세요.

Belling the Cat

고양이 목에 방울 달기

One day, a council of mice convened for an urgent meeting. The meeting was about their common enemy, the cat. They lived in such constant fear of her claws that they hardly ever left their homes. Something had to be done. They discussed many plans, but none of them were good enough. Finally, a very young mouse got up and said: "I have a very simple plan. All we have to do is hang a bell around the cat's neck! When we hear the bell ringing, we'll know that the cat is coming." All the mice celebrated this clever plan. But then an old mouse stood up and asked: "Who will put the bell around the cat's neck?" It is one thing to say that something should be done, but quite a different matter to do it.

어느 날, 생쥐들의 의회가 긴급 회의를 소집했습니다. 생쥐들의 공공의 적, 고양이에 대한 회의였습니다. 쥐들은 고양이의 발톱이 너무 두려운 나머지 집을 나서지도 못하고 있었습니다. 뭔가 대책이 필요했습니다. 여러 의견이 나왔지만, 딱히 좋은 계획은 나오지 않았습니다. 마침내, 아주 어린 생쥐가 일어나 말했습니다. "저에게 아주 간단한 계획이 있어요. 고양이 목에 방울만 달면 돼요! 방울 소리가 들리면 고양이가 오고 있다는 것을 알 수 있을 거예요." 모두가 이 기발한 계획을 축하해 주었습니다. 그때 한 늙은 생쥐가 일어나 물었습니다. "누가 고양이 목에 방울을 달 건가?" 무언가를 해야 한다고 말하기는 쉽습니다. 하지만 그것을 하는 것은 아주 다른 차원의 문제입니다.

01 **They hardly ever left their homes.**

▶ 그들은 거의 집을 나서지도 못하고 있었습니다.

Power up reading

영어 문단을 읽고 해석해 보는 시간입니다. 단어나 문법뿐만 아니라 실생활에서 사용되는 영어 텍스트와 친숙해짐으로써 영어에 대한 두려움을 극복해 보세요. 아래 문단을 천천히 읽고 스스로 먼저 해석해 본 후, 밑에 있는 해석을 확인해 보세요.

hardly는 '거의 ~ 아니다', '거의 ~ 없다'라는 뜻을 가지고 있습니다. hard의 '어렵다'라는 뜻에서 발생됐습니다. 여기에 ever가 붙게 되면 뜻이 never와 가까워지는데요. 아예 집을 나서지 않은 것은 아니기 때문에 '거의 집을 나서지 않는다'라는 뜻이 됩니다.

I could hardly get up this morning.

▶ 오늘 아침에 일어나기가 힘들었다.

02 **All we have to do is hang a bell around the cat's neck!**

▶ 고양이 목에 방울만 달면 돼요!

'무언가만 하면 된다'를 말하고 싶을 때 자주 쓰이는 표현이 all one has to do is입니다. 일상적으로 자주 사용되는 표현인데요, 예시를 한번 살펴봅시다.

All I have to do is get this bag in the car.

▶ 이제 가방을 차에 싣기만 하면 돼.

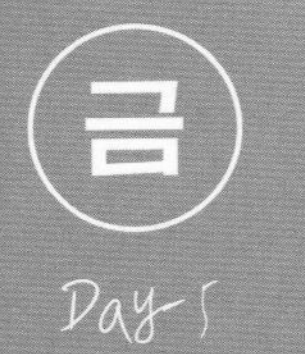

Power up reading

영어 문단을 읽고 해석해 보는 시간입니다. 단어나 문법뿐만 아니라 실생활에서 사용되는 영어 텍스트와 친숙해짐으로써 영어에 대한 두려움을 극복해 보세요. 아래 문단을 천천히 읽고 스스로 먼저 해석해 본 후, 밑에 있는 해석을 확인해 보세요.

It is one thing to say that something should be done, but quite a different matter to do it.

▶ 무언가를 해야 한다고 말하는 것과 그것을 실행하는 것은 아주 다른 차원의 문제입니다.

it is one thing to A, but another thing to B는 A와 B가 같아 보이지만 다른 것임을 말하고 싶을 때 사용하는 표현입니다. 여기서는 another thing to B를 quite a different matter to B로 응용해서 '아주 다른 문제'임을 강조하고 있습니다. '둘은 별개의 문제이다' 라고 말하는 것입니다.

It is one thing to memorize something, but another thing to understand it.

▶ 외우는 것과 이해하는 것은 별개의 문제이다.

Helpful Tip!

council : 의회, 위원회, 협의회

convene : 소집하다, 회합하다

claw : 동물의 발톱

constant : 끊임없는, 변함없는

당신의 뇌를 해킹하라!

Hack your brain!

외국어를 배워야 하는 진짜 이유

어떤 사람들은 외국어를 배울 필요가 없다고 말합니다. AI 기술의 발달로 즉각적인 통번역이 완벽해지면 영어 공부를 할 필요가 없어지는 세상이 올 거라고도 합니다. 언젠가 뇌에 칩을 넣어 모든 언어를 이해할 수 있는 세상이 정말로 올 수도 있습니다. 하지만 그 방법이 정말 최선일까요?

알리바바 그룹의 창립자인 마윈은 그렇지 않다고 말합니다. 마윈은 기술이 아무리 발달해도 우리가 다른 언어를 배워야 한다고 역설합니다. 언어를 배우는 것은 기술을 배우는 것이 아닙니다. 다른 나라와 다른 문화로 가는 문을 여는 것과 같습니다. 그래서 기술의 발달로 대체될 수 없습니다.

우리는 다른 언어를 배울 때, 언어만을 배우는 것이 아니라 그 나라의 언어문화도 함께 배웁니다. 서로의 문화에 대한 이해가 없다면 상대를 오해하기 쉽습니다. 대표적으로, 돌려서 의견을 표현하는 동양식 대화법을 '자신감이 부족해 신뢰가 가지 않는다'라고 생각하거나, 직설적으로 의견을 표현하는 서양식 대화법을 '무례하고 오만하다'라고 받아들일 수 있습니다.

언어를 '빨리' 배우는 방법은 없습니다. '빨리'는 대부분 결과가 좋지 않습니다. 언어를 배우는 것이 아니라 문화를 배운다고 생각하고 과정 그 자체를 즐겨 보세요. 반드시 좋은 결과가 있을 것입니다.

핵심 문장

Learning a language is not learning a skill. It is like opening the door to another country and culture. So, it cannot be replaced by the development of technology.

▶ 언어를 배우는 것은 기술을 배우는 것이 아닙니다. 다른 나라와 다른 문화로 가는 문을 여는 것과 같습니다. 그래서 기술의 발달로 대체될 수 없습니다.

핵심 표현

open the door (to/for) : ~로(에) 문을 열다, 기회를 제공하다

참고 : Jack Ma (Alibaba Group, AliExpress) at Lomonosov Moscow State University, 유튜브 채널

Week 14

Read it out loud

기억하면 좋은 문장을 따라 읽고, 암기해 보는 시간입니다.
아래 문장을 크게 소리 내서 읽어 보세요.

Hang in there, things will get better soon.

조금만 참아, 상황이 곧 나아질 거야.

철봉에 힘껏 매달려 있을 때 친구들이 응원합니다 '조금만 더 버텨!' 이렇게 누군가에게 '조금만 참고 버텨라', '조금만 더 견뎌라'라고 말하는 것을 hang in there라고 합니다. 힘내라고응원의 말을 전하는 것이죠. things will get better soon에서 things는 보편적인 상황을 뜻합니다. 즉, '모든 것이 다 괜찮아질 거야'라는 의미입니다. 우리가 '파이팅!'이라고 말하는 것처럼 hang in there도 일상적으로 자주 쓰이는 표현입니다.

I know work is tough right now, but hang in there. Things will get better soon.

▶ 지금 일이 힘들겠지만 조금만 참아 보세요. 곧 좋아질 거예요.

Helpful Tip!

hang : 걸리다, 매달다

get better : 좋아지다

Enrich your vocabulary

자주 쓰이는 유익한 단어를 배워 보는 시간입니다. 하루에 단어 하나씩만 외워도
일주일이면 7개, 한 달이면 30개의 단어를 외울 수 있겠죠?
오늘 배울 단어는 다음과 같습니다.

[Justify 정당화하다]

어떠한 행동이나 선택 등을 정당화하는 것을 justify 한다고 합니다. '정의'를 뜻하는 justice의 동사형이죠. 납득할 만한 이유를 제시하면서 행동을 합리화하는 것을 justify 한다고 말할 수 있습니다.

예문 **The end justifies the means.**

▶ 결과가 수단을 정당화한다.

예문 **The end doesn't justify the means.**

▶ 결과는 수단을 정당화할 수 없다.

예전에는 The end justifies the means.를 많이 사용했지만, 시대가 변하면서 '결과가 수단을 정당화할 수 없다'는 The end does not justify the means.가 더 많이 사용됩니다.

Helpful Tip!

end : 결과, 끝

means : 수단, 방법

Remember this expression

영어에서 자주 쓰이는 핵심 표현을 배우고, 응용해 보세요. 하나를 배우면 자유자재로 적용할 수 있습니다. 오늘 배울 표현은 무엇인지 살펴볼까요?

As if
마치 ~인 것처럼

꿈이 너무 생생해서 마치 현실처럼 느껴졌던 적이 있나요? '마치~ 인 것 같다'라고 말할 때 as if를 사용합니다.

It looked as if Esther was going to leave.

▶ 에스더가 마치 떠날 것 같이 보였다.

as if를 사용할 때, 현실에 대한 추측인 경우 as if 앞뒤 구절의 시제를 일치하여 줍니다. 위 예문에서는 looked와 was가 과거 시제로 동일합니다.

예문 **Whatever you do, act as if the whole world was watching.**

▶ 네가 무슨 일을 하든지, 마치 전 세계 사람들이 나를 보고 있는 것처럼 행동하라.

비현실적인 것을 가정할 때, 혹은 실현 가능성이 적은 상황을 가정할 때는 뒤 구절의 동사가 앞 구절의 동사보다 한 단계 과거 시제로 쓰입니다. 위 문장은 '전 세계가 나를 보고 있다'라고 가정하고 있습니다. 따라서 앞에서 do가 사용되었고, 뒤에서 was가 사용되었습니다.

Helpful Tip!

whole world : 전 세계

it looks ~ : ~처럼 보이다, ~한 것 같다

Divide and conquer

길고 어려운 영어 문장을 짧게 끊어 읽으면 문장의 구조가 잘 보여 이해하기 쉽습니다.
나눠진 문장을 보면서 주어와 동사의 위치가 어떻게 바뀌는지 확인하면서
문장을 읽어 보세요.

If you happen to see someone suffering from heatstroke, call an ambulance and then try to lower the person's body temperature.

혹시라도 열사병을 앓고 있는 사람을 보게 된다면 구급차를 부른 후 그 사람의 체온을 낮추세요.

01 **If you happen to see**
▶ 혹시라도 보게 된다면

02 **someone suffering from heatstroke,**
▶ 열사병에 고통받는 사람을

03 **call an ambulance**
▶ 구급차를 불러라

04 **and then try to lower the person's body temperature.**
▶ 그 후, 그 사람의 체온을 낮추려고 노력하라

happen to는 '우연히 ~하다'라는 뜻을 가지고 있습니다. 내가 무언가를 하기는(to~) 하지만, 나의 행동이 의도치 않게 일어난(happen) 것이기 때문에 '내 행동이 일어난 것'이 '우연히 ~하다'가 됩니다.

예시
I happened to meet~ ▶ 나는 ~를 우연히 만났다
If you happen to meet~ ▶ 만약 당신이 ~를 우연히 만나게 된다면
Did you happen to meet~? ▶ 너 혹시 ~를 만났니? (보다 조심스럽고 공손한 의문 표현)

Helpful Tip!

heatstroke : 열사병
temperature : 온도, 체온

Power up reading

영어 문단을 읽고 해석해 보는 시간입니다. 단어나 문법뿐만 아니라 실생활에서 사용되는 영어 텍스트와 친숙해짐으로써 영어에 대한 두려움을 극복해 보세요. 아래 문단을 천천히 읽고 스스로 먼저 해석해 본 후, 밑에 있는 해석을 확인해 보세요.

The Fox and the Grapes

여우와 신 포도

One day, a fox noticed beautiful ripe grapes hanging from a vine along some tree branches. The fox's mouth watered as he looked at them. The grapes hung from a high branch, so the fox had to jump to get them. He jumped, but he missed by a lot. He tried over and over again but couldn't reach the grapes. Finally, he sat down and looked at the grapes in disgust. "I'm such a fool," he said. "The sour grapes aren't even worth it." Many pretend to despise and belittle that which is beyond their reach.

어느 날, 한 여우가 나뭇가지를 따라 자란 덩굴에 매달린 탐스럽게 익은 포도를 보게 되었습니다. 포도를 바라보던 여우의 입에는 침이 고였습니다. 그러나 높은 가지에 자란 덩굴에 포도가 달려 있었기 때문에 포도를 따려면 뛰어올라야 했습니다. 뛰어봤지만, 여러 번 놓치고 말았습니다. 여러 번 뛰어봐도 포도에 닿을 수 없었습니다. 마침내, 여우는 주저앉아 경멸에 차서 포도를 바라보았습니다. "나는 정말 바보야. 신 포도는 그만한 가치가 없는걸." 많은 사람이 손에 닿지 않는 것을 멸시하고 경멸하는 척합니다.

Power up reading

영어 문단을 읽고 해석해 보는 시간입니다. 단어나 문법뿐만 아니라 실생활에서 사용되는 영어 텍스트와 친숙해짐으로써 영어에 대한 두려움을 극복해 보세요. 아래 문단을 천천히 읽고 스스로 먼저 해석해 본 후, 밑에 있는 해석을 확인해 보세요.

01 **He sat down and looked at the grapes in disgust.**

▶ 여우는 주저앉아 경멸에 차서 포도를 바라보았습니다.

in을 사용하면 어떤 범주 안에 있게 됩니다. 감정의 경우에도 사용할 수 있는데요. 대표적으로 in이 사용되는 감정들을 살펴보도록 하겠습니다.

예시

in disgust ▶ 경멸에 차서

in anger ▶ 화가 나서

in a rage ▶ 발끈하여, 격분하여

02 **The sour grapes aren't even worth it.**

▶ 신 포도는 그만한 가치가 없어.

Not even worth it. 가치가 없는 일을 말하고 싶을 때 자주 사용하는 표현입니다. '신경 쓰지 마', '더 이상 시간 낭비하지 마' 처럼 가치가 없으니 이제 그만 걱정하고 그만 시도하라고 말할 때 사용됩니다.

예문

They are not even worth your time.

▶ 그들을 더 이상 신경 쓰지도 말고 상대하지도 마.

Helpful Tip!

ripe : 익은, 숙성한

pretend : ~인 척하다, ~라고 상상하다

despise : 경멸하다

belittle : 하찮게 여기다, 깔보다, 폄하하다

당신의 뇌를 해킹하라!

Hack your brain!

언어 습득의 비밀

언어는 두 가지 방법으로 배울 수 있습니다. 하나는 내용을 이해하는 가운데 언어를 습득하는 것이고, 다른 하나는 언어의 기술을 습득하는 것입니다. 두 방법의 가장 큰 차이는 '보상을 언제 받느냐'입니다. 전자는 내용을 이해하기 위해 언어를 사용하기 때문에 즉각적으로 보상을 받는 반면, 후자는 미래에 그 언어를 사용하기 위해 기술을 배우기 때문에 보상을 미래로 미루게 됩니다.

언어학자 크라센 교수는 내용을 이해하는 가운데 언어를 습득하는 것이 중요하다고 말합니다. 흥미로운 이야기를 접하다 보면 이야기를 즐기는 과정에서 자연스럽게 언어를 습득하게 됩니다.

영어 공부를 위한 것이 아니라 관심 있는 내용을 더 잘 알기 위해, 즐거움을 느끼기 위해 공부해 보세요. 안타깝게도 언어의 기술을 배우는 것만이 공부하는 방법이라고 생각하며 온갖 학습과 시험으로 고통스럽게 언어를 배우는 사람이 많습니다.이렇게 공부하면 결국 보상을 미루기 때문에 장기적으로 결과가 좋지 않다고 크라센 교수는 단언하고 있습니다. 좋은 학습은 흥미와 재미에서 시작됩니다.

핵심 문장

The former is rewarded with pleasure instantly because it is done by understanding its content, while the latter postpones rewards to the future by learning the skills to use the language.

▶ 전자는 내용을 이해하기 위해 언어를 사용하기 때문에 즉각적으로 보상을 받는 반면, 후자는 미래에 그 언어를 사용하기 위해 기술을 배우기 때문에 보상을 미래로 미루게 됩니다.

핵심 표현

the former : 전자

the latter : 후자

참고 : 《크라센의 읽기 혁명》 I 스티븐 크라센 I 르네상스

Week 15

Read it out loud

기억하면 좋은 문장을 따라 읽고, 암기해 보는 시간입니다.
아래 문장을 크게 소리 내서 읽어 보세요.

Break a leg!
행운을 빌어!

break a leg는 행운을 빌어주는 표현으로 주로 무대 위에서 퍼포먼스를 펼치는 연기자, 배우, 연주자 등을 응원할 때 사용하는 표현입니다. 무대에 오르기 전 행운을 빌어주는 것이죠.

이 표현의 유래에 대한 여러 의견이 있지만, 행운을 빌면 오히려 불운이 닥친다는 미신에서 유래되었다고 보는 것이 주된 관점입니다. 따라서 불운을 빌어주는 것이 오히려 행운을 빌어주는 게 됩니다. 물론 달리기 선수에게는 사용하면 안 되겠죠.

Are you going to the audition now? Break a leg!

▶ 지금 오디션 보러 가는 거야? 행운을 빌어!

Helpful Tip!

break : 부러뜨리다, 부수다

audition : 오디션

Emrich your vocabulary

자주 쓰이는 유익한 단어를 배워 보는 시간입니다. 하루에 단어 하나씩만 외워도 일주일이면 7개, 한 달이면 30개의 단어를 외울 수 있겠죠? 오늘 배울 단어는 다음과 같습니다.

[Vague 애매한]

여름에 유럽으로 배낭여행을 가기로 마음먹었습니다. 하지만 아직 어느 나라를 가야 할지, 무엇을 하면 좋을지 세부적인 계획은 없는 상태입니다. 주변에 조언을 구해보고, 인터넷을 검색해 보고, 최저가 항공권을 알아봅니다. 이처럼 여행 계획을 이제 막 세우기 시작하는 것처럼 어렴풋하고 희미한 것을 일컬어 vague 하다고 합니다. 희미하게 알아볼 수 있는 형체만 있고, 알맹이는 잘 보이지 않는 모습을 상상해 주세요.

My holiday plans are still rather vague.

▶ 휴가 계획이 아직 뚜렷하지 않다.

Helpful Tip!

vague statement : 뚜렷하지 않은 진술, 애매한 진술

vague promise : 모호한 약속, 분명하지 않은 약속

vague idea : 추상적인 의견, 모호한 생각

vague impression : 희미한 인상

Remember this expression

영어에서 자주 쓰이는 핵심 표현을 배우고, 응용해 보세요. 하나를 배우면 자유자재로 적용할 수 있습니다. 오늘 배울 표현은 무엇인지 살펴볼까요?

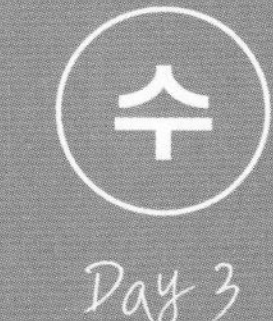

[If only
~만 한다면/했다면
(좋을텐데/좋았을텐데)]

if only는 '~만 한다면 (좋을 텐데)', '~만 했더라면 (좋았을 텐데)'라는 뜻으로 가정이나 소망을 나타냅니다. 영어를 완벽히 잘하기만 했더라면? 돈이 많다면? 우리는 살아가면서 무수한 if only를 떠올립니다. 어떤 조건 하나만 바뀌었더라면 상황이 달라지지 않았을까 하고요. 비슷한 의미로 I wish를 사용하기도 하는데, if only를 쓰면 소망의 의미가 한층 더 강조됩니다.

if only 뒤에는 '내가 부자라면 좋을텐데'처럼 현재의 소망을 나타낼 때는 과거 시제를 씁니다. '과거에 내가 주식 투자만 했었다면'처럼 과거에 이미 일어난 일이 바뀌었으면 좋겠다고 할 때는 과거완료 시제를 사용합니다.

예문 **If only I lived closer to my family.**

▶ 가족과 조금 더 가까이 살기만 한다면 좋을텐데.

예문 **If only I had lived closer to my family.**

▶ 가족과 조금 더 가까이 살기만 했더라면 좋았을텐데.

Helpful Tip!

close / closer / closest : 가까이 / 더 가까이 / 가장 가까이

Divide and conquer

길고 어려운 영어 문장을 짧게 끊어 읽으면 문장의 구조가 잘 보여 이해하기 쉽습니다. 나눠진 문장을 보면서 주어와 동사의 위치가 어떻게 바뀌는지 확인하면서 문장을 읽어 보세요.

A shortsighted perspective can trap a business on its current development path and prevent it from being flexible according to the market.

근시안적 관점은 현재 추진하는 발전 계획에 기업을 고착시키고 시장에 따라 융통성을 발휘하는 것을 막을 수 있다.

01 **A shortsighted perspective**
▶ 근시안적 관점은

02 **can trap a business on its current development path**
▶ 현재 추진하는 발전 계획에 기업을 고착시킬 수 있다

03 **and prevent it from being flexible according to the market.**
▶ 그리고 시장에 따라 융통성을 발휘하는 것을 막을 수 있다

어떠한 결정을 내릴 때 멀리 보지 못하고 당장의 이득과 성과에 초점을 맞춰 생각하는 것을 shortsighted perspective라고 합니다. 그래서 숲이 아닌 나무를 보는 사람을 shortsighted person이라고 할 수 있습니다.

Because he had a shortsighted perspective, he was an unsuitable candidate for the leadership position.
▶ 그는 근시안적 관점을 가졌기 때문에, 지도부 자리에 적합하지 않은 후보자였다.

Helpful Tip!

prevent : 막다, ~하지 못하게 하다

flexible : 유연한

Power up reading

영어 문단을 읽고 해석해 보는 시간입니다. 단어나 문법뿐만 아니라 실생활에서 사용되는 영어 텍스트와 친숙해짐으로써 영어에 대한 두려움을 극복해 보세요. 아래 문단을 천천히 읽고 스스로 먼저 해석해 본 후, 밑에 있는 해석을 확인해 보세요.

The Fly and the Bull

파리와 황소

A fly flew across a meadow and settled on the tip of a bull's horn. After resting for a short time, he was ready to fly away. But before he left, he apologized to the bull for using his horn as a place to rest. "You must be glad I'm leaving," he said. "It doesn't matter to me," replied the bull. "I didn't even know you were there." We are often of greater importance in our own eyes than in the eyes of our neighbor.

파리 한 마리가 초원을 가로질러 날아가 황소 뿔 끝에 앉았습니다. 잠시 쉰 후 파리는 다시 날 준비가 되었습니다. 하지만 떠나기 전에 뿔 위에서 휴식을 취한 것을 황소에게 사과했습니다. "제가 이제 떠나니 기쁘시겠어요." 황소가 대답했습니다. "상관없어요. 사실 당신이 제 뿔 위에 앉은 것도 몰랐는걸요?" 주변 사람들이 나를 보는 것보다 내가 나를 더 중요하게 보는 경우가 많습니다.

01 I didn't even know you were there.

▶ 당신이 거기 있는지도 몰랐어요.

not even은 '전혀 ~ 아니다', '~조차 않는'이라는 뜻을 가지고 있습니다.

예시

not even interested ▶ 관심도 없는

cannot even afford ▶ 살 돈도 없는

Power up reading

영어 문단을 읽고 해석해 보는 시간입니다. 단어나 문법뿐만 아니라 실생활에서 사용되는 영어 텍스트와 친숙해짐으로써 영어에 대한 두려움을 극복해 보세요. 아래 문단을 천천히 읽고 스스로 먼저 해석해 본 후, 밑에 있는 해석을 확인해 보세요.

We are often of greater importance in our own eyes than in the eyes of our neighbor.

▶ 주변 사람들이 나를 보는 것보다 내가 나를 더 중요하게 보는 경우가 많습니다.

in one's eyes라고 하면 '~의 눈에'를 의미하는데요. 실제로 눈을 뜻하는 경우도 있지만, 추상적으로 '관점'을 뜻하기 위해 사용되기도 합니다. in my eyes는 '내가 보기에는', '내 의견으로는'이라는 의미로 in my opinion과 쓰임이 같습니다.

예문 **In my eyes, she was the real winner.**

▶ 내가 보는 바로는 그녀가 진정한 승자였다.

예문 **In my eyes, it doesn't really matter.**

▶ 내가 보기에는 그건 사실 문제가 되지 않는다.

Helpful Tip!

meadow : 들판, 초원
tip : 끝부분
horn : 뿔
apologize : 사과하다
glad : 기쁜
importance : 중요성

AT

What are you looking at? '너 어디 보는 거야?' 무엇을 뚫어지게 바라보는 친구를 보며 묻습니다. 궁금해진 나도 친구의 시선을 따라가 그 대상이 무엇인지 찾게 됩니다.

위 문장에서 전치사 at이 사용되었습니다. at의 쓰임새를 어떻게 하면 더 잘 연상할 수 있을까요? 어떠한 지점에 점을 콕 찍는 것을 떠올려 보세요. 지도를 보는데 수많은 장소 중 한 군데에 핀을 꽂으면 그 지점이 더 잘 보이게 되죠. 이렇게 at은 대상을 콕 집어주는 역할을 합니다. 친구가 특정한 곳을 집중해서 응시하는 것처럼 말이죠. 이러한 at을 활용해서 정확한 시간 및 위치 등을 표현할 수 있습니다.

at의 첫 번째 사용법

정확한 위치의 at

특정한 장소를 이야기한다는 것은 지도 위에 정확한 좌표를 찍는 것과 같습니다. 예시를 살펴보겠습니다.

예문

Meet me at the park.

▶ 공원에서 만나.

우리가 만나는 위치는 공원입니다. 지도를 보며 공원에 핀을 꽂는 모습을 상상해 주세요. 아래 문장에서도 at을 사용해 집이라는 특정한 장소를 이야기합니다.

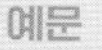

Sophia made those cookies at home.

▶ 소피아는 그 쿠키를 집에서 만들었다.

AT

위치를 이야기하는 상황에 at, in, on 중 어떤 것을 사용해야 하나 헷갈리는 경우가 많습니다. 모두 '~에'로 풀이되기 때문입니다. 하지만 at은 '좌표상 정확한 위치', on은 '닿아 있는', in은 '안에 있는'이라는 것을 연상한다면 수월하게 구분할 수 있습니다.

at의 두 번째 사용법

정확한 대상을 지칭하는 at

정확한 표적이나 대상을 지칭하는 용도로도 at을 사용합니다.

예문

Why are you mad at me?

▶ 왜 나에게 화가 난 거야?

화가 난 대상으로 '나'를 콕 집어서 지칭하고 있습니다. 누군가를 지목할 때 손가락으로 그 사람을 가리키는 것처럼 말이죠.

특정한 분야, 특정한 능력, 특정한 행동을 지칭할 때에도 at을 사용합니다.

예문

I'm bad at cooking.

▶ 나는 요리를 못한다.

예문

Ursula is good at parking.

▶ 어슐라는 주차를 잘한다.

'~이/가 (을/를) 어떻다'의 문장 구조입니다. 여기서 at은 문장 앞부분의 설명에 대한 구체적인 대상을 지칭하는 역할을 하고 있습니다.

AT

at의 세 번째 사용법

시간을 나타내는 at

in, on, at을 비교해 보는 연습입니다.

▶ in : 연, 월, 세기, 계절, 장기적 기간
▶ on : 요일, 공휴일 등 특정한 날짜
▶ at : 정확한 시간

단위로 보자면 in이 가장 넓은 범위를 포괄하고, on은 비교적 구체적인 표현에 사용하며, at은 가장 작고 정확한 단위에 사용합니다.

at은 하루의 시간표를 나타내는 다이어리에 손끝으로 한 지점을 콕 찍는 것과 같습니다.

예문

I'm meeting Paul at 3:30 p.m.

▶ 오후 3시 30분에 폴을 만나기로 했다.

하루 24시간 중 오후 3시 30분을 콕 찍어 약속 시간을 표시하고 있습니다.

숫자로 나타낸 시간이 아니어도 유의미한 시간과 특정한 시간에도 at을 사용합니다.

예문

Victor told us the story at lunch.

▶ 빅토르는 점심시간에 우리에게 그 이야기를 해주었다.

예문

Meet me at sunset.

▶ 해 질 녘에 만나.

'아침 시간', '점심시간', '저녁 시간' 등은 우리가 보편적인 행동을 하는 유의미한 시간입니다. 또, '해 뜰 녘'이나 '해 질 녘' 등도 보편적으로 통용되는 시간의 관념이지요. 이미 하루를 이루는 시간표 위에 고정되어 있으니까요.

AT

특정한 일이 일어난 '때', '순간', '찰나'의 시간도 콕 집어 선택한 시간이라고 할 수 있습니다.

예문

At that moment, William walked into the room.

▶ 그 순간에, 윌리엄이 방으로 들어왔다.

at의 네 번째 사용법

정확한 수치의 at

가격, 속도 등의 정확한 수치를 나타낼 때도 at을 사용합니다. 넓은 범위 속 정확한 숫자를 콕 집어 말하는 것처럼 말이죠. 설문조사에서 1부터 10까지의 숫자 중에 선택하는 것과 같습니다.

예문

The car was speeding down the hill at 80km per hour.

▶ 그 차는 시속 80km로 언덕을 내려오고 있었다.

온도의 경우에도 수치이기 때문에 at을 사용합니다. 특히 물이 끓는점은 특정한 온도가 정해져 있지요.

예문

Water boils at 100°C.

▶ 물은 섭씨 100도에서 끓는다.

특정한 가격도 at으로 표현합니다.

예문

Coffee is priced at 2 dollars a cup.

▶ 커피 한 잔은 2달러에 팔리고 있습니다.

➜ 커피 한 잔은 2달러입니다.

at의 다섯 번째 사용법

상태를 나타내는 at

at은 대상의 상태를 나타내는 역할을 하기도 합니다.

예문

You will get a 50% incentive at most.

▶ 가장 많은 경우, 너는 50%의 인센티브를 받을 거야.

➜ 너는 최대 50%의 인센티브를 받을 거야.

at most는 가장 최대치, 최고의 상태입니다.

반대로 최악의 상황을 예를 들어보겠습니다.

예문

At worst, I will get fired.

▶ 최악의 경우, 나는 해고될 거야.

일어날 수 있는 많은 시나리오 중 최악의 상황을 at worst이라고 표현합니다.

at을 이미지화해서 나타낼 수 있는 표현을 하나둘씩 습득하는 과정이 즐거웠기를 바랍니다. until the day we're all good at English, 우리 모두 영어를 잘하게 될 날까지 힘내서 함께해요!

Week 16

Read it out loud

기억하면 좋은 문장을 따라 읽고, 암기해 보는 시간입니다.
아래 문장을 크게 소리 내서 읽어 보세요.

Day 1

Going through a hard time
힘든 시간을 보내다

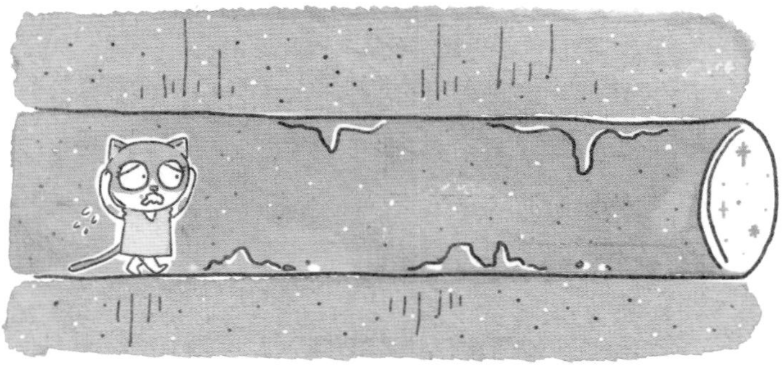

최근 힘든 일을 겪었다면, going through a hard time이라고 말할 수 있습니다. 힘든 시간을 통과하고 있다는 뜻인데요. go through는 '통과해 나가다'라는 뜻입니다. 긴 터널을 빠져나가는 느낌을 상상해 주세요. go through는 힘든 일 이외에도 법이 통과되거나, 무언가를 처음부터 끝까지 꼼꼼히 살펴볼 때도 사용할 수 있습니다.

Gloria is going through a hard time. Let her take some time off to get better.

▶ 글로리아는 지금 힘든 시간을 보내고 있어요. 글로리아가 회복할 수 있도록 시간을 갖게 둡시다.

Helpful Tip!

take time off : (일, 활동 등을) 잠시 쉬다

hard time : 힘든 시간

Enrich your vocabulary

자주 쓰이는 유익한 단어를 배워 보는 시간입니다. 하루에 단어 하나씩만 외워도 일주일이면 7개, 한 달이면 30개의 단어를 외울 수 있겠죠? 오늘 배울 단어는 다음과 같습니다.

[Distinct 뚜렷한]

비슷한 시기에 빈집털이 사건이 두 건 일어났어요. 두 사건이 동일범의 소행인지 조사하고 있는데, 한 집은 금품만 훔쳐 갔고 다른 집은 문서만 없어졌습니다. 두 사건 사이에는 분명한 차이가 있습니다. 이런 것을 distinct한 차이가 있다고 합니다. distinct는 '눈에 보이는', '뚜렷한'이라는 뜻을 가진 단어로, 다른 것들과 식별될 수 있는 무언가를 묘사할 때 사용합니다.

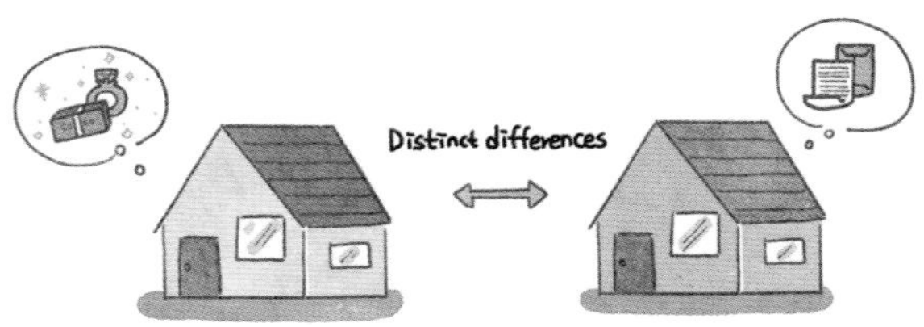

예문 These two cases have distinct differences.

▶ 그 두 사건에는 뚜렷한 차이가 있다.

예문 The new product has two distinct features compared to the previous version.

▶ 신제품은 이전 버전과 다른 두 가지 기능을 가지고 있다.

Helpful Tip!

distinct differences : 명백한 차이

new product : 신제품

previous : 이전의

feature : 특징, 특성

Remember this expression

영어에서 자주 쓰이는 핵심 표현을 배우고, 응용해 보세요. 하나를 배우면 자유자재로 적용할 수 있습니다. 오늘 배울 표현은 무엇인지 살펴볼까요?

[Be동사 + going to ~할 예정이다]

be동사 + going to는 미래에 무엇을 할 것이라고 말할 때 사용하는 표현으로, 일상생활에서 자주 등장합니다. 이 표현과 will의 차이점을 살펴봅시다. be동사 + going to는 '무엇을 할 것이다'라고 이미 예정된 계획을 말합니다. 반면 will은 구체적인 미래 계획에 더해 화자의 의지를 나타낼 때 사용합니다.

예문 I'm going to call you.
▶ 전화 할 예정이에요.

I will call you.
▶ 전화할게요.

예문 I am going to do well on the exam.
▶ 시험 잘 보게 될 거예요.

I will do well on the exam.
▶ 시험 꼭 잘 볼 거예요.

be going to에는 전화할 이유가 있어서, 시험을 당연히 잘 보게 될 것이라는 계획과 예측의 느낌이 좀 더 강조되어 있습니다. 반면 will에는 전화하겠다는, 시험을 잘 보겠다는 화자의 확실한 의지가 더 강조되고 있습니다.

Helpful Tip!

do well : 잘 하다

exam(examination) : 시험, 검사

Divide and conquer

길고 어려운 영어 문장을 짧게 끊어 읽으면 문장의 구조가 잘 보여 이해하기 쉽습니다. 나눠진 문장을 보면서 주어와 동사의 위치가 어떻게 바뀌는지 확인하면서 문장을 읽어 보세요.

When you are dehydrated, your mouth gets dry, and if there is not enough saliva to wipe out the bacteria, they accumulate and cause bad breath.

탈수 상태가 되었을 때 입이 마르게 되고, 입안의 박테리아를 닦아낼 충분한 침이 없다면 박테리아가 쌓여 입 냄새를 유발합니다.

01 **When you are dehydrated,**
▶ 탈수 상태가 되었을 때

02 **your mouth gets dry**
▶ 입이 마르게 된다

03 **and if there is not enough saliva to wipe out the bacteria,**
▶ 그리고 입속에 있는 박테리아를 닦아낼 충분한 침이 없다면

04 **they accumulate and cause bad breath.**
▶ 박테리아가 쌓여 입 냄새를 유발한다.

dehydrate의 사전적 의미는 '탈수 상태가 되다'입니다. 하지만 우리가 생각하는 탈수보다는 약간 더 가벼운 수준, '몸에서 수분이 빠져나가 몸이 건조하다' 정도의 수분 부족을 일컬을 때에도 자주 사용합니다.

I felt dehydrated after a long day out in the hot sun.
▶ 나는 뜨거운 태양 아래서 오랜 시간을 보낸 후 탈수증을 느꼈다.

Helpful Tip!

saliva : 침
wipe out : 닦아내다, 지우다
bad breath : 입 냄새
accumulate : 축적하다, 모으다

Power up reading

영어 문단을 읽고 해석해 보는 시간입니다. 단어나 문법뿐만 아니라 실생활에서 사용되는 영어 텍스트와 친숙해짐으로써 영어에 대한 두려움을 극복해 보세요. 아래 문단을 천천히 읽고 스스로 먼저 해석해 본 후, 밑에 있는 해석을 확인해 보세요.

The Plane Tree

플라타너스 나무

One day, two travelers found a plane tree when walking in the hot afternoon sun. "Plane trees are useless!" said one of them. "They don't produce fruit and only litter the ground with leaves." "Ungrateful creatures!" said a voice from the plane tree. "You lie here in my shade, cooling down, and still, you say that I'm useless! People are so ungrateful!" Our best blessings are often the least appreciated.

어느 날 두 나그네가 뙤약볕이 따가운 오후에 걷다가 플라타너스를 발견했습니다. 한 나그네가 말했습니다. "플라타너스는 쓸모가 없어! 열매도 열리지 않는데 낙엽만 수두룩하게 쌓인다고." 그러자 플라타너스로부터 목소리가 들렸습니다. "이 은혜도 모르는 놈들! 내 그늘에 누워서 더위를 식히고 있으면서 내가 쓸모없다고 말하다니! 인간들은 참 감사할 줄 모르는군!" 이처럼 우리는 가장 큰 축복에 대해서 감사할 줄 모르는 경우가 많습니다.

01 Ungrateful creatures!

▶ 감사할 줄 모르는 놈들아!

단어 앞에 un-이 붙는 경우 부정형이 됩니다. grateful은 '감사하는'이라는 뜻이 있으니 ungrateful은 '감사할 줄 모르는'이라는 뜻이 됩니다.

Power up reading

영어 문단을 읽고 해석해 보는 시간입니다. 단어나 문법뿐만 아니라 실생활에서 사용되는 영어 텍스트와 친숙해짐으로써 영어에 대한 두려움을 극복해 보세요. 아래 문단을 천천히 읽고 스스로 먼저 해석해 본 후, 밑에 있는 해석을 확인해 보세요.

예시

unhappy ▶ 행복하지 않은, 불행한

unlucky ▶ 운이 좋지 않은, 불운한

undo ▶ (묶인 것을) 풀다, 원상태로 되돌린다

unchanged ▶ 바뀌지 않은, 변함없는

02 **Our best blessings are often the least appreciated.**

▶ 우리에게 가장 큰 축복을 감사할 줄 모르는 경우가 많습니다.

something is often the least appreciated는 나무의 그늘처럼 너무 당연하게 느껴져서 감사함을 느끼지 못하는 경우를 말합니다.

예문

Even though this part of the process is crucial, it's often the least appreciated.

▶ 이 부분이 프로세스에서 중요하지만, 종종 가장 낮게 평가됩니다.

Helpful Tip!

shade : 그늘

plane tree : 플라타너스

produce : 생산하다

useless : 쓸모 없는

당신의 뇌를 해킹하라!

Hack your brain!

기대하면 뇌는 반응한다

'플라시보(placebo)'는 환자의 긍정적인 믿음으로 병세가 호전되는 현상을 말합니다. 우울증에 처방한 약이 비타민이었음에도 '치료가 성공할 것'이라는 환자의 기대로 면역력이 강화되고, 불안감과 피로감이 안정됐습니다. 의사가 처방해 준 가짜 약 및 가짜 치료법이 환자의 신체적, 심리적 치유에 도움 되는 것이죠. 이는 기대와 믿음에 호응하는 우리 뇌의 놀라운 능력을 보여줍니다.

호기심도 비슷한 맥락에서 우리 뇌를 자극합니다. 호기심을 품으면 어떠한 '답'을 기대하는 상태가 되는데요. 이 기대감만으로도 도파민이 분비됩니다. 뇌 도파민 회로의 두 주요 영역은 우리가 호기심을 많이 느낄수록 더 많이 활성화된다고 합니다.

이렇듯, 호기심과 기대감에 대한 뇌의 반응을 이해한다면 더욱 재미있고 효과적으로 학습할 수 있는 선순환 구조를 만들 수 있습니다. 호기심을 품어 뇌가 새로운 지식에 대해 갈망하게 만드는 것입니다. 도파민 덕분에 호모 사피엔스는 어떤 환경에서도 학습하고, 적응하고, 생존하는 지식을 쌓을 수 있었을 것입니다. 호기심으로 기대감이 생기고, 기대감으로 습득한 지식이 기억에 오래 남는 것이죠.

핵심 문장

Thanks to dopamine, Homo sapiens built up their knowledge of how to learn, adapt, and survive in any environment.

▶ 도파민 덕분에 호모 사피엔스는 어떤 환경에서도 학습하고, 적응하고, 생존하는 지식을 쌓을 수 있었을 것입니다.

핵심 표현

thanks to : ~ 덕분에

build up : ~를 축적하다, 발전시키다, 점점 커지다

참고 : 《우리의 뇌는 어떻게 배우는가》 I 스타니슬라스 드앤 저 I 로크미디어

《최악을 극복하는 힘》 I 엘리자베스 스탠리 저 I 로크미디어

Week 17

Read it out loud

기억하면 좋은 문장을 따라 읽고, 암기해 보는 시간입니다.
아래 문장을 크게 소리 내서 읽어 보세요.

[Cannot stand ~을 견딜 수 없다]

사람에 대해서 cannot stand를 사용한다면, 그 사람에 대한 거부감이 커서 견디기 힘들다는 뜻입니다. 사람 외에도 다른 명사나 동사를 붙여 어떠한 대상이나 태도에 대한 거부감을 표할 수 있습니다.

cannot stand 뒤에는 사람 외에도 다른 명사나 동사를 붙여 '~를 견딜 수 없다', '~하는 것을 견딜 수 없다'와 같은 의미로 사용할 수 있습니다.

예문 Beth cannot stand her.

▶ 베스는 그녀를 꼴도 보기 싫어한다.

예문 Owen can't stand such hot weather.

▶ 오웬은 이렇게 더운 날씨를 견디지 못한다.

예문 I couldn't stand my friend's rudeness any longer.

▶ 나는 친구의 무례함을 더는 참을 수 없었다.

Helpful Tip!

rudeness : 무례함

any longer : 더 이상

Enrich your vocabulary

자주 쓰이는 유익한 단어를 배워 보는 시간입니다. 하루에 단어 하나씩만 외워도 일주일이면 7개, 한 달이면 30개의 단어를 외울 수 있겠죠? 오늘 배울 단어는 다음과 같습니다.

[Modest 보통의, 겸손한]

과하지도, 너무 부족하지도 않은 것을 지칭할 때 modest 하다고 합니다.

예문 **Aaron was jogging at a modest speed.**

▶ 아론은 적당한 속도로 조깅하고 있었다.

예문 **The project was modest in size.**

▶ 그 프로젝트는 적당한 규모였다.

modest의 또 다른 의미는 '겸손한'입니다. 자신의 능력이나 가진 것을 과시하지 않을 때 modest 하다고 합니다.

예문 **The man was modest about his success.**

▶ 그는 자신의 성공에 대해 겸손했다.

Helpful Tip!

success : 성공

modesty : 겸손 ▶ '겸손'이란 의미로 **humility**도 사용됩니다.

영어에서 자주 쓰이는 핵심 표현을 배우고, 응용해 보세요. 하나를 배우면 자유자재로 적용할 수 있습니다. 오늘 배울 표현은 무엇인지 살펴볼까요?

Day 3

[As much as I'd love to 진심으로 ~ 하고 싶지만]

as much as I'd love to는 '~하고 싶은 마음이 큰 만큼 그럴 수 없게 하는 요인도 강력하다'라는 말을 전할 때 사용합니다. 따라서 '~을 진심으로 하고 싶지만' 구절에 이어서 할 수 없다는 구절이 뒤따릅니다.

예문 **As much as I'd love to help, your request is beyond my authority.**

▶ 진심으로 도와드리고 싶지만, 고객님의 요청은 제 소관 밖입니다.

같은 맥락에서 상대의 기분을 상하게 하지 않고 자리를 피하거나, 거절 의사를 밝힐 때도 사용합니다.

예문 **As much as I'd love to stay and chat with you, I have got to go now.**

▶ 진심으로 더 머물면서 대화를 나누고 싶지만, 제가 이제 가야 해요.

예문 **As much as I'd love to eat tacos, I won't be able to join this time.**

▶ 진심으로 타코를 먹고 싶지만, 이번에는 참석할 수가 없어요.

Helpful Tip!

request : 요청, 부탁

authority : 권한, 권위

Divide and conquer

길고 어려운 영어 문장을 짧게 끊어 읽으면 문장의 구조가 잘 보여 이해하기 쉽습니다. 나눠진 문장을 보면서 주어와 동사의 위치가 어떻게 바뀌는지 확인하면서 문장을 읽어 보세요.

Land values have increased to the point where redeveloping the property is more profitable than maintaining the current business.

부지를 재개발하는 것이 현 사업을 유지하는 것보다 더 이익인 지점까지 토지의 가치가 증가했다.

01 **Land values have increased to the point**

▶ 토지의 가치가 그 지점까지 증가했다

02 **where**

▶ (그 지점이 어디냐 하면)

03 **redeveloping the property**

▶ 부지를 재개발하는 것이

04 **is more profitable than maintaining the current business.**

▶ 현 사업을 유지하는 것보다 더 이익인 (지점)

기존의 사업을 유지하는 것보다 부지를 재개발하는 것이 더 이득일 정도로 땅값이 올라갔다는 문장입니다. increased to the point라고 하면, '~수준까지 올랐다'라는 뜻인데요. to the point는 주로 예상치 못했거나 극단적인 상황을 강조하기 위해 쓰입니다.

to the point 뒤에는 where를 써서 상승의 정도를 나타내는 설명을 이어 붙여 줍니다.

I was angry to the point where my face turned red.

▶ 얼굴이 빨갛게 될 지경까지 화가 났다.

Helpful Tip!

property : 토지, 재산

profitable : 수익성이 있는

Power up reading

영어 문단을 읽고 해석해 보는 시간입니다. 단어나 문법뿐만 아니라 실생활에서 사용되는 영어 텍스트와 친숙해짐으로써 영어에 대한 두려움을 극복해 보세요. 아래 문단을 천천히 읽고 스스로 먼저 해석해 본 후, 밑에 있는 해석을 확인해 보세요.

The Oak and the Reeds

떡갈나무와 갈대

There was a giant oak tree near a river where reeds grew. Whenever the wind blew, the great oak tree stood proudly upright with its arms lifted to the sky. But the reeds bowed low in the wind. "Even the slightest breeze makes you bow your heads, while I, the mighty oak, can stand upright and strong," said the oak tree arrogantly. "Don't worry about us," replied the reeds. "The wind doesn't hurt us." A few days later, there was a big storm. The oak tree stood proudly and fought against the storm. But the reeds bowed lower as the wind got even stronger. All at once, the great oak tree fell. Better to yield than to resist stubbornly and be destroyed.

갈대가 자라는 강가에 거대한 떡갈나무가 있었습니다. 바람이 불 때마다 커다란 떡갈나무는 두 팔을 하늘로 치켜들고 당당하게 섰습니다. 하지만 갈대는 바람에 고개를 숙였습니다. 떡갈나무가 교만하게 말했습니다. "산들바람에도 너희는 고개를 숙이는구나. 하지만 전능한 떡갈나무인 나는 꼿꼿하고 강하게 설 수 있어." 갈대가 대답했습니다. "우리는 걱정하지 않아도 돼요. 우리는 바람에 상처를 받지 않아요." 며칠 뒤, 큰 폭풍이 왔습니다. 떡갈나무는 늠름하게 서서 폭풍에 맞섰습니다. 반면에 바람이 거세질수록 갈대는 더욱 고개를 숙였습니다. 어느 순간 갑자기, 커다란 떡갈나무가 쓰러졌습니다. 고집스럽게 저항하다가 무너지는 것보다는 항복하는 게 낫습니다.

Power up reading

영어 문단을 읽고 해석해 보는 시간입니다. 단어나 문법뿐만 아니라 실생활에서 사용되는 영어 텍스트와 친숙해짐으로써 영어에 대한 두려움을 극복해 보세요. 아래 문단을 천천히 읽고 스스로 먼저 해석해 본 후, 밑에 있는 해석을 확인해 보세요.

01 **The wind doesn't hurt us.**

▶ 우리는 바람에 상처를 받지 않아요.

이 문장은 '바람은 우리를 해칠 수 없다' 혹은 '바람은 우리를 해치지 않는다' 두 가지로 해석할 수 있습니다. 하지만 맥락상 바람은 시련을 의미하고 있으니, '바람이 갈대를 해치지 않는다'라고 하기 보다는 '갈대가 바람에 상처를 받지 않는다'고 해석하는 것이 더 적절합니다.

예문 **I'm a very confident person, so a rude comment like that doesn't hurt me.**

▶ 나는 자존감이 높은 사람이기 때문에, 이런 무례한 말에는 상처를 받지 않아요.

02 **The reeds bowed lower as the wind got even stronger.**

▶ 바람이 거세질수록 갈대는 더욱 고개를 숙였습니다.

strong, stronger, strongest처럼 표현을 극대화 할 수 있는 예시를 살펴보겠습니다.

예시

low ▶ 낮은 ⇨ lower ▶ 더 낮은 ⇨ lowest ▶ 가장 낮은

high ▶ 높은 ⇨ higher ▶ 더 높은 ⇨ highest ▶ 가장 높은

Helpful Tip!

upright : 똑바른, 꼿꼿한 (자세)

bow : 머리를 숙이다, 허리를 굽히다, 절하다, 인사하다

proudly : 자랑스럽게, 위풍당당하게

breeze : 산들바람, 미풍

Weekend
주요 동사
04

TURN

Turn it up! 볼륨을 높여! 드라마, 영화, 노래 가사에서 자주 접할 수 있는 표현입니다. 이 문장을 어떻게 '높이다'로 풀이할 수 있는지 생각해 본 적 있나요?

turn의 기본적인 의미는 '돌다', '돌리다'입니다. 둥글게 도는 모양새를 표현하지요. 스피커의 음량 조절을 위해 원기둥 모양의 컨트롤러를 돌리는(turn) 동작을 상상해 보세요. 이때, 오른쪽으로 돌리면 up, 왼쪽으로 돌리면 down이 됩니다. turn it up은 말 그대로 '돌려서 볼륨을 높여라'인 셈입니다.

turn은 '변화'를 뜻하기도 하지만 뒤에 붙는 전치사나 부사에 따라 의미가 많이 달라지기도 합니다. turn의 기본 개념과 turn 구동사에 대해 함께 배워 보겠습니다.

turn의 첫 번째 뜻

돌다, 돌리다

무언가를 돌릴 때, 혹은 무언가가 돌 때 turn을 사용합니다.

예문

The windmill was turning clockwise.

▶ 그 풍차는 시계방향으로 돌고 있었다.

예문

Turn the other cheek.

▶ 다른 뺨을 돌려라.

➜ (한쪽 뺨을 맞았을 때) 다른 쪽 뺨도 내주어라.

turning은 -ing가 붙었기 때문에 지속해서 돌고 있는 모습을 표현하고 있습니다. Turn the other cheek.는 상대방이 한쪽 뺨을 때렸을 때, 다른 쪽 뺨도 대라는 숙어입니다. 이렇게 turn은 물리적 회전의 모습을 묘사할 때 사용할 수 있습니다.

TURN

또 다른 예시를 살펴보겠습니다. 소파에 앉아 텔레비전을 보고 있는데 부모님이 오셔서 뉴스를 보자고 합니다. 채널을 돌리면 채널이 바뀝니다. turn의 두 번째 뜻인 '변화하다'와도 자연스럽게 연결이 됩니다.

예문

Turn it to another channel.

▶ 채널 좀 돌려봐.

➜ 채널 좀 바꿔봐.

turn의 두 번째 뜻

변하다, 변화시키다

turn으로 어떠한 대상의 형태가 변화하는, 혹은 변형하는 상태를 나타낼 수 있습니다. 채널을 돌리면 채널이 바뀌고, 물건을 돌리면 방향이 바뀌는 것과 같습니다.

누군가가 전화 통화를 한 후 얼굴이 변했습니다. 심기가 불편해 보입니다. 화가 난 것 같습니다. 이럴 때 turn을 사용하여 나타낼 수 있습니다.

예시를 보겠습니다.

예문

Amelia's face turned red.

▶ 아멜리아의 얼굴이 붉게 변했다.

➜ 아멜리아의 얼굴이 붉어졌다.

'얼굴이 붉게 변한다(turn)'라고 해서 '붉어지다'로 말할 수 있습니다.

비슷한 맥락으로 음식의 맛이 변했을 때의 예시를 보겠습니다.

TURN

예문

Put the milk back in the fridge, or it will turn sour.

▶ 우유를 냉장고에 다시 넣어. 그렇지 않으면 맛이 시큼하게 변할 거야.

➜ 우유를 냉장고에 다시 넣어. 안 그러면 상할 거야.

시큼한 냄새와 쉰 맛으로 우리는 음식이 상한 것을 알 수 있습니다. turn sour는 그대로 해석하면 '시큼한 맛으로 변하다'입니다. '쉬다', '상하다'라는 뜻이죠.

이 표현은 일이나 관계가 '잘못되다', '틀어지다'라는 의미로 음식 말고도 인간관계가 안 좋은 방향으로 변할 때도 사용할 수 있습니다.

예시를 보겠습니다.

예문

Their relationship turned sour after an argument.

▶ 말다툼한 후 그들의 사이가 안 좋게 변했다.

➜ 말다툼한 후로 그들의 사이가 나빠졌다.

누군가와 다투고 나서 화해하지 못하는 경우, 관계가 나빠질 수 있습니다. 나빠진 관계가 바로 '시큼하게(sour) 변한(turn) 관계'입니다.

위 예시를 보면 turn에는 기본적으로 '돌다', '돌리다', '변하다'라는 뜻이 있지만, 풀이할 때는 그대로 대입하지 않고 맥락에 따라 해석을 달리해야 함을 알 수 있습니다.

이제 turn + 전치사/부사로 이루어진 구동사들에 대해 알아보겠습니다. 구동사는 기본 동사 뒤에 in, on, to, over 등 전치사나 부사가 붙어 원래 기본 동사의 의미와는 다른 의미를 나타냅니다. turn 구동사를 알면 turn을 활용하여 더 다양하게 표현할 수 있습니다.

TURN

turn의 첫 번째 구동사

turn around
1. 방향을 바꾸다 2. 상황이 호전되다

1. 방향을 바꾸다

turn around는 '돌다'와 '둥근 모양새'가 합쳐져 '둥글게 회전하다'라는 의미를 가집니다. 예시를 살펴보겠습니다. 간만의 해외여행이라 들뜬 마음으로 집을 나섰는데 깜빡하고 여권을 식탁에 올려 두고 왔습니다.

예문

We should turn the car around.

▶ 차를 돌려야겠어요.
  ➜ 유턴해야겠어요.

운전할 때 둥글게 회전하는 것이 바로 유턴입니다. turn 자체만으로도 '돌리다'를 묘사할 수 있지만 turn 뒤에 around를 붙여 '방향을 반 바퀴(180도) 돌리다'라는 뜻이 됩니다.

2. 상황이 호전되다

turn around의 두 번째 뜻은 '상황이 호전되다'입니다. 안 좋은 상황을 좋게 바꾸었을 때만 turn around를 사용할 수 있다는 것을 기억해 주세요. 하향 그래프가 위로 꺾여 상향 곡선을 그리기 시작하는 것을 연상하시면 이해하기 쉽습니다.

예문

We had an urgent meeting to turn around the business.

▶ 사업을 돌리기 위해 긴급회의를 가졌다.
  ➜ 사업을 살려 내기 위해 긴급회의를 열었다.

회사 상황이 지속해서 나빠지자 개선을 위해 긴급회의를 열었다는 문장입니다. 큰 틀에서 '괜찮아지다', '반전시키다', '역전시키다' 등으로도 풀이가 가능합니다.

TURN

turn의 두 번째 구동사

turn on / turn off
1. 켜다 / 끄다 2. 설레게 하다 / 흥미를 잃게 하다

1. 켜다 / 끄다

전원을 켜거나 전원을 끌 때 turn on과 turn off를 사용합니다. 주로 전자기기, 전등 등 에너지가 공급되어야 하는 물체에 쓰입니다. 우리의 생활 속에서 찾아볼 수 있는 예시를 함께 살펴봅시다.

예문

Turn off the light when you leave.

▶ 나갈 때 불 좀 꺼.

여기서 turn의 역할을 분석하자면 '불이 켜진 상태에서 불이 꺼진 상태로 바꾸다'라는 풀이로 접근할 수 있습니다. 또 다른 예를 살펴볼까요?

예문

We should turn the computer on before the meeting starts.

▶ 회의를 시작하기 전에 컴퓨터를 켜 두는 게 좋겠어.

모두가 모인 회의실에서 프레젠테이션 하려는데 컴퓨터조차 켜져 있지 않으면 식은땀이 나겠죠? 위 예시처럼 turn과 on/off 사이에 명사가 끼어들어도 당황하지 마세요. turn on the computer라고 써도 똑같이 해석하면 됩니다.

2. 설레게 하다 / 흥미를 잃게 하다

감정을 나타내기 위해 turn on/off를 활용한다면 '설레게 하다'와 '싫증 나게 하다'라는 표현이 됩니다.

사람의 감정을 turn on 할 수도 있습니다. 우리의 신경이 살아나고 깨어나는 모습이 그려집니다. 이 표현은 단순한 설렘을 넘어 성적인 끌림을 의미하기 위해 쓰입니다.

TURN

예문

A good sense of humor is one of my biggest turn-ons.

▶ 나를 가장 설레게 하는 것 중에 하나는 기발한 유머감각이야.

반대로 감정을 turn off, 꺼버리면 조금이나마 있던 관심도 사라져 버리는 모습을 상상할 수 있습니다. 이 표현은 일상적으로 자유롭게 쓸 수 있습니다.

예문

Rudeness is a huge turn-off for me.

▶ 무례함은 나의 마음을 식게 하는 아주 큰 요인이야.

➜ 나는 무례한건 질색이야.

컴퓨터 전원이 들어오다가 나가는 것처럼 마음이 생겼다가 없어지는 모습을 상상해 보시면 조금 더 수월하게 이해하실 수 있습니다.

---

turn의 세 번째 구동사

turn up / turn down

1. 키우다 / 줄이다 2. 참석하다, 나타나다 / 거절하다

1. 키우다 / 줄이다

turn A up/down은 'A를 높이다/줄이다'라는 의미입니다. 주로 소리, 온도 등의 조절에 많이 사용합니다.

예문

Jack turned up the volume on the TV.

▶ 잭이 텔레비전 음량을 높였다.

'높이다/줄이다' 속에는 '(기존 음량에서 더 높은/낮은 음량으로) 변화시키다'라는 의미가 함축되어 있습니다. 더불어 turn up을 사용할 때는 명사 '소리'가 생략되는 경우가 많은데요, 너무 많이 사용된 나머지 turn up 자체가 '소리를 올리다'라는 뜻을 가지게 되었습니다.

TURN

다음 예시에서 죽을 끓일 때 죽이 냄비 바닥에 눌어붙지 않게 약한 불로 줄인 후 계속 저어주어야 하는 장면을 상상해 보세요. 불을 줄일 때 우리는 가스레인지 조절기를 돌립니다.

예문

Turn down the heat and continue to stir.

▶ 불을 줄이고 계속 저으세요.

여기서 '불을 줄이다'는 '온도를 낮추다'와 같은 의미입니다. 이번에도 역시 turn이 들어가기 때문에 '(높은 온도를 낮은 온도로) 변화시키다'라는 해석이 가능합니다.

2. 참석하다, 나타나다 / 거절하다

원어민들이 흔하게 사용하는 표현 중 하나가 바로 '참석하다', '나타나다'라는 의미의 turn up입니다. 뮤지컬 배우가 무대 아래에서 위로 스르륵 나타나는 장면을 떠올려 보면 의미가 더 잘 이해될 겁니다. 예시를 한번 살펴보겠습니다.

예문

Paul turned up at the Christmas party with his new girlfriend.

▶ 폴은 크리스마스 파티에 새로운 여자 친구와 함께 나타났다.

➜ 폴은 크리스마스 파티에 새로운 여자 친구와 함께 왔다.

여기서 turn up은 '참석했다'라는 풀이도 가능하지만, 앞, 뒤 문맥에 따라 '예상치 못하게 등장했다'라고도 해석할 수 있습니다. 파티에 안 올 줄 알았던 폴이, 혹은 혼자 올 줄 알았던 폴이 예상치 못하게 새 애인과 함께 등장한 것입니다.

잃어버렸던 무언가를 찾았을 때 혹은 무언가가 새롭게 발견되었을 때도 마찬가지입니다. 아침 내내 찾아 헤매던 핸드폰이 갑자기 눈앞에 나타나거나 범죄 조사 중 새로운 증거가 나타날 때도 turn up을 사용할 수 있습니다.

예문

New evidence turned up after investigating the office.

▶ 그 사무실을 조사한 후 새로운 증거가 나타났다.

➜ 그 사무실을 조사한 후에 새로운 증거가 발견되었다.

TURN

이제 turn down을 살펴보겠습니다. turn down은 제안 등을 거절한다는 의미가 있습니다.

예문

William had to turn down the job offer.

▶ 윌리엄은 취직/이직 제안을 거절할 수밖에 없었다.

윌리엄이 취직 제안 혹은 이직 제안을 받았습니다. 그러나 회사의 위치가 집에서 너무 멀어 고민입니다. 물리적이든 상징적이든 회사의 제안을 손에 쥐고 있죠. 이때 그 제안을 거절하며 제안서를 돌려주는 윌리엄의 모습을 머릿속에 그려보세요. 마치 우리가 무언가를 거절할 때 손사래를 치며 넣어두라고 하는 것과 비슷한 모습이 turn down입니다.

---

turn의 네 번째 구동사

turn into
~가 되다, ~로 변하다

앞에서 turn에 '변하다'라는 뜻이 있다는 것을 살펴보았습니다. 이때 into를 붙여 무엇으로 변했는지 보여줄 수 있습니다. turn과 into가 만나면 '처음엔 ~했지만, 결과적으로 ~한 상태로 변하다'라는 의미가 됩니다. 수월한 이해를 위해 동화 신데렐라에 나오는 유명한 장면을 예시로 들어보겠습니다.

예문

The fairy waved her magic wand, and the pumpkin turned into a carriage.

▶ 요정이 요술 지팡이를 흔들자 호박이 마차로 변했다.

기존 상태(호박)에서 다른 상태(마차)로 변하는 모습을 turn into가 연결해 주었습니다.

TURN

상황이 변했을 때의 표현은 어떨까요?

예문

The team dinner turned into a disaster.

▶ 회식이 재앙으로 변해버렸다.

➜ 괜찮았던 회식이 끔찍해졌다.

회식 자리에서 평소 사이가 안 좋았던 팀장과 팀원 사이에 신경전이 벌어져 회식 분위기가 침체되고 상황이 안 좋게 변해버렸습니다. 처음엔 괜찮았지만, 부정적인 상황으로 변해버린(turn into) 것이죠.

---

turn의 다섯 번째 구동사

turn out

(결과적으로) ~로 드러났다, ~가 되다

out은 밖으로 나오는 모양을 보여 주는 단어로 turn과 만나면 '~로 변해 나타나다', 즉 '~로 드러나다' 혹은 '결과적으로 ~가 되었다'라는 의미가 됩니다. turn out은 진행 과정보다 밝혀진 사실과 결과에 중점을 둔 표현입니다.

예문

Jasmine turned out to be Zabrina's daughter.

▶ 자스민이 자브리나의 딸로 드러났다.

➜ 자스민이 자브리나의 딸로 밝혀졌다.

막장 드라마에서 충격적인 출생의 비밀이 드러났어요(turned out). 베일이 걷히면서 그 안에 있던 비밀이 밖으로 나오는 모습을 상상해 보세요.

다음으로 일이 '결과적으로 ~가 되었다'라는 의미를 나타내는 예시를 보도록 하겠습니다.

Weekend
주요 동사
04

TURN

예문

How did the job interview turn out?

▶ 면접은 결과적으로 어떻게 됐어?

➜ 면접 잘 봤어?

위 예시처럼 turn out을 쓰게 되면 면접의 진행 과정에 대한 질문이 아니라 면접의 결과에 대한 질문이 됩니다. 또, 취향에 관련된 결과를 이야기할 때도 흔히 사용됩니다.

예문

It turns out that wasn't for me.

▶ 결과적으로 나를 위한 게 아니더라.

➜ 결과적으로 내 취향이 아니더라.

➜ 내 취향이 아니더라.

너무도 원하던 것이었는데, 직접 해보니 나와는 전혀 맞지 않은 경우를 경험해 보셨나요? 운동 같은 취미가 될 수도 있고, 전공이나 직장이 될 수도 있습니다. 이때 '직접 해보니 이렇더라'라는 말을 하기 위해 turn out을 사용합니다.

오늘은 turn과 turn의 구동사에 대해 배워봤는데요, turn의 구동사는 정말 많이 사용되는 표현입니다. 여러 구동사가 있기 때문에 한꺼번에 기억하기엔 어렵지만, 천천히 turn과 함께 쓰인 전치사나 부사의 의미를 파악하면서 실제 상황에 대입해 보세요. 언어는 자연스럽게 체득하는 것이 중요합니다. 직접 상황극을 해보며 연습하는 것도 좋은 방법이 될 수 있습니다.

Week 18

Day 1

Read it out loud

기억하면 좋은 문장을 따라 읽고, 암기해 보는 시간입니다.
아래 문장을 크게 소리 내서 읽어 보세요.

[Don't get me wrong. 오해하지 마세요.]

어떤 말을 할 때 상대방이 오해할까 봐 '오해하지 마' 혹은 '오해하지 말고 들어'라고 말을 할 때가 있습니다. 영어로는 Don't get me wrong.이라고 표현합니다. get me에는 '나를 이해하다'라는 뜻이 있는데요. get me wrong은 '나를 잘못 이해하다'가 됩니다. 내 말이 의도대로 전달되지 않은 것 같아 걱정스러울 때, 또는 이야기에 반전을 주고 싶을 때, Don't get me wrong.을 사용할 수 있습니다.

Don't get me wrong. I'm not saying it's boring.

▶ 오해하지 마. 지루하다고 말하는 게 아니야.

가끔은 더 극적인 스토리텔링을 위해 Don't get me wrong.을 사용하는 경우도 있습니다. 오해의 소지가 있는 말을 한 직후에 반전을 주는 것이죠.

Don't get me wrong. I am a very competent lawyer.

▶ 오해는 마세요. 저는 매우 능력 있는 변호사랍니다.

Helpful Tip!

boring : 지루한

competent : 실력있는, 능력 좋은

Enrich your vocabulary

자주 쓰이는 유익한 단어를 배워 보는 시간입니다. 하루에 단어 하나씩만 외워도
일주일이면 7개, 한 달이면 30개의 단어를 외울 수 있겠죠?
오늘 배울 단어는 다음과 같습니다.

[Vulnerable 취약한]

인간은 누구나 주변과 환경의 영향을 받습니다. 외부의 자극에 취약하거나, 환경에 영향을 받을 때, vulnerable이라는 단어를 사용할 수 있습니다.

Teenagers are vulnerable to peer pressure.

▶ 십 대들은 또래 친구들의 영향에 취약하다.

vulnerable은 정서적인 경우뿐만 아니라 신체적으로 부상 당하기 쉬울 때도 사용합니다.

As we get older, we become more vulnerable to knee injuries.

▶ 나이가 점점 들수록, 우리는 무릎 부상에 더 취약해진다.

Helpful Tip!

peer pressure : 동료 집단으로부터 받는 사회적 압력

injury : 부상, 상처

Day 3

Remember this expression

영어에서 자주 쓰이는 핵심 표현을 배우고, 응용해 보세요. 하나를 배우면 자유자재로 적용할 수 있습니다. 오늘 배울 표현은 무엇인지 살펴볼까요?

[Would ~ if ··· ··· 면 ~할 것이다]

would는 단순히 will의 과거형이 아니라 다양한 쓰임새를 가지고 있습니다. 아직 일어나지 않았지만 일어나기를 희망하거나 일어날 법한 일을 가정할 때도 사용하지요.

It would be great if we could meet on Friday.

▶ 금요일에 만날 수 있으면 좋을 텐데.

would 대신 will을 사용해도 틀린 표현은 아닙니다. 하지만 아직 만나기로 결정된 게 아니기 때문에 would를 사용해 가정의 의미를 담고, 바람의 정도를 낮추어 상대방을 조금 더 배려하게 됩니다.

아직 일어나지 않은 일을 가정하는 if는 현실과 반대되거나, 가능성이 희박한 일에 과거 시제를 씁니다.

What would you do if you were a millionaire?

▶ 만약 당신이 백만장자라면 무엇을 하실 건가요?

Helpful Tip!

million : 100만, 100만의

millionaire : 백만장자, 큰 부자

Divide and conquer

길고 어려운 영어 문장을 짧게 끊어 읽으면 문장의 구조가 잘 보여 이해하기 쉽습니다.
나눠진 문장을 보면서 주어와 동사의 위치가 어떻게 바뀌는지 확인하면서
문장을 읽어 보세요.

Day 4

[**Apple, one of the most well-known brands in the world, is known for many things: its innovative products, its focus on design, and its unwavering dedication to customer experience.**

세계에서 가장 잘 알려진 브랜드 중 하나인 애플은 혁신적인 제품, 디자인에 대한 관심 그리고 고객 경험에 대한 변함없는 열정 등 다방면으로 유명합니다.]

01 **Apple, one of the most well-known brands in the world,**
▶ 세계에서 가장 잘 알려진 브랜드 중 하나인 애플은

02 **is known for many things:**
▶ 다방면으로 유명하다

03 **its innovative products, its focus on design,**
▶ 혁신적인 제품, 디자인에 대한 관심

04 **and its unwavering dedication to customer experience.**
▶ 그리고 고객 경험에 대한 변함없는 열정

know의 과거분사 known은 형용사로도 자주 사용합니다. '알려진'이라는 뜻을 가진 known은 '유명한'이라는 의미로 쓰이기도 합니다.

He is known for being a very famous musician.
▶ 그는 아주 유명한 음악가로 알려져 있습니다.

Helpful Tip!

unwavering : 확고한, 변함없는

known for : ~로 알려진, ~로 유명한

Power up reading

영어 문단을 읽고 해석해 보는 시간입니다. 단어나 문법뿐만 아니라 실생활에서 사용되는 영어 텍스트와 친숙해짐으로써 영어에 대한 두려움을 극복해 보세요. 아래 문단을 천천히 읽고 스스로 먼저 해석해 본 후, 밑에 있는 해석을 확인해 보세요.

The Crow and the Pitcher

까마귀와 물병

One day during a dry spell, a thirsty crow found a pitcher with a little water in it. But the pitcher was tall and had a narrow neck, so no matter how hard he tried, the crow could not reach the water. The poor thing felt like he'd die of thirst. Then he had an idea. Picking up some small stones, he dropped them into the pitcher one by one. With each stone, the water rose a little higher until at last, it was high enough for him to drink. In a pinch, good use of our wits may help us out.

가뭄 중의 어느 날, 목이 말랐던 까마귀가 물이 조금 들어 있는 물병을 발견했습니다. 하지만 물병은 길고 목이 좁았기 때문에 까마귀가 아무리 노력해도, 부리가 물에 닿지 않았습니다. 불쌍한 까마귀는 이러다 갈증으로 곧 죽겠지 싶었습니다. 그때, 아이디어가 떠올랐습니다. 작은 돌멩이를 주워 하나씩 물병 안으로 떨어뜨린 것이지요. 돌멩이 하나를 떨어뜨릴 때마다 물 높이가 조금씩 높아졌습니다. 그리고 마침내 까마귀가 물을 마실 수 있는 만큼 높아졌습니다. 비상시에는 지혜를 잘 발휘하는 것이 우리를 도울 수 있습니다.

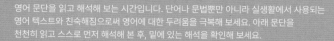

Power up reading

영어 문단을 읽고 해석해 보는 시간입니다. 단어나 문법뿐만 아니라 실생활에서 사용되는 영어 텍스트와 친숙해짐으로써 영어에 대한 두려움을 극복해 보세요. 아래 문단을 천천히 읽고 스스로 먼저 해석해 본 후, 밑에 있는 해석을 확인해 보세요.

01 One day during a dry spell, a thirsty crow found a pitcher with a little water in it.

▶ 가뭄 중의 어느 날, 목이 말랐던 까마귀가 물이 조금 들어 있는 물병을 발견했습니다.

dry spell? 이게 무슨 말일까요? '한동안 건조한 시기'를 의미합니다. 여기서 spell은 특정한 날씨 등이 지속되는 '한동안'이라는 의미입니다. 그래서 dry spell은 기후를 나타내는 '건기', 혹은 '불황기', '정체기'를 의미하기도 합니다.

예시

- **sunny spell** ▶ 한동안 화창한 날씨
- **warm spell** ▶ 한동안 따뜻한 날씨
- **hot spell** ▶ 한동안의 더위
- **cold spell** ▶ 한동안의 추위
- **rainy spell** ▶ 장마철, 우기

02 In a pinch, good use of our wits may help us out.

▶ 비상시에는 지혜를 잘 발휘하는 것이 우리를 도울 수 있습니다.

pinch는 손으로 '꼬집다', '꽉 집다'라는 의미가 있습니다. 그리고 in a pinch는 '비상시에', '유사시에' 처럼 급한 경우를 의미합니다. 누군가를 꼬집을 때, 우리는 살을 꽉 집게 되는데요, 마찬가지로 상황이 아주 꽉 조이는 듯 급한 상황을 생각해 보세요. 그 상황이 바로 in a pinch입니다.

예문

I didn't get my brother a birthday gift, so in a pinch, I ordered him his favorite sushi platter.

▶ 오빠 생일인데 생일 선물을 준비하지 못했어. 대신 급하게 오빠가 가장 좋아하는 초밥 세트를 주문했어.

Helpful Tip!

wit : 재치

one by one : 하나하나씩, 차례차례

당신의 뇌를 해킹하라!
Hack your brain!

어떻게 호기심을 자극할 수 있을까?

어떻게 호기심을 자극할 수 있을까요? 심리학자 조지 로웬스타인은 1994년에 재미있는 실험을 했습니다. 참가자들에게 다양한 도형을 보여 주며 그 도형을 응시하는 시간을 기록한 것입니다. 그런데 단순한 도형이든 매우 복잡한 도형이든 참가자들은 오랜 시간 응시하지 않았습니다. 단순하면 너무 지루해했고, 너무 복잡하면 어려워하면서 관심을 갖지 않았죠. 하지만 모양이 적당히 복잡해지자 응시하는 시간이 길어졌습니다.

이 실험을 통해 조지 로웬스타인은 '정보 간극'을 설명하는데요. 적당히 친숙하면서도 적당히 새로울 때 우리는 호기심이 생깁니다. 이미 알고 있는 것은 새로운 시도의 두려움을 줄여 주고, 모르는 것은 흥미를 자아내기 때문입니다. 이를 '호기심 괴리 이론'이라고 합니다.

따라서 호기심을 자극하기 위해서는 내가 무엇을 알고, 무엇을 모르는지 파악하는 것이 필요합니다. 친숙함에 더할 수 있는 새로움을 찾아 보세요. 반복 학습으로 새로움이 친숙함이 되면, 그 기반 위에 또 다른 새로움을 찾아 나가면 됩니다. 이처럼 호기심은 배움으로 우리를 자연스럽게 이끕니다. 배움은 그렇게 자연스럽게 이루어집니다.

핵심 문장

What you already know reduces your fear of trying something new, and what you don't know creates interest.

▶ 이미 알고 있는 것은 새로운 것을 시도하는 데 두려움을 줄여 주고, 모르는 것은 흥미를 자아낸다.

핵심 표현

what you already know : 당신이 이미 알고 있던 것

what you don't know : 당신이 모르는 것

참고 : 《완벽한 공부법》 I 고영성, 신영준 저 I 로크미디어

《우리의 뇌는 어떻게 배우는가》 I 스타니슬라스 드앤 I 로크미디어

《생각이 돈이 되는 순간》 I 앨런 가넷 I 알에이치코리아

Week 19

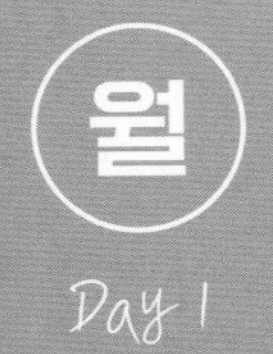

Read it out loud

기억하면 좋은 문장을 따라 읽고, 암기해 보는 시간입니다.
아래 문장을 크게 소리 내서 읽어 보세요.

[It's only a matter of time. 그건 시간문제일 뿐이야.]

It's only a matter of time.은 반드시 일어날 일이지만, 그것이 언제 일어날지는 시간문제일 뿐이라는 표현입니다. 희망을 놓지 않고 꾸준히 노력한다면 원하는 결과를 얻을 수 있을 것이라는 메시지 입니다. only 대신에 just를 써도 됩니다.

예문 **You'll make it happen eventually. It's only a matter of time.**
▶ 결국 넌 해낼 수 있어. 그건 시간문제일 뿐이야.

예문 **It's only a matter of time before the bakery becomes famous.**
▶ 그 빵집이 유명해지는 것은 시간문제다.

a matter of는 '~의 문제다'라는 뜻을 가지고 있습니다. 시간 외에도 다양하게 활용할 수 있습니다.

예문 **It's not about winning the competition. It's a matter of being honest.**
▶ 그것은 경쟁에서 이기는 것에 관한 게 아니다. 정직함에 관한 문제이다.
➜ 경쟁에서 이기는 것이 중요한 것이 아니다. 진실한 것이 중요하다.

Helpful Tip!

eventually : 결국, 궁극적으로   **honest :** 정직한, 솔직한

Enrich your vocabulary

자주 쓰이는 유익한 단어를 배워 보는 시간입니다. 하루에 단어 하나씩만 외워도
일주일이면 7개, 한 달이면 30개의 단어를 외울 수 있겠죠?
오늘 배울 단어는 다음과 같습니다.

[Sophisticated 정교한]

높은 수준의 정교함을 가졌거나, 세련된 것을 일컬어 sophisticated 하다고 합니다.

예문 Marion has a sophisticated understanding of the topic.

▶ 마리옹은 그 주제에 관해서 상당히 정교한 수준으로 이해하고 있다.

예문 The painting is too sophisticated for me to comprehend.

▶ 이 그림은 내가 이해하기에 너무 수준이 높아.

sophisticated와 비슷한 단어로 '복잡한'이라는 뜻의 complicated가 자주 거론됩니다. sophisticated는 복잡함에 정교함까지 더한 긍정적인 의미가 있습니다. 마치 도자기 장인이 정교하고 복잡한 무늬를 조각하는 것처럼 말이죠. 반면, complicated는 이해하기 쉽지 않고 얽혀 있어 복잡하다는 의미입니다.

예문 The math problem is complicated.

▶ 수학 문제가 복잡하다.

Helpful Tip!

comprehend : 이해하다

understanding of the topic : 주제에 대한 이해

Remember this expression

영어에서 자주 쓰이는 핵심 표현을 배우고, 응용해 보세요. 하나를 배우면 자유자재로 적용할 수 있습니다. 오늘 배울 표현은 무엇인지 살펴볼까요?

[Had + 과거분사 과거보다 더 먼 과거]

had + 과거분사는 과거보다 더 먼 과거를 나타낼 때 사용합니다. 흔히 '있었다', '됐었다', '했었다'라고 해석을 합니다. 이를 과거완료 시제라고 합니다. 과거분사에 have의 과거인 had를 추가해 한층 더 과거로 보내는 것이지요. 또, 이미 끝난 과거라서 '완료'가 붙습니다.

예문 **I ran into my old friend Brian on the street today. I wish we had stayed in touch over the years.**

▶ [과거] 나는 옛 친구인 브라이언을 길거리에서 만났다.
[더 먼 과거] 그동안 연락하고 지냈으면 좋았을 것이다.

예문 **Sally was extremely sleepy at work because she hadn't slept all week while preparing for her presentation.**

▶ [과거] 샐리는 회사에서 매우 졸렸다.
[더 먼 과거] 발표 준비를 위해 일주일 내내 잠을 자지 못했기 때문이다.

이렇게 과거분사에 had를 추가해 두 개의 다른 과거 시점을 나타낸 것을 볼 수 있습니다.

Helpful Tip!

on the street : 길에서
stay in touch : 연락하고 지내다
over the years : 지난 몇 년 동안
extremely : 지나치게, 심각하게

Divide and conquer

길고 어려운 영어 문장을 짧게 끊어 읽으면 문장의 구조가 잘 보여 이해하기 쉽습니다.
나눠진 문장을 보면서 주어와 동사의 위치가 어떻게 바뀌는지 확인하면서
문장을 읽어 보세요.

Values need to be freely chosen and in line with internal standards rather than external expectations placed on us by others.

가치관은 자유롭게 선택되어야 하며, 그 가치관은 다른 사람들의 외적인 기대보다는 내적인 기준에 부합해야 한다.

01 **Values need to be**
▶ 가치관은 ~ 해야 한다

02 **freely chosen**
▶ 자유롭게 선택되고

03 **and in line with internal standards**
▶ 내적인 기준에 부합해야 한다

04 **rather than external expectations placed on us by others.**
▶ 다른 사람들의 외적인 기대보다는

internal standards와 external expectations는 서로 대조되는 개념입니다. 이렇게 대조되는 내용을 말할 때 rather than이라는 표현을 활용합니다. 외적 기대보다는 내적 기준으로 freely chosen, 즉 자유롭게 선택할 수 있어야 한다고 말하는 문장입니다.

예문 **This problem needs to be taken seriously rather than laughed at like a joke.**
▶ 이 문제는 농담처럼 비웃기보다는, 심각하게 받아들일 필요가 있다.

Helpful Tip!

internal : 내적인, 내부의
external : 외적인, 외부의
in line with : ~와 일치하다, 부합하다
values : 가치관

Day 5

Power up reading

영어 문단을 읽고 해석해 보는 시간입니다. 단어나 문법뿐만 아니라 실생활에서 사용되는 영어 텍스트와 친숙해짐으로써 영어에 대한 두려움을 극복해 보세요. 아래 문단을 천천히 읽고 스스로 먼저 해석해 본 후, 밑에 있는 해석을 확인해 보세요.

The Wild Boar and the Fox

멧돼지와 여우

A wild boar was sharpening his tusks against a tree stump. Later, a fox came by. Seeing the boar sharpening his tusks, the fox thought there was a hidden enemy somewhere and started to look around anxiously. But the boar continued with his work. "Why are you doing that?" asked the fox. "I don't see any danger." "That's true," replied the boar, "but when danger comes there will be no time for work like this. My tusks will have to be ready or else I'll suffer." Preparedness for danger is the best guarantee of peace.

멧돼지가 나무 그루터기에 엄니를 갈고 있었습니다. 여우 한 마리가 지나가다 엄니를 가는 멧돼지를 보고 어딘가에 적이 있을 것이라 여겨 불안하게 주위를 둘러봤습니다. 하지만 멧돼지는 계속 엄니를 갈고 있을 뿐이었죠. "왜 그러고 있는 거예요? 주변에 위험한 것은 아무것도 없어 보여요." 여우가 물었습니다. "맞아, 하지만 위험이 닥치면 엄니를 갈 시간이 없어. 늘 나의 엄니를 갈고닦아야지. 아니면 내가 괴로워질 거야." 위험을 대비하는 것은 평화를 보장하는 최선의 방법입니다.

Power up reading

영어 문단을 읽고 해석해 보는 시간입니다. 단어나 문법뿐만 아니라 실생활에서 사용되는 영어 텍스트와 친숙해짐으로써 영어에 대한 두려움을 극복해 보세요. 아래 문단을 천천히 읽고 스스로 먼저 해석해 본 후, 밑에 있는 해석을 확인해 보세요.

01 But the boar continued with his work.

▶ 멧돼지는 계속 엄니를 갈고 있을 뿐이었죠.

work는 직장에서의 업무만이 아니라 '작업하다'라는 뜻으로도 쓰입니다. 그래서 무언가를 멋지게 만든 경우 work of art라고 말하면 '예술적으로 만들었네!'라는 감탄을 나타내는 것입니다.

예시

nice work! ▶ 잘했어!

work together ▶ 힘을 합치다

work on my paper ▶ 리포트를 쓰다

02 My tusks will have to be ready or else I'll suffer.

▶ 늘 나의 엄니를 갈고닦아야지, 아니면 내가 괴로워질 거야.

or else는 '아니면'이라는 의미가 있습니다. 'A 하지 않으면 B 할 것이기 때문에 A 한다'라는 뜻이죠.

예문

I need to finish my chores today or else my mom will be angry.

▶ 나는 오늘 집안일을 끝내야 해. 그렇지 않으면 엄마가 화낼거야.

03 Preparedness for danger is the best guarantee of peace.

▶ 위험에 대한 대비는 평화를 보장하는 최선의 방법입니다.

preparedness는 '준비가 된 상태', '각오가 된 상태'라는 뜻입니다. preparation과 같이 prepare(준비하다)의 명사형이지만, preparation이 그저 '준비'라는 뜻이라면, preparedness는 준비된 마음가짐과 태도를 의미합니다.

Power up reading

영어 문단을 읽고 해석해 보는 시간입니다. 단어나 문법뿐만 아니라 실생활에서 사용되는 영어 텍스트와 친숙해짐으로써 영어에 대한 두려움을 극복해 보세요. 아래 문단을 천천히 읽고 스스로 먼저 해석해 본 후, 밑에 있는 해석을 확인해 보세요.

The government introduced new measures to improve preparedness for natural disasters.

▶ 정부는 자연재해에 대한 대비 수준을 개선하기 위해 새로운 대책을 발표했습니다.

in preparation for는 숙어로 '~의 준비로', '~에 대비해'라는 의미입니다.

The government introduced new measures in preparation for natural disasters.

▶ 정부는 자연재해에 대비해 새로운 대책을 발표했습니다.

Helpful Tip!

tusk : (코끼리, 멧돼지 등의) 엄니

guarantee : 명 굳은 약속, 보증 동 보장하다

improve : 개선하다, 향상시키다

sharpen : 날카롭게 하다, 더 분명히 하다

chores : 집안일

natural disaster : 자연재해

당신의 뇌를 해킹하라!

Hack your brain!

시험은 아무 잘못이 없다

시험은 아주 효과적인 학습 전략 중 하나지만, 대부분의 사람은 시험에 거부감을 느낍니다. 흔히 성적을 평가하기 위한 수단으로 시험을 생각하기 때문입니다. 명확한 피드백이 없는 성적은 틀린 부분에 대한 처벌에 지나지 않습니다. 만약 시험 후 제대로 된, 즉각적인 피드백을 받을 수 있다면 어떻게 될까요?

중요한 것은 시험 성적이 아니라, 배움을 위해 기울이는 노력과 그에 대한 피드백입니다. 시험에 대한 거부감을 내려놓고, 시험을 적극적으로 활용해 보세요. 기억을 테스트하는 행위만으로도 그 기억이 더 강해진다는 것은 여러 연구를 통해 효과가 입증되었습니다.

외부의 시험뿐 아니라 자신만의 시험 방법을 만들어 보는 것도 한 방법입니다. 스스로 시험을 많이 볼수록, 학습해야 할 것들을 더 잘 외울 수 있고 내가 알고 있는 것과 모르는 것을 정확하게 알 수 있습니다. 시험은 부족한 자신을 괴롭게 하는 게 아닙니다. 틀린 부분을 찾아 적극적으로 개선하는 과정이 시험입니다.

핵심 문장

A grade without clear feedback is nothing more than poor error feedback or punishment.

▶ 명확한 피드백이 없는 성적은 틀린 부분에 대한 처벌에 지나지 않습니다.

핵심 표현

nothing more than : ~에 불과한

참고 : 《우리의 뇌는 어떻게 배우는가》 | 스타니슬라스 드앤 저 | 로크미디어

Week 20

기억하면 좋은 문장을 따라 읽고, 암기해 보는 시간입니다.
아래 문장을 크게 소리 내서 읽어 보세요.

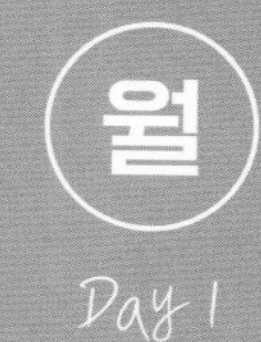

[Fight the enemy where they aren't. 적이 없는 곳에서 싸워라.]

"남들이 가지 않는 새로운 길을 가라."

새로운 길일수록 경쟁이 적고, 경쟁자가 적은 길은 성공할 확률이 높다는 뜻이지요. 이를 비유적으로 표현하는 문장이 바로 Fight the enemy where they aren't.입니다. 《손자병법》에 나오는 말인데 번역된 후 영미권에서 자주 쓰는 문장이 되었습니다.

Go where the enemy is not.

▶ 적이 없는 곳으로 가라.

Helpful Tip!

fight tooth and nail : 이를 악물고 싸우다

fight something off : ~와 싸워 물리치다

fight your own battles : 자기 일은 스스로 알아서 하다

fight back : (공격에) 맞서다, 반격하다

Day 2

Enrich your vocabulary

자주 쓰이는 유익한 단어를 배워 보는 시간입니다. 하루에 단어 하나씩만 외워도 일주일이면 7개, 한 달이면 30개의 단어를 외울 수 있겠죠? 오늘 배울 단어는 다음과 같습니다.

[Dwindle 점점 감소하다]

마치 영양분 공급이 부족해 점점 작아지고 약해지는 식물의 모습처럼 dwindle은 '점점 감소하다'라는 뜻을 가지고 있습니다.

The supply of lettuce is dwindling due to the drought.

▶ 가뭄으로 인해 상추의 공급이 줄어들고 있다.

dwindle과 비슷한 의미로 사용되는 단어는 decrease입니다. dwindle과 decrease는 모두 줄어든다는 의미인데요. 두 단어가 주는 느낌은 조금 다릅니다. dwindle은 무언가의 크기가 작아지면서 약해지는 느낌의 감소라면, decrease는 그래프가 수치상으로 하락하는 느낌의 감소입니다. 만약 위 문장을 decrease를 써서 바꾼다면 다음과 같이 수치를 나타내는 단어와 함께 쓸 수 있습니다.

The US trade statistics showed a significant decrease in imports from China.

▶ 미국 무역 통계에 따르면 중국으로부터의 수입이 상당한 폭으로 감소했다.

Helpful Tip!

drought : 가뭄

significant : 아주 중요한, 의미있는, 의미심장한

import : 명 수입, 수입품 동 수입하다

decrease : 감소하다, 줄다

[If I were you 내가 너였다면]

이 표현은 상황과 말투에 따라 공감이나 비난의 표현이 될 수 있습니다. 부드러운 조언이 될 수도, 농담이 될 수도, 심지어 협박이 될 수도 있습니다.

그런데 I was가 아닌 I were라고 하는 것이 이상하지 않나요? 과거 시제를 쓰는 가정법에 be 동사(am/is/are/was/were)를 써야 한다면 모두 were만을 씁니다. 이 구절 자체가 많이 쓰이기 때문에 구절로서 통째로 외우면 좋습니다.

If I were you, I would have quit the job.

▶ 내가 너였다면 회사를 그만뒀을 거야.

if I were you를 생략하고 I would만 나올 수도 있습니다.

Mom, can I go out to play?

▶ 엄마, 나가서 놀아도 되나요?

I don't know. (If I were you) I would rather study.

▶ 글쎄, 나라면 (내가 너라면) 노는 대신 공부할 거야.

Helpful Tip!

quit : 그만두다, 떠나다

would rather : (~하기 보다는 차라리) …하겠다

Divide and conquer

길고 어려운 영어 문장을 짧게 끊어 읽으면 문장의 구조가 잘 보여 이해하기 쉽습니다.
나눠진 문장을 보면서 주어와 동사의 위치가 어떻게 바뀌는지 확인하면서
문장을 읽어 보세요.

There should be no question that there has been an observable shift in consumer behavior over the past decade.

지난 10년 동안 소비자 행동에 주목할 만한 변화가 있었다는 것에는 의심의 여지가 없다.

01 **There should be no question**
▶ 의심의 여지가 없다

02 **that there has been an observable shift**
▶ 관찰할 수 있는 변화가 있었다는 것

03 **in consumer behavior**
▶ 소비자 행동에

04 **over the past decade.**
▶ 지난 10년 동안

observe는 '관찰하다'라는 뜻의 동사입니다. 그에 -able이 붙어 '관찰이 가능한' 혹은 '식별이 가능한'이라는 의미를 갖게 되지요. shift는 '변화', '이동' 등을 뜻하는 명사입니다. 그러면 observable shift는 '인지할 수 있는 수준의 변화'로 해석할 수 있겠죠.

decade는 10년을 뜻합니다. over the past + 기간이라고 하면 '과거 ~동안'이라는 뜻이 됩니다. over the past decade, 지난 10년 동안 소비자 행동에 변화가 있었다는 말이죠. 특정 기간에 일어난 변화나 사건들을 설명할 때 유용하게 활용해 보세요.

He greatly improved his technique over the past year.
▶ 그는 지난 1년 동안 기술을 많이 향상시켰다.

Helpful Tip!

observable : 관찰할 수 있는, 식별할 수 있는

consumer : 소비자

영어 문단을 읽고 해석해 보는 시간입니다. 단어나 문법뿐만 아니라 실생활에서 사용되는 영어 텍스트와 친숙해짐으로써 영어에 대한 두려움을 극복해 보세요. 아래 문단을 천천히 읽고 스스로 먼저 해석해 본 후, 밑에 있는 해석을 확인해 보세요.

The Heron

왜가리

A heron was walking along the bank of a stream, looking at the clear water. His long neck and pointed bill were ready to catch something for breakfast. The clear water was swarming with fish, but the heron was hard to please. "No small fish for me," he said. "Such small fish are not fit for a heron." Then a fine perch swam by. "No thank you," said the heron. "I wouldn't even bother opening my beak for something like that!" As the sun rose, the fish left the shallow water near the shore and swam down to cooler water. The heron didn't see any more fish, so in the end, he had to settle for having a tiny snail for breakfast. Do not be too hard to please, or else you may have to be content with the worst or with nothing at all.

왜가리 한 마리가 강둑을 따라 걸으며 투명한 물속을 응시하고 있었어요. 왜가리의 긴 목과 뾰족한 부리는 언제든 아침거리를 잡을 준비가 되어 있었습니다. 투명한 물속에는 물고기 떼가 돌아다니고 있었지만, 왜가리는 그날따라 만족하지 못했습니다. "나는 작은 물고기는 안 먹어. 이렇게 작은 물고기는 왜가리에게 맞지 않아." 그 뒤에 멋진 농어가 헤엄쳐 지나갔습니다. "아니야, 저런 것을 위해서는 부리를 벌리고 싶지도 않아!" 해가 떠오르자, 물고기들은 강가의 얕은 물을 떠나 강의 깊은 곳, 시원한 물이 있는 곳으로 헤엄쳐 내려갔습니다. 더 이상 물고기를 볼 수 없었던 왜가리는 결국 아침으로 작은 달팽이 하나에 만족해야 했습니다. 너무 까다롭게 굴지 마세요. 그렇지 않으면 아무것도 남지 않거나, 제일 싫어하는 것으로 만족해야 하는 수도 있습니다.

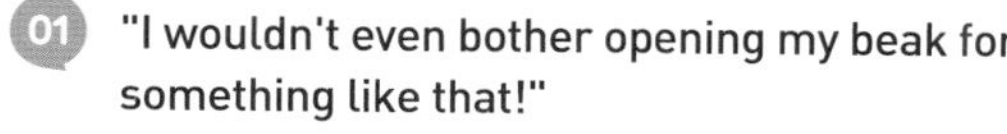

01 "I wouldn't even bother opening my beak for something like that!"

▶ "저런 것을 위해서는 부리를 벌리고 싶지도 않아!"

Power up reading

영어 문단을 읽고 해석해 보는 시간입니다. 단어나 문법뿐만 아니라 실생활에서 사용되는 영어 텍스트와 친숙해짐으로써 영어에 대한 두려움을 극복해 보세요. 아래 문단을 천천히 읽고 스스로 먼저 해석해 본 후, 밑에 있는 해석을 확인해 보세요.

bother는 '신경 쓰다', '신경 쓰이게 하다', '괴롭히다'라는 뜻이 있습니다. 다른 말로 하면 '귀찮게 하다'라는 말입니다. I wouldn't even bother는 작은 물고기는 신경 쓰지 않겠다고 말하는 것이지요.

예시 **Don't be bothered.** ▶ 신경 쓰지 마.

Don't bother your sister/brother. ▶ 동생 괴롭히지 마.

02 **Do not be too hard to please, or else you may have to be content with the worst or with nothing at all.**

▶ 너무 까다롭게 굴지 마세요. 그렇지 않으면 아무것도 남지 않거나, 제일 싫어하는 것으로 만족해야 하는 수밖에 없을 수도 있습니다.

or else는 '앞 구절을 ~하지 않으면, 뒷 구절의 결과가 이어질 것'이라는 뜻입니다. 여기서는 or you may를 함께 알아두면 좋습니다. '~ 할 수도 있다'라고 말함으로써, 직설적이기보다는 공손하고 조심스럽게 표현하는 방법입니다.

예문 **Put on some bug spray, or else you'll get bit.**

▶ 벌레 기피제를 뿌리지 않으면, 벌레한테 물릴 거야.

예문 **Put on some bug spray, or you may get bit.**

▶ 벌레 기피제를 뿌려야 할 것 같아. 안 그러면 벌레한테 물릴 수도 있어.

Helpful Tip!

swarm : 명 한 방향으로 이동하는 떼, 무리 동 떼 지어 다니다

shore : 기슭, 해안가, 호숫가

fit : 적합한, 알맞은, 잘 어울리는

shallow : 얕은, 얄팍한, 피상적인

OFF

off the record

비공식적으로

비공개를 전제로 하여 기록으로 남기지 않는 내용을 이야기할 때 off the record라는 표현을 사용합니다. 그런데 이 문장에서 off는 기록을 끈다는 뜻일까요?

off는 '떨어짐'을 표현하는 전치사입니다. '접촉'을 뜻하는 on과 반대의 의미를 갖고 있지요. 바닥으로 떨어진다는 것보다는 위치해 있던 자리에서의 분리를 뜻하는 '떨어짐'입니다. 그래서 '떨어져 거리가 생기는 모양', '기존 위치에서 벗어나는 모양' 등을 나타낼 수 있습니다.

그렇기 때문에 off the record에서 off는 해당 발언이 기록에서 '떨어져 분리되었음'을 보여 주는 역할을 하고 있습니다. 이러한 off의 이미지를 이용해 몇 가지 사용법에 대해 알아보겠습니다.

off의 첫 번째 사용법

물리적 떨어짐의 off

off는 무언가로부터 떨어지는 이미지를 가지고 있습니다. 물리적으로 맞닿아 있던 것들이 거리가 멀어지면서 분리되는 것이죠.

예문

The painting fell off the wall.

▶ 그림이 벽에서 떨어졌어.

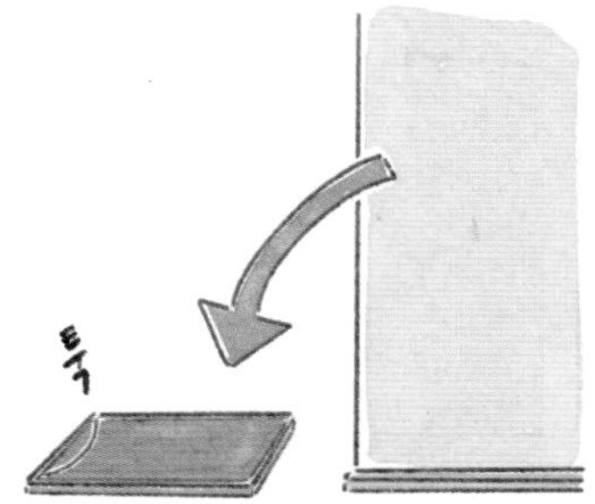

벽에 붙어있던 그림이 벽에서 떨어진(off) 후 중력으로 인해 바닥으로 낙하(fell)한 것입니다.

OFF

교통수단에서 내릴 때도 off를 사용합니다.

예문

I'm getting off at the next stop.

▶ 나는 다음 정류장에서 (교통수단과) 떨어질 것이다.

➜ 나는 다음 정류장에서 내린다.

전철, 버스 등에 내가 발을 붙이고 있다가(접촉의 on) 다음 정류장에서 이 버스에서 발을 떼고 내리는(떨어짐의 off) 것으로 풀이할 수 있습니다. 버스와 내가 물리적으로 완전히 분리된 것이죠.

예문

Get your hands off me.

▶ 나한테서 손 떼.

누군가가 원치 않는 스킨십을 자꾸 하면 기분이 나쁘죠. 그럴 땐 '내 몸에서 손(hands) 떼(off)'라고 확실하게 말해야 합니다.

take off는 '비행기가 이륙하다'라는 의미로도 쓰입니다. 비행기의 바퀴가 활주로에서 떨어져 위로 날아가는 모습을 연상하면 이해하기 쉬울 겁니다.

off의 두 번째 사용법

장소, 위치에서의 이탈 off

기존에 있던 장소나 위치에서 거리를 두고 떨어져서 떠나는 모습에도 off를 적용할 수 있습니다. 예를 들면 다른 곳으로 여행을 간다든가, 퇴근한다든가 할 때 말이죠.

예문

I'm off! See you later!

▶ 나는 간다! 다음에 봐!

OFF

여행은 반복되고 지친 삶에 활기를 불어넣어 주죠. off to라고 하면 지금 있는 곳에서 멀어져 다른 곳으로 간다는 의미를 뜻합니다.

예문

I'm off to Europe tomorrow. See you when I'm back!

▶ 나는 내일 유럽으로 떠나. 돌아와서 보자!

지금 있는 장소를 떠나 다른 곳으로 멀어져 갈 때 off를 사용합니다.

예문

Where is he off to?

▶ 쟤 어디로 가는 거야?

off의 세 번째 사용법

추상적인 분리의 off

추상적인 개념에서 벗어나거나, 분리되는 모습 또한 off의 '떨어짐'을 이용해 표현할 수 있습니다.

예문

What time do you get off work?

▶ 너 몇 시에 일로부터 분리돼?

➜ 너 몇 시에 퇴근해?

퇴근은 사무실에서 혹은 일에서 분리되는 것을 나타냅니다. get off work는 '퇴근하다'라는 뜻으로 자주 사용되는 표현이죠. 비번일 경우에는 off duty라고 합니다. 업무(duty)에서 떨어져(off) 있는 것이죠.

OFF

예문

Should I take a day off today?

▶ 오늘 분리된 하루를 가질까?

➜ 오늘 쉴까?

동일한 맥락으로 쉬는 날 또는 연차를 day off라고 합니다.

예문

Stay off the grass.

▶ 잔디에 들어가지 마시오.

stay의 '머물다'와 off의 '떨어지다'가 만나 '떨어져서 있다'라는 뜻이 됩니다. 물리적, 추상적 거리를 유지하는 '자제하다', '거리를 두다'라는 뜻을 의미하죠.

예문

Back off, let me handle this on my own.

▶ 물러나 있어. 내가 알아서 할게.

➜ 상관하지 마. 내가 알아서 할게.

예문

If the snake is hissing, back off.

▶ 뱀이 소리를 내면 물러나세요.

back off는 어떠한 상황이나 문제에서 떨어져 물러남을 뜻합니다. '관여하지 마', '떨어져 있어', '~에서 물러나다' 등의 뉘앙스로 쓰입니다. back off와 stay away (from)은 비슷한 표현입니다.

OFF

off의 네 번째 사용법

기존 상태에서 이탈하는 off

떨어져서 거리를 갖게 되는 off의 이미지를 떠올려 봅시다. 보편적으로 통용되는 표준 상태 혹은 기존의 상태를 벗어나 다른 상태로 변하는 것을 표현할 수 있습니다. 기존 상태에서 이탈하는 것이죠.

예문

I think this milk has gone sour. It tastes off.

▶ 이 우유 신맛이 나는 데. 정상이 아닌 것 같아.

➜ 이 우유 신맛이 나는 데. 상했나 봐.

우유가 정상인 상태에서 벗어나 안 좋은 상태, 상한 상태로 변했음을 의미합니다.

상태의 변화를 나타내는 off를 사람에게도 적용할 수 있습니다. 다음 예시는 평소와는 조금 다른 모습의 친구를 걱정하는 표현입니다. 친구가 갑자기 물을 쏟지를 않나, 약간 정신을 놓은 듯한 멍한 표정으로 앉아 일에 집중하지 못하는 것 같아요.

예문

You seem a bit off. Are you okay?

▶ 너 기존의 모습이 아닌 것 같아. 너 괜찮니?

➜ 너 어딘가 이상해 보여. 괜찮아?

이렇게 정상적인 혹은 기존의 상태에서 이탈해 다른 상태로 간 모습을 off로 표현할 수 있습니다. 상황이나 사물 등, 무언가 잘못되었음을 이야기할 때에도 something is off와 같이 사용할 수 있습니다.

off는 다른 전치사들에 비해 비교적 이해하기 쉬운 편입니다. 무언가로부터 분리되고, 이탈하고, 떨어져 거리를 두는 모습을 잘 기억해 두신다면 언제 off를 사용할 수 있는지 자연스럽게 그림이 그려질 거예요. on과 off를 비교하며 둘의 반대되는 상황을 떠올려 보는 것도 도움이 됩니다.

Week 21

Read it out loud

기억하면 좋은 문장을 따라 읽고, 암기해 보는 시간입니다.
아래 문장을 크게 소리 내서 읽어 보세요.

Suddenly everything became crystal clear.

갑자기 모든 것이 명확해졌다.

스릴러 소설이나 영화에는 주인공이 사건의 중요한 실마리를 발견하면서 흩어져 있던 모든 단서들이 퍼즐처럼 맞춰지는 순간이 있습니다. 마치 흐렸던 안개가 걷히고 복잡하고 모호한 것들이 명확해지는 느낌입니다. 이런 상황에 사용되는 표현이 바로 Suddenly everything becomes crystal clear.입니다. 아주 투명하고 명백하게 보이는 것이죠.

I couldn't understand her behavior, but when she told me her story, everything became crystal clear.

▶ 그녀의 행동을 이해할 수 없었지만, 그녀가 자신의 이야기를 들려주자 갑자기 모든 것이 명확해졌다.

Suddenly everything became crystal clear, and I finally understood what he was saying!

▶ 갑자기 모든 것이 명백해졌고, 나는 마침내 그가 하는 말을 이해했어!

Helpful Tip!

behavior : 행동, 태도

crystal clear : 수정같이 맑은, 아주 명백한

Emrich your vocabulary

자주 쓰이는 유익한 단어를 배워 보는 시간입니다. 하루에 단어 하나씩만 외워도
일주일이면 7개, 한 달이면 30개의 단어를 외울 수 있겠죠?
오늘 배울 단어는 다음과 같습니다.

[Navigate 항해하다]

차에 달린 내비게이션은 navigate에서 유래됐습니다. '방향을 잡는다', '항해하다'와 같은 뜻으로 쓰이죠. 물리적 방향을 잡는 것 이외에도 어떤 상황 혹은 문제를 마주했을 때 그것을 헤쳐 나갈 방향을 찾는다는 뜻으로도 사용합니다.

예문 The explorer is navigating the jungle.

▶ 탐험가가 정글을 탐험하고 있다.

예문 Brian did not know how to navigate the situation.

▶ 브라이언은 그 상황을 어떻게 헤쳐 나가야 할지 몰랐다.

인간관계란 때로는 출구가 없는 듯한 미로를 헤쳐 나가는 것처럼 불확실해서 많은 노력이 필요하죠. 어렵고 복잡한 인간관계에도 항해한다는 뜻을 가진 navigate를 사용할 수 있습니다.

예문 My professor is interested in how human beings navigate the complexities of social life.

▶ 우리 교수님은 사람들이 사회생활의 복잡함을 어떻게 헤쳐 나가는지에 대해 관심이 있다.

Helpful Tip!

be interested in : ~에 관심이 있다

complexity : 복잡성, 복잡함

영어에서 자주 쓰이는 핵심 표현을 배우고, 응용해 보세요. 하나를 배우면 자유자재로 적용할 수 있습니다. 오늘 배울 표현은 무엇인지 살펴볼까요?

[Boring vs Bored
Exciting vs Excited]

-ing가 붙으면 어떤 대상의 특징을 이야기하는 의미가 됩니다. 대상의 속성이 되는 것이죠. She is boring.이라고 하면 그녀 자체가 지루한 사람이라는 말이 됩니다.

She is bored.라고 하면 그녀가 지루함을 느끼는 상태이죠.

exciting과 excited, interesting과 interested도 마찬가지로 속성과 일시적인 상태로 의미가 구별됩니다.

The movie is very interesting.

▶ 그 영화는 너무 재미있다.

I'm not interested in you.

▶ 나는 너에게 관심이 없다.

Judy is excited to study music.

▶ 주디는 음악을 공부할 생각에 신이 났다.

He thinks Judy is an exciting person.

▶ 그는 주디가 즐거운 사람이라고 생각한다.

Helpful Tip!

excite : 흥분시키다, 자극하다, 들뜨게 하다

exciting : 신나는, 흥미진진한

excited : 신이 난, 들뜬, 흥분한

Divide and conquer

길고 어려운 영어 문장을 짧게 끊어 읽으면 문장의 구조가 잘 보여 이해하기 쉽습니다. 나눠진 문장을 보면서 주어와 동사의 위치가 어떻게 바뀌는지 확인하면서 문장을 읽어 보세요.

[**Do not let current success cloud your judgment and make you complacent.**

지금의 성공으로 판단력이 흐려져 태만해지지 말아야 한다.]

01 **Do not let current success**
▶ 지금의 성공이 ~하도록 두지 말아라

02 **cloud your judgment**
▶ 당신의 판단력을 흐리게 한다

03 **and make you complacent.**
▶ 그리고 당신을 태만하게 만든다

cloud는 '구름'이라는 뜻의 명사입니다. 동사로 하면 기억력이나 판단력을 '흐리다' 혹은 '어두워지게 하다' 라는 의미가 됩니다.

Don't let his criticism cloud your judgment. Trust yourself!
▶ 그의 비난이 당신의 판단력을 흐리게 하지 마세요. 자신을 믿으세요!

Helpful Tip!

complacent : 현실에 안주하는, 자기만족적인

cloud : 동 흐리게 만들다, 흐리게 하다

Power up reading

영어 문단을 읽고 해석해 보는 시간입니다. 단어나 문법뿐만 아니라 실생활에서 사용되는 영어 텍스트와 친숙해짐으로써 영어에 대한 두려움을 극복해 보세요. 아래 문단을 천천히 읽고 스스로 먼저 해석해 본 후, 밑에 있는 해석을 확인해 보세요.

The Stag and the Hunter

사슴과 사냥꾼

One day, a stag saw his reflection in the clear water while drinking from a spring. He greatly admired the graceful arch of his antlers, but he was very ashamed of his skinny legs. "How is it," he sighed, "that I am cursed with such skinny legs when I have such a magnificent crown." Suddenly, he sensed a hunter nearby and immediately ran away through the forest. He ran far away. But after a while, his large antlers got caught in some tree branches. The hunter caught up with him shortly after. The deer realized that the legs he was so ashamed of would have saved him had it not been for the useless antlers. We often make much of the ornamental and despise the useful.

어느 날, 샘에서 물을 마시고 있던 수사슴이 투명한 물에 비친 자신의 모습을 보았습니다. 그는 자기 뿔의 멋진 굴곡에는 감탄했지만, 자신의 마른 다리는 부끄러웠습니다. “어째서 이렇게 환상적인 왕관을 쓰고 있는 내가 이렇게 마른 다리를 가졌을까?” 사슴은 한숨을 쉬며 말했습니다. 갑자기 근처에 사냥꾼이 있다는 것을 느낀 사슴은 곧바로 숲을 지나 달렸습니다. 멀리 도망가기는 했지만, 조금 있다가 사슴의 큰 뿔이 나뭇가지에 걸리게 되었습니다. 사냥꾼도 곧 따라잡았죠. 사슴은 자신의 쓸모없는 뿔만 아니었더라면 그토록 못 미더워하던 다리가 자신을 살릴 수 있었다는 걸 깨달았습니다. 우리는 종종 장식품을 중시하고 꼭 필요한 것을 경시하는 경향이 있습니다.

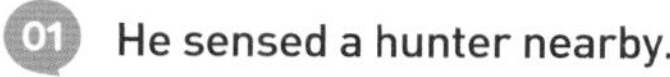

01 He sensed a hunter nearby.

▶ 사슴은 근처에 사냥꾼이 있다는 것을 느꼈습니다.

sense는 무엇에 대한 ‘감각’, 그리고 ‘감지하다’, ‘느끼다’라는 의미가 있습니다. 우화에서는 사슴이 사냥꾼을 보지 못했지만, 동물적 본능으로 존재를 감지한 상황에 쓰였습니다.

Power up reading

영어 문단을 읽고 해석해 보는 시간입니다. 단어나 문법뿐만 아니라 실생활에서 사용되는 영어 텍스트와 친숙해짐으로써 영어에 대한 두려움을 극복해 보세요. 아래 문단을 천천히 읽고 스스로 먼저 해석해 본 후, 밑에 있는 해석을 확인해 보세요.

우리는 '센스가 있다'라고 말 할때 '감각이 좋다'는 의미로 쓰고 있습니다. 하지만 영미권에서는 '센스가 좋다'라고 말할 때 sense를 그대로 사용하지 않습니다. '감각이 좋다'라는 말을 하고 싶으면 sense of를 사용해 어떤 감각이 좋은지 명시해야 합니다.

예시
a poor sense of direction ▶ 안 좋은 방향감각
a good sense of fashion ▶ 좋은 패션 감각

02 **The deer realized that the legs he was so ashamed of would have saved him had it not been for the useless antlers.**

▶ 사슴은 자신의 쓸모없는 뿔만 아니었더라면 자신이 그토록 못 미더워하던 다리가 자신을 살릴 수 있었다는 걸 깨달았습니다.

had it not been for는 '~이 아니었다면'이라는 뜻을 가지고 있습니다. the deer realized that, 사슴이 무엇을 깨달았습니다. the legs, 어떤 다리냐면, he was so ashamed of, 자신이 부끄러워하던 다리가, would have saved him, 자신을 살렸을 것이라고. 하지만 여기에 조건이 하나 붙습니다. had it not been for the useless antlers, 쓸모없는 뿔이 아니었다면 말이죠.

예문
I would have given up had it not been for my mentor's patience.
▶ 내 멘토가 나를 기다려주지 않았다면 나는 포기했을 것이다.

Helpful Tip!

reflection : 거울이나 물에 비친 모습
graceful : 우아한, 품위 있는
arch : 동그랗게 구부린 모양, 아치형 구조물
sigh : 한숨
magnificent : 참으로 아름다운, 훌륭한
ornamental : 장식용의

당신의 뇌를 해킹하라!

Hack your brain!

우리에게 필요한 건 콩글리쉬

“오늘은 무엇을 실패했니?” 이 말은 스팽스(Spanx)의 창업자이자 자수성가한 억만장자 사라 블레이클리에게 아버지가 매일 던진 질문이었다고 합니다. 한 기자가 성공의 비결을 묻자, 사라 블레이클리는 아버지의 이 질문이 실패의 두려움을 극복하는데 효과가 좋았다고 합니다.

사람들은 대부분 자신이 무언가를 훌륭하게 해내지 않으면 주변에 안 좋게 보일까 걱정합니다. 그래서 도전하기를 두려워합니다. 블레이클리의 아버지는 이 질문으로 실패에 대한 딸의 두려움을 낮춰 주고 무엇이든 시도할 수 있도록 격려해 주었습니다. 덕분에 사라 블레이클리가 전설적인 창업 신화를 이루어 낼 수 있었을 것입니다.

우리가 외국어를 어려워하는 이유 중 하나는 틀리는 것에 대한 두려움이 있습니다. 사실 ‘실수와 학습은 같은 말’이라고 할 정도로 실수는 배움에서 중요한 역할을 합니다. 실수와 명확한 피드백의 반복으로 현재의 나와 목표의 간극을 줄여 나가는 과정이 배움입니다. 실수한다는 것은 우리가 뭔가 노력하고 있다는 증거입니다. 여러분은 오늘 무엇을 실패하셨나요?

핵심 문장

In fact, mistakes play an important role in learning to the extent that mistakes and learning are synonymous, and learning is the process of bridging the gap between the present and the goal through repetition of mistakes and clear feedback.

▶ 사실 ‘실수와 학습은 같은 말’이라고 할 정도로 실수는 배움에서 중요한 역할을 합니다. 실수와 명확한 피드백의 반복으로 현재의 나와 목표의 간극을 줄여 나가는 과정이 배움입니다.

핵심 표현

play a role in : ~에서 역할을 하다

bridge the gap : 공백을 메우다

참고 : 《우리의 뇌는 어떻게 배우는가》 I 스타니슬라스 드앤 저 I 로크미디어

《순간의 힘》 I 칩 히스 & 댄 히스 저 I 웅진지식하우스

Week 22

Read it out loud

기억하면 좋은 문장을 따라 읽고, 암기해 보는 시간입니다.
아래 문장을 크게 소리 내서 읽어 보세요.

Day 1

[I can't afford a car. 차를 살 돈이 없어요.]

I can't afford a car.

▶ 차를 살 여력이 없어요.

afford는 무엇을 사거나 무엇을 할 형편이 된다는 뜻입니다. 여유롭게는 아니지만, 그럭저럭 살 수 있는 정도가 된다는 뉘앙스가 있습니다. 누군가가 I can't afford a house.라고 하면 집을 살 여유가 안 된다는 말로 이해하면 됩니다.

afford는 종종 afford to + 동사원형의 형태로도 사용됩니다.

I can't afford to lose the bet.

▶ 내기에서 질 수 없어.

Helpful Tip!

afford : 여유(형편)가 되다, 제공하다

bet : 내기하다, 돈을 걸다

Enrich your vocabulary

자주 쓰이는 유익한 단어를 배워 보는 시간입니다. 하루에 단어 하나씩만 외워도 일주일이면 7개, 한 달이면 30개의 단어를 외울 수 있겠죠? 오늘 배울 단어는 다음과 같습니다.

[Prejudice 편견]

편견을 prejudice라고 합니다. 특정 집단 혹은 개인에 대해 굳어진 의견이나 견해를 갖는 것을 뜻하죠.

Our society has a prejudice against older people.

▶ 나이 많은 사람들에 대한 사회적 편견이 있다.

We must not allow prejudices to blind us.

▶ 우리는 편견이 우리의 시야를 가리게 해서는 안 된다.

함께 기억하면 좋은 단어로 stereotype이 있습니다. stereotype은 '고정관념', '선입견', '경험으로 인해 정형화된 생각이나 이미지'를 뜻합니다. '동양인은 수학을 잘한다'처럼 일상에서 경험으로 고정된 생각을 뜻하는데요, prejudice는 그에 더 나아가 상대를 부정적으로 판단하고 일반화하는 것까지 포함합니다.

There were complaints of racial prejudice at work.

▶ 직장에서 인종 편견에 대한 불만이 있었다.

Helpful Tip!

blind : 눈이 멀게 하다.

against : ~에 반대하여(맞서)

Remember this expression

영어에서 자주 쓰이는 핵심 표현을 배우고, 응용해 보세요. 하나를 배우면 자유자재로 적용할 수 있습니다. 오늘 배울 표현은 무엇인지 살펴볼까요?

[Too A to B
B 하기에는 너무 A 하다]

too A to B는 '너무 A 해서 B를 할 수 없다'라는 뜻입니다. 너무 A 한 것이 B를 할 수 없는 이유가 되는 것이죠. 비슷한 형태의 사뭇 다른 표현으로는 so A that B가 있습니다. '너무 A 해서 B 하다'라는 뜻인데요. too A to B는 불가능함을 이야기하기 위해, so A that B는 인과관계를 말하기 위해 사용됩니다.

예문 I am too weak to run a marathon.

▶ 마라톤에 참가하기에는 나는 너무 체력이 약하다.

예문 Sarah was too tired to take a shower.

▶ 사라는 샤워를 하기에는 너무 피곤했다.

예문 Sarah was so tired that she fell asleep immediately.

▶ 사라가 너무 피곤한 나머지 바로 잠들었다.

예문 I am so exhausted that I am not sure if I can continue.

▶ 지금 너무 지쳐서 계속할 수 있을지 모르겠어요.

Helpful Tip!

fall asleep : 잠들다

exhaust : 기진맥진하게 만들다, 고갈시키다

Day 4

Divide and conquer

길고 어려운 영어 문장을 짧게 끊어 읽으면 문장의 구조가 잘 보여 이해하기 쉽습니다. 나눠진 문장을 보면서 주어와 동사의 위치가 어떻게 바뀌는지 확인하면서 문장을 읽어 보세요.

[**She wants to test the limit of what is possible, to see what it brings out in her.**

그녀는 가능성의 한계를 시험해 보면서 자신 안에서 어떤 잠재력을 이끌어 낼 수 있는지 보고 싶었다.]

01 **She wants to test**

▶ 그녀는 시험해 보고 싶었다

02 **the limit of what is possible,**

▶ 무엇이 가능할지의 한계를

03 **to see what it brings out in her.**

▶ 그녀 안에서 무엇을 끌어내는지 보기 위해

test the limit는 운동 및 높은 업무 강도로 극한의 상황에서 어디까지 자신을 밀어붙일 수 있는지 보는 것입니다. 일상생활에서도 많이 사용하는 표현입니다. brings out은 '밖으로 이끌어 내다'라는 표현으로 내 안의 잠재된 가능성을 이끌어내고 발휘한다고 할 때 쓰입니다.

Music brings out the creative side of Janet.

▶ 음악은 자넷의 창의성을 이끌어낸다.

Helpful Tip!

limit : 한계

creative : 창의적인

Power up reading

영어 문단을 읽고 해석해 보는 시간입니다. 단어나 문법뿐만 아니라 실생활에서 사용되는 영어 텍스트와 친숙해짐으로써 영어에 대한 두려움을 극복해 보세요. 아래 문단을 천천히 읽고 스스로 먼저 해석해 본 후, 밑에 있는 해석을 확인해 보세요.

The Fox and the Goat

여우와 염소

One day, a fox fell down a well and couldn't get out. After being stuck for a long time, a thirsty goat came by. The goat thought the fox had gone down to drink, so he asked if the water was good. "It's the best water ever," said the sly fox, "jump in and try it. There is more than enough for the both of us." The thirsty goat immediately jumped in and began to drink. The fox quickly jumped on the goat's back and leaped out of the well. The foolish goat, realizing his mistake, begged the fox to help him out. But the fox was already on his way. "If your judgment was as good as your beard," he said as he ran, "you would have been more cautious about finding a way to get out of the well before you jumped in." Look before you leap.

어느 날, 여우 한 마리가 우물에 빠져나오지 못하고 있었습니다. 오랜 시간 우물에 갇혀있던 중, 목마른 염소가 지나갔습니다. 염소는 여우가 물을 마시러 우물 속으로 들어갔다고 생각하고 물맛이 어떤지 물었습니다. "최고야! 이리 들어와서 마셔봐. 우리 둘 다 마실 수 있는 충분한 물이 있어." 교활한 여우가 말했습니다. 목이 말랐던 염소는 바로 뛰어들어 물을 마시기 시작했습니다. 그때 여우가 빠르게 염소의 등을 딛고 우물 밖으로 나갔습니다. 어리석은 염소는 자신의 실수를 깨닫고 여우에게 도와달라고 빌었습니다. 하지만 여우는 벌써 자기 갈 길을 가고 있었습니다. "너의 멋진 수염만큼 판단력도 있었다면 좋았을 텐데. 그럼 뛰어들기 전에 빠져나올 수 있는 법을 생각했을 텐데." 여우가 뛰어가면서 말했습니다. 돌다리도 두드려 보고 건너야 합니다.

Power up reading

영어 문단을 읽고 해석해 보는 시간입니다. 단어나 문법뿐만 아니라 실생활에서 사용되는 영어 텍스트와 친숙해짐으로써 영어에 대한 두려움을 극복해 보세요. 아래 문단을 천천히 읽고 스스로 먼저 해석해 본 후, 밑에 있는 해석을 확인해 보세요.

01 **A thirsty goat came by.**

▶ 목마른 염소가 지나갔습니다.

by에는 '~옆에', '~을 지나서'라는 의미가 있습니다. came by라고 하면 '지나갔다'라고 할 수 있습니다. 이외에도 '잠깐 들르다'라는 표현으로 쓸 수 있습니다.

예문 **I will come by to pick up the book.**

▶ 책 가지러 잠깐 들를게.

02 **There is more than enough for the both of us.**

▶ 우리 둘 다 마실 수 있는 충분한 물이 있어.

more than enough는 무언가 여유롭게 많이 있다는 뜻이죠. 여기에 for가 붙은 표현은 일상에서 흔히 쓰입니다.

예문 **Stop fighting! There is more than enough for everyone.**

▶ 그만 싸워! 모두가 충분하고도 남을만큼 있어.

Helpful Tip!

well : 우물

stuck : 움직일 수 없는, 갇힌, 막힌

thirsty : 목이 마른, 갈증이 나는

foolish : 어리석은, 바보 같은

beard : 턱수염

cautious : 조심스러운, 신중한

PUT

Put your hands up!
손들어!

영화나 드라마에서 경찰이 범죄자에게 자주 하는 대사입니다. put은 무언가를 놓는 동작을 연상시키는 동사인데요. 여기서는 손을 위에(up) 두다(put)라고 해석할 수 있습니다. put은 물리적으로 무언가를 놓을 때 말고도 다양한 상황에서 사용합니다. put의 기본 의미와 몇 가지 구동사에 대해 배워 보겠습니다. 구동사는 기본 동사 put에 in, off, to 등 전치사나 부사가 붙어 원래 기본 의미와는 다른 의미를 나타냅니다.

시작하기에 앞서 put의 과거도 put이라는 점을 꼭 기억해 주세요.

put의 첫 번째 뜻

놓다, 두다

put의 가장 기본적인 의미는 '놓다', '두다'입니다. 물건 등을 특정한 장소에 놓아둘 때 쓰입니다.

예문

Put this book on the table.

▶ 이 책을 책상 위에 올려 놓으세요.

PUT

put이 '놓다', '두다'의 의미로 사용될 때는 장소에 관한 말이나 놓는 행위의 진행 방향을 설명해 주는 말이 같이 표현되어야 합니다. on, in, down 등 이어지는 단어에 따라 '올려놓다', '집어넣다', '내려놓다' 등 다양한 행위 묘사가 가능합니다.

예문

Put that down.

▶ 그거 내려놓으세요.

위 예문에 무언가를 어디에 내려놓을지에 대한 언급은 없지만 그대로 '바닥에' 내려놓거나 '제자리에' 내려놓는다는 의미를 함축하고 있다고 볼 수 있습니다. put it back이라고 할 때도 마찬가지로 '제자리에' 돌려놓으라는 의미를 내포하고 있습니다. 특정한 장소에 대한 언급이 없을 경우에는 이처럼 의미가 함축되었을 가능성이 높습니다.

put의 두 번째 뜻

말하다, 표현하다

'특정한 방식으로 표현'하거나 '특정한 방식으로 말한다'고 할 때 put을 사용합니다. 적절한 단어를 고르고 그것들을 이리저리 배치해서(put) 내가 원하는 문장이나 표현을 만들어 내는 모습을 상상해 보면서 예시를 살펴보겠습니다.

예문

I don't know how to put this in words.

▶ 이걸 어떤 말(단어)로 두어야 할지 모르겠어.

➜ 이걸 어떻게 표현해야 할지 모르겠어.

PUT

'감정/생각/의견을 어떤 단어로 두다(put)'라고 풀어서 이해해 보세요. 머릿속을 떠다니는 생각을 구체화시켜서 단어들을 배치하는 모양새입니다. 비슷하게 부정적인 감정/생각/의견을 비교적 덜 기분 나쁘고 적절한 표현으로 대체하기 위해 고민할 때도 사용합니다.

예문

How can I put this nicely?

▶ 이걸 어떻게 좋게 이야기할 수 있을까?

위와 같은 문장은 특히 무언가를 섣불리 말하기 조심스러운 상황에서 자주 사용하는데요, 상대방의 기분을 고려해서 신중하게 단어를 선택하고 조합해서 두기(put) 위한, 이야기하기 위한 고민과 노력이 느껴지는 표현입니다.

원어민처럼 말하기 tip

누군가가 어떠한 것을 잘 표현하고 말했을 때 칭찬의 의미로 많이 사용하는 표현이 있습니다. 자신의 의견을 근거와 함께 논리정연하게 정리해서 상대방에게 잘 전달했을 때처럼 말이죠.

예문

Well put.

▶ 말 잘했다.

➜ 설명 잘했다.

짧고 간결한 표현이지만, 이 짧은 문장으로 '~를 잘 표현했다', '~를 정말 잘 서술했다'라는 칭찬이 가능합니다. 풀어서 해석해 보면 '단어들을 잘 고르고 배치해서 잘 표현했다'라고 볼 수 있습니다. 원어민처럼 자연스럽게 상대방을 칭찬할 수 있는 표현입니다.

그런데 put은 다른 단어와 함께 사용하는 경우가 많아서 상황에 따라 다른 의미로 표현되기도 합니다. 그중에서도 실생활에서 자주 쓰이는 put의 구동사들에 대해 배워 보겠습니다.

PUT

put의 첫 번째 구동사

put on

1. 입다 2. 전화를 바꿔주다 3. 계산하다

'놓다'의 put과 '~위에'의 on이 만나면 '~위에 놓다' 혹은 '~에 얹다'가 됩니다. put on은 여러 다른 의미로 활용될 수 있지만, 대부분 어떠한 대상을 특정 위치에 두는 행위를 연상케 하는 표현입니다. 각각의 동작을 머릿속에 그려 보면서 혹은 손으로 흉내를 내면서 따라오시면 이해에 도움이 될 거예요.

1. 입다

가장 쉽게 접할 수 있는 put on의 의미는 '입다'입니다. 옷을 입는 행위에 초점이 맞춰져 있는 표현이지요. 몸 위에(on) 옷을 얹는(put) 모양새를 상상하면서 예시를 살펴보겠습니다.

예문

Put on your coat. It's cold out!

▶ 코트 입어. 밖에 추워!

우리도 흔히 옷을 '걸치다' 혹은 '무어라도 걸쳐라'라는 표현을 자주 사용하는데요. 영어로는 put on이 그와 비슷한 의미를 갖고 있습니다. 다른 점이 있다면 put on은 귀걸이, 신발, 모자 등 신체에 착용이 가능한 모든 대상에 적용이 가능합니다.

예문

Put your shoes on, we're late!

▶ 신발 신어. 우리 늦었어!

마찬가지로 피부에 화장품을 '얹는(put on)' 장면을 상상해 주세요. 화장품을 얼굴에 두드리면서 바르죠.

PUT

2. 전화를 바꾸다

put on을 사람에게 적용한다면 아주 구체적인 표현이 됩니다. 바로 전화상으로 누군가를 바꿔 줄 때이죠. put on의 기본적인 의미인 '~에 놓다'에 사람을 대입해서 생각해 보세요.

예문

Could you put Sam on the phone, please?

▶ 샘을 전화에 두어 주시겠어요?

➜ 샘을 바꿔주시겠어요?

협력사에서 전화가 왔는데 담당자와의 전화 연결을 요청할 때 담당자를 전화기 앞으로 데려다 놓고(put) 전화기에 귀를 대도록(on)하는 장면을 떠올려 보세요. '전화에 두다'라는 동작을 통해 put on이라는 표현을 조금 더 쉽게 이해할 수 있습니다.

비슷한 표현으로는 put through가 있습니다. through는 '~통해'라는 뜻으로 I will put you through to라고 말하면 '(전화로) ~에게 연결해 주겠습니다'라는 의미가 됩니다.

3. 계산하다

put on의 또 다른 의미로는 '계산하다'가 있습니다. 예시와 함께 살펴보겠습니다.

예문

Put it on my card.

▶ 내 카드에 두어 주세요.

➜ 내 카드로 계산해 주세요.

PUT

put의 두 번째 구동사

put off
(일정 등을) 미루다, 연기하다

off는 공간, 시간상으로 '멀리'를 의미하기 때문에 put off는 '시간 등을 미루다', '연기하다'라는 의미가 됩니다. 손으로 무언가를 밀어내는 동작을 연상해 보세요. 바쁜 일 때문에 여행 일정이 연기되는 안타까운 상황을 예시로 살펴보겠습니다.

예문

We had to put off our honeymoon until November.

▶ 우리는 신혼여행을 11월로 멀리 두어야만 했다.

➜ 우리는 신혼여행을 11월로 연기해야만 했다.

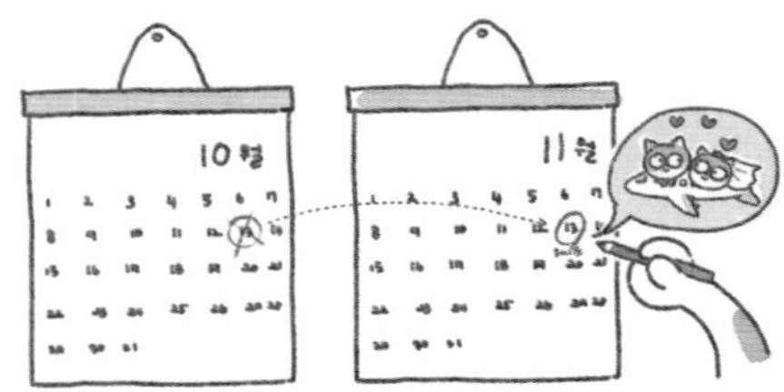

예문

Jamaal couldn't put it off any longer.

▶ 자말은 그것을 더는 미룰 수 없었다.

put의 세 번째 구동사

put together
준비하다, 모으다

'함께', '같이'의 together와 '두다'의 put이 만나면 '모아서 만들다'가 됩니다. 여러 요소를 모아서 무언가를 준비하거나 조립할 때 put together를 사용합니다.

예시를 하나 들어보겠습니다. 콘서트를 열기 위해서는 음향도 준비해야 하고, 조명도 준비해야 하고, 소품도 배치해야 하는 등 해야 할 것이 정말 많습니다. 여러 조각을 이루고 합쳐서 '콘서트'라는 하나의 큰 덩어리를 이루는 것이죠.

PUT

예문

The entire team worked hard to put this concert together.

▶ 팀 전체가 콘서트를 준비하기 위해 열심히 일했다.

→ 이 콘서트를 위해 팀 전체가 열심히 일했다.

put together는 영화제와 같은 시상식이나 무대에서 소감을 이야기할 때도 자주 사용합니다.

예문

I would like to thank everyone involved in putting this stage together.

▶ 이 자리를 만들어 주신 모든 분들께 감사드립니다.

이렇게 put together는 하나의 목표나 결과물에 도달하기 위해 '여러 요소를 모아서 준비하다'라고 이해할 수 있습니다. 물론 사물이나 요리에도 적용할 수 있습니다.

예문

Jane put the puzzle pieces together.

▶ 제인이 그 퍼즐을 조립했다.

이것저것 모아서 만드는 행위를 연상하면서 put together를 일상생활에 대입해 보세요. 더 수월하게 이해할 수 있을 거예요.

---

put의 네 번째 구동사

put aside

1. 따로 남겨두다 2. 제쳐 두다, 미뤄두다

aside는 '한쪽으로 (두다)' 혹은 '따로 (빼두다)'라는 뜻입니다. 기본적으로 한쪽으로 미뤄두거나 빼놓는 모양새를 나타내지요. 물리적으로 사물을 한쪽으로 미뤄둔다는 표현으로 많이 사용되기도 하고, 더 나아가서 나중을 위해 물리적인 무언가를 '한쪽에 남겨두다' 혹은 감정, 문제, 의견 차이 등을 '한쪽에 제쳐 두다'로 사용하기도 합니다.

PUT

1. 나중을 위해 따로 남겨두다

손으로 무언가를 옆으로 '쓱' 밀어두는 동작을 취해보면서 put aside의 첫 번째 의미를 배워보겠습니다. 현재 자리에 없는 누군가를 위해 음식을 따로 남겨둔 적이 있으신가요?

예문

Mike put some of the fried chicken aside for his wife.

▶ 마이크는 아내를 위해 치킨 몇 조각을 한쪽에 두었다.

➜ 마이크는 아내를 위해 치킨 몇 조각을 덜어서 남겨 두었다.

시간과 돈 등의 가치에도 사용할 수 있습니다. 매일 일을 하다 보면 잠시 휴가를 내서 쉬거나 여행 생각이 간절해질 때가 있습니다.

예문

I'm putting aside some of my salary for a trip to Europe.

▶ 나는 유럽 여행을 위해 월급의 일부를 따로 모으고 있다.

➜ 나는 유럽 여행을 위해 월급의 일부를 저축하고 있다.

이렇게 나중에 일어날 사건을 위해 돈을 '한쪽에 모아두다', '시간을 따로 빼두다'와 같은 의미로 사용됩니다.

2. 한쪽으로 제쳐 두다, 미뤄두다

put aside의 다른 의미는 감정, 문제, 견해차 등을 '한쪽으로 제쳐놓다'입니다. 같이 일하는 동료와 다퉜는데 프로젝트 마감이 당장 내일입니다. 그때 어떠한 문제나, 불편한 감정, 견해차 등을 일단 한쪽으로 미뤄 두고 당장 우리가 해야 할 일을 하자는 뉘앙스로 말할 수 있습니다.

PUT

예문

Let's put our personal feelings aside and get this work done.

▶ 개인적인 감정은 접어 두고 이 일을 끝내자.

put의 다섯 번째 구동사

put behind
(뒤로하고) ~를 잊다

put behind를 있는 그대로 풀이해 보면 '뒤에 두다'가 되는데요, 이 표현은 '~를 뒤에 두고 가다', '~를 잊다'라는 의미를 갖습니다. 주로 부정적인 경험이나 자신의 실수를 과거에 남겨두고, 잊거나 더 이상 연연하지 않는 것을 이야기할 때 사용합니다.

예문

It was a tough time, but I've put it all behind me now.

▶ 힘든 시간이었지만, 이제는 다 과거에 남겨두었다.

➜ 힘든 시간이었지만, 지금의 나는 모두 다 잊었고 더 이상 영향을 받지 않는다.

어려운 시기가 더 이상 현재의 내 삶에 영향을 주지 않는다고 표현할 때 put behind를 사용합니다. 흔하게 쓰이는 표현을 하나 더 보겠습니다.

예문

Now let's just have a drink and put this all behind us.

▶ 우리 이제 그냥 마시고 다 과거에 두고 가자.

➜ 우리 오늘은 그냥 마시고 다 잊어버리자.

이렇게 put behind는 애인과 헤어졌을 때, 회사에서 상사에게 혼났을 때, 친구와 다퉜을 때 등 부정적인 감정을 '안고 가지 말자'라는 의미로 사용합니다.

put의 여섯 번째 구동사

put up with
(불쾌해도) ~를 참고 견디다, 감수하다

put up with는 주로 부정적인 상황을 '견디다'라는 의미로 사용합니다. 어떠한 상황이나 사람이 나를 불쾌하게 만들어도 그것을 참고 견디는 것입니다. 이 구동사는 put up with를 덩어리 채 외우는 것이 좋습니다.

put up with를 '두다'라는 의미로 어떻게 이해할 수 있을까요? 인내하는 것은 자리를 떠나고 싶은 거부반응이 일어나도 그 자리를 의식적으로 지키려는 노력을 들여야 합니다. 가만히 있으니 바깥에서 보면 정적으로 보이지만, 감정적으로는 상당히 동적인 상황입니다. 자연스러운 거부 반응이 일어나는 상황에(with) 자기 자신을 계속 두고(put) 쓰러지지 않고 서서 버티는(up) 모습을 상상해 보세요.

예문

Thank you for putting up with me this whole time.

▶ 이 모든 시간 동안 나를 견뎌 줘서 고마워.

➜ 그동안 내가 짜증 나게 굴었어도 참고 견뎌 줘서 고마워.

이렇게 의미가 함축된 put up with를 더 이상 견딜 수 없을 때 아래와 같이 이야기해 보세요. 더 이상 인내하지 않겠다는 의미입니다.

예문

I can't put up with this anymore.

▶ 나는 더 이상 못 참겠어.

put은 여기저기 정말 많이 사용되는 단어이지만, put만의 느낌을 이해하고 원어민처럼 자유자재로 구사하기는 쉽지 않습니다. 각 단어와 구절이 어떤 동작과 상황을 연상시키는지 머릿속에 그려보면서 혹은 따라 해 보면서 이해하기를 추천드립니다.

Week 23

Read it out loud

기억하면 좋은 문장을 따라 읽고, 암기해 보는 시간입니다.
아래 문장을 크게 소리 내서 읽어 보세요.

[Now comes the hard part. 지금부터가 어려운 부분이다.]

now comes the hard part는 '지금부터가 어려운 부분이다'라는 뜻입니다. 다르게 말하면 '지금까지는 몸풀기에 불과했다'라는 뜻이지요. 이제부터 좀 더 난이도가 높은 훈련이나 어려운 상황을 마주하리라는 것을 말하고 있습니다.

예문 **We have vaccines ready. Now comes the hard part: distributing the vaccine.**

▶ 백신은 준비가 되었다. 이제부터 어려운 부분이다. 백신을 어떻게 배분할 것인가.

예문 **I have already decided which university I want to attend. Now comes the hard part: getting accepted!**

▶ 어떤 대학에 가고 싶은지는 결정했어. 지금부터가 어려운 부분이야. 입학하는 일!

예문 **I just graduated, but now comes the hard part: finding a job.**

▶ 이제 막 졸업을 했어. 근데 지금부터가 어려운 부분이야. 직장을 찾는 부분.

Helpful Tip!

distribute : 배분하다

find a job : 일자리를 구하다

Enrich your vocabulary

자주 쓰이는 유익한 단어를 배워 보는 시간입니다. 하루에 단어 하나씩만 외워도
일주일이면 7개, 한 달이면 30개의 단어를 외울 수 있겠죠?
오늘 배울 단어는 다음과 같습니다.

[Proceed 진행하다, 계속해서 하다]

proceed는 '진행하다'라는 뜻입니다. 노를 저어 앞으로 나아가듯, 어떤 일을 순차적으로 진행하는 것이죠. 격식 있는 상황부터 일상적인 대화에서까지 광범위하게 쓰이는 단어로 유용하게 활용할 수 있습니다. 조금 더 가볍지만 비슷한 단어로 go on과 continue가 있습니다.

예문 I won't be able to come. Please proceed without me.

▶ 나는 못 가게 됐어. 나 없이 진행해.

예문 Let's proceed to the next step. / Let's go on to the next step.

▶ 다음 단계로 넘어갑시다.

예문 Let's proceed with our meeting. / Let's continue with our meeting.

▶ 회의를 계속 진행합시다.

Helpful Tip!

be able to : ~할 수 있다

continue : 계속하다, 이어지다

Remember this expression

영어에서 자주 쓰이는 핵심 표현을 배우고, 응용해 보세요. 하나를 배우면 자유자재로 적용할 수 있습니다. 오늘 배울 표현은 무엇인지 살펴볼까요?

[The more / -er ~, the more / -er ~ ~할수록 더 ~ 하다]

친구와 베이킹 클래스에 등록했습니다. 친구를 보니 케이크 위에 글씨도 쓰고 예쁘게 장식하고 있네요. 하지만 장식하면 할수록 내 케이크는 이상해지는 것 같은 느낌입니다.

The more I decorate the cake, the uglier it gets.

▶ 케이크를 장식하면 할수록 더 이상해진다.

the more / -er~, the more / -er~는 '~를 할수록 더 ~하다'라는 뜻입니다. 어떠한 행동을 하면 할수록 비례하게 결과에 영향을 미친다는 의미이지요. 그 결과는 긍정적일 수도, 부정적일 수도 있습니다.

Remember this expression

영어에서 자주 쓰이는 핵심 표현을 배우고, 응용해 보세요. 하나를 배우면 자유자재로 적용할 수 있습니다. 오늘 배울 표현은 무엇인지 살펴볼까요?

예문 **The more I tried to persuade her, the more she kept her distance from me.**

▶ 내가 그녀를 설득할수록, 그녀는 나에게서 더 거리를 두었다.

예문 **The more you work out, the more fit you get.**

▶ 운동은 하면 할수록 더 건강해진다.

'못생긴'의 ugly가 '더 못생긴'가 되면 uglier가 됩니다. '가장 못생긴'은 ugliest가 되겠죠? 이처럼, 어떤 단어들은 more를 붙여야 '더~'의 의미를 가지고, 어떤 단어들은 그 단어 자체에 -er를 붙입니다.

예문 **The more, the merrier.**

▶ 사람이 많을수록 더 즐겁다.

예문 **The sooner, the better.**

▶ 빠를수록 더 좋다.

예문을 보면, 앞에 오는 단어와 뒤에 오는 단어가 대조를 이루고 있습니다. 이렇게 문장이나 단어가 서로 자연스럽게 대조를 이루는 경우 쉼표를 넣어서 구분을 지어줍니다. 통상적으로 강한 대조를 이루는 문장이 아니라면 쉼표를 사용할 필요가 없습니다.

Helpful Tip!

persuade : 설득하다, 납득시키다

work out : 운동하다

distance : (심리적, 공간적) 거리

fit : 건강한, 탄탄한

Divide and conquer

길고 어려운 영어 문장을 짧게 끊어 읽으면 문장의 구조가 잘 보여 이해하기 쉽습니다.
나눠진 문장을 보면서 주어와 동사의 위치가 어떻게 바뀌는지 확인하면서
문장을 읽어 보세요.

[**It was not until 2016 that the policy was updated, protecting vulnerable populations such as pregnant women and children.**

2016년에 이르러서야 그 정책이 개정되어 임신부와 어린이와 같은 취약계층을 보호할 수 있게 되었습니다.]

01 **It was not until 2016**
▶ 2016년까지 ~ 하지 않았다 (2016년에 이르러서야 마침내 ~ 하였다)

02 **that the policy was updated,**
▶ 정책이 개정되었다

03 **protecting vulnerable populations**
▶ 취약한 인구를 보호하는

04 **such as pregnant women and children.**
▶ 임신부와 어린이와 같은

it is not until은 '~에 이르러서야 어떤 일이 일어났다'라는 표현으로 어떤 사건이 원하는 시점보다 더 늦게 일어났다는 사실을 강조하기 위해 부정문으로 쓰였습니다. '2016년에 ~했다'보다는 '2016년까지 ~하지 못했다'라고 말하는 것이지요.

It's not until we fix the current issue that we can finally move forward with our plan.
▶ 현재의 문제를 해결해야만 비로소 우리는 앞으로 나아갈 수 있다.

Helpful Tip!

vulnerable : 취약한, 연약한

population : 인구, 특정그룹

Power up reading

영어 문단을 읽고 해석해 보는 시간입니다. 단어나 문법뿐만 아니라 실생활에서 사용되는 영어 텍스트와 친숙해짐으로써 영어에 대한 두려움을 극복해 보세요. 아래 문단을 천천히 읽고 스스로 먼저 해석해 본 후, 밑에 있는 해석을 확인해 보세요.

The Fox and the Leopard

여우와 표범

One day, a fox and a leopard were arguing about their good looks. The leopard was very proud of his glossy, spotted coat and made rude comments about the fox. The fox prided himself on his fine bushy tail, but he was wise enough to see that he could not compare his looks to the leopard. Still, he was sarcastic and continued to argue just for fun and to show off his wit. The leopard was about to lose his temper over it. "You may have a very beautiful coat," the fox said, "but you would be better off if you had more brains than beauty, like me." A fine coat is not always an indication of an attractive mind.

어느 날, 여우와 표범이 서로의 외모를 가지고 다투고 있었습니다. 표범은 윤기가 흐르는 자신의 얼룩무늬를 자랑스러워하며 여우의 외모에 대해 무례한 말을 했습니다. 여우도 자신의 풍성한 꼬리에 자부심이 있었지만, 표범에게 비할 바가 못 된다는 것을 알만큼 영리했습니다. 그럼에도, 여우는 빈정대며 단지 재미로 계속 논쟁을 하며 자신의 재치를 뽐냈습니다. 여우의 빈정댐에 표범은 이성을 잃기 직전이었습니다. 여우가 말했습니다. "당신의 털은 아름답지만, 아름다운 것보다는 똑똑한 것이 더 나을 거예요. 저처럼 말이죠." 고운 외모가 매력적인 마음을 의미하지는 않습니다.

01 The leopard was very proud of his glossy, spotted coat.

▶ 표범은 윤기가 흐르는 자신의 얼룩무늬 털을 자랑스러워했습니다.

The fox prided himself on his fine bushy tail.

▶ 여우도 자신의 풍성한 꼬리에 자부심이 있었습니다.

영어 문단을 읽고 해석해 보는 시간입니다. 단어나 문법뿐만 아니라 실생활에서 사용되는 영어 텍스트와 친숙해짐으로써 영어에 대한 두려움을 극복해 보세요. 아래 문단을 천천히 읽고 스스로 먼저 해석해 본 후, 밑에 있는 해석을 확인해 보세요.

proud와 pride는 달라 보이지만, 관계가 있는 단어입니다. 둘 다 의미는 같지만 사용법이 다릅니다. proud는 '자랑스러운', '오만한', '거만한'으로 대상의 상태를 나타내는 형용사입니다. 그래서 very proud of 라고 하며 표범이 무엇에 대해 자랑스러워하는지 보여줍니다.

그리고 pride는 '자랑스러움', '자부심', '긍지', '자존심'을 의미하는 명사입니다. 우화에서처럼 pride가 동사로도 사용되는데, 대부분 prided oneself on이라는 형태로 사용합니다. '~을 자랑하다', '~에 대해 자랑스럽게 여기다'라는 의미입니다.

The mother was very proud of her daughter's success.

▶ 어머니는 딸의 성공을 매우 자랑스러워했다.

02 A fine coat is not always an indication of an attractive mind.

▶ 멋진 외모가 늘 멋진 정신을 의미하지는 않습니다.

coat는 '외투'를 의미하지만, 동물에 쓰이면 '가죽'이나 '털'을 의미합니다. 코트를 동물 모피로 만들었다는 것을 생각하면 단어의 연관성이 이해될 것입니다. indication은 무언가를 '보여 주는 것', '암시하는 것'을 뜻합니다. 비슷한 단어로 '징후', '조짐', '기색'을 뜻하는 sign이 있습니다.

There was no indication of physical abuse.

▶ 신체적 학대의 흔적이 없었다.

Helpful Tip!

spot : 점, 반점, 얼룩

attractive : 매력적인, 멋진

bushy : 숱이 많은, 무성한, 우거진

sarcastic : 빈정대는, 비꼬는

당신의 뇌를 해킹하라!

Hack your brain!

효율적으로 단어 외우기

시간을 적게 쓰고도 좋은 결과를 내는 사람들이 있습니다. 분명히 같은 시간을 노력했는데 더 나은 성과를 만들어 내죠. 하지만 그들이 공부하거나 일하는 방식을 자세히 보면 효율적인 방법을 찾아 적극적으로 활용하고 있음을 알 수 있습니다. 영어를 공부할 때 피해 갈 수 없는 단어 외우기도 마찬가지입니다. 이와 관련해서 세 가지 효율적인 전략을 활용해 볼 수 있습니다.

첫째, 단어를 무작정 손으로 쓰거나 읽지만 말고, 이미지를 연상해 보며 공부하면 더 효과적으로 기억할 수 있습니다. 인터넷에 검색해서 어떤 그림과 영상이 나오는지 확인해 보세요. 그림과 함께 공부하면 단어를 기억할 확률이 비약적으로 올라갑니다.

둘째, 자주 쓰이는 단어를 집중적으로 외우는 것이 효과적입니다. 원어민도 잘 쓰지 않는 어려운 단어 대신, 자주 사용되는 단어를 집중해서 외우면 그 단어를 활용하는 빈도도 자연스럽게 올라갑니다. 핵심 20%에 집중하세요.

셋째, 한 번만 외우고 넘어가는 것이 아니라, 긴 시간에 걸쳐 여러 번 접할 수 있어야 합니다. 한 번에 외워지지 않는다고 자책하지 말고, 여유를 가지고 일주일 후, 이주 후, 한 달 후, 몇 달 후, 다시 그 단어를 볼 수 있도록 자기만의 시스템을 만들면 좋습니다.

핵심 문장

If you focus on memorizing frequently used words, the usability will naturally increase.

▶ 자주 사용되는 단어를 집중해서 외우면 그 단어를 활용하는 빈도도 자연스럽게 올라갑니다.

핵심 표현

focus on : ~하는 것에 집중하다

참고 : 영어독립 단어 (https://voca.youngdok.com/landing)

Week 24

Read it out loud

기억하면 좋은 문장을 따라 읽고, 암기해 보는 시간입니다.
아래 문장을 크게 소리 내서 읽어 보세요.

Don't mess with him.

그를 건드리지 마라.

첫 출근 날, 회사의 분위기를 파악하느라 정신이 없습니다. 어떻게 지나갔는지 모르게 오전을 보내고 사수와 함께 점심을 먹으러 갑니다. 그때 한 사람을 보고 사수가 귀띔합니다. "웬만해서는 저 사람을 건드리지 마세요."

Don't mess with him.은 '그의 심기를 건드리지 말아라'라는 말입니다. '연루되지 말아라', '엮이지 말아라'라고도 할 수 있죠. 안 좋은 일이 생길 가능성이 높으므로 애초에 연관되어서 좋을 게 없다는 뜻입니다.

Helpful Tip!

mess : 어질러 놓다, 더럽히다, 쓸데 없는 참견을 하다, 거칠게 다루다

Day 1

Enrich your vocabulary

자주 쓰이는 유익한 단어를 배워 보는 시간입니다. 하루에 단어 하나씩만 외워도 일주일이면 7개, 한 달이면 30개의 단어를 외울 수 있겠죠? 오늘 배울 단어는 다음과 같습니다.

[Subsequent 다음의, 차후의]

친구들과 열심히 응원하며 축구 경기를 보고 있는데, 상대편의 태클에 우리나라 선수가 넘어졌습니다. 곧 그가 부상으로 인해 이후 경기에 참여하지 못할 것이라는 뉴스가 나옵니다.

subsequent는 '다음의', '차후의'라는 뜻입니다. 다음 시합, 다음 회의, 다음 만남 등 광범위하게 사용되는 단어입니다. 단순히 '다음번'이라는 뜻만 있는 것이 아니라 차후의 모든 경우를 일컫기도 합니다.

Due to an injury, he can't play in the subsequent game.

▶ 그는 부상으로 인해 이후 경기에 출전할 수 없다.

Subsequent experiments proved the fallacy of the report.

▶ 이후에 진행된 실험들은 그 보고서의 오류를 입증했다.

Helpful Tip!

subsequently : 결과적으로

fallacy : 오류, 틀린 생각

Remember this expression

영어에서 자주 쓰이는 핵심 표현을 배우고, 응용해 보세요. 하나를 배우면 자유자재로 적용할 수 있습니다. 오늘 배울 표현은 무엇인지 살펴볼까요?

Day 3

[Everyone 모든 사람 (단수)]

everyone 뒤에는 is를 써야 하지만 우리는 종종 are를 쓰는 실수를 합니다. everyone은 분명 '모든 사람'을 일컫는데 왜 뒤에 is를 사용할까요? 사실, everyone은 every + one으로 '한 그룹에 속한 개인 모두'를 지칭하는 말입니다.

Everyone is so happy to hear the news. So, I am taking a photo of every one of us. Then, I am going to make a collage with everyone's picture. Also, all of us will take a group photo as well.

▶ 그 소식을 듣고 모두(everyone)가 행복해하고 있다. 그래서 나는 한 명 한 명 모두(every one)의 사진을 찍고 있다. 그리고 나서, 우리 모두(everyone)의 사진을 모아 콜라주를 만들 것이다. 물론, 우리 모두(all of us)의 단체 사진도 찍을 것이다.

모두가 행복해하는 모습을 사진에 담는다고 생각해 봅시다. 한 명 한 명 모두의 사진을 찍는 것이 띄어쓰기가 된 every one인데요. 띄어쓰기가 되어 있는 every one에는 보통 of가 뒤따릅니다. 그 사진을 나중에 콜라주로 만든 것이 띄어쓰기가 없는 everyone이죠. all of us는 복수형이기 때문에 복수 동사가 따릅니다.

everyone

all of us

Helpful Tip!

collage : 콜라주, 모음

group photo : 단체 사진

Divide and conquer

길고 어려운 영어 문장을 짧게 끊어 읽으면 문장의 구조가 잘 보여 이해하기 쉽습니다. 나눠진 문장을 보면서 주어와 동사의 위치가 어떻게 바뀌는지 확인하면서 문장을 읽어 보세요.

Having employees with the freedom to express their creativity is an important part of Google's culture because the company believes that happy employees are more productive and creative.

구글은 행복한 직원들이 더 효율적이고 창의적으로 일한다고 믿기 때문에, 직원들이 자유롭게 창의성을 발휘하는 조직 문화를 중요하게 생각한다.

01 **Having employees with the freedom to express their creativity**
▶ 직원들에게 창의성을 발휘할 자유가 있다는 것은

02 **is an important part of Google's culture**
▶ 구글 조직 문화의 중요한 일부분이다

03 **because the company believes**
▶ 왜냐하면 회사가 ~를 믿기 때문이다

04 **that happy employees are more productive and creative.**
▶ 행복한 직원들이 더 생산적이고 창의적이라는 것을

A is an important part of B는 'A가 B의 중요한 일부분이다'라는 뜻으로 무언가의 중요도를 강조하는 구문으로 많이 활용됩니다. important를 crucial, critical, essential과 같이 중요성을 뜻하는 동의어로 대체해도 됩니다.

Spending time with my mother is such an important part of my life.
▶ 어머니와 함께 시간을 보내는 것은 내 인생에서 매우 중요한 부분이다.

Helpful Tip!

freedom to express : 표현의 자유

productive : 효율적, 생산적

The Frog and the Mouse

개구리와 생쥐

One day, an adventurous mouse met a frog at a pond. The frog said to the mouse, "Why don't you visit my home?" The mouse really wanted to see the world and everything in it. So, he happily agreed. The frog used a reed to tie the mouse's leg to his own. Then they both jumped into the pond, and the frog dragged the mouse with him. Soon, the mouse couldn't breathe and tried to swim up, but the frog got angry thinking the mouse wasn't grateful. He continued to pull the mouse down under the water and drowned him. Then, the dead body of the mouse pulled the tired frog upward. And at that moment, a hawk came flying over. Seeing the body of the mouse floating on the water, the hawk swooped down, grabbed the mouse, and carried it off with the frog dangling from its leg. Those who harm others often come to harm themselves through their own deceit.

어느 날, 모험심이 강한 생쥐가 연못에서 개구리를 만났습니다. 개구리가 말했습니다. "우리 집에 오지 않을래?" 생쥐는 세상의 모든 것을 보고 싶었기 때문에 기쁘게 응했습니다. 개구리는 갈대를 사용해 생쥐의 다리를 자신의 다리에 묶었습니다. 그리고 같이 연못으로 뛰어들어 생쥐를 끌고 다녔습니다. 생쥐가 숨을 쉬지 못해 물 위로 헤엄치려고 했지만, 개구리는 생쥐가 고마움을 모르는 줄 알고 화가 났습니다. 그래서 계속해서 생쥐를 물 밑으로 더욱 끌어내렸고 생쥐는 죽고 말았습니다. 얼마 지나자 죽은 생쥐의 몸이 오히려 지친 개구리를 물 위로 끌어올렸습니다. 그 순간, 마침 매가 연못 위를 날아가고 있었습니다. 물 위에 떠 있는 생쥐의 몸을 본 매는 재빠르게 내려와 생쥐를 잡아채 날아갔습니다. 생쥐의 다리에는 개구리가 대롱대롱 매달려 있었죠. 다른 사람을 해치는 사람은 자신의 꾀에 자신을 해치게 됩니다.

Power up reading

영어 문단을 읽고 해석해 보는 시간입니다. 단어나 문법뿐만 아니라 실생활에서 사용되는 영어 텍스트와 친숙해짐으로써 영어에 대한 두려움을 극복해 보세요. 아래 문단을 천천히 읽고 스스로 먼저 해석해 본 후, 밑에 있는 해석을 확인해 보세요.

01 **And at that moment, a hawk came flying over. Seeing the body of the mouse floating on the water, the hawk swooped down, grabbed the mouse, and carried it off with the frog dangling from its leg.**

▶ 그 순간, 마침 매가 연못 위를 날아가고 있었습니다. 생쥐의 떠다니는 죽은 몸을 본 매는 휙 내려와 생쥐를 잡아채 날아갔습니다. 물론 생쥐의 다리에는 개구리가 매달려 있었죠.

매가 came flying over, 연못 위를 날아가고 있었고, swooped down, 휙 내려와, grabbed the mouse, 쥐를 낚아챈 후, carried it off, 끌고 갔습니다.

swoop down은 '아래로 급강하다', '~에 덤벼들다'라는 뜻이며 만약 swoop down on이라고 한다면 '~를 급습하다'라는 뜻이 됩니다. swoop이라는 단어에는 '급강하다'라는 의미가 있는데요, 빠르게 하강할 때 나는 '휙'하는 소리의 느낌이 있습니다.

참고로 carry on이라는 표현도 있는데, carry on은 '갈 길을 가다', '하던 일을 계속하다'라는 의미로 많이 볼 수 있는 표현입니다.

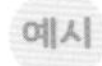

carry on with work

▶ 신경 쓰지 마

carry on regardless of

▶ ~상관 없이 계속하다

02 **Those who harm others often come to harm themselves through their own deceit.**

▶ 다른 사람을 해치는 사람은 자신의 꾀에 자신을 해치게 됩니다.

Power up reading

영어 문단을 읽고 해석해 보는 시간입니다. 단어나 문법뿐만 아니라 실생활에서 사용되는 영어 텍스트와 친숙해짐으로써 영어에 대한 두려움을 극복해 보세요. 아래 문단을 천천히 읽고 스스로 먼저 해석해 본 후, 밑에 있는 해석을 확인해 보세요.

'자기 꾀에 자기가 넘어간다'라는 말이 있습니다. 다른 사람을 골탕 먹이려다가 오히려 자신이 당하는 것이죠. come to harm처럼 동사 앞에 come to가 온다면 '~하게 되다'라는 뜻이 됩니다. 의도치 않았지만, 그 행동을 하게 되는 것이죠. 개구리도 생쥐를 괘씸하게 생각해 더 아래로 헤엄쳐 내려갔지만, 결국 그 행동이 자기 자신을 해치는 행동이 되었습니다.

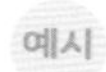

come to naught

▶ 허사가 되다

come to see

▶ 그러고 보니

come to think of it

▶ 보게 되다, 알게 되다, 깨닫게 되다

come to think of it은 갑자기 어떤 생각이나 아이디어가 떠올랐을 때 숙어처럼 사용하기도 합니다.

Come to think of it, I have met the man before.

▶ 그러고 보니, 그 남자를 전에 만난 적이 있다.

Helpful Tip!

drag : 끌다, 끌고 가다

deceit : 속임수, 사기, 기만

float : 물 위나 공중에서 떠돌다, 흘러가다, 뜨다

dangle : 매달리다, 달랑거리다

당신의 뇌를 해킹하라!

Hack your brain!

단어를 공부해야 하는 이유

인간의 뇌는 환경에 적응하도록 스스로 변화합니다. 이 놀라운 능력은 '뇌의 가소성'이라고 불리는데요, 우리가 부지런히 쓰는 신경들 사이에 새로운 연결이 만들어지며 신경 네트워크가 발달하는 것입니다. 아쉽게도 뇌의 가소성에는 한계가 있습니다. 몇몇 감각 영역은 어린 시절에 집중적으로 성장하는 시기가 따로 있습니다. 그 시기를 놓치면 다시 발달하기가 어렵습니다. 그래서 다양한 영어학습법이 통하는 사람이 있고 그저 무용지물이 되는 사람이 있습니다.

《우리의 뇌는 어떻게 배우는가》에서 스타니슬라스 드엔에 따르면 언어 습득 감각 중 '새로운 단어와 그 의미를 배우는 능력'은 정해진 발달 시기가 없습니다. 그래서 평생 동안 일정 수준으로 아이와 같은 뇌의 가소성을 유지 합니다. 때문에 우리는 나이 불문하고 신조어를 습득할 수 있습니다.

단어 습득에 나이가 없다는 것은, 새로운 언어를 공부하기에 너무 늦었다고 생각할 때 어떻게 접근해야 하는지 알려줍니다. 바로 단어를 중점으로 배우는 것입니다. 단어를 많이 아는 것은 언어를 배우는데 핵심적인 요소입니다. 단어를 많이 알수록 활용하기 쉬워지기 때문이죠. 이처럼 '뇌의 가소성'의 한계와 가능성을 이해한다면, 각자 상황에 맞는 체계적인 학습법을 찾을 수 있습니다.

핵심 문장

The ability to learn new words and their meanings doesn't need a sensitive period, so it keeps the childlike plasticity of the brain at a certain level throughout a man's life.

▶ 새로운 단어와 그 의미를 배우는 능력은 정해진 발달 시기가 없습니다. 그래서 평생 동안 일정 수준으로 아이와 같은 뇌의 가소성을 유지합니다.

핵심 표현

sensitive period : (실험심리학 용어) 민감기, 인간이나 동물의 발달 과정에서 특정 능력이나 기술을 발달시킬 수 있는 준비가 가장 잘 이루어져 있는 시기

plasticity : 가소성

참고 : 《우리의 뇌는 어떻게 배우는가》 I 스타니슬라스 드앤 저 I 로크미디어
영어독립 단어 (https://voca.youngdok.com/landing)

Week 25

Read it out loud

기억하면 좋은 문장을 따라 읽고, 암기해 보는 시간입니다.
아래 문장을 크게 소리 내서 읽어 보세요.

I haven't heard from you for decades.
목소리 들은 지 엄청 오래됐다.

오랜만에 친구의 목소리를 들으니 반갑습니다. '이게 얼마 만이야, 목소리 들은 지 엄청 오래됐다!' 이런 표현, 영어로는 어떻게 말할까요?

Hey Tom, it's great to hear from you. I haven't heard from you for decades!

▶ 톰, 목소리 들어서 너무 좋다. 정말 오랜만이야!

'수십 년'을 뜻하는 decades가 쓰인 것은, 실제로 몇십 년 동안 소식을 못 들었다는 것이 아니라 오랫동안 연락하지 않았다는 걸 과장해서 표현한 것입니다. 우리도 누군가를 정말 오랜만에 만났을 때 농담으로 '백 년만이네!'라고 말하는 것과 비슷합니다. 누군가에게 오랜만에 연락이 오거나, 연락하고 싶은 사람이 있을 때 이 문장을 사용해 보세요.

Helpful Tip!

decade : 10년

for decades : 수십 년 동안

자주 쓰이는 유익한 단어를 배워 보는 시간입니다. 하루에 단어 하나씩만 외워도
일주일이면 7개, 한 달이면 30개의 단어를 외울 수 있겠죠?
오늘 배울 단어는 다음과 같습니다.

Day 2

Adequate
충분하고 적절한

adequate는 '충분하고 적절한'이라는 뜻을 가진 형용사입니다. 어떤 목적을 달성하기 위해 무언가가 '적합하다'라고 말을 할 때 씁니다.

The facility did not have adequate medical supplies to carry out first aid.

▶ 그 시설에는 응급처치를 할 수 있는 적합한 의료품이 없었다.

The professor used adequate examples to deliver his point.

▶ 교수는 요점을 전달하기 위해 적절한 예시를 사용했다.

adequate와 헷갈릴 수 있는 단어로 appropriate가 있습니다. 둘 다 '적절한'이라는 뜻을 가지고 있지만, 차이가 있습니다. adequate는 양적인 무언가가 적절하고, appropriate는 질적인 무언가가 적절하다는 뜻으로 이해하면 됩니다. 주로 사회적 상황에 바람직하고 알맞은 것을 이야기할 때 사용되지요. 올바른 언행이나 알맞은 대처 방법 등을 말할 때 주로 쓰입니다.

His rude behavior at the meeting was clearly inappropriate.

▶ 회의에서 그의 무례한 행동은 명백하게 부적절한 것이었다.

Helpful Tip!

medical supplies : 의료 용품

carry out : 수행하다, 완수하다

appropriate : 적절한

inappropriate : 부적절한

Remember this expression

영어에서 자주 쓰이는 핵심 표현을 배우고, 응용해 보세요. 하나를 배우면 자유자재로 적용할 수 있습니다. 오늘 배울 표현은 무엇인지 살펴볼까요?

[동사원형 -ing 명사로 변신하는 동사 : 동명사]

I am watching a movie.

▶ 나는 영화를 보고 있다.

I enjoy watching movies.

▶ 나는 영화 보는 것을 좋아한다.

두 문장의 watching은 어떻게 다를까요? 첫 번째 문장의 watching은 동사입니다. 즉 '보고 있다'는 의미로 사용되고 있습니다. 반면 두 번째 문장에서 watching은 '영화를 보는 행위'를 말합니다. 동사는 enjoy이지요. 이렇게 두 번째 watching처럼 동사 뒤에 -ing를 붙여서 명사 형태로 나타내는 것을 '동명사'라고 합니다.

Reading helps your mind bloom.

▶ 독서는 당신의 마음을 꽃피게 합니다.

하지만 문법 용어를 어렵게 생각할 필요가 없습니다. 보통 -ing는 '~하고 있다'는 의미로 사용되는데요, 이렇게 '무언가를 하고 있는 모습'이 사진처럼 고정되었다고 생각해 보세요. 그럼 '~하는 것', '~하는 행위'라 풀이할 수 있을 것입니다.

Helpful Tip!

trouble sleeping : 잠들기가 어렵다

keep running : 계속 달린다

busy talking : 말을 하느라 바쁘다

Divide and conquer

길고 어려운 영어 문장을 짧게 끊어 읽으면 문장의 구조가 잘 보여 이해하기 쉽습니다.
나눠진 문장을 보면서 주어와 동사의 위치가 어떻게 바뀌는지 확인하면서
문장을 읽어 보세요.

In the early days, the Greeks seemed to conceive of an Earth with surface curvature, if not a complete sphere.

초기 그리스인들은 지구를 완전한 구는 아니더라도 굴곡진 표면을 가진 것으로 상상했던 것으로 보인다.

01 **In the early days, the Greeks seemed to**

▶ (역사의) 초기에, 그리스인들은 ~한 것으로 보였다

02 **conceive of an Earth**

▶ 어떠한 지구를 상상하다

03 **with surface curvature,**

▶ 굴곡진 표면이 있는

04 **if not a complete sphere.**

▶ 완전한 구형까지는 아니라 하더라도

in the early days는 '과거에는', '초기에는'이라는 의미이지만, 줄여서 early라고만 해도 의미는 동일하게 쓰입니다.

예문 **Early in my childhood, I liked to ride bikes.**

▶ 내가 아주 어렸을 때(어린시절 초기에는), 나는 자전거 타는 것을 좋아했다.

Helpful Tip!

in the early days : 과거에는, 초기에는

seem to : ~한 것처럼 보인다

conceive of : ~을 상상하다

if not : ~까지는 아니라 하더라도

Power up reading

영어 문단을 읽고 해석해 보는 시간입니다. 단어나 문법뿐만 아니라 실생활에서 사용되는 영어 텍스트와 친숙해짐으로써 영어에 대한 두려움을 극복해 보세요. 아래 문단을 천천히 읽고 스스로 먼저 해석해 본 후, 밑에 있는 해석을 확인해 보세요.

The Wolf in Sheep's Clothing

양의 옷을 입은 늑대

A wolf was hungry but couldn't get enough to eat because of the shepherds on watch. One night, he found a sheepskin that had been put aside and forgotten about. So, the next day, dressed in the skin, the wolf walked in the pasture among the sheep. A little lamb immediately started following him around and was quickly led away to be eaten by the wolf. That evening, when the wolf returned, it just so happened that one of the shepherds wanted mutton broth, so he picked up a knife and went to the pasture. The first sheep he laid his hands on and killed was actually the wolf in the sheepskin. The evildoer often comes to harm through his own deceit.

양치기가 감시하고 있어 충분히 먹을 수 없었던 굶주린 늑대가 있었습니다. 어느 날 저녁 늑대는 누가 잊고 내버려 둔 것 같은 양가죽을 발견했습니다. 다음 날, 양가죽을 입은 늑대가 양들 사이에 껴서 목초지로 걸어갔습니다. 어린 양이 바로 늑대를 졸졸 따라다니기 시작했고, 늑대는 어린 양을 잡아먹기 위해 무리와 떨어뜨렸습니다. 그날 저녁, 늑대는 다시 양들 사이로 돌아왔습니다. 그런데 마침 양치기 중 한 명이 양고기 국을 먹고 싶어 칼을 들고 목초지로 나갔습니다. 양치기가 처음 손을 얹어 죽인 양이 늑대였습니다. 악을 행하는 자는 종종 자신의 속임수로 해를 입게 됩니다.

Power up reading

영어 문단을 읽고 해석해 보는 시간입니다. 단어나 문법뿐만 아니라 실생활에서 사용되는 영어 텍스트와 친숙해짐으로써 영어에 대한 두려움을 극복해 보세요. 아래 문단을 천천히 읽고 스스로 먼저 해석해 본 후, 밑에 있는 해석을 확인해 보세요.

01 He found a sheepskin that had been put aside and forgotten about.

▶ 늑대는 누가 잊고 내버려 둔 것 같은 양가죽을 발견했습니다.

put aside, '한쪽으로 치웠다'는 뜻입니다. 양치기가 양털을 잠시 빼 두었다가 잊어버린 것을 알 수 있습니다.

예문 They decided to put aside their differences for the night and enjoy the party together.

▶ 그들은 함께 파티를 즐기기 위해, 서로의 다름을 잠시 뒤로하고 함께 파티를 즐기기로 했다.

02 The evildoer often comes to harm through his own deceit.

▶ 악을 행하는 자는 종종 자신의 속임수에 해를 입게 됩니다.

evildoer는 '악을 행하는 사람'이라는 의미입니다.

예문 Don't worry. Evildoers always suffer in the end.

▶ 걱정 마세요. 나쁜 사람들은 결국 벌 받게 되어있어요.

Helpful Tip!

it just so happened that : 참으로 우연히도

lay hands on : ~에 손을 얹다, ~에 손을 대다

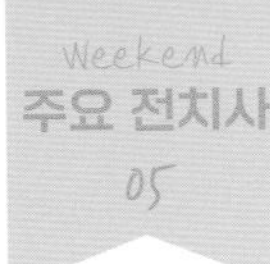

TO

Happy birthday to you!
생일 축하해!

어렸을 때부터 우리가 가장 자연스럽게 접해 온 영어 표현입니다. Happy birthday to you.를 직역하면 '너에게 행복한 생일을 (기원해)'가 됩니다.

'~로 향하는' 그림을 그려 보며 to를 살펴보도록 하겠습니다. 어딘가로 향한다는 의미를 확장해 to는 '~까지'로 사용되기도 하고 두 대상을 연결해주기도 합니다. to는 굉장히 광범위한 영역을 포괄하고 있기 때문에 핵심 개념이나 의미가 헷갈릴 수 있습니다. 천천히. 그리고 충분히 복습하면서 to의 사용법을 배워 보겠습니다.

to의 첫 번째 사용법

물리적으로 ~을 향함

대상을 향하는 모양을 to로 이야기할 수 있습니다. 진행 방향이라고도 할 수 있습니다.

예문

I go to the gym three times a week.

▶ 나는 일주일에 세 번 헬스장에 간다.

go to the gym은 '체육관을 향해(to) 가다'로 해석할 수 있습니다. 물리적으로 어딘가로 향하는 모습이죠. gym은 '체육관'을 뜻하는 단어로 우리가 흔히 말하는 '헬스장'을 의미하기도 합니다. 한국에서 사용하는 '헬스'라는 단어는 콩글리쉬라는 사실 알고 계셨나요?

예문

It takes 20 minutes to get to the office from here.

▶ 여기서 사무실까지 20분이 걸린다.

여기서 사무실로 향하는 데(to) 걸리는 시간은 20분이라는 의미입니다.

TO

예문

My friends came to the party.

▶ 친구들이 파티에 왔다.

파티를 열었는데 친구들이 파티에 와 주었습니다. 어디로 간다기보다는 친구들이 파티를 향해(to) 왔습니다(came). 이렇게 to는 물리적인 이동을 설명해주는 역할을 합니다.

to의 두 번째 사용법

추상적으로 ~로 향함

어딘가로 향하는 모양을 추상적인 개념에도 적용할 수 있습니다.

예문

I moved the appointment to 7 p.m.

▶ 예약 시간을 7시로 옮겼어.

➜ 예약 시간을 7시로 변경했어.

만약 원래 예약 시간이 6시였다면 '7시로 옮겼다'는 뜻입니다. 즉 '7시로 일정을 미루다'가 됩니다. 또, to를 사용해 '일정을 앞당겼다'는 표현도 가능합니다.

예문

Fredrick moved up the meeting to this Wednesday.

▶ 프레드릭은 일정을 이번 주 수요일로 앞당겼다.

일정을 앞당길 때에는 move up이라는 표현을 많이 사용합니다. up은 '위로 올리는' 것뿐만 아니라 '더 가까이 하는' 것 같은 어감이 있습니다. 달력을 보면 내려갈수록 일자가 멀어지는 것과 같습니다. 그렇기 때문에 여기서 move up은 '앞당기다', '가까이 당기다'라는 뜻을 갖게 됩니다. 기존에 더 먼 날짜로 잡혀있던 스케줄을 이번 주 수요일, 즉 현재와 더 가까운 쪽으로(to) 앞당겼다고 이야기할 수 있습니다.

TO

예문

Our boss is always kind to us.

▶ 우리의 상사는 항상 우리에게 친절하다.

팀장님의 친절함이 우리를 향하는 모습으로 이해할 수 있습니다. 마음, 행동 등의 추상적인 개념이 어딘가로 향할 때 위 예시와 같이 to를 사용합니다.

예문

May is married to Eric.

▶ 메이는 에릭과 결혼했다.

'~와 결혼하다'는 영어로 be married to (someone)이라고 합니다. 한국에서 흔히 '시집갔다', '장가갔다'라는 표현처럼 결혼하러 누군가를 향해 갔다는 느낌으로 이해해 주세요.

to의 세 번째 사용법

시간을 표현하는 to

시간에서 사용되는 to는 주로 '~까지'의 형태로 사용됩니다. 우리가 근무시간이나 영업시간을 이야기할 때 '9시부터 6시까지'라고 하듯이 영어로도 from 9 to 6라고 합니다.

예문

It's 5 minutes to 10.

▶ 10시까지 5분이야.

➜ 10시까지 5분 남았어.

➜ 10시 5분 전이야.

'남았다'를 의미하는 동사가 없어도 '~를 향하고 있다'는 to로 그 뜻을 전할 수 있습니다. 9시 55분을 가리키는 시계를 떠올려 보겠습니다. 지금 55분을 가리키고 있는 분침이 10시를 향해 가는데 그 사이가 5분이라는 뜻입니다. 그렇기 때문에 '10시까지 5분 남았어'라고 할 수 있습니다. 원어민들은 다 생략하고 5 to 10으로 훨씬 더 간단하게 얘기하기도 합니다.

TO

예문

It's quarter to 7.

▶ 7시까지 ¼이야.

➜ 7시까지 ¼ 남았어.

➜ 7시 15분 전이야.

시간을 나타내는 또 다른 표현으로는 a quarter가 있습니다. 1시간의 ¼은 15분이지요. 만약 원어민이 시간을 말하며 quarter를 사용한다면 당황하지 마시고 15분을 떠올려 주세요.

to의 네 번째 사용법

통로의 to

'B로 통하는 A', 'B로 향하는 A'를 말할 때에도 A to B의 형태로 표현할 수 있습니다. 여기서 to는 A와 B를 연결해주는 역할을 합니다. 예시를 살펴보겠습니다.

예문

There is the entrance to the building.

▶ 저기에 건물로 통하는 입구가 있네요.

➜ 저기에 입구가 있네요.

entrance는 출입을 위한 통로입니다. '건물(A)로 통하는(to) 출입문(B)'으로 풀이할 수 있습니다.

예문

Would you give me the key to the storeroom?

▶ 창고로 통하는 열쇠 좀 주시겠어요?

➜ 창고 열쇠 좀 주시겠어요?

Key to the storeroom

열쇠는 창고로 가는 통로인 문을 열고 잠글 수 있는 목적을 가진 물건입니다. 창고에 들어가기(to) 위해 반드시 필요한 물건이지요.

TO

예문

Quality communication is the key to success.

▶ 양질의 소통은 성공으로 가는 (통로를 열어주는) 열쇠이다.

➜ 양질의 소통은 성공의 핵심이다.

여기서 key는 열쇠이기도 하지만 '핵심'을 뜻하기도 합니다. '성공(A)으로 향하는(to) 핵심인 양질의 소통(B)'으로 풀이할 수 있습니다.

이렇게 어딘가로 향하는 모양새의 to를 배워 보았습니다. 워낙 많이 사용되는 단어이기 때문에 잘 파악하는 것이 key입니다. 한 단계씩 to의 의미를 이해하고 어감을 파악해 가며 조금씩 내가 사용할 수 있는 to의 범위를 확장해 가는 것이 중요합니다. 그러다 보면 어느새 to가 갖는 포괄적이고도 큰 의미와 친숙해져 있을 겁니다.

Week 26

Read it out loud

기억하면 좋은 문장을 따라 읽고, 암기해 보는 시간입니다.
아래 문장을 크게 소리 내서 읽어 보세요.

[Let's start with the basics! 기본부터 시작하자!]

마이클은 연인에게 이벤트를 해주기 위해 피아노를 배우기로 합니다. 아직 악보도 보지 못하지만, 클래식 곡을 치고 싶다고 말합니다. 선생님은 마이클에게 말합니다.

Let's start with the basics.

▶ 기본부터 시작합시다.

'기초적인 것부터 하자'는 의미이죠. 여기서 알아 두면 좋은 표현은 start with입니다. 비슷하지만 더 직관적인 표현인 start from은 어떤 것에서부터 시작해서 순차적으로 진행되는 느낌을 준다면, start with는 단순히 '~로 시작한다'는 뜻입니다.

I want to start with the plan that is easiest to execute.

▶ 제일 실행하기 쉬운 계획부터 시작하고 싶다.

My computer didn't save my work, so I had to start from the beginning again.

▶ 컴퓨터가 진행 중이던 작업을 저장하지 않아, 처음부터 다시 시작해야 했어요.

Helpful Tip!

execute : 실행하다, 해내다

start from the beginning : 처음부터 다시 시작하다

Enrich your vocabulary

자주 쓰이는 유익한 단어를 배워 보는 시간입니다. 하루에 단어 하나씩만 외워도
일주일이면 7개, 한 달이면 30개의 단어를 외울 수 있겠죠?
오늘 배울 단어는 다음과 같습니다.

Day 1

[Complacent
현실에 안주하는]

태만해지는 것은 영어로 complacent라고 하죠. 자신의 능력에 너무 만족해 더 노력할 필요를 느끼지 못하는 상태입니다.

After working at the same company for ten years, Noel has grown increasingly complacent.

▶ 같은 회사에서 10년 동안 일을 하니 노엘은 점점 더 태만해져 갔다.

예문

Complacent people can never achieve great success.

▶ 태만한 사람들은 절대 위대한 성공을 거두지 못한다.

Helpful Tip!

increasingly : 점점 더, 증가하는

achieve : 달성하다, 이루다

Remember this expression

영어에서 자주 쓰이는 핵심 표현을 배우고, 응용해 보세요. 하나를 배우면 자유자재로 적용할 수 있습니다. 오늘 배울 표현은 무엇인지 살펴볼까요?

[Have/has + 과거분사 지금까지 이어져 온 과거]

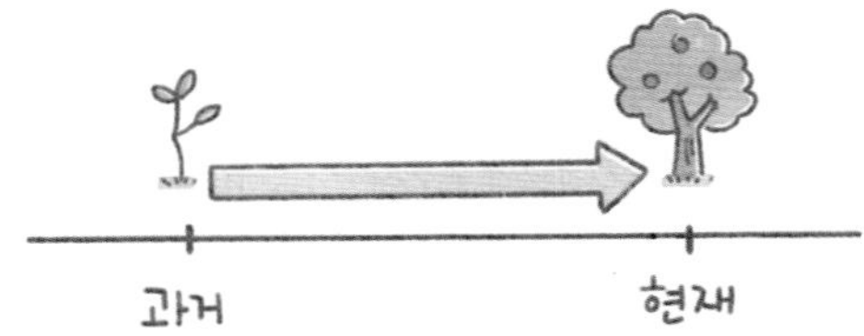

타임라인을 그린 후, 과거부터 현재까지 쭉 선을 그어보세요. 이렇게 과거부터 지금까지 쭉 진행되어 오고 있는 것, 혹은 과거에 일어난 일이 현재까지 영향을 미치고 있는 상태를 현재완료 시제라고 합니다. 현재완료 시제는 have/has + 과거분사로 씁니다.

Have you been to Paris?

▶ 파리에 가본 적 있어?

특정한 시간이 아니라 옛날부터 지금까지 쭉, 즉 살아오면서 파리에 가본 경험이 있는지 물어보고 있습니다. 이렇게 과거부터 현재까지의 경험을 이야기할 때 현재완료 시제를 씁니다.

We have known each other for 7 years.

▶ 우리가 서로를 알고 지낸 지 7년이다.

옛날부터 서로를 아는 사이였고 지금도 여전히 알고 지내는 사이, 즉 과거에 시작된 일이 현재까지 이어지고 있는 상황에도 현재완료 시제를 씁니다.

Remember this expression

영어에서 자주 쓰이는 핵심 표현을 배우고, 응용해 보세요.하나를 배우면 자유자재로 적용할 수 있습니다. 오늘 배울 표현은 무엇인지 살펴볼까요?

I have lost my wallet.

▶ 나 지갑을 잃어버렸어. (그리고 여전히 잃어버린 상태)

지갑을 잃어버린 일은 과거의 사건입니다. 하지만 지금까지 지갑을 찾지 못했기 때문에 과거 사건이 계속 영향을 주고 있는 상황이죠. have lost, '여전히 잃어버린'을 의미한다고 볼 수 있습니다. 계산을 하려고 카운터 앞으로 갔을 때 지갑이 사라진 것을 알았다면 지금 계산하려는 행위에 지갑을 잃어버린 것이 더 강하게 영향을 끼치기 때문에 I've lost my wallet.이라고 하는 것이 더 자연스럽습니다.

Jeremy has just broken up with his girlfriend.

▶ 제레미는 여자 친구랑 막 헤어졌다.

과거에 시작한 일이 최근에 또는 지금 막 완료된 것을 말할 때 현재완료 시제를 사용합니다. 이때 주로 just, already, yet과 같은 부사와 함께 쓰입니다.

Helpful Tip!

for years : 수년간, 몇 해 동안

break up : 끝내다, 헤어지다

Divide and conquer

길고 어려운 영어 문장을 짧게 끊어 읽으면 문장의 구조가 잘 보여 이해하기 쉽습니다. 나눠진 문장을 보면서 주어와 동사의 위치가 어떻게 바뀌는지 확인하면서 문장을 읽어 보세요.

[**A message could travel as far in a day as a human could walk.**

메시지는 하루에 인간이 걸어갈 수 있는 만큼 멀리 이동할 수 있다.]

01 **A message could travel**
▶ 메시지는 이동할 수 있다

02 **as far in a day as**
▶ 하루에 ~만큼 멀리

03 **a human could walk.**
▶ 인간이 걸을 수 있는

=

'발 없는 말이 천 리 간다'는 말이 있습니다. 그만큼 말의 파급력이 크다는 의미입니다. '~만큼 멀리'를 뜻하는 as far as에 in a day를 넣어 as far in a day as가 되면 '하루에 ~만큼 멀리'라는 표현이 됩니다.

The dog can run as much in a day as a cheetah can run.
▶ 그 개는 하루에 치타가 뛰는 만큼 뛸 수 있다.

Helpful Tip!

message : 소식, 전하는 말

human : 사람, 인간

Power up reading

영어 문단을 읽고 해석해 보는 시간입니다. 단어나 문법뿐만 아니라 실생활에서 사용되는 영어 텍스트와 친숙해짐으로써 영어에 대한 두려움을 극복해 보세요. 아래 문단을 천천히 읽고 스스로 먼저 해석해 본 후, 밑에 있는 해석을 확인해 보세요.

The Mother and the Wolf

어머니와 늑대

Early one morning, a hungry wolf was prowling around a cottage at the edge of a village when he heard a child crying inside the house. Then he heard the mother's voice say: "Be quiet, child! Stop your crying, or I will give you to the wolf!" Surprised but delighted at the thought of such a delicious meal, the wolf settled down under an open window, waiting to have the child handed to him. Although the child continued to cry, the wolf waited all day in vain. Then, that evening, he heard the mother's voice again as she sat down near the window to sing and rock her baby to sleep. "Don't worry, child! The wolf will not get you. No, no! Daddy is watching, and he will kill the wolf if he comes near!" Just then, the father arrived home, and the wolf ran far away. Do not believe everything you hear.

어느 이른 아침, 배고픈 늑대가 마을 끝에 있는 오두막집을 배회하고 있었습니다. 그때 집안에서 아이 우는 소리가 들려왔습니다. 그리고 나서 늑대는 아이의 엄마가 이렇게 말하는 것을 들었습니다. "아이야, 조용히 하렴! 울음을 그치지 않으면 늑대에게 잡아먹으라고 줄 거란다" 아이의 어머니가 하는 말에 늑대는 놀랐지만 그토록 맛있는 식사를 할 것이라 생각하자 기뻤습니다. 그래서 열려 있는 창문 밑에서 자리를 잡고 엄마가 아이를 넘겨주기만을 기다렸습니다. 아이는 계속 울었지만 늑대는 하루 종일 기다릴 뿐이었습니다. 그리고 그날 저녁, 늑대는 아이의 엄마가 창문가에 앉아 아이를 재우며 노래를 부르는 목소리를 다시 들었습니다. "아이야 걱정하지 마렴! 늑대는 너를 잡아먹지 못할 거야. 아니, 늑대는 너를 먹지 못해! 아빠가 너를 지키고 있단다. 늑대가 가까이 오면 늑대를 죽일 거란다!" 바로 그때 아버지가 집으로 돌아왔습니다. 늑대는 멀리 도망갔습니다. 들리는 말을 모두 믿지 마세요.

Day 5

Power up reading

영어 문단을 읽고 해석해 보는 시간입니다. 단어나 문법뿐만 아니라 실생활에서 사용되는 영어 텍스트와 친숙해짐으로써 영어에 대한 두려움을 극복해 보세요. 아래 문단을 천천히 읽고 스스로 먼저 해석해 본 후, 밑에 있는 해석을 확인해 보세요.

01 **Surprised but delighted at the thought of such a delicious meal, the wolf settled down under an open window, waiting to have the child handed to him.**

▶ 그 말을 들은 늑대는 놀랐지만 그토록 맛있는 식사를 할 것이라 생각하자 기뻤습니다. 그래서 열려 있는 창문 밑에서 자리를 잡고 엄마가 아이를 넘겨주기만을 기다렸습니다.

such는 많은 의미가 있습니다. '그러한'이라는 용도로 사용되어 앞에 나온 대상을 언급합니다.

such는 강조하는 말도 됩니다. such a delicious meal이 '정말 맛있는 식사'라는 뜻으로도 해석될 수 있죠. 따라서 우화에서는 앞에 나오는 대상을 언급하는 동시에 '그토록'이라고 강조하는 역할을 하고 있습니다.

예문 **I did not know such things were possible!**

▶ 이런 일이 가능한 줄 몰랐네!

Power up reading

영어 문단을 읽고 해석해 보는 시간입니다. 단어나 문법뿐만 아니라 실생활에서 사용되는 영어 텍스트와 친숙해짐으로써 영어에 대한 두려움을 극복해 보세요. 아래 문단을 천천히 읽고 스스로 먼저 해석해 본 후, 밑에 있는 해석을 확인해 보세요.

Daddy is watching.

▶ 아빠가 너를 지키고 있단다.

watch는 '보다'라는 뜻입니다. 그런데 이 말이 어떻게 '지키고 있다'로 해석될 수 있을까요? 다양한 측면으로 '지키다'라는 의미를 가질 수 있습니다. '망보다'라고 해석되면, 망보고 있으니 걱정할 필요가 없다고 풀이할 수 있습니다.

다음으로 watch over 라는 뜻이 있습니다. 누군가를 watch over 한다고 하면 '~를 지키다', '~를 보살피다'라는 뜻이 됩니다. 내가 안전한지, 괜찮은지, 잘 있는지 확인해 주는 것입니다. 그렇게 두 가지 측면에서 watching이 '지키고 있다'로 해석될 수 있습니다.

The child has a lot of people watching over him and taking care of him.

▶ 이 아이는 많은 사람들이 지켜주고 보살펴 줍니다.

Helpful Tip!

prowl : 돌아다니다, 어슬렁거리다

hand : 명 손 동 건네주다, 넘겨주다

in vain : 헛되이, 공연히

rock : 명 바위 동 흔들리다, ~를 달래다

당신의 뇌를 해킹하라!
Hack your brain!

무조건 외울 수밖에 없는 암기 꿀팁

일주일간 매일 15분씩 공부하는 것이 좋을까요? 아니면 하루에 몰아서 두 시간 공부하는 것이 나을까요? 절대적인 시간은 후자가 더 많습니다. 하지만, 여러 실험 결과에 따르면 일정한 간격을 두고 공부하는 것이 모든 걸 한 번에 배우려는 방법보다 기억에 세 배나 잘 된다고 합니다.

그 이유는 두 가지로 추측하고 있습니다. 몰아서 공부하는 경우, 오랜 시간 계속되는 정보로 인해 점차 새로움이 사라지며 뇌의 활성화가 잘 안 됩니다. 즉, 공부에 대한 적극성이 떨어지게 됩니다. 또, 아직 정보가 작업 기억 안에 있기 때문에 이미 다 기억하고 있다고 착각하게 됩니다. 다 외웠다고 확신했는데 며칠 후 기억이 안 나는 경험을 해 본 적 있으신가요?

한 번에 외워지지 않고 자꾸 잊어버린다고 걱정하시는 분들이 있다면 전혀 그럴 필요가 없습니다. 배운 것을 잊는 것은 지극히 자연스러운 현상입니다. 무언가를 잊어 버린 후 다시 상기할 때 학습 효과는 더 커집니다. 배우고 나서 잊고 또 배우는 과정을 거치며, 그 기억이 우리 뇌에 탄탄히 자리 잡게 됩니다.

무언가를 오래 기억하고 싶다면, 학습 기간 사이에 간격을 두는 전략을 활용해 보세요.

핵심 문장

Although the latter has more absolute time, but several experiments have shown that the method of learning at regular intervals is three times better than the method of learning everything at once.

▶ 절대적인 시간은 후자가 더 많습니다. 하지만, 여러 실험 결과에 따르면 일정한 간격을 두고 배우는 방법이 모든 걸 한 번에 배우려는 방법보다 기억이 세 배나 잘 된다고 합니다.

핵심 표현

absolute time : 절대적 시간

relative time : 상대적 시간

참고 : 《우리의 뇌는 어떻게 배우는가》 | 스타니슬라스 드앤 저 | 로크미디어

Week 27

Day 1

Read it out loud

기억하면 좋은 문장을 따라 읽고, 암기해 보는 시간입니다.
아래 문장을 크게 소리 내서 읽어 보세요.

[I passed the exam with flying colors. 시험을 매우 잘 봤다.]

시험 등을 성공적으로 치뤘을 때 with flying colors라는 표현을 씁니다. 여기서 colors는 '색'이 아니라 '깃발'을 뜻하는데요, 이 표현의 기원은 대항해시대로 거슬러 올라갑니다.

사람들은 육지로 돌아오는 전함을 보고 그들이 전쟁에서 승리했는지 여부를 유추할 수 있었습니다. 깃발이 위로 높게 달려 있으면 승리를, 깃발이 내려져 있으면 패배를 뜻했습니다. 깃발을 펄럭이며 기쁨에 차서 돌아오는 모습을 표현한 with flying colors는 오늘날에는 '성공적으로 임무를 완수했다'라는 뜻이 되었습니다. 중요한 시험을 앞두고 있는 친구에게 이렇게 말해 주어도 좋을 것 같습니다.

I hope you pass your exam with flying colors!

▶ 시험 잘 봐!

Helpful Tip!

pass the exam : 시험에 합격하다

flying colors : 휘날리는 깃발, 승리, 성공

자주 쓰이는 유익한 단어를 배워보는 시간입니다. 하루에 단어 하나씩만 외워도 일주일이면 7개, 한 달이면 30개의 단어를 외울 수 있겠죠? 오늘 배울 단어는 다음과 같습니다.

Day 1

Marginal
중요하지 않은, 주변부의

큰 돌멩이들과 모래가 있습니다. 유리병 안에 다 담으려면 무엇을 먼저 넣어야 할까요? 큰 돌을 먼저 넣은 후에 모래를 그 사이에 부어야 합니다. 큰 돌이 인생에 우선순위라면, 모래는 중요하지 않은 것들을 의미합니다. 우리 삶에 정말 중요한 것이 무엇인지 생각하게 합니다.

모래처럼 중요하지 않은 것을 일컬을 때 marginal이라고 합니다. 신경을 덜 써도 크게 문제가 되지 않는, 사소한 것들 말이죠. '주변부', '변두리'라는 의미도 있습니다. marginal은 '여백' 또는 '여분'을 뜻하는 margin에서 비롯된 형용사입니다.

예문 The fund's impact on the environment is marginal.

▶ 그 기금이 환경에 미치는 영향은 미미하다.

예문 The government should try to better represent marginalized groups in society.

▶ 정부는 사회의 소수 집단을 더 잘 대변할 수 있도록 노력해야 한다.

Helpful Tip!

impact : 영향(충격)을 주다

marginalized groups : 소외 집단

Remember this expression

영어에서 자주 쓰이는 핵심 표현을 배우고, 응용해 보세요. 하나를 배우면 자유자재로 적용할 수 있습니다. 오늘 배울 표현은 무엇인지 살펴볼까요?

Make me ~
나를 ~하게 만들다

사랑에 빠진 한 남자가 있습니다. 시도 때도 없이 그녀가 생각나고 그녀의 얼굴을 보고 있으면 자신도 모르게 웃음이 나옵니다.

make + 대상 + 동사 or 형용사는 '~를 …하게 만들다', '~하면 …한 상태가 되게 만들다'라는 뜻의 문장 형식입니다. 무언가가 특정한 상태에 이르게 만드는 것이죠.

예문 Daniella makes me smile.
▶ 다니엘라는 나를 웃게 만들어.

예문 Being with Michelle makes me happy.
▶ 미셸과 함께 있으면 행복해.

예문 Joanne makes him buy her expensive designer bags.
▶ 조앤은 그가 비싼 명품 가방을 사게 만든다.

Helpful Tip!

designer bag : 명품 가방

being with someone : 함께 있다, 함께 하다

Divide and conquer

길고 어려운 영어 문장을 짧게 끊어 읽으면 문장의 구조가 잘 보여 이해하기 쉽습니다.
나눠진 문장을 보면서 주어와 동사의 위치가 어떻게 바뀌는지 확인하면서
문장을 읽어 보세요.

For the moment, I hope to make a basic point: there are different types of love. They feel different, and their underlying neurological basis is different.

저는 지금 기본적인 요점을 하나 말씀드리고 싶습니다: 다양한 종류의 사랑이 존재합니다. 사랑의 느낌은 서로 다르며, 근본적인 신경학적 기반도 다릅니다.

01 **For the moment, I hope to make a basic point:**

▶ 저는 지금 한 가지 기본적인 요점을 말씀드리고 싶습니다

02 **there are different types of love.**

▶ 다양한 종류의 사랑이 있습니다

03 **They feel different,**

▶ 사랑의 느낌은 서로 다르며,

04 **and their underlying neurological basis is different.**

▶ 사랑의 근본적인 신경학적 기반도 모두 다릅니다.

쌍점으로 이어져 있는 문장입니다. 영어로 쌍점(:)은 colon이라고 하는데요, '이것을 설명하겠다'라는 문장 뒤에 붙여 해당 설명을 이어갑니다. 위 문장에서는 '기본적인 요점을 얘기하고 싶다'라고 한 문장 뒤에 colon을 붙여 그 요점을 설명했습니다.

I hope to make a basic point.라는 말은 발표할 때 어떤 내용을 강조하고 싶을 때나, 기본적인 것을 설명하고 싶을 때 쓸 수 있는 표현입니다.

She made a basic but very important point about today's agenda.

▶ 그녀는 오늘의 의제에 대해 기본적이지만 아주 중요한 부분을 강조했다.

Helpful Tip!

underlying : 기초를 이루는, 근원적인

basis : 근거, 이유, 기준

Power up reading

영어 문단을 읽고 해석해 보는 시간입니다. 단어나 문법뿐만 아니라 실생활에서 사용되는 영어 텍스트와 친숙해짐으로써 영어에 대한 두려움을 극복해 보세요. 아래 문단을 천천히 읽고 스스로 먼저 해석해 본 후, 밑에 있는 해석을 확인해 보세요.

The Rabbit and the Turtle

토끼와 거북이

One day, a rabbit was making fun of a turtle for being so slow. "Do you ever get anywhere?" he asked, laughing. "Yes," replied the turtle, "I get there sooner than you think. I'll race you and prove it." The rabbit was amused at the idea of racing the turtle, so he agreed to it. The rabbit quickly ran far out of sight, and to make the turtle feel ridiculous, he lay down, waiting for the turtle to catch up. Meanwhile, the turtle kept going slowly but steadily. After a while, he passed the place where the rabbit was sleeping. The rabbit continued to sleep very peacefully. When he finally did wake up, the turtle was already near the finish line. The rabbit ran as fast as he could, but he could not catch up to the turtle in time. The race is not always to the swift.

어느 날, 토끼가 거북이를 너무 느리다고 놀렸습니다. “그렇게 느려서 어디 갈 수 있겠니?” 토끼는 비웃으며 물었습니다. 그러자 거북이가 대답했습니다. “네 생각보다 빨리 갈 수 있어. 우리 시합 하자. 내가 증명해 보일게.” 토끼는 거북이와 달리기 시합을 할 거라 생각하니 신이나서 시합에 응했습니다. 시합이 시작되자 토끼는 재빠르게 시야에서 사라졌습니다. 거북이를 더 우스꽝스럽게 보이게 하기 위해 누워서 거북이가 따라잡기를 기다렸습니다. 그러는 동안, 거북이는 느리게, 하지만 꾸준히 계속 나아갔습니다. 얼마 후 토끼가 잠들어 있는 곳을 지나가게 되었습니다. 토끼는 계속 평온하게 잠을 자고 있었습니다. 마침내 깨어났을 땐, 거북이가 이미 결승선에 다다르고 있었습니다. 토끼는 최대한 빨리 달렸지만, 거북이를 시간 안에 따라잡을 수 없었습니다. 빠르다고 해서 항상 이기는 것은 아닙니다.

Power up reading

영어 문단을 읽고 해석해 보는 시간입니다. 단어나 문법뿐만 아니라 실생활에서 사용되는 영어 텍스트와 친숙해짐으로써 영어에 대한 두려움을 극복해 보세요. 아래 문단을 천천히 읽고 스스로 먼저 해석해 본 후, 밑에 있는 해석을 확인해 보세요.

01 "Do you ever get anywhere?"

▶ "어디 갈 수라도 있겠니?"

ever는 어감상으로 '과거, 현재, 미래를 망라하는 모든 시간'을 의미합니다. 따라서 맥락에 따라 '언제든', '언제나', '항상' 등 다양하게 풀이됩니다. ever에 n이 붙은 never는 과거, 현재, 미래를 망라하는 모든 시간이 아닌, '절대로 ~ 않다'의 뜻이 되는 것이지요.

예시

forever = for + ever ▶ 과거, 현재, 미래의 모든 시간 동안 (= 영원히)

whenever = when + ever ▶ 모든 시간 중 언제나 (= 언제나, ~할 때 언제든지)

first-ever = first + ever ▶ 모든 시간 중 처음 (= 생전 처음의)

02 The race is not always to the swift.

▶ 빠르다고 해서 언제나 시합에서 이기는 것은 아닙니다.

swift는 '신속한', '재빠른'이라는 뜻을 가진 형용사입니다. 여기서는 수식하는 단어가 없고 the가 붙어 the swift가 되었습니다. 이렇게 형용사에 the가 붙으면 '~한 사람'이 됩니다. the swift라고 하면 '빠른 사람'이 되는 것이죠.

예시

the rich and the poor ▶ 가난한 사람들과 부자들

Helpful Tip!

make fun of : ~를 놀리다

out of sight : 보이지 않는 곳에, 먼 곳에

Weekend
주요 동사
06

GIVE

the giving tree를 아시나요? 너무나 유명한 책《아낌없이 주는 나무》의 원제랍니다. 항상 소년에게 주기만 하기 때문에 the giving tree라는 이름으로 불렸어요. give는 손을 뻗어 상대방에게 무언가를 건네주는 행위를 나타냅니다. 이 모습을 머릿속에 떠올리면서 give의 기본적인 개념과 구동사 몇 개를 배워 보겠습니다.

give의 첫 번째 뜻

주다, 건네다

give를 사용할 때는 항상 주는 대상이 필요합니다. 따라서 '~에게 …를 주다'라는 형태로 사용되지요. give + 받는 대상 + 주어지는 무엇의 구조로 이루어져 있습니다. 가장 기본적인 give의 활용법을 살펴보겠습니다.

예문

Please give me a cup of water.

▶ 물 한 잔 주세요.

주다 + 대상(나) + 무엇(물)의 구조로 이루어져 있습니다. '저에게' 부분은 함축되었습니다.

예문

I gave Susan a pair of shoes for her birthday.

▶ 나는 수잔에게 생일 선물로 신발을 줬어.

과거형 gave가 사용됐습니다. 주다 + 대상(수잔) + 무엇(신발), 즉 '수잔에게 신발을 줬다'의 구조입니다.

GIVE

give의 두 번째 뜻

(추상적인 개념을) 주다

give는 사물 외에도 시간, 기회, 신호 등 추상적인 개념을 상대방에게 줄 때에도 사용이 가능합니다. 이번에도 역시 주다 + 대상 + 무엇의 문장 구조를 사용할 수 있습니다. 예시를 살펴보겠습니다.

예문

The boss is giving Monica another chance.

▶ 상사가 모니카에게 기회를 한 번 더 주기로 했다.

모니카가 진행한 프로젝트가 실패로 끝났지만, 상사가 모니카(대상)에게 만회할 기회(무엇)를 한 번 더 주기로 했네요.

예문

The boss gave Monica 10 minutes to present her proposal.

▶ 상사는 제안서 발표를 하도록 모니카에게 10분을 주었다.

새로운 기회를 얻은 모니카(대상)에게 상사가 10분의 발표 시간(무엇)을 주었습니다. 한국어로 '준비하게 1분만 줘'라는 말을 사용하는 것처럼 영어에서도 동일한 맥락으로 '시간을 주다'를 의미하기 위해 give를 사용할 수 있습니다.

예문

Can you give me a sign from the back?

▶ 뒤에서 저에게 신호를 주시겠어요?

멋진 발표가 될 수 있도록 동료에게 발표가 잘 되어가고 있는지, 말이 너무 빠른지 혹은 너무 느린지 회의실 뒤에서 신호를 달라고 부탁합니다.

'~에게 기회를 주다', '~에게 시간을 주다', '~에게 신호를 주다' 등과 같은 표현들은 조금만 귀 기울여보면 영화나 드라마에서 어렵지 않게 들을 수 있습니다.

GIVE

give의 세 번째 뜻

(특정한 행위를) 주다, 해주다

누군가에게 부탁을 할 때 우리는 흔히 '~해줘'라고 합니다. give의 세 번째 뜻은 바로 이런 '(특정한 행위를) 주다', '해주다'입니다. '전화를 주다', '조언을 주다' 등 일상에서 무언가를 해주는 상황들을 떠올려 보겠습니다.

예문

Give me a call when you get home.

▶ 집에 도착하면 전화해 줘.

call이 명사로 사용되었습니다. 따라서 '전화(call)를 주다(give)', 즉 '전화를 해주다'라는 해석이 가능합니다.

도움을 주거나 받을 때도 give를 사용할 수 있습니다. 도움이 필요한 순간에 '~의 손을 좀 빌려야겠어' 혹은 인력이 부족할 때 '손이 부족해'라는 등 손을 도움에 빗대어 이야기하는 경우가 많습니다. 이러한 표현은 영어에서도 사용되는데요, 바로 give a hand, '도움을 주다'입니다.

예문

Could you give me a hand with preparing dinner?

▶ 저녁 준비하는 것 좀 도와줄래?

GIVE

give의 첫 번째 구동사

give away
1. 무료로 주다 2. 누설하다

away는 '다른 곳', '시공간적으로 떨어져 있는 곳'이라는 의미로, give와 만나서 give away가 되면 '다른 곳으로 주다', '다른 누군가에게 주다'가 됩니다. give가 사용될 때, 특별히 대가에 대한 언급이 없다면 '대가 없이' 주는 것을 의미합니다. 이 사실을 염두에 두고 give away의 몇 가지 의미를 배워 보겠습니다.

1. 무료로 주다

필요 없는 무언가를 갖고 있을 때 '괜히 가지고 있지 말고 다른 사람한테 줘!'라고 말하곤 합니다. 이러한 표현을 영어로 give away라고 합니다. 위에서 언급했듯이 give는 기본적으로 '(대가 없이) 주는 것'이기 때문에 give away는 '무료로 주다'가 됩니다. 예시를 살펴보겠습니다.

예문

I should give these macarons away.

▶ 이 마카롱은 (다른 사람들에게) 주는게 좋겠어.

손을 뻗어서 들고 있는 마카롱을 다른 사람들에게 주는, 혹은 다른 곳에 가져다 놓는 행위를 상상해보면 give away의 어감을 조금 더 쉽게 이해할 수 있습니다.

만약 띄어쓰기 없이, giveaway가 명사로 사용될 경우 어떠한 판매상품의 '사은품' 혹은 '증정품'이라는 뜻을 갖게 됩니다. 비슷하게 giveaway가 형용사로 사용될 경우에는 '아주 싼'이라는 의미를 갖게 됩니다.

예문

This is basically a giveaway!

▶ 이거 거의 공짜나 다름없네!

2. 누설하다

give away의 두 번째 의미는 '누설하다'입니다. 이때는 물건이 아니라 '정보' 혹은 '비밀'을 다른 사람들에게 주는 것입니다. 손을 뻗어 여기저기 물건을 나눠 주듯이, 비밀을 말하고 다니는 것이기에 '누설하다'라는 의미를 가집니다.

친한 친구에게 저만의 비밀을 이야기했는데 며칠 후, 라이벌 관계에 있는 또 다른 친구가 무언가를 알고 있는 듯이 이야기합니다. 다른 친구들도 나를 보는 눈빛이 심상치 않네요.

예문

Did you give away my secret?

▶ 네가 내 비밀을 (다른 사람들한테) 줘 버렸니?

→ 네가 내 비밀을 누설했니?

→ 네가 내 비밀을 이야기하고 다녔니?

회사 기밀, 개인 정보 등과 같이 보안이 필요한 대상에도 give away를 사용할 수 있습니다.

예문

Do not give away personal information on the Internet.

▶ 인터넷상에서 절대 개인정보를 주지 말아라.

→ 인터넷상에서 절대 개인정보를 발설하지 마라.

---

give의 두 번째 구동사

give out

1. 배포하다, 나눠 주다 2. (작동하던 것이) 정지하다

1. 배포하다, 나눠 주다

give out은 '널리 배포하다', '나눠주다'라는 의미가 있습니다.

GIVE

예문

The new café across the road is now giving out free coffee.

▶ 길 건너편 새로 생긴 카페에서는 지금 커피를 무료로 나눠 주고 있다.

위와 같은 상황에서는 give out이 카페 홍보 마케팅에 사용되었는데요, 원치 않는 것을 무료로 줘버린다는 의미의 give away와는 확실히 다른 어감입니다. 많은 사람에게 널리 무언가를 나누어 주고 있습니다.

예문

The company has given out Lunar New Year gifts to their employees.

▶ 그 회사는 직원들에게 설 선물을 나눠 줬다.

여기서 나눔이 완료된 형태를 나타내는 has + 과거분사인 has given이 사용되었습니다. 설날은 영어로 Lunar New Year라고 합니다. 회사 직원들에게 나눠 주는 선물은 필요 없기 때문에 주는 것이 아니라 보상과 감사의 의미를 담고 있습니다. 이처럼 give out이 사용될 때는 정식적으로 많은 사람에게 나눠 준다는 의미가 있습니다.

2. (다리에서) 힘이 빠지다, (작동하던 것이) 정지하다

give out의 두 번째 의미는 '(다리에서) 힘이 빠지다', '(작동하던 것이) 정지하다'입니다. 여기서 out은 '~이 없는', '떨어진'이라는 뜻으로 give out이 되면 에너지를 모두 방출하고 소진해 버렸기 때문에 정지하는 상태에 이르는 것입니다.

예문

After the marathon, his legs gave out, and he collapsed.

▶ 마라톤이 끝난 후 그는 다리에 힘이 빠져 주저앉았다.

collapse는 '쓰러지다', '주저앉다'라는 의미입니다. 열심히 달린 후 에너지를 모두 써버린 다리는 힘이 빠져서 멈춰 버렸고 그는 주저앉아 버렸네요.

GIVE

예문

The car is going to give out soon.

▶ 그 차는 곧 시동이 꺼질 것이다.

give out은 오래되거나 손상이 있는 기계에 사용되는 경우가 많습니다.

give의 세 번째 구동사

give in

(마지못해) 받아들이다, 항복하다

give in은 숙이고 들어가는(in) 듯한 모습을 보여줍니다. 압력에 의해 버티는 것을 포기하고 원치 않던 것을을 받아들이는 것이죠. '~을 받아들이다', '항복하다'를 의미합니다.

예문

My boss finally gave in to employee demands after seeing the reliable data supporting them.

▶ 직원들을 지지하는 확실한 데이터를 보고 나서야 결국 상사는 직원들의 요구를 받아들였다.

팀원의 의견을 수용하기 싫어하던 상사에게 근거 있는 자료를 제시해 결국엔 받아들이게 만들었습니다. 마치 고개를 숙이고 들어가는 듯한 모습을 상상해 보세요.

예문

He pestered his wife so much for a new PC that eventually she gave in.

▶ 그가 새 컴퓨터를 사자고 그의 아내를 너무 조른 나머지 결국엔 그녀가 항복했다.

남편이 너무 귀찮게 한 나머지 아내가 두 손 두 발 다 들었네요. 마지못해 고개를 끄덕거리며 '그래 그래, 당신이 이겼어요'라고 하는 아내의 표정을 머릿속에 떠올려 보세요.

GIVE

give의 네 번째 구동사

give up

1. 포기하다 2. 그만두다

up이 가지고 있는 수많은 함축적 의미 중에는 '완전히'라는 뜻이 있습니다. 그래서 give up이라고 하면 '모두 다 완전히 주다'가 됩니다. 내 손에 있는 것을 모두 놓아 버리는 것으로 '포기하다'라는 의미입니다.

예문

I gave up on dieting.

▶ 나는 다이어트를 포기했어.

예문

Paul finally gave up smoking.

▶ 폴이 드디어 흡연을 포기했다.

➜ 폴이 드디어 담배를 끊었다.

책임이나 소유권을 포기할 때에도 give up을 사용할 수 있습니다.

예문

I never gave up on my child.

▶ 나는 절대로 내 아이를 포기하지 않았어.

➜ 양육 환경, 아이의 성격 등 아이 키우기가 어려워도 포기하지 않고 부모의 자리를 지켰다.

give의 기본 의미와 give 구동사에 대해 배워 보았습니다. 오늘 배운 것들을 하나씩 우리의 일상에 대입해 보고, 응용해 본다면 어느새 give라는 동사와 친해져 있을 거예요. Don't give up! You can do this! 포기하지 마세요! 할 수 있어요!

Week 28

Read it out loud

기억하면 좋은 문장을 따라 읽고, 암기해 보는 시간입니다.
아래 문장을 크게 소리 내서 읽어 보세요.

Day 1

[Under the weather 컨디션이 좋지 않다]

I'm feeling under the weather.

날씨 아래에 있다? 무슨 말일까요? 이 표현은 '컨디션이 좋지 않다'는 뜻입니다. 격식 없이 일상생활에서 주로 쓰입니다. 과거 배를 많이 타던 시대에는 선원이 아프면 날씨로부터 그를 보호하기 위해 갑판 밑으로 들어가 쉬게 했다고 합니다. 갑판 아래로 들어가면 날씨의 영향권 '밑'에 있게 되지요. 시간이 흐르면서 under the weather는 컨디션이 좋지 않음을 나타내는 표현으로 자리 잡았습니다.

I'm sorry, but I don't think I can meet up today. I'm feeling under the weather.

▶ 미안하지만 오늘은 너를 만나지 못할 것 같아. 컨디션이 좋지 않아.

Helpful Tip!

meet up : (약속을 하여) ~와 만나다

feel under the weather : 몸이 안 좋은 것 같다

Day 1

Enrich your vocabulary

자주 쓰이는 유익한 단어를 배워 보는 시간입니다. 하루에 단어 하나씩만 외워도
일주일이면 7개, 한 달이면 30개의 단어를 외울 수 있겠죠?
오늘 배울 단어는 다음과 같습니다.

[Provocative 도발적인]

도발적이거나 화를 돋우는 것을 provoke 한다고 하지요. voca라는 말이 들어가는 단어는 주로 '목소리'와 관련이 있습니다. 밴드 보컬은 vocal이지요. pro는 '찬성', '지지'의 뜻을 의미하는데요, 적극적으로 목소리를 높이며 도발하는 모습을 상상할 수 있습니다. provocative statement는 '도발적인 발언'으로 해석할 수 있습니다.

Lucas's provocative remark angered his friends.

▶ 루카스의 도발적인 발언은 친구들을 화나게 했다.

The politician made a provocative statement.

▶ 그 정치인은 도발적인 발언을 했다.

The movie contains a lot of provocative scenes.

▶ 그 영화는 선정적인 장면들이 많다.

Helpful Tip!

remark : 언급하다, 발언하다

contain : 들어있다, 포함하다, 함유하다

Remember this expression

영어에서 자주 쓰이는 핵심 표현을 배우고, 응용해 보세요.하나를 배우면 자유자재로 적용할 수 있습니다. 오늘 배울 표현은 무엇인지 살펴볼까요?

Had better
~하는 것이 좋다

had better + 동사원형은 '~하는 것이 좋다', '~하는 것을 추천한다'를 의미하며 걱정, 조언, 충고, 권유의 의미가 됩니다. 만약 '~하지 않는 것이 좋다'고 말하고 싶으면 had better not이라 하면 됩니다. 상황에 따라 강한 경고나 협박의 뉘앙스도 가질 수 있기에 윗사람이나 고객에게는 잘 사용하지 않고, 부하직원, 친한 사람들 등에게 이야기할 때 많이 사용됩니다.

예문

You'd better listen to the teacher.

▶ 선생님의 말씀을 듣는 게 좋을 거야.

예문

You'd better go to sleep early tonight.

▶ 일찍 자는 게 좋을 거야.

예문

Rashid has a high fever. He'd better not come to work today.

▶ 라시드에게 고열이 있어. 오늘 출근 안 하는 게 좋을 것 같아.

Helpful Tip!

listen to someone : 남의 말을 듣다

early tonight : 이른 저녁, 일찍

high fever : 고열

go to work : 출근하다, 일을 시작하다

Divide and conquer

길고 어려운 영어 문장을 짧게 끊어 읽으면 문장의 구조가 잘 보여 이해하기 쉽습니다.
나눠진 문장을 보면서 주어와 동사의 위치가 어떻게 바뀌는지 확인하면서
문장을 읽어 보세요.

In this important study, the sample was large enough that the characteristics of the people used in the study match those of the US population.

이 중요한 연구에서, 연구에 참여한 사람들의 특성과 미국 인구의 특성이 일치할 정도로 표본이 컸다.

01 In this important study,
▶ 이 중요한 연구에서

02 the sample was large enough
▶ 표본이 ~할 만큼 충분히 컸다

Sample

03 that the characteristics of the people used in the study
▶ 연구에 사용된 사람들의 특성이

04 match those of the US population.
▶ 미국 인구의 특성과 일치하다

A match those of B는 'A가 B의 결과와 일치'한다는 의미입니다.

예문 The results of the current study matched those of previous studies.
▶ 현재 연구의 결과는 이전 연구의 결과와 일치했다.

Helpful Tip!

large enough : 충분히 큰
characteristic : 특성, 특징
used in : ~에 사용된
match : 일치하다, 비슷하다

Power up reading

영어 문단을 읽고 해석해 보는 시간입니다. 단어나 문법뿐만 아니라 실생활에서 사용되는 영어 텍스트와 친숙해짐으로써 영어에 대한 두려움을 극복해 보세요. 아래 문단을 천천히 읽고 스스로 먼저 해석해 본 후, 밑에 있는 해석을 확인해 보세요.

The Dog and His Reflection

욕심 많은 개

One day, a butcher threw a dog a bone, and the dog hurried home with his bone as fast as he could. As he crossed a narrow footbridge, he looked down and saw his reflection in the water. The greedy dog thought it was another dog carrying a bone much bigger than his own. He dropped his bone and jumped at his reflection in the river only to find himself swimming for dear life. Finally, he managed to scramble out and realized what a stupid dog he had been. It is very foolish to be greedy.

어느 날, 한 정육점 주인이 개에게 뼈다귀를 던져 주었고, 개는 뼈다귀를 물고 집으로 서둘러 갔습니다. 좁은 징검다리를 건널 때, 물속에 비친 자신을 보게 되었습니다. 욕심 많은 개는 자신의 것보다 훨씬 더 큰 뼈다귀를 가진 또 다른 개라고 생각했습니다. 개는 자신의 뼈를 떨어뜨리고 강에 비친 자신의 모습에 뛰어들었지만, 자신이 살기 위해 필사적으로 헤엄치고 있음을 깨달았습니다. 마침내 간신히 빠져나온 개는 자신이 얼마나 바보 같았는지 깨달았습니다. 욕심을 부리는 것은 매우 어리석은 짓입니다.

Power up reading

영어 문단을 읽고 해석해 보는 시간입니다. 단어나 문법뿐만 아니라 실생활에서 사용되는 영어 텍스트와 친숙해짐으로써 영어에 대한 두려움을 극복해 보세요. 아래 문단을 천천히 읽고 스스로 먼저 해석해 본 후, 밑에 있는 해석을 확인해 보세요.

01 **He dropped his bone and jumped at his reflection in the river only to find himself swimming for dear life.**

▶ 개는 자신의 뼈를 떨어뜨리고 강에 비친 자신의 모습에 뛰어들었지만, 자신이 살기 위해 필사적으로 헤엄치고 있음을 깨달았습니다.

어떠한 의도를 가지고 A를 합니다. 하지만 A를 하고 나니 원래 의도와는 전혀 상관없는 B를 깨닫게 되었습니다. 이럴 때 A, only to find B를 쓸 수 있습니다. 극적인 반전을 위해 많이 쓰이죠. 'A를 한 후에야 B를 깨달았다'고 해석할 수 있지만, 맥락에 따라 자연스럽게 풀이할 수 있습니다.

예문 **Becky went to college only to find herself building a career through her part-time job.**

▶ 베키는 대학에 갔지만, 오히려 아르바이트로 시작한 일을 통해 전문 경력을 쌓게 되었습니다.

02 **Finally, he managed to scramble out and realized what a stupid dog he had been.**

manage to A라고 하면 'A를 간신히 하다'라는 의미입니다. 마침내 개가 managed to scramble out, 허겁지겁 밖으로 간신히 빠져나왔고, realized what a stupid dog he had been, 전에 자신이 얼마나 멍청한 개였는지 깨달았습니다.

예문 **I managed to finish my work on time.**

▶ 나는 간신히 제 시간에 일을 끝냈다.

Helpful Tip!

footbridge : 보행자 전용 다리, 인도교

reflection : 거울에 비친 상, 반사, 반영

scramble : 허둥지둥 간신히 해내다, 앞다투다

for dear life : 죽어라고, 필사적으로

당신의 뇌를 해킹하라!

Hack your brain!

재미있으면 더 잘 기억한다

여러분의 기억을 잘 되짚어 보면 재미있었던 순간이 떠오를 것입니다. 친구들과 한껏 수다를 떨고, 혹은 한바탕 즐겁게 축구하고 다시 들어간 야간 자율학습 교실에서 공부한 기억은 소중한 학창 시절의 추억입니다. 우리가 즐거움을 느낄 때 우리의 기억력이 향상된다는 사실, 알고 계셨나요? 즐거움은 신경전달물질인 도파민을 보상으로 제공하여 더 깊은 수준의 집중력과 장기 기억력을 만들기 때문입니다.

《유머의 마법》에 소개된 한 연구에서는 단기 기억력을 간단히 실험했는데요, 시험을 보기 전에 A 그룹에게는 유머러스한 영화를 보여 주었습니다. B 그룹은 같은 시간 동안 아무것도 하지 않고 그냥 앉아 있다가 동일한 시험을 보았죠. 결과적으로 A 그룹이 B 그룹보다 두 배 이상의 정보를 기억했다고 합니다.

학교 수업에서 진행된 실험에서도 마찬가지의 결과를 보여 주고 있습니다. 유머가 담긴 교재로 학습한 학생이 수업 내용을 더 많이 기억했을 뿐 아니라 기말시험에서도 11% 더 높은 점수를 기록했다고 합니다.

우리의 뇌가 재미를 느낄 때 학습 내용에 더 집중하고, 이후에도 오랫동안 기억한다는 사실을 한번 활용해 보세요.

핵심 문장

This is because pleasure creates a deeper level of concentration and long-term memory while rewarding the neurotransmitter dopamine.

▶ 즐거움은 신경전달물질인 도파민을 보상으로 제공하며 더 깊은 수준의 집중력과 장기 기억력을 만들기 때문입니다.

핵심 표현

While + -ing : ~하는 동안

참고 : 《유머의 마법》 I 제니퍼 에이커, 나오미 백도나스 저 I 로크미디어

Week 29

Read it out loud

기억하면 좋은 문장을 따라 읽고, 암기해 보는 시간입니다.
아래 문장을 크게 소리 내서 읽어 보세요.

Day 1

[What if I was wrong? 내가 틀렸으면 어떡하지?]

What if I was wrong? 만약 내가 틀렸으면 어떡하지? 우리는 종종 과거를 반추하며 자책하거나 걱정합니다. What if I was wrong?은 자신의 행동이 틀렸으면 어떡하지 하고 걱정하거나 의심할 때 쓰는 표현입니다. 사람은 누구나 실수를 합니다. 크게 중요한 일이 아니라면 너무 많이 자책하지 마세요. 실수했다면, 그것을 인정하고 같은 실수를 반복하지 않도록 노력하는 것이 더 바람직할 수 있습니다.

What if I'm wrong? If so, it will be so embarrassing.

▶ 내가 틀리면 어쩌지? 만약 그러면 너무 부끄러울 거야.

Helpful Tip!

embarrassing : 난처한, 당혹스러운

what if : 만약에

Day 1

Enrich your vocabulary

자주 쓰이는 유익한 단어를 배워 보는 시간입니다. 하루에 단어 하나씩만 외워도 일주일이면 7개, 한 달이면 30개의 단어를 외울 수 있겠죠? 오늘 배울 단어는 다음과 같습니다.

[Recognize 알아보다, 인식하다]

길을 가는데 저 멀리서 어떤 여자가 손을 흔듭니다. I don't recognize her. 누군지 잘 기억은 나지 않지만, 상대방이 무안할까 봐 같이 손을 흔들어줍니다. 그런데 나를 쓱 지나쳐 가더니 뒤에 오고 있던 사람에게 말을 겁니다. 얼굴이 화끈 달아오르며 발걸음을 재촉하지요. recognize는 예전에 만났던 사람, 방문했던 곳, 패턴 등을 '알아보다', '인식하다'라는 뜻입니다.

예문 **I didn't recognize you at first!**

▶ 처음에 널 알아보지 못했어!

예문 **People started to recognize Helen after she won the Pulitzer Prize.**

▶ 헬렌이 퓰리처상을 수상한 이후로 사람들이 헬렌을 알아보기 시작했다.

예문 **The sensor recognizes registered fingerprints only.**

▶ 그 센서는 등록된 지문만 인식한다.

Helpful Tip!

register : 등록하다, 기재하다

fingerprint : 지문

Remember this expression

영어에서 자주 쓰이는 핵심 표현을 배우고, 응용해 보세요.하나를 배우면 자유자재로 적용할 수 있습니다. 오늘 배울 표현은 무엇인지 살펴볼까요?

[Look forward to ~하기를 기대한다]

I look forward to talking to you soon.

'당신과 곧 이야기할 수 있기를 기대합니다.' 라는 의미입니다. forward는 '앞으로', look forward는 '앞날을 생각하다'라는 뜻을 가지고 있습니다. 그래서 look forward to 하게 되면 '~향해 앞날을 생각하다', 즉 '~하기를 기대하다'가 됩니다.

사람들이 자주 하는 실수가 있습니다. 바로 look forward to 뒤에 동사원형을 쓰는 것입니다. to부정사 뒤에는 동사원형이 따른다고 배웠기 때문이죠. 하지만 이 문장에서 to는 부정사가 아니라, '~에', '~까지'의 뜻을 가진 전치사입니다. 전치사 뒤에는 명사가 뒤따라오는데요, 여기서는 명사가 된 동사, 동명사 talking이 붙었습니다. 즉, 당신과 '이야기 하는 행위'를 기대한다는 뜻이 됩니다.

동일한 의미로 I hope to talk to you soon.이라고 해도 됩니다.

I look forward to starting classes at my new school. I look forward to making many new friends.

▶ 새 학교에서 새 학기를 맞이하게 되어 기대가 된다. 그리고 많은 친구들을 사귈 수 있기를 기대하고 있다.

Helpful Tip!

make friends : 친구를 만들다, 사귀다

semester : 학기

Divide and conquer

길고 어려운 영어 문장을 짧게 끊어 읽으면 문장의 구조가 잘 보여 이해하기 쉽습니다.
나눠진 문장을 보면서 주어와 동사의 위치가 어떻게 바뀌는지 확인하면서
문장을 읽어 보세요.

In the United States, residents in many wealthy metropolitan cities have opposed multifamily housing development near railroad stations as it can drop housing prices.

미국의 부유한 대도시 지역에서는, 주민들이 집값이 내려갈 수 있다는 이유로 역세권 다세대 주택 개발을 반대해 왔다.

01 **In the United States,**

▶ 미국에서는

02 **residents in many wealthy metropolitan cities**

▶ 부유한 대도시 지역의 주민들이

03 **have opposed multifamily housing development near railroad stations**

▶ 기차역 근처의 다세대 주택 개발을 반대해 왔다

04 **as it can drop housing prices.**

▶ 집값을 떨어뜨릴 수 있기 때문에

여기서 현재완료 시제, have opposed을 썼습니다. 과거에 시작해서 현재까지 계속되고 있다는 의미를 담고 있습니다. 즉, 대도시의 주민들이 다세대 주택 개발에 줄곧 반대해왔다는 뜻입니다. 위 문장에서 as는 because와 같은 의미로 쓰였습니다. '~할 수 있으므로' 라는 뜻을 가진 as it can이라는 표현을 통째로 외워서 사용하면 좋습니다.

The parents supported the dress code policy, as it can lessen the risk of bullying at school.

▶ 학생들이 따돌림을 당할 위험을 줄일 수 있기 때문에, 학부모들은 복장 규정을 지지했다.

Helpful Tip!

metropolitan city : 대도시

resident : 거주자, 주민

Power up reading

영어 문단을 읽고 해석해 보는 시간입니다. 단어나 문법뿐만 아니라 실생활에서 사용되는 영어 텍스트와 친숙해짐으로써 영어에 대한 두려움을 극복해 보세요. 아래 문단을 천천히 읽고 스스로 먼저 해석해 본 후, 밑에 있는 해석을 확인해 보세요.

The Ant and the Dove

개미와 비둘기

One day, a dove saw an ant fall into a brook. The ant couldn't get out, so out of pity, the dove dropped a stick close to it. Clinging to the stick, the ant safely crawled out of the brook. Shortly after, the ant saw a man getting ready to kill the dove with a stone. Right as he threw the stone, the ant bit him on the heel. The pain made him miss his target, and the startled dove flew safely to the woods. Kindness is never wasted.

어느 날, 비둘기가 개울에 빠진 개미를 보았습니다. 개미가 빠져나오지 못하자, 비둘기는 동정심에 나뭇가지를 가까이 떨어뜨렸습니다. 나뭇가지에 매달린 개미는 덕분에 개울에서 안전하게 기어 나올 수 있었습니다. 얼마 지나지 않아, 개미는 돌을 던져 비둘기를 죽이려 하는 남자를 보게 되었습니다. 그래서 남자가 돌을 던지려는 찰나, 개미가 남자의 발뒤꿈치를 물었습니다. 그 고통에 남자가 목표물을 빗나가게 던지도록 만들었고, 깜짝 놀란 비둘기는 안전하게 숲으로 날아갈 수 있었습니다. 친절은 결코 헛된 일이 아닙니다.

Power up reading

영어 문단을 읽고 해석해 보는 시간입니다. 단어나 문법뿐만 아니라 실생활에서 사용되는 영어 텍스트와 친숙해짐으로써 영어에 대한 두려움을 극복해 보세요. 아래 문단을 천천히 읽고 스스로 먼저 해석해 본 후, 밑에 있는 해석을 확인해 보세요.

01 **The ant couldn't get out, so out of pity, the dove dropped a stick close to it.**
▶ 개미가 빠져나오지 못하자, 비둘기는 동정심에 나뭇가지를 가까이 떨어트려 주었습니다.

out of pity, '동정심에 ~ 했다'는 뜻입니다. '~에서 나온'이라는 의미가 확장되어 행동의 동기와 이유를 나타내게 됩니다. 동기와 이유의 out of 몇 개를 살펴보겠습니다.

예시

out of love ▶ 사랑으로, 사랑에 의해

out of curiosity ▶ 호기심으로, 호기심으로 인해

out of duty ▶ 의무감으로, 의무감으로 인해

02 **Right as he threw the stone, the ant bit him on the heel.**
▶ 남자가 돌을 던지려는 찰나, 개미가 남자의 발뒤꿈치를 물었습니다.

right에는 '오른쪽', '옳은'이라는 의미 외에도 '즉시', '곧바로'라는 의미가 있습니다. 이렇게 사용되는 right은 보통 없어도 문장이 성립되는 경우가 많은데요, right을 추가해서 행위를 강조하고 급박함을 더합니다. 그저 남자가 돌을 던질 때 개미가 물었다고 하는 것보다 남자가 돌을 던지는 '그 순간', '그 찰나에' 물었다고 하는 것이 더 생동감 있게 느껴집니다.

예문

Don't be scared. I will be right behind you.
▶ 무서워하지 마, 내가 바로 뒤에 있을 거야.

Helpful Tip!

crawl : 기어가다

pity : 연민, 동정

target : 명 목표, 표적 동 겨냥하다

startle : 깜짝 놀라게 하다

당신의 뇌를 해킹하라!

Hack your brain!

15분 만에 똑똑해지는 방법

과거와 달리, 요즘에는 운동에 대한 인식이 긍정적으로 많이 바뀌었습니다. 하지만 학교 시간표에서 체육 시간이 여전히 적은 비중을 차지하고 있는 것을 보면 아직 갈 길이 멀다는 것을 알 수 있습니다. 특히 운동을 포기하는 이유가 다른 수업의 효율성을 추구하기 위해서라면 완전히 잘못된 판단입니다. 운동하면 이해력과 기억력이 향상되기 때문이죠.

운동이 학습에 직접적인 도움을 준다는 연구는 셀 수 없이 많습니다. 캐나다의 한 고등학교에서는 수업을 듣기 전에 학생들에게 20분 정도 러닝머신을 뛰거나 실내자전거 운동을 하도록 했는데요, 5개월이 지나자 거의 모든 학생의 독해력, 작문, 수학 점수가 올라갔습니다. 미국의 한 공립학교는 정기적인 에어로빅 수업을 도입한 후 과학 세계 1위, 수학 세계 6위를 차지했을 정도입니다.

운동과 학습의 연관성에 관한 연구에서 최고 권위자로 불리는 존 레이티는 이렇게 말합니다. "신체는 밀어붙이도록 만들어졌다. 우리는 신체를 밀어붙이면서 뇌도 함께 밀어붙인다. 학습 능력과 기억력은 우리 조상들이 식량을 찾게 해주었던 운동 기능과 더불어 진화했다. 따라서 뇌에 관해서는, 몸을 움직이지 않으면 무언가를 배울 필요가 없다고 할 수 있다."

특히 유산소 운동이 학습에 도움을 준다고 하니 꾸준히 걷거나 달려 보세요. 딱 15분만 시간을 들여도 훨씬 만족할 수 있는 결과를 얻을 수 있을 겁니다.

핵심 문장

Learning and memory evolved along with the motor functions that allowed our ancestors to find food.

▶ 학습 능력과 기억력은 우리 조상들이 식량을 찾게 해주었던 운동 기능과 더불어 진화했다.

핵심 표현

along with : ~에 덧붙여, ~와 마찬가지로, ~와 함께, ~에 따라

참고 : 《완벽한 공부법》 I 고영성, 신영준 저 I 로크미디어

Week 30

Read it out loud

기억하면 좋은 문장을 따라읽고, 암기해 보는 시간입니다.
아래 문장을 크게 소리 내서 한번 읽어 보세요.

월
Day 1

Take advantage of the resources around you.
주변의 자원을 잘 활용하라.

가진 것이 없다고 불평하지 않고, 주어진 자원을 최대한 활용하여 최선의 결과를 만들어 내는 것을 보고 take advantage of the resources라고 합니다. 주변 사람, 환경, 정보 등 자원을 적재적소에 사용한다는 뜻입니다.

take advantage of에는 '~을 활용하다'라는 뜻이 있습니다. advantage는 '이점', '유리한 점'이라는 뜻으로, take advantage of라고 하면 '~의 좋은 점을 취하다'라는 의미가 됩니다.

반면 사람에 대해서 take advantage of라고 하면 사람에게서 부당한 이득을 취한다는 뜻이 됩니다. 자신의 이익을 위해 상대를 이용하거나, 교묘하게 상대를 조종하는 것이 해당될 수 있습니다.

They are taking advantage of you!

예문

I was hurt because I felt like my friend had taken advantage of my kindness.

▶ 친구가 나의 친절을 이용했다고 느껴져서 나는 상처를 받았다.

Helpful Tip!

hurt : 다친, 기분이 상한, (마음에) 상처를 입은 **kindness :** 친절, 다정함

Enrich your vocabulary

자주 쓰이는 유익한 단어를 배워 보는 시간입니다. 하루에 단어 하나씩만 외워도 일주일이면 7개, 한 달이면 30개의 단어를 외울 수 있겠죠? 오늘 배울 단어는 다음과 같습니다.

[Contemplate 심사숙고하다]

미래의 진로를 선택하는 것은 쉬운 문제가 아닙니다. 퇴직할지, 이직할지, 사업을 해볼지 앞으로 직업에 대한 고민이 많습니다. 이처럼 무언가를 깊게 숙고하고 고려하는 행위를 contemplate 한다고 합니다.

Because I had various options, I contemplated for two weeks before accepting the job offer.

▶ 나는 다양한 선택권을 가지고 있었기 때문에, 그 일자리 제안을 받아들이기 전까지 2주 동안 고민했다.

Liam contemplated whether or not to sign up for the Arabic class.

▶ 리암은 아랍어 수업을 신청할지 말지 고민했다.

리암이 아랍어 수업 수강을 contemplate 한다는 것은 그 선택이 그에게 어떤 도움이 될지, 다른 수업과 병행이 가능할지 등 모든 상황을 고려하면서 고민하고 있다는 의미입니다.

Helpful Tip!

job offer : 일자리 제의

sign up (for something) : (강의에) 등록하다

Remember this expression

영어에서 자주 쓰이는 핵심 표현을 배우고, 응용해 보세요.하나를 배우면 자유자재로 적용할 수 있습니다. 오늘 배울 표현은 무엇인지 살펴볼까요?

수
Day 3

One
앞에 언급된 대상을 말할 때

사용하던 노트북이 너무 오래되서 자주 오류가 발생하고 지나치게 느립니다. 그걸 보던 친구가 말합니다. You should get a new one. '새로 하나 사는 게 좋겠어.' 여기서 one이 의미하는 것은 노트북입니다.

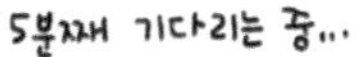
5분째 기다리는 중...

. . .
You should get a new one.

예문 **Your laptop is too slow. You should get a new one.**

▶ 네 노트북 너무 느려. 새로 하나 사는 게 좋겠어.

'새로 하나 사는 게 좋겠어'라고 할 때 '하나'가 영어에서는 one이라고 할 수 있습니다.

Remember this expression

영어에서 자주 쓰이는 핵심 표현을 배우고, 응용해 보세요. 하나를 배우면 자유자재로 적용할 수 있습니다. 오늘 배울 표현은 무엇인지 살펴볼까요?

다음 예시에서 one은 빨간 모자가 아니라 단순히 '모자'를 가리킵니다.

Do you have a red cap?

▶ 너 빨간 모자 있니?

No, I have a black one though.

▶ 아니, 근데 검은색 모자는 있어.

비슷한 역할을 하는 단어로 it이 있는데요, 둘 다 특정한 대상을 가리킨다는 점에서 비슷하지만, 쓰임새는 다릅니다. it은 두 대상이 완전히 동일할 때 사용합니다.

My laptop is too slow. I've been using it for 5 years.

▶ 내 노트북은 너무 느려. 이 노트북 5년 사용했어.

여기서 it은 앞서 언급된 my laptop을 뜻합니다.

Helpful Tip!

though : 부 (문장 끝에 와서) 그렇지만, 하지만

should get(buy) something : 사야한다

Divide and conquer

길고 어려운 영어 문장을 짧게 끊어 읽으면 문장의 구조가 잘 보여 이해하기 쉽습니다.
나눠진 문장을 보면서 주어와 동사의 위치가 어떻게 바뀌는지 확인하면서
문장을 읽어 보세요.

Day 4

A number of questions remain unanswered about the attack last week, including who was behind it and how the alleged assassins were able to enter the property.

사건의 배후가 누구이며, 암살 용의자들이 어떻게 건물 안으로 들어갈 수 있었는지 등 지난주 공격에는 풀리지 않은 여러 의문이 남았다.

01 **A number of questions remain unanswered**
▶ 여러 개의 의문이 풀리지 않고 남았다

02 **about the attack last week,**
▶ 지난주 공격에 대해

03 **including who was behind it**
▶ 누가 배후에 있었는지를 포함해서

04 **and how the alleged assassins were able to enter the property.**
▶ 그리고 암살 용의자들이 어떻게 건물 안으로 들어갈 수 있었는지

who was behind it, 배후가 누구인지, 그리고 how the alleged assassins were able to enter the property, 암살 용의자들이 어떻게 건물 안으로 들어갔는지가 풀리지 않고 있다고 합니다. 사건이나 의문이 '풀리지 않는다' 라고 할 때 remain unanswered 라는 표현을 쓸 수 있습니다.

Even after the investigation, a lot of questions remained unanswered about the tragedy.
▶ 조사 이후에도 그 비극에 대한 의문점들이 풀리지 않은 채로 남았다.

Helpful Tip!

alleged : 주장된, 추정되는, 의심스러운

tragedy : 비극

Power up reading

영어 문단을 읽고 해석해 보는 시간입니다. 단어나 문법뿐만 아니라 실생활에서 사용되는 영어 텍스트와 친숙해짐으로써 영어에 대한 두려움을 극복해 보세요. 아래 문단을 천천히 읽고 스스로 먼저 해석해 본 후, 밑에 있는 해석을 확인해 보세요.

The Fisherman and the Little Fish

어부와 작은 물고기

A poor fisherman, who lived on the fish he caught, had bad luck one day and caught nothing but one very small fish. The fisherman was about to put it in his basket when the little fish said: "Please spare me, Mr. Fisherman! I am so small that I'm not even worth eating. When I am bigger, I'll make a much better meal." But the fisherman quickly put the fish into his basket. "It'd be so foolish of me to throw you back," he said. "Even if you're small, you're better than nothing." A small gain is worth more than a large promise.

물고기를 잡아먹고 살던 한 가난한 어부가 있었는데, 하루는 운이 안 좋았는지 아주 작은 물고기 한 마리만 잡았습니다. 물고기를 바구니에 막 넣으려던 찰나, 작은 물고기가 말했습니다. "어부님, 제발 저를 살려주세요! 저는 너무 작아서 먹을 가치도 없어요. 제가 더 크면 훨씬 더 맛있는 음식이 될 거예요." 하지만 어부는 재빨리 물고기를 바구니에 넣으며 말했습니다. "너를 다시 내던지는 것은 어리석은 일이란다. 작더라도 아무것도 없는 것보다는 낫지." 작은 이득이 큰 약속보다 더 가치가 있습니다.

Power up reading

영어 문단을 읽고 해석해 보는 시간입니다. 단어나 문법뿐만 아니라 실생활에서 사용되는 영어 텍스트와 친숙해짐으로써 영어에 대한 두려움을 극복해 보세요. 아래 문단을 천천히 읽고 스스로 먼저 해석해 본 후, 밑에 있는 해석을 확인해 보세요.

01 **A poor fisherman, who lived on the fish he caught, had bad luck one day and caught nothing but one very small fish.**

▶ 물고기를 먹고 살던 한 가난한 어부가 있었는데, 어느 날 운이 안 좋았는지 아주 작은 물고기 한 마리만 잡았습니다.

live on은 혼자 쓰이면 '계속 살다', '살아가다'라는 뜻이 되지만 live on something처럼 '무언가에 살다'라는 형식으로 쓰이면 '~를 먹고 살다'라는 뜻이 됩니다. 단순히 취미로 낚시하러 가서 잡은 물고기를 먹었다는 뜻이 아니라 물고기가 주식이라는 뜻입니다.

예문 **People can't just live on coffee.**

▶ 사람이 커피만 마시고 살 수는 없어.

02 **The fisherman was about to put it in his basket when the little fish said:**

▶ 물고기를 바구니에 막 넣으려던 찰나, 작은 물고기가 말했습니다.

about은 맥락에 따라 뜻이 달라집니다. 먼저, '거의'를 나타내는 about, 그리고 '~에 대한', '~에 관한'을 뜻하는 about이 가장 자주 볼 수 있는 about입니다. 이 외에 영국에서는 '도처에', '여기저기'라는 뜻으로도 쓰이는 about이 있습니다.

be about to는 about의 여러 뜻 중에서 '거의'라는 뜻에서 파생했습니다. be about to는 '이제 막 ~하려는 참이다'라는 뜻이고, be동사 + about to + 동사원형의 형식으로 씁니다.

예문 **I am just about to make coffee; do you want some?**

▶ 이제 막 커피 만들려는 참이었는데, 마실래요?

Helpful Tip!

basket : 바구니

spare : 형 남는, 여분의

OF

one of a kind
단 하나뿐인

이런 표현 혹시 들어 보셨나요? 위 표현을 직역하면 '어떠한 유형의 무리 중 하나'라는 뜻입니다. a kind는 그저 '어떠한 유형'을 말하고 one은 그 어떠한 유형에 속해 있는 대상입니다. 하지만 이 표현의 숨겨진 의미를 살리면 a kind에는 one 하나만 속해 있는데요, 즉 one이 너무 독특하기 때문에 a kind 자체에 one 혼자만 속해 있다는 표현입니다. 따라서 one of a kind는 '둘도 없이 특별한', '독특한' 사람이나 물건을 뜻합니다. of는 one이 a kind에 소속되어 있음을 나타내는 역할을 하지요.

of는 소유, 소속 또는 출처를 나타내는 전치사입니다. A가 B에 '속해 있는', 혹은 '겹쳐 있는' 이미지를 보여 주는 것이 A of B의 기본 개념인데요, 이러한 of의 의미를 확장해서 무엇을 '표현함'을 나타내거나 '단위'를 표현하는 것도 가능합니다.

of의 첫 번째 사용법

소속, 소유의 of

of는 '소속', '소유' 또는 '관계'를 나타냅니다. 즉, A of B라고 썼을 때, A가 B에 '속한', '소유된', 혹은 '관련된' 관계가 있음을 보여줍니다. A와 B는 떼려야 뗄 수 없는 관계인 것이죠.

예문

This window is my favorite part of the house.

▶ 이 창문은 집에서 내가 가장 좋아하는 부분이다.

방의 한 벽면에 있는 창문을 떠올려 주세요. 창문이 방에 붙어있기 때문에 속한 것으로 볼 수 있습니다.

OF

예문

Emma is a friend of my brother.

▶ 엠마는 내 남동생의 친구이다.

내 친구를 다른 누군가에게 소개할 때 우리는 '인사해, 내 친구야'라고 소개를 합니다. 이때 '내 친구'를 a friend of mine이라고 하는데요, mine은 '나의 것'이라는 의미입니다. 말하는 이의 입장에서는 나와 관계를 맺고 있는, 나에게 속한 친구인 셈이죠. 그렇기 때문에 위 예문에서 '엠마는 내 남동생에게 (혹은 남동생의 인간관계에) 속한 친구'라는 뜻이 됩니다.

예문

Dave is a marketing manager of the company.

▶ 데이브는 그 회사의 마케팅 팀장이야.

회사에 속한 마케팅 매니저, 회사라는 큰 덩어리 안에 데이브가 소속되어 있는 그림을 상상해 보세요.

예문

At least one of you has to attend the seminar.

▶ 너희 중 최소한 한 명은 세미나에 참석해야 해.

one of you는 '너희 중 한 명'이라는 뜻이며 만약 few of us라고 한다면 우리 중 소수의 몇 명이 되는 것이죠. all of us, all of you도 마찬가지입니다. us 혹은 you, '우리라는 무리에 속한 모두', '너희라는 무리에 속한 모두'라고 이해할 수 있습니다.

of의 두 번째 사용법

무언가를 표현하는 of

A of B의 형태에서 소속된 관계를 의미하지 않고 B를 A가 형상화하거나 표현하는 관계를 의미하는 of도 있습니다. 이때 of는 'B를 표현하는 A'를 뜻합니다.

예문

You can find a map of this city at the front desk.

▶ 프론트에 가면 이 도시의 지도가 있어요.

낯선 곳으로 여행을 가면 그곳의 지리나 관광 정보가 담긴 지도가 여행에 많은 도움이 되죠. 여기서 a map of this city는 '이 도시를 표현하는 지도'라는 뜻으로 '이 도시의 지도'라고 해석할 수 있습니다.

예문

Could you take a photo of us?

▶ 우리의 사진 한 장을 찍어 주실 수 있나요?

➜ 사진 한 장 찍어 주실 수 있나요?

친구들이랑 산으로 놀러 갔다고 해보죠. 경치 좋은 곳으로 놀러 가면 사진을 찍기 마련입니다. 풍경 사진도 찍고, 셀카도 찍고, 단체 사진도 한 장 찍습니다. 그 사진 중 우리가 나온 사진을 photo of us라고 합니다. 여기서 우리의 사진은 '우리의 모습을 표현하고 있는 사진'으로 이해할 수 있습니다. 만약 산의 사진이라면 picture of a mountain이라고 할 수 있겠죠.

조금 더 확장해서 of로 무언가를 상징하는 모습도 표현할 수 있습니다.

예문

That is the Statue of Liberty.

▶ 저게 바로 자유의 여신상이야.

상징은 추상적인 개념이나 사물을 구현하는 것입니다. '자유의 여신상'은 자유라는 개념을 구현한 조각상으로 '자유를 표현하는 여신상', '자유를 상징하는 여신상'이라고 풀이할 수 있습니다.

OF

of의 세 번째 사용법

단위, 양을 나타내는 of

of의 '속한'의 의미를 확장해 물건이나 액체의 '단위'와 '양'을 나타낼 수 있습니다. '커피 한 잔', '사과 한 봉지'와 같이 말이죠. A of B라고 한다면 A가 단위, B가 대상입니다. 그리고 'A만큼의 B'라고 이야기할 수 있습니다.

예문

My mom sent me a box of apples.

▶ 엄마가 사과 한 상자를 보내 주셨어.

여기서 상자의 역할은 사과를 담는 것입니다. a box of apples는 '사과가 담겨 있는 상자', 즉 '사과 한 상자'가 됩니다.

예문

Would you like a cup of tea?

▶ 차 한잔 하실래요?

액체인 차는 셀 수가 없기 때문에 컵과 같은 용기를 이용해 단위를 측정할 수 있습니다. 차를 컵에 담으면 '컵에 속한 차', '컵에 담긴 차'가 되어 a cup of tea가 되는 것입니다. 그렇다면 '한 덩어리'와 같이 애매한 단위는 어떻게 표현할까요?

예문

There was a lump of cocoa powder left at the bottom of the mug.

▶ 머그잔 바닥에 한 덩어리의 코코아 가루가 남아 있었다.

➜ 머그잔 바닥에 코코아 가루 덩어리가 남아 있었다.

lump는 '덩어리'라는 뜻으로 무언가 뭉쳐 있는 것을 나타냅니다. 가루 코코아를 타서 마시다 보면 제대로 녹지 않아 동그랗게 덩어리진 코코아 가루를 발견할 때가 있습니다. 그 덩어리를 a lump of cocoa powder라고 표현할 수 있습니다.

Week 31

Read it out loud

기억하면 좋은 문장을 따라 읽고, 암기해 보는 시간입니다.
아래 문장을 크게 소리 내서 읽어 보세요.

[Mind your own business.
네 일이나 신경 써.]

Mind your own business. 이 표현은 지나칠 정도로 타인의 일상에 참견하는 사람에게 일침을 가할 때 쓸 수 있습니다. 여기서 mind는 '신경 쓰다'라는 의미입니다. 또 business는 '일'이라 해석하면 되는데요, 전문적인 일이 있는 것처럼 말해 살짝 비꼬는 듯한 느낌을 줍니다. 참견하지 말라는 표현이므로 거리를 두고 싶은 사람에게만 사용해야 한다는 사실 기억하면 좋겠습니다.

It's my decision, not yours, so mind your own business!

▶ 그건 내가 할 결정이지 네가 결정할 일이 아니야, 그러니까 참견하지마!

Please stop telling me what to do and mind your own business!

▶ 제발 나한테 이래라 저래라 하지 말고 네 일에나 신경 써!

Helpful Tip!

decision : 결정, 판단

mind : 상관하다, 언짢아하다

Enrich your vocabulary

자주 쓰이는 유익한 단어를 배워 보는 시간입니다. 하루에 단어 하나씩만 외워도
일주일이면 7개, 한 달이면 30개의 단어를 외울 수 있겠죠?
오늘 배울 단어는 다음과 같습니다.

[Accumulate
서서히 모으다, 축적하다]

해야하는 일이 귀찮아 계속 미루기만 했던 경험은 누구나 공감하는 경험일 것입니다. 처음에는 하루만 미루자 했던 일이 점점 늘어나, 나중에는 감당이 되지 않을 정도로 일이 쌓이는 경우도 있습니다.

이렇게 시간의 흐름에 따라 무언가가 지속적으로 쌓이거나 축적되는 것을 accumulate 한다고 합니다.

예문 **I accumulated too much homework over the break due to procrastination.**

▶ 방학 동안 게으름을 피우다 보니 숙제가 너무 많이 쌓였다.

예문 **The successful businessman accumulated plenty of wealth over the past twenty years.**

▶ 성공한 사업가는 지난 20년 동안 많은 부를 축적했다.

예문 **Accumulation of dental plaque can lead to gum disease.**

▶ 치태가 쌓이면 잇몸 질환을 초래할 수 있다.

Helpful Tip!

plaque : 치석, 치태

procrastination : 미루는 버릇, 지연

Remember this expression

영어에서 자주 쓰이는 핵심 표현을 배우고, 응용해 보세요. 하나를 배우면 자유자재로 적용할 수 있습니다. 오늘 배울 표현은 무엇인지 살펴볼까요?

Vicious circle
악순환

우리는 삶에서 자주 악순환을 겪습니다. 밤에 늦게 자서 다음날 피곤해지고, 해야 할 일을 전부 하지 못해 또 늦게 잠자리에 드는 경험은 현대인의 공통된 악순환일 것입니다. 이러한 악순환을 일컬어 vicious circle이라고 하는데요, vicious는 '안 좋은', '잔인한', '악랄한'이라는 의미입니다. Circle은 '동그라미'라는 뜻도 있고, '순환', '주기'를 뜻하기도 합니다.

People who suffer from mental disorders often go through a vicious circle of poverty and illness.

▶ 정신 질환을 앓는 사람들은 질병과 가난의 악순환을 겪는다.

악순환의 반대말은 virtuous circle입니다. virtuous는 '도덕적인', '고결한'이라는 뜻으로 virtuous circle은 '선순환'이라는 뜻이 됩니다.

Helpful Tip!

poverty : 가난

mental disorder : 정신 질환, 정신 장애

Divide and conquer

길고 어려운 영어 문장을 짧게 끊어 읽으면 문장의 구조가 잘 보여 이해하기 쉽습니다.
나눠진 문장을 보면서 주어와 동사의 위치가 어떻게 바뀌는지 확인하면서
문장을 읽어 보세요.

The historical Buddha's story has resonated so deeply with millions of us over thousands of years because it is our own.

부처의 역사적인 이야기는 우리 자신의 이야기이기도 하기 때문에 수천 년에 걸쳐 수많은 사람이 그 이야기에 깊이 공감해 왔다.

01 **The historical Buddha's story**

▶ 부처의 역사적인 이야기는

02 **has resonated so deeply**

▶ 깊이 울려 퍼져 왔다

03 **with millions of us over thousands of years**

▶ 몇 천 년 동안 우리 인간 수백만 명에게

04 **because it is our own.**

▶ 우리 자신의 이야기이기 때문에

resonate는 '공명하다', '울려 퍼지다'라는 뜻입니다. 여기서 '공명'이라는 것은 특정 진동수에서 큰 폭으로 진동하는 과학적 현상을 가리킵니다. 인간의 감정이 공명하는 것은 마음이 맞고 깊이 공감한다는 의미로 이해할 수 있습니다.

resonate

The lecture about human rights resonated very deeply with the audience.

▶ 인권에 관한 강연은 청중들에게 매우 깊은 공감을 불러일으켰다.

Helpful Tip!

millions of us : 수많은 사람들

over thousands of years : 수천 년 동안

Power up reading

영어 문단을 읽고 해석해 보는 시간입니다. 단어나 문법뿐만 아니라 실생활에서 사용되는 영어 텍스트와 친숙해짐으로써 영어에 대한 두려움을 극복해 보세요. 아래 문단을 천천히 읽고 스스로 먼저 해석해 본 후, 밑에 있는 해석을 확인해 보세요.

The Young Crab and His Mother

엄마 게와 아기 게

"Why in the world do you walk sideways like that?" a mother crab asked her son. "You should always walk straight forward." "Show me how to walk, mother," answered the little crab obediently, "I want to learn." So, the old crab tried and tried to walk straight forward, but she could only walk sideways, like her son. And when she tried to turn her toes out, she tripped and fell on her nose. Do not tell others how to act unless you can set a good example.

"도대체 왜 그렇게 옆으로 걷고 있니?" 어미 게가 아들에게 말했습니다. "너는 항상 앞으로 걸어야 해." "어머니, 걷는 법을 보여 주세요. 배우고 싶어요." 아들 게가 공손히 말했습니다. 하지만 어미 게가 앞으로 걸어 보려고 노력하고 또 노력해 봤지만, 아들처럼 옆으로만 걸을 수 있었습니다. 오히려 발가락을 앞으로 돌려 보려하니 발을 헛디뎌 앞으로 고꾸라졌습니다. 모범을 보일 수 없다면 다른 사람에게 이래라저래라 하지 마세요.

01 **"Why in the world do you walk sideways like that?"**

▶ "도대체 왜 그렇게 옆으로 걷고 있니?"

우리말로도 감탄하거나 무언가 강조할 때 '세상에'라는 말을 씁니다. 영어에서는 이 말이 in the world인데요, 혼자 쓰이지는 않고 who, what, how 등의 의문사와 함께 쓰입니다.

Power up reading

영어 문단을 읽고 해석해 보는 시간입니다. 단어나 문법뿐만 아니라 실생활에서 사용되는 영어 텍스트와 친숙해짐으로써 영어에 대한 두려움을 극복해 보세요. 아래 문단을 천천히 읽고 스스로 먼저 해석해 본 후, 밑에 있는 해석을 확인해 보세요.

예시 **Who in the world is that?** ▶ 도대체 저 사람은 누구니?

When in the world will you stop? ▶ 도대체 언제 멈출 거야?

Where in the world were you? ▶ 도대체 어디 있었어?

What in the world is that? ▶ 도대체 저게 뭐니?

How in the world did you do that? ▶ 도대체 어떻게 한 거야?

Why in the world did you do that? ▶ 도대체 왜 그 짓을 한 거야?

02 **Do not tell others how to act unless you can set a good example.**

▶ 모범을 보일 수 없다면 다른 사람에게 이래라저래라 하지 마세요.

명령문입니다. do not, 하지 마라, tell others how to act, 다른 사람들에게 어떻게 행동해야 하는지 명령하지 말라고 하고 있습니다. 즉, 이래라저래라하지 말라는 것이죠.

여기서 반전을 주는 단어가 나옵니다. unless, '~하지 않는 한', '~의 경우 외에는'이라는 뜻을 가진 말인데요, 명령문 뒤에 unless가 나온다면 '~할 수 없다면 ~하지 말아라'라는 형식의 문장이 됩니다.

우리말로 모범을 '보이다'라는 서술어를 쓰듯, 영어에서는 set an example이라고 합니다. show an example이라고 해도 됩니다.

예문 **You can't go out to play unless you've finished your homework. Set an example for your siblings.**

▶ 숙제 끝내기 전까지는 나가서 놀 수 없어. 동생들에게 모범을 보여야지.

Helpful Tip!

sideways : 옆으로, 옆에서

obediently : 고분고분하게, 공손하게

trip : 발을 헛디디다

fall on one's nose : 앞으로 넘어지다

당신의 뇌를 해킹하라!

Hack your brain!

우리 뇌는 잘 때도 공부한다

수면의 중요성은 아무리 강조해도 지나치지 않습니다. 하지만 잠자는 동안에도 뇌에서는 계속 학습이 이루어진다는 사실을 알고 계셨나요? 이는 지난 30년간의 신경과학적 연구 중에서 가장 중요한 발견이 되었습니다. 실제로 아침에 공부한 학생들보다 잠자리에 들기 직전에 공부한 학생들의 기억이 시간이 지날수록 더욱 안정된 상태로 남아있었다고 합니다. 또한 숙면을 하고 난 후, 인지능력과 운동수행 능력이 향상되었다는 연구와 참여자들이 '유레카' 순간을 경험했다는 연구 결과도 있습니다.

《타이탄의 도구들》의 저자, 팀 페리스는 이런 숙면의 힘을 역으로 활용했습니다. 페리스는 자기 전에 해결해야 할 문제와 생각할 거리를 일기장에 작성해 두고 아침에 일어나서 다시 살펴본다고 합니다. 정신이 가장 맑은 상태에서 노트를 다시 돌아보는 것으로도 뇌 효율이 극대화된다는 사실을 몸소 체험한 것이죠. 이처럼 우리의 잠재의식의 능력을 극대화할 수 있습니다.

하지만 수면을 통해 학습 능력을 향상시키려면 수면의 충분한 '지속시간'과 '질'이 충족되어야 합니다. 특히 깊은 수면 상태를 유지할 수 있어야 합니다. 이것이 바로 '숙면'입니다. 잠을 자는 것은 일을 멈추게 하는 방해자가 아니라 조력자라는 것을 명심하세요. '숙면'이 학습만큼 중요합니다.

"자기 전, 반드시 자신의 무의식에 생각할 거리를 주어라" - 토마스 에디슨 (Thomas Alva Edison) -

핵심 문장

Keep in mind that sleep is a helper, not a hindrance to your work. Sleeping well is just as important as learning.

▶ 잠을 자는 것은 일을 멈추게 하는 방해자가 아니라 조력자라는 것을 명심하세요. '숙면'이 학습만큼 중요합니다.

핵심 표현

as ~ as … : … 만큼 ~ 하다

참고 : 《우리의 뇌는 어떻게 배우는가》 I 스타니슬라스 드앤 저 I 로크미디어

《숙면의 모든 것》 I 니시노 세이지 저 I 로크미디어

《타이탄의 도구들》 I 팀 페리스 저 I 토네이도

Week 32

Read it out loud

기억하면 좋은 문장을 따라 읽고, 암기해 보는 시간입니다.
아래 문장을 크게 소리 내서 읽어 보세요.

Day 1

[I lost my temper. 이성을 잃었다.]

I lost my temper.는 너무 화가나서 이성을 잃었을 때 쓸 수 있는 표현입니다.

I totally lost my temper when a car barged into my lane without using a blinker.

▶ 갑자기 옆 차가 깜빡이를 사용하지 않고 차선을 넘어왔을 때 나는 완전히 화가 났다.

너무 화가 나서 스스로를 제어할 수 없는 경우를 일컬어 lose one's temper라고 합니다. temper는 '기분'이나 '마음의 상태'를 뜻하는 단어입니다. 즉, lose one's temper라고 하면 '이성을 잃고 매우 화가 났다'라는 뜻입니다. temper 자체로도 화를 잘 내는 성격을 의미할 수 있습니다.

Olga has a temper. She loses her temper over the smallest things.

▶ 올가는 화를 잘 내는 성격을 가지고 있다. 정말 사소한 일에도 쉽게 이성을 잃는다.

Helpful Tip!

temper : 성질, 성미, 기분

barge : 부딪치다, 충돌하다, 끼어들다

Enrich your vocabulary

자주 쓰이는 유익한 단어를 배워 보는 시간입니다. 하루에 단어 하나씩만 외워도 일주일이면 7개, 한 달이면 30개의 단어를 외울 수 있겠죠? 오늘 배울 단어는 다음과 같습니다.

[Indecisive 우유부단한]

매번 메뉴를 쉽게 결정하지 못하거나, 물건 하나 살 때도 오래 고민하는 사람이 있습니다. 이런 경우를 일컬어 indecisive 하다고 합니다. '결단력이 있는' 이라는 의미의 decisive에 in을 붙여서 '결정을 하지 못하는'이라는 뜻으로 쓰입니다. 더 나아가서는 우유부단한 성격을 가진 사람을 묘사할 때 indecisive 하다고 할 수 있습니다.

I am indecisive about what courses to take next semester.

▶ 다음 학기에 무슨 수업을 들을지 결정하기가 어렵다.

The CEO is indecisive when it comes to important issues.

▶ 그 CEO는 중요한 일들에 있어서 결정을 잘 내리지 못한다.

Helpful Tip!

decisive : 확고한, 결단력 있는

course : 학과 과목, 교육 과정, 강의

Remember this expression

영어에서 자주 쓰이는 핵심 표현을 배우고, 응용해 보세요.하나를 배우면 자유자재로 적용할 수 있습니다. 오늘 배울 표현은 무엇인지 살펴볼까요?

[One of the + 최상급 (most /-est) + 복수 명사 가장 ~한 것 중에 하나]

'가장 ~한 것 중 하나'를 말할 때 one of the + 최상급 + 복수 명사를 쓸 수 있습니다. 여러 가지 것들 중 하나이기 때문에 복수 명사가 나와야 합니다. 이 표현을 씀으로써 무언가가 최고의 반열에 든다고 말할 수 있습니다.

예문 One of the most central beliefs of our lives is that there will be a tomorrow.

▶ 우리 삶에 가장 핵심적인 믿음 중 하나는 내일이 있을 것이라는 믿음이다.

예문 My mother is one of the wisest people I know.

▶ 나의 어머니는 내가 아는 가장 현명한 사람 중 한 명이다.

예문 The new exchange student is one of the tallest kids in the whole school.

▶ 새로 온 교환학생은 전교에서 가장 키가 큰 축에 속한다.

Helpful Tip!

exchange student : 교환학생

definitely : 확실히, 분명히

Divide and conquer

길고 어려운 영어 문장을 짧게 끊어 읽으면 문장의 구조가 잘 보여 이해하기 쉽습니다. 나눠진 문장을 보면서 주어와 동사의 위치가 어떻게 바뀌는지 확인하면서 문장을 읽어 보세요.

We all need a certain amount of nurturing activities that involve others, such as meeting friends or engaging in interactive hobbies.

친구와의 만남이나 사람과 교류하는 취미활동 등 우리 모두 어느 정도 사람들을 통해 우리 마음을 재충전하는 시간이 있어야 한다.

01 **We all need**
▶ 우리는 모두 필요하다

02 **a certain amount of nurturing activities**
▶ 어느 정도의 취미활동이

03 **that involve others,**
▶ 타인을 수반하는

04 **such as meeting friends or engaging in interactive hobbies.**
▶ 친구를 만나는 것 혹은 교류하는 취미활동에 참여하는 것과 같은

nurture는 잘 자랄 수 있도록 '보살피다', '양육하다'라는 뜻입니다. nurturing activity는 그대로 해석하면 '육성 활동'이지만 풀어서 이야기하면 타인의 관심과 보살핌을 포함하는 활동이라고 할 수 있습니다.

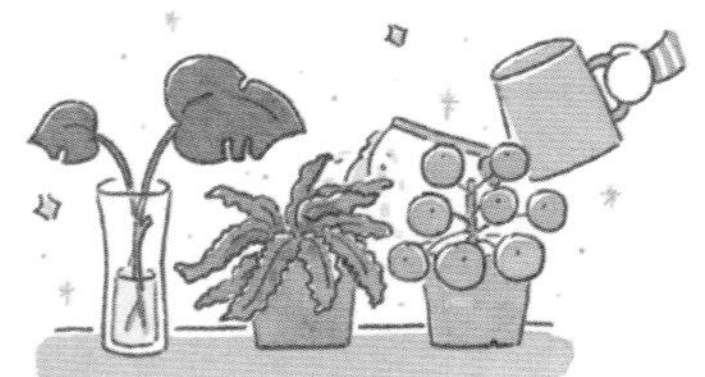

예문 **Taking a walk is nurturing activity that's great for mental and physical health.**
▶ 산책은 정신과 육체적 건강에 아주 좋은 활동입니다.

Helpful Tip!

engage : (이해심을 갖고) 관계를 맺다
nurture : 양육하다, 돌보다
involve : 포함하다

Power up reading

영어 문단을 읽고 해석해 보는 시간입니다. 단어나 문법뿐만 아니라 실생활에서 사용되는 영어 텍스트와 친숙해짐으로써 영어에 대한 두려움을 극복해 보세요. 아래 문단을 천천히 읽고 스스로 먼저 해석해 본 후, 밑에 있는 해석을 확인해 보세요.

The Hare and His Ears

토끼와 토끼 귀

While having dinner, a lion was badly hurt by the horns of a goat. The thought of any animal he chose for a meal being so bold as to wear such dangerous things enraged him greatly. So, he commanded that all animals with horns should leave his domains. All those who were so unfortunate to have horns began to pack up and move out. Even the hare who, as you know, has no horns and so had nothing to fear, had a very restless night, dreaming awful dreams about the fearful lion. "Goodbye, neighbor cricket," he called the next day. "I'm off. The lion will certainly make out that my ears are horns, no matter what I say." Do not give your enemies the slightest reason to attack you. They will seize any excuse.

어느 날 사자가 저녁을 먹다 염소의 뿔에 심하게 다쳤습니다. 사자는 자신이 식량으로 삼는 동물들이 감히 뻔뻔하게 위험한 뿔을 가지고 다닌다는 생각에 몹시 화가 났습니다. 그래서 뿔이 달렸으면 자신의 영역을 떠나라고 명령했지요. 불행히도 뿔이 달린 동물들은 모두 짐을 싸서 떠나기 시작했습니다. 뿔이 없어 두려워할 필요가 없는 토끼도 불안한 밤을 보내며 무서운 사자에 대한 악몽을 꾸었습니다. 토끼는 다음 날 말했습니다. "귀뚜라미 아저씨, 안녕히 계세요. 저는 떠날 거예요. 제가 뭐라해도 사자는 제 귀를 보고 뿔이라고 할 것 같아요." 적들에게 빌미를 주지 마세요. 정말 사소한 것이라도 핑계로 여겨 공격할 것입니다.

Power up reading

영어 문단을 읽고 해석해 보는 시간입니다. 단어나 문법뿐만 아니라 실생활에서 사용되는 영어 텍스트와 친숙해짐으로써 영어에 대한 두려움을 극복해 보세요. 아래 문단을 천천히 읽고 스스로 먼저 해석해 본 후, 밑에 있는 해석을 확인해 보세요.

01 **The thought of any animal he chose for a meal being so bold as to wear such dangerous things enraged him greatly.**

▶ 사자는 자신이 식량으로 삼는 동물들이 감히 뻔뻔하게 위험한 뿔을 쓰고 다닌다는 생각에 몹시 화가 났습니다.

enrage는 '~을 몹시 화나게 하다', '격노하게 하다'라는 의미입니다. '자신이 음식으로 삼는 동물들이 뿔을 쓰고 다닌다는 생각'이 사자를 화나게 만든 것입니다. 수동태의 형태인 be동사 + enraged + by/at/with가 되면 '~에 화가 나다', '~에 격분하다'라는 뜻이 됩니다.

예문 **She was enraged by the man's rude remark.**

▶ 그녀는 그 남자의 무례한 말에 화가 났다.

02 **"I'm off. The lion will certainly make out that my ears are horns, no matter what I say."**

▶ "저는 떠날 거예요. 사자라면 제가 뭐라해도 제 귀를 보고 뿔이라고 할 것 같아요."

make out이 여기에서는 '사실이 아닐지도 모르는 것을 사실이라고 주장하다'라는 의미로 사용되었습니다. make out에는 '~을 작성하다', '~을 알아듣다', '~을 이해하다'라는 의미도 있습니다.

예문 **I couldn't make out what Matthew was trying to say.**

▶ 매튜가 무슨 말을 하려고 했는지 종잡을 수 없었다.

Helpful Tip!

move out : 이사를 나가다
restless : 제대로 쉬지 못하는, 제대로 잠들지 못하는
fearful : 무시무시한, 무서운, 걱정하는, 우려하는
seize : 꽉 붙잡다, 움켜잡다, 장악하다

GO

신이 나서 여행길에 오를 때 우리는 Let's go! '가자!'라고 외칩니다. go라고 하면 어딘가로 가는 모습이 먼저 떠오르는데요, 하지만 go는 단순히 '가다'로만 이해하기엔 굉장히 많은 의미를 담고 있습니다. 원어민처럼 자유자재로 구사하려면 go의 기본 개념을 이해하고 상황에 맞게 응용할 수 있어야 합니다.

go의 기본 개념은 '나아가다'입니다. '특정 장소로 가다', '일이 어느 방향으로 가다'처럼 진행 방향으로 나아가는 것을 이야기하는 수많은 상황에 적용할 수 있습니다. go가 갖는 몇 가지 의미들에 대해 배워 보겠습니다.

go의 첫 번째 뜻

가다

go의 첫 번째 뜻은 가장 보편적으로 알려진 '가다'입니다. 앞으로 나아가는 동작을 떠올리며 예시를 살펴보겠습니다.

예문

Sofia usually goes to bed early.

▶ 소피아는 보통 일찍 자러 가.

➜ 소피아는 보통 일찍 자.

go to bed를 있는 그대로 해석하면 '침대로 가다'이지요. 이 의미가 '잠자리에 들다', '자러 가다'라는 표현이 되었습니다. 이처럼 영화를 보러 갈 때, 커피를 사러 나갈 때 등 무엇을 하러 나아가는 동작을 취할 때 go를 사용할 수 있습니다.

예문

The weather is so beautiful. Let's go for a walk.

▶ 오늘 날씨가 너무 좋다. 산책하러 가자.

go for는 '~를 위해 가다'라는 뜻입니다. 주로 '걷다', '달리다' 등의 활동에 사용되지요.

GO

활용 표현

go for a run ▶ 달리기를 하러 가다
go for a jog ▶ 조깅을 하러 가다
go for a drive ▶ 드라이브하러 가다
go for a swim ▶ 수영하러 가다

---

go의 두 번째 뜻

진행되다

go의 기본 개념인 '나아가다'를 일이나 상황에 적용한다면 '진행되다'라는 의미로 사용이 가능합니다. 이 경우에는 결과보다는 진행 상황과 과정에 조금 더 초점이 맞춰져 사용됩니다.

예문

How did the first meeting go?

▶ 첫 미팅은 어떻게 진행됐어?
→ 첫 미팅은 어땠어?

How did it go? 는 '어떻게 됐어?'라는 뜻으로 일이 어떻게 진행되었는지 묻는 표현입니다. 친구가 소개팅을 했거나 동료 직원이 협력사와 미팅을 하고 왔을 때 사용할 수 있지요.

예문

The project didn't go well.

▶ 프로젝트가 진행이 잘 안 됐어.
→ 프로젝트가 잘 안 풀렸어.

'어떻게 됐어?'의 질문에 대한 답으로 It didn't go well, '잘 안 풀렸어' 혹은 It went well, '잘 됐어'라고 말할 수 있습니다. didn't go well을 쓴다면 '잘 안 풀려서 실행되지 못했어'를 의미할 수 있지만, 그보다는 '프로젝트를 마쳤지만, 결과는 썩 좋지 않아'와 같은 뉘앙스로 더 많이 사용됩니다. 그렇다면 아직 진행되고 있는 프로젝트를 말할 때는 어떻게 표현할까요?

GO

예문

It's not going well.

▶ 잘 진행되고 있지 않아.

위 예문에서 well 대신 smoothly를 넣어 It's not going smoothly, '순조롭게 진행되고 있지 않아'로 응용할 수 있습니다. going은 '상황이 잘 풀리지 않고 있어', '일이 잘되고 있어' 등 진행 상황에 관해 이야기할 때 사용하기 좋은 go의 진행형입니다.

go의 세 번째 뜻

~한 상태가 되다, 변하다

나아가는 형태가 지속되면 어떠한 상태에 이르거나 다른 형태로 변하기도 합니다. go를 이용해 변화된 모습을 이야기할 수 있습니다.

예문

The milk went sour. Don't drink it.

▶ 그 우유 신 상태가 되었어. 마시지 마.

➜ 그 우유 상했어. 마시지 마.

우유가 '신 상태로 변했다', '신 상태에 이르렀다'는 뜻입니다. go의 '나아가다'라는 개념이 어떻게 확장되었는지 느낌이 오시나요? 시간이 지남에 따라 변화하는 모습, 어떠한 형태로 나아가는 모습을 상상해보시면 이해에 도움이 됩니다.

원어민처럼 말하기 tip

The stock market went wild today.

▶ 오늘 주식 시장은 야생의 상태가 되었다.

➜ 오늘 주식 시장은 난리였다.

go wild는 '미쳐 날뛰다', '~에 미친 듯이 열광하다'라는 의미입니다. 인기 많은 가수나 배우가 무대 위에 등장해서 관객들이 환호할 때, 소풍 가는 아이들이 너무 신이 나서 법석을 떨 때의 모습을 go wild라고 표현합니다.

GO

go의 네 번째 뜻

놓아야 할 곳에 놓다

go가 가진 또 다른 의미는 '놓여야 할 곳에 놓이다', '제자리에 놓이다'입니다. 위에서 배운 '나아가다'의 go와는 조금 다른 느낌이라고 생각할 수도 있는데요, 우리가 평소에 '이건 어디에 둬야 하지?'라고 말할 때를 떠올리면 '가야 할 곳에 가다', '놓아야 할 곳에 놓다'라는 느낌을 알 수 있습니다. 우리 입장에서 두는 것이지만 물건의 입장에서는 가야 할 곳으로 '가는', 즉 '놓이는' 것이죠. 예시를 살펴보겠습니다.

조립형 가구를 주문해서 만들었는데 쇠붙이 하나가 남았어요. 도통 어디에 쓰이는 건지 알 수 없네요.

예문

Where does this piece go?

▶ 이 조각은 어디로 가야 돼?

➜ 이 조각은 어디에 놓아야 되지?

'이 조각이 갈 곳이 어디지?', '이 조각을 놓아야 할 곳이 어디지?'라고 말하는 장면입니다. 사용 설명서를 본 후 '이건 여기로 가야 하네'하고 제자리에 끼우는 모습까지 같이 상상하면 go가 '놓아야 할 곳에 놓이다'로 사용되는 흐름을 조금 더 쉽게 이해할 수 있습니다.

예문

Confidential documents go in the cabinet.

▶ 기밀문서들은 선반 안으로 갑니다.

➜ 기밀문서들은 선반에 보관됩니다.

기밀문서들을 놓는 지정 장소가 가장 안쪽 선반입니다. 이렇게 '제자리로 가다', '특정한 위치에 놓이다'를 표현할 수 있습니다.

여기저기서 듣는 go, 막상 내가 쓰려고 하면 어떻게 사용해야 하는지 어려운 경우가 많습니다. go가 있는 문장을 만났을 때 잠시 멈춰서 그 상황에 go는 어떤 형태로 쓰이고 있는지, 어떠한 동작을 표현하고 있는지 생각해 보세요. 배운 것을 틈틈이 나의 일상에 대입해보고 연관 지으며 복습하세요. 그러면 어느 순간 go라는 단어가 내 영어에 스며들어 있을 거예요.

Week 33

Read it out loud

기억하면 좋은 문장을 따라 읽고, 암기해 보는 시간입니다.
아래 문장을 크게 소리 내서 읽어 보세요.

Have a change of heart
생각이 바뀌다

안 쓰던 물건을 중고 장터에 내놓자마자 사겠다는 연락이 옵니다. 그런데 막상 팔려고 하니 아쉬운 마음이 듭니다. 결국 연락 온 사람에게 생각이 바뀌었다고 말합니다. change of heart는 이처럼 마음이 예전과 같지 않을 때, 혹은 입장을 번복할 때 사용되는 표현입니다.

I had a change of heart about selling my jewelry box.

▶ 보석함을 파는 것에 대한 나의 마음이 바뀌었다.

My parents had a change of heart about sending me to study abroad.

▶ 외국으로 나를 유학 보내는 것에 대한 부모님의 생각이 바뀌었다.

Helpful Tip!

jewelry box : 보석함

study abroad : 유학하다

Enrich your vocabulary

자주 쓰이는 유익한 단어를 배워 보는 시간입니다. 하루에 단어 하나씩만 외워도
일주일이면 7개, 한 달이면 30개의 단어를 외울 수 있겠죠?
오늘 배울 단어는 다음과 같습니다.

[Resolution 결심]

새해 계획처럼 무언가를 열심히 하겠다고 결심하는 것을 resolution이라고 합니다. 결단력을 가져야 목표를 향해 나아갈 수 있기 때문에 인생의 resolution을 세우는 것은 중요합니다.

Not many people achieve their New Year's resolution.

▶ 새해 결심을 실천하는 사람은 많지 않다.

resolution은 분쟁의 해결이라는 의미도 있습니다.

예문 The two countries reached a peaceful resolution of the issue.

▶ 두 국가는 그 문제를 평화롭게 해결할 수 있었다.

resolution은 컴퓨터의 해상도를 나타낼 때도 쓰이는 단어입니다.

예문 This computer is high resolution.

▶ 이 컴퓨터는 고해상도 입니다.

Helpful Tip!

New Year's resolution : 새해 다짐

high resolution : 고해상도

Remember this expression

영어에서 자주 쓰이는 핵심 표현을 배우고, 응용해 보세요. 하나를 배우면 자유자재로 적용할 수 있습니다. 오늘 배울 표현은 무엇인지 살펴볼까요?

The naked eye
맨눈

the naked eye는 직역하면 '발가벗은 눈'이라는 뜻으로, '맨눈', '육안'을 의미합니다. 현미경이나 망원경을 사용하지 않고 인간이 볼 수 있는 것을 말하고자 할 때 the naked eye라는 표현을 씁니다.

These small insects are visible to the naked eye.

▶ 이 작은 곤충은 맨눈으로 볼 수 있다.

There are about 400 billion stars in our galaxy, but most of them are too dim to see with the naked eye.

▶ 우리 은하에는 약 4,000억 개의 별이 있다. 그러나 대부분 별빛이 약해 육안으로는 볼 수 없다.

Helpful Tip!

visible : (눈에) 보이는, 뚜렷한

dim : (빛이) 어두한, 흐릿한

Divide and conquer

길고 어려운 영어 문장을 짧게 끊어 읽으면 문장의 구조가 잘 보여 이해하기 쉽습니다.
나눠진 문장을 보면서 주어와 동사의 위치가 어떻게 바뀌는지 확인하면서
문장을 읽어 보세요.

[**Brands are powerful because they help to create loyalty which is important for the long-term success of a company.**

브랜드는 기업의 장기적인 성공에 중요한 충성 고객 확보에 이바지하기 때문에 영향력이 강력하다.]

01 **Brands are powerful**

▶ 브랜드는 강력하다

02 **because they help to create loyalty**

▶ 충성 고객 확보에 이바지하기 때문에

03 **which is important for the long-term success of a company.**

▶ 기업의 장기적 성공에 중요한

which는 loyalty를 가리키며 which 구절이 없어도 문법적으로 문장이 성립되기 때문에 앞 구절에 덧붙여지는 구절이라고 할 수 있습니다.

Spinach contains a lot of iron which is especially important for pregnant women.

▶ 시금치에는 임산부에게 특히 중요한 철분이 많이 함유되어 있다.

Helpful Tip!

long-term : 장기적 **loyalty :** 충성도

Power up reading

영어 문단을 읽고 해석해 보는 시간입니다. 단어나 문법뿐만 아니라 실생활에서 사용되는 영어 텍스트와 친숙해짐으로써 영어에 대한 두려움을 극복해 보세요. 아래 문단을 천천히 읽고 스스로 먼저 해석해 본 후, 밑에 있는 해석을 확인해 보세요.

The Owl and the Grasshopper

올빼미와 베짱이

One warm summer afternoon, as an old owl dozed away in her den in an old oak tree, a nearby grasshopper began singing a very raspy song. The wise old owl knew quite well that it would do no good to argue with the grasshopper. Besides, her eyes were not sharp enough during the day to catch the grasshopper. So, she laid aside all harsh words and spoke very kindly to him. "Well sir," she said, "I am truly enjoying your singing. Now that I think of it, I have some wonderful wine here. Please come up and enjoy this delicious drink with me." The foolish grasshopper was taken in by the owl's flattering words. Up he jumped, and as soon as he was close enough for the old owl to see him, she ate him up. Flattery is not a proof of true admiration.

어느 따뜻한 여름날 오후, 늙은 올빼미가 오래된 참나무 굴에서 꾸벅꾸벅 졸고 있을 때, 근처에서 베짱이 한 마리가 시끄러운 소리를 내기 시작했습니다. 늙고 현명한 올빼미는 베짱이와 다투는 것이 아무 소용이 없다는 것을 잘 알고 있었습니다. 뿐만 아니라, 베짱이를 잡아먹어 보려 해도 낮에는 눈이 예리하지 못했지요. 그래서 올빼미는 속에서 끓어오르는 험한 말을 잠시 참고 친절하게 말했습니다. “베짱이 선생님, 노래 정말 잘 듣고 있어요. 지금 생각해보니 여기 멋진 와인이 있는데요, 올라와서 저랑 함께 맛있는 와인 한잔하지 않으시겠어요?” 어리석은 베짱이는 올빼미의 아첨에 속았습니다. 베짱이는 올빼미 굴을 향해 위로 뛰어올랐고 늙은 올빼미가 볼 수 있는 만큼 가깝게 되자 올빼미는 베짱이를 먹어버렸습니다. 아첨하는 자가 진정으로 감탄하는 법은 없습니다.

Power up reading

영어 문단을 읽고 해석해 보는 시간입니다. 단어나 문법뿐만 아니라 실생활에서 사용되는 영어 텍스트와 친숙해짐으로써 영어에 대한 두려움을 극복해 보세요. 아래 문단을 천천히 읽고 스스로 먼저 해석해 본 후, 밑에 있는 해석을 확인해 보세요.

01 **Besides, her eyes were not sharp enough during the day to catch the grasshopper.**

▶ 그뿐만 아니라, 베짱이를 잡아먹어 보려고 해도 낮에는 눈이 예리하지 못했죠.

besides A라고 하면 'A 외에', 'A뿐만 아니라'라는 의미입니다. 우화에서처럼 그 이전의 내용에 대해서 '그 외에', '그뿐만 아니라', '게다가'라고 말할 때는 besides로 문장을 시작하고 뒤에 쉼표를 찍습니다.

예문 **I am okay with anything. Besides, I am not that hungry anyway.**

▶ 나는 아무거나 괜찮아. 게다가, 나 그렇게 배고프지도 않아.

02 **Now that I think of it, I have some wonderful wine here.**

▶ 지금 생각해보니까 여기 멋진 와인이 있는데요.

갑자기 생각난 무언가를 말하고자 할 때, 혹은 처음 생각나지 않았던 것이 생각났을 때 now that I think of it이라고 합니다.

예문 **Now that I think of it, I did see someone.**

▶ 지금 생각해보니까 누군가를 보긴 봤어요.

Helpful Tip!

doze : 깜박 잠이 들다, 졸다
raspy : 거친, 목이 쉰 듯한, 쉿소리의
flattering : 돋보이게 하는, 아첨하는, 비위를 맞추는
flattery : 아첨

당신의 뇌를 해킹하라!

Hack your brain!

집중력을 길러주는 확실한 훈련

2003년 네덜란드의 임상 심리학자, 아스트리드 반 님베겐이 진행한 흥미로운 실험이 있습니다. 이 연구에서는 연구 참가자들을 두 그룹으로 나누어 컴퓨터를 이용한 까다로운 논리 퍼즐을 풀도록 했습니다. 단, A 그룹에는 힌트와 조언을 최대한 많이 제공하는 논리 퍼즐 프로그램을, B 그룹에는 참가자들에게 그 어떤 도움도 주지 않는 기본적인 논리 퍼즐 프로그램을 제공했습니다. 어떤 그룹이 더 빠르게 문제를 풀었을까요?

처음에는 A 그룹이 더 빨랐습니다. 하지만 실험이 계속되면서 B 그룹의 숙련도가 빠르게 증가하면서 반전이 일어났습니다. B 그룹은 프로그램의 도움이 없었기 때문에 오류 횟수를 줄이는 법에 대한 직접적인 '학습'이 이루어졌습니다. 반면, A 그룹은 매번 시행착오에 의존하는 경향을 보였습니다. 따라서 퍼즐을 푸는 동안에도 '목적 없이 그저 클릭하기만 하는 것'으로 보였죠. 결과적으로 B 그룹의 전략 수립 능력이 월등해지면서 속도도 더 빨라진 것입니다. 혹시 지금 우리의 모습이 A 그룹과 닮아 있진 않나요?

몰입을 방해하는 요소가 많은 시대에 사는 우리에게 필요한 것은 새로운 기술이 아니라 비효율적으로 보이는 사색의 시간이 아닐까요? 그에 익숙해지다 보면 떠오르는 생각을 주시하면서도 그 생각에 휘둘리지 않는 법을 터득하게 됩니다.

핵심 문장

As you get used to it, you will learn to keep an eye on the thoughts that come to mind and not be swayed by them.

▶ 그에 익숙해지다 보면 떠오르는 생각을 주시하면서도 그 생각에 휘둘리지 않는 법을 터득하게 됩니다.

핵심 표현

get used to A : A에 익숙해지다

참고 : 《생각하지 않는 사람들》 I 니콜라스 카 I 청림출판

《최악을 극복하는 힘》 I 엘리자베스 스탠리 저 I 로크미디어

Week 34

Read it out loud

기억하면 좋은 문장을 따라 읽고, 암기해 보는 시간입니다.
아래 문장을 크게 소리 내서 읽어 보세요.

[You're all set. 다 됐어요.]

You're all set.는 '다 처리 됐다' 혹은 '끝났다'라는 의미입니다. 은행이나 상점 등에 갔을 때 직원이 You're all set.이라고 말한다면, 일처리가 다 끝났으니 이제 가봐도 된다는 말입니다.

The bank teller handed me some documents and said, "You're all set.", so I assumed I could go home.

▶ 은행원이 서류를 건네주며 "다 준비되었습니다"라고 말했기 때문에 나는 집에 가도 된다고 생각했다.

Helpful Tip!

assume : 추정하다, 생각하다

Enrich your vocabulary

자주 쓰이는 유익한 단어를 배워 보는 시간입니다. 하루에 단어 하나씩만 외워도
일주일이면 7개, 한 달이면 30개의 단어를 외울 수 있겠죠?
오늘 배울 단어는 다음과 같습니다.

[Immune 면역이 있는]

면역력은 우리 몸에서 중요한 기능입니다. immune은 '면역이 있는'이라는 의미입니다. immune to A라고 하면 'A에 면역성이 있는', 'A에 영향을 받지 않는'이라는 의미입니다.

예문 I've become more immune to COVID-19 after receiving the vaccine.

▶ 백신을 맞은 후 코로나에 대한 면역력이 더 강해졌다.

예문 Seventy percent of your entire immune system resides in the gut.

▶ 우리 전체 면역 기관의 70%는 장에 자리하고 있다.

Helpful Tip!

entire : 전체의, 전부(=whole)

reside : 살다, 거주하다

Day 3

Remember this expression

영어에서 자주 쓰이는 핵심 표현을 배우고, 응용해 보세요. 하나를 배우면 자유자재로 적용할 수 있습니다. 오늘 배울 표현은 무엇인지 살펴볼까요?

[At the expense of ~을 희생하여]

A at the expense of B라고 하면 'B를 희생함으로써 A를 얻는다'라는 말입니다. expense는 어떤 일에 드는 '비용'이라는 뜻입니다. 무언가를 얻는 과정이나 대가가 정당하지 않을 때 주로 사용되는 표현입니다.

My co-worker seems to be pursuing his own interests at the expense of others by dumping his work on his colleagues.

▶ 제 회사 동료는 자기가 해야 할 일을 다른 동료들에게 떠넘기고, 주변 사람들을 희생시키면서 자신의 이익을 추구하는 사람이에요.

Economic recovery can't be at the expense of the poor.

▶ 경제 회복이 빈곤층의 희생으로 이루어져서는 안 된다.

Helpful Tip!

pursue : 추구하다

recovery : 회복

Divide and conquer

길고 어려운 영어 문장을 짧게 끊어 읽으면 문장의 구조가 잘 보여 이해하기 쉽습니다.
나눠진 문장을 보면서 주어와 동사의 위치가 어떻게 바뀌는지 확인하면서
문장을 읽어 보세요.

Maybe you are in a job you dislike, and you feel increasingly stuck, or maybe you have too much responsibility, and more is being piled on you every day.

어쩌면 당신은 지금 싫어하는 직장을 다니며 점점 더 옥죄어 오는 현실을 느끼고 있을지도 모릅니다. 혹은 이미 너무 많은 책임을 떠안고 있는데 새로운 일이 매일 쌓여만 가고 있을지도 모릅니다.

01 **Maybe you are in a job you dislike,**
▶ 어쩌면 당신은 당신이 싫어하는 직장을 다니고 있을지도 모른다

02 **and you feel increasingly stuck,**
▶ 그리고 점점 더 옥죄어 오는 현실을 느끼고 있을지도 모른다

03 **or maybe you have too much responsibility,**
▶ 혹은 어쩌면 당신은 너무 많은 책임을 떠안고 있을 수도 있다

04 **and more is being piled on you every day.**
▶ 그리고 매일 더 많은 것이 당신에게 쌓이고 있다

위 문장은 maybe you가 두 번 반복되는 병렬 구조의 문장으로 핵심주어 you가 두 번 나오고 있습니다. a job you dislike는 '싫어하는 일'인데요, you dislike가 job을 수식하고 있습니다.

pile on은 '쌓다'라는 의미입니다. 책임감이나 압박감이 쌓인다는 것은, 점점 옥죄어 오는 현실이 힘들다는 것을 뜻합니다.

예문 **The athlete felt the pressure being piled on him by his coaches.**
▶ 그 선수는 코치로 인해 점점 옥죄어 오는 압박감을 느꼈다.

Helpful Tip!

increasingly : 점점 더

feel stuck : 갇힌 느낌, 꽉 막힌 상태

Power up reading

영어 문단을 읽고 해석해 보는 시간입니다. 단어나 문법뿐만 아니라 실생활에서 사용되는 영어 텍스트와 친숙해짐으로써 영어에 대한 두려움을 극복해 보세요. 아래 문단을 천천히 읽고 스스로 먼저 해석해 본 후, 밑에 있는 해석을 확인해 보세요.

The Wolf and the Donkey

늑대와 당나귀

A donkey was feeding in a pasture near the woods when he saw a wolf lurking in the shadows along the hedge. The donkey was clever, so he pretended he was lame and began to hobble as if in pain. The wolf slowly came up and asked what was going on. "Please pull it out," the donkey pleaded and groaned."I stepped on a thorn. If you do not help me pull it out, it might stick in your throat when you eat me." The wolf saw the wisdom of the advice. So, the donkey lifted up his foot and the wolf began to search very closely and carefully for the thorn. Just then, the donkey kicked the wolf in the face and galloped away to safety. "Serves me right," growled the wolf. "I'm a butcher by trade, not a doctor." Stick to your trade.

한 당나귀가 숲 근처 목초지에서 먹이를 먹고 있을 때, 수풀을 따라 난 그림자 속에 늑대가 숨어다니는 것을 보았습니다. 당나귀는 영리했습니다. 그래서 절름거리는 척하기로 하고 고통스럽게 절뚝거리기 시작했습니다. 늑대가 천천히 다가와 무슨 일이냐고 물었습니다. "제발 가시 좀 빼 주세요." 당나귀는 고통스러운 듯 신음하며 말했습니다. "가시를 밟았어요. 가시를 빼 주지 않으면 저를 먹을 때 목에 걸릴지 몰라요." 늑대는 그 말을 지혜롭게 여겼습니다. 당나귀가 발을 들어 올리자 늑대는 꼼꼼하고 조심스럽게 가시를 찾기 시작했습니다. 바로 그때, 당나귀가 늑대의 얼굴을 걷어차고 살기 위해 전속력으로 질주했습니다. "꼴 좋구먼. 나는 의사가 아니라 살육자인데." 늑대가 으르렁거렸습니다. 천직을 지키세요!

Power up reading

영어 문단을 읽고 해석해 보는 시간입니다. 단어나 문법뿐만 아니라 실생활에서 사용되는 영어 텍스트와 친숙해짐으로써 영어에 대한 두려움을 극복해 보세요. 아래 문단을 천천히 읽고 스스로 먼저 해석해 본 후, 밑에 있는 해석을 확인해 보세요.

01 "Serves me right."

▶ "꼴 좋구먼."

serve는 우리가 자주 사용하는 '서빙', '서비스'의 영어 동사이며 '무언가를 제공하다', '무언가를 차려 주다'라는 뜻이 있습니다. right은 '딱 맞게'라는 뜻입니다. 그대로 풀이하면 '내게 당연한 대접이다'라고 할 수 있습니다.

예문 It serves me right for thinking I could easily win first place.

▶ 내가 쉽게 1등을 할 수 있다고 생각하는 것은 당연하다.

02 Stick to your trade!

▶ 자신의 천직을 지키세요!

괜히 안 하던 일을 해서 고생하는 경우가 있지요? 이럴 때 쓸 수 있는 말이 stick to your trade입니다. stick to는 '~을 계속하다'라는 말입니다. '붙다', '달라붙다'의 stick에 to가 붙어서 '~에 달라붙다', '~에 붙이다'가 된 것이죠. 이 뜻이 확장된 것이 '~을 계속하다'입니다.

Power up reading

영어 문단을 읽고 해석해 보는 시간입니다. 단어나 문법뿐만 아니라 실생활에서 사용되는 영어 텍스트와 친숙해짐으로써 영어에 대한 두려움을 극복해 보세요. 아래 문단을 천천히 읽고 스스로 먼저 해석해 본 후, 밑에 있는 해석을 확인해 보세요.

trade는 '무역'으로 잘 알려진 말입니다. 하지만 또 다른 뜻으로 '업', '사업'도 있는데요, 의미를 따로 생각하지 말고 '내가 거래하는 것', '내가 제공하는 가치'가 곧 나의 '업'이자 사람들과 '거래'하는 데 쓰이는 것이라 이해하면 되겠습니다.

그럼, stick to your trade는 무엇을 의미할까요? '업을 벗어나지 말라', '하던 일에 충실하라'는 뜻이 됩니다. 또 다른 말로 하면 '안 하던 일을 하지 말라'라고도 할 수 있습니다.

There were a lot of mistakes in your work. Next time, just stick to your trade.

▶ 당신의 일에는 실수가 많았습니다. 다음에는 당신이 기존에 하던 일에 충실해 주세요.

Helpful Tip!

lurk : 숨어 있다, 도사리다

lame : 다리를 저는, 설득력이 없는, 믿기 힘든

hobble : 다리를 절다, 절뚝거리다

gallop : 전속력으로 달리다, 질주하다

trade : 업, 사업, 거래, 교역, 무역

당신의 뇌를 해킹하라!
Hack your brain!

'멀티태스킹'이라는 함정

책을 읽으면서 문자를 확인하는 식의 다른 일을 한 학생들의 경우, 단순히 독서만 한 학생들에 비해 책을 읽는 시간이 25%나 더 걸린다는 연구가 있습니다. 이 연구로 우리는 멀티태스킹의 비효율성을 알 수 있습니다. 한 번에 한 가지 일에만 집중할 때보다, 숙련도나 정확도는 많이 떨어지고 시간도 더 걸립니다.

멀티태스킹을 하면 두 가지 일 이상을 동시에 해내고 있지만, 두 가지 모두 온전히 집중하지 못하게 됩니다. 더 적극적으로 주위를 탐색해야 하니 집중도 깊이 하지 못하고 많은 인지력을 소모하게 되는 것이죠. 한 일에서 다른 일로 바꾸는 과정에서 낭비되는 시간도 있고, 바로 집중하지 못하기 때문에 작업 전환 시간이 추가로 들어갑니다. 일을 하는 경향도 더 충동적으로 변하고 쉽게 초조해지거나 지루해지게 됩니다.

또한 멀티태스킹을 자주 할수록 멀티태스킹에 대한 잘못된 자신감을 가지게 될 수 있습니다. 잘한다는 자신감이 있으면 더욱 신중하지 못해 실수를 저지를 가능성이 커집니다. 멀티태스킹은 생산성을 저하시키는 주범이라는 것을 명심하세요. 한 번에 하나만 집중하는 것이 훨씬 더 효율적입니다.

핵심 문장

When you multitask, you're doing more than one thing at the same time, but you are focused on neither of them.

▶ 멀티태스킹을 하게 되면 두 가지 일 이상을 동시에 해내고 있지만, 두 가지 모두 온전히 집중하지 못 하게 됩니다.

핵심 표현

at the same time : 동시에

neither of them : 그들 중 어느 쪽도 아니다

참고 : 《생각하지 않는 사람들》 I 니콜라스 카 I 청림출판

《루틴의 힘》 I 댄 애리얼리, 그레첸 루빈, 세스 고딘 외 저 I 부키

《최악을 극복하는 힘》 I 엘리자베스 스탠리 저 I 로크미디어

Week 35

Read it out loud

기억하면 좋은 문장을 따라 읽고, 암기해 보는 시간입니다.
아래 문장을 크게 소리 내서 읽어 보세요.

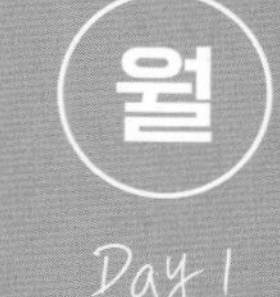

Don't let negativity get the better of you.

부정적인 생각이 당신을 지배하도록 내버려 두지 말라.

get the better of는 '~를 넘어서다', '~을 이기다'를 의미합니다. 게임에서 이기는 중이라고 생각해 보면, 계속 더 나은(better) 위치에 있는 것보다 신나는 것은 없을 것입니다. negativity gets the better of you라고 하면 부정적인 생각이 우세를 차지하는 것을 의미합니다. 감정에 대해 get the better of를 사용하게 되면 '~을 지배하다'라는 의미가 강해집니다.

예문 **Curiosity got the better of her, so she decided to investigate.**

▶ 호기심이 그녀를 이겨, 그녀는 조사하기로 결정했다.

예문 **My sister always gets the better of me in an argument.**

▶ 내 여동생은 논쟁에서 항상 나를 이긴다.

Helpful Tip!

curiosity : 호기심

investigate : 조사하다, 살피다

Enrich your vocabulary

자주 쓰이는 유익한 단어를 배워 보는 시간입니다. 하루에 단어 하나씩만 외워도 일주일이면 7개, 한 달이면 30개의 단어를 외울 수 있겠죠? 오늘 배울 단어는 다음과 같습니다.

[Retirement 은퇴]

'제2의 삶'이라고도 하는 은퇴, 여러분은 은퇴 후 어떤 삶을 살고 싶으신가요? retirement는 '은퇴'라는 의미이며 동사로 '은퇴하다'는 retire입니다.

예문 **After retirement, Tom went to the countryside to spend the rest of his life.**

▶ 은퇴 후, 톰은 여생을 보내기 위해 시골로 갔다.

예문 **The professor is retiring next month.**

▶ 그 교수님은 다음 달에 은퇴하신다.

Helpful Tip!

early retirement : 조기 퇴직
retirement plan : 노후 대책
retirement savings : 은퇴 후 쓸 수 있도록 저축해 놓은 돈

There is no way
절대로 ~할 리가 없다

There is no way I will talk to her again! '그 사람이랑 절대 다시 말 섞지 않을 거야!'라며 때로는 우리는 확신하며 말합니다. '절대로 ~할 수 없다', 혹은 '~할 가능성이 없다'고 단언할 때, there is no way로 문장을 시작할 수 있습니다.

예문 **There is no way my husband would cheat on me.**

▶ 내 남편이 절대로 나를 배신할 리가 없어.

예문 **There is no way Mary can beat Ashley in the archery competition.**

▶ 양궁 시합에서 메리가 애슐리를 이길 리가 없어.

Helpful Tip!

cheat on : 바람을 피우다, 속이다

archery : 양궁

Divide and conquer

길고 어려운 영어 문장을 짧게 끊어 읽으면 문장의 구조가 잘 보여 이해하기 쉽습니다. 나눠진 문장을 보면서 주어와 동사의 위치가 어떻게 바뀌는지 확인하면서 문장을 읽어 보세요.

For more than a decade, scientists have been trying to develop a pill that mimics the physiological benefits of exercise.

오랜 시간 동안, 과학자들은 운동의 생리적인 효과를 모방하는 알약을 개발하려고 노력해 왔다.

01 **For more than a decade,**

▶ 오랜 시간 동안,

02 **scientists have been trying to develop a pill**

▶ 과학자들은 알약을 개발하려고 노력해 왔다.

03 **that mimics the physiological benefits of exercise.**

▶ 운동의 생리적 혜택을 모방하는 (알약)

mimic은 '따라하다'라는 뜻으로, 앵무새가 사람을 따라 하듯 무언가를 똑같이 모방하는 것을 뜻합니다. trying to develop something은 '무엇인가를 만들고자 노력했다'는 의미입니다.

The doctors have been trying to develop an effective way to treat the disease.

▶ 의사들은 그 병을 치료할 수 있는 효과적인 방법을 개발하려고 노력해 왔다.

Helpful Tip!

physiological : 생리적인

benefit : 효과, 혜택

pill : 알약

exercise : 운동, 연습

Power up reading

영어 문단을 읽고 해석해 보는 시간입니다. 단어나 문법뿐만 아니라 실생활에서 사용되는 영어 텍스트와 친숙해짐으로써 영어에 대한 두려움을 극복해 보세요. 아래 문단을 천천히 읽고 스스로 먼저 해석해 본 후, 밑에 있는 해석을 확인해 보세요.

The Oxen and the Wheels

황소와 수레바퀴

A pair of oxen were pulling a heavy wagon along a muddy country road. They had to use all their strength to pull the wagon, but they did not complain. On the other hand, the wheels on the wagon creaked and groaned at every turn, and when pulling the wagon through the deep mud, the poor oxen heard the wheels' loud complaints again. "Be quiet!" the oxen yelled impatiently. "What do you wheels have to complain about so loudly? We are pulling all the weight, not you, and we aren't even complaining!" They complain most who suffer least.

황소 한 쌍이 진흙투성이 시골길을 따라 무거운 수레를 끌고 있었습니다. 온 힘을 다해 수레를 끌어야 했지만, 불평은 없었습니다. 반면 수레바퀴는 매번 삐걱거리며 끙끙댔습니다. 그러다 마차가 깊은 진흙길을 통과할 때, 가엾은 황소들은 바퀴들의 시끄러운 불평을 다시 들었습니다. "조용히 하시오!" 황소는 참을 수 없어 소리쳤습니다. "당신들이 불평할 게 뭐가 있소? 우리가 일을 다 하고 있는데, 정작 우리는 불평을 안 하고 있지 않소!" 가장 적게 고생하는 자가 가장 불평이 많습니다.

01 The wheels on the wagon creaked and groaned at every turn.

▶ 수레바퀴들은 매번 삐걱거리고 끙끙댔습니다.

일을 진행하려고 하는데 한 문제가 해결되면 또 다른 문제가 터지는 일이 반복된 적이 있나요? 그럴 때 at every turn이라는 표현을 사용해 보세요.

Power up reading

영어 문단을 읽고 해석해 보는 시간입니다. 단어나 문법뿐만 아니라 실생활에서 사용되는 영어 텍스트와 친숙해짐으로써 영어에 대한 두려움을 극복해 보세요. 아래 문단을 천천히 읽고 스스로 먼저 해석해 본 후, 밑에 있는 해석을 확인해 보세요.

At every turn, I only encountered more and more problems.

▶ 매번, 더 많은 문제에만 부딪혔을 뿐이다.

They complain most who suffer least.

▶ 가장 적게 고생하는 자가 가장 많이 불평합니다.

이 문장은 격언이기 때문에 간결함을 최대한 살리고 있습니다. 그래서 생략된 부분도 있고, 순서가 뒤바뀐 부분도 있는데요, 다음과 같이 온전한 문장으로 재구성해 볼 수 있습니다.

▶ **Those who suffer least complain most.**

▶ **Those who complain the most are the ones who suffer the least.**

Helpful Tip!

creak : 명 삐걱거리는 소리 동 삐걱거리다

impatiently : 성급하게, 조바심하며

impatient : 빨리 ~ 하기를 바라는

complaint : 불평, 항의, 고소

yell : 명 고함, 외침 동 소리치다, 외치다

groan : 명 신음, 끙 하는 소리
동 신음을 내다, 끙 하는 소리를 내다

FOR

Let's go for a walk.
산책하러 가자.

산책하기 좋은 날씨입니다. 이런 날, 아이스크림 하나 사 들고 동네 한 바퀴 돌면서 바람 쐬면 기분이 좋습니다. 위 문장에서 for는 '~를 위해'라고 해석할 수 있습니다. 하지만 단순히 '~를 위해'로 이해가 되지 않는 for의 표현들도 있습니다.

for에는 기본적으로 '한쪽으로 귀속되는' 의미가 내포되어 있습니다. 어떠한 대상이, 어떠한 행동이 무언가를 '위한' 것입니다. 산책을 하기 위해서 가는 것은 go가 a walk에 종속되어 있음을 보여 주고 있습니다. 이 세상에 존재하는 수많은 go의 행위 중에서 이 go는 산책을 위한 go입니다.

이러한 for의 의미를 사용해 물질적인 대상이나 추상적인 개념을 교환하는 것을 표현할 수 있습니다. 물건을 '사기 위해', '얻기 위해' 돈을 주는 것처럼 말이죠. 또, 조금 더 확장해서 비교를 위해서도 사용할 수 있습니다.

for의 첫 번째 사용법

무언가를 위한 귀속의 for

for는 한쪽이 다른 쪽에 '수용되는', 혹은 '귀속되는' 모양새를 나타낼 때 쓰입니다. 한쪽으로 무언가 주어지는 모습을 상상해 보세요. 이는 우리가 잘 아는 '~을 위한', '~을 위해'로 풀이되는 for입니다. A for B라고 하면 'B를 위한 A', 즉 B에게 A를 주거나 B라는 카테고리에 A가 종속됩니다.

예문

Those are books for parents.

▶ 저 책들은 부모를 위한 책이다.

세상에는 수많은 책이 있습니다. 요리책, 교과서, 소설책 등 책이 어떤 정보를 담고 있는지에 따라 여러 카테고리로 분류될 수 있겠죠. 하지만 책의 내용뿐만 아니라 '타깃 독자층'이 누구인지에 따라서도 분류될 수 있습니다. 어린이를 타깃으로 한 책, 학생을 타깃으로 한 책, 또 부모를 위해 쓰인 책들이 있습니다. 어떤 내용인지는 모르겠지만 결과적으로 book for parents는 '부모를 위한 (정보가 있는) 책'입니다.

Weekend 주요 전치사 07

FOR

예문

I made some cookies for you.

▶ 너를 위해 쿠키를 좀 만들었어.

친구를 위해 쿠키를 만들었습니다. cookies가 you로 넘어가는 장면을 떠올려 주세요. 쿠키가 친구에게 귀속되는 것입니다.

예문

Frank bought a necklace for his wife.

▶ 프랭크는 아내를 위해 목걸이를 샀다.

아내를 위해(for) 목걸이를 샀습니다. 마찬가지로 목걸이가 아내에게 귀속되는 것입니다. 이처럼 '~을 위한', '~을 위해'를 뜻하는 for는 한 대상을 다른 대상에 귀속시킵니다.

for의 두 번째 사용법

얻기 위한 교환의 for

무언가를 주면 다른 무언가를 받는 것이 세상이 돌아가는 법칙입니다. 주긴 주는 데 무언가를 받기 위해 주는 맞바꿈의 for를 공부해 봅시다. A for B라고 하면 'A를 주고 B를 얻는 것', 'B를 얻기 위해 A를 준다'는 뜻이 됩니다. 그렇다면 A와 B는 동등한 가치(A=B)를 가지고 있는 것이며 A와 B를 교환한다고 말할 수 있습니다.

예문

I paid 30 dollars for the flowers.

▶ 나는 그 꽃을 위해 30달러를 지불했다.

➜ 나는 꽃을 30달러에 샀다.

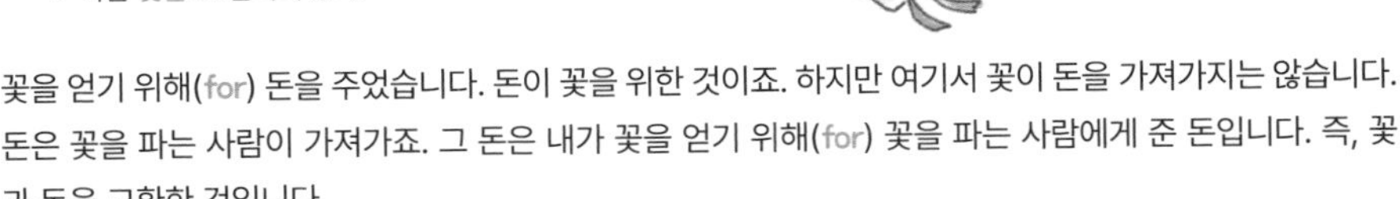

꽃을 얻기 위해(for) 돈을 주었습니다. 돈이 꽃을 위한 것이죠. 하지만 여기서 꽃이 돈을 가져가지는 않습니다. 돈은 꽃을 파는 사람이 가져가죠. 그 돈은 내가 꽃을 얻기 위해(for) 꽃을 파는 사람에게 준 돈입니다. 즉, 꽃과 돈을 교환한 것입니다.

FOR

이처럼 for를 사용해서 '~를 사기 위해 얼마를 주다', 즉 '얼마 주고 사다'라는 표현을 할 수 있습니다. 주긴 주는 데 무엇을 위해 주느냐, for the flowers, 꽃을 위해 준 것입니다. 여기서 돈 30달러(A)와 꽃(B)의 가치는 동등하며 서로의 위치만 바뀐 것입니다.

예문

What do you do for a living?

▶ 살아가기 위해 무엇을 하시나요?

➜ 무슨 일을 하시나요?

누군가의 직업을 물어볼 때 굉장히 많이 사용하는 표현입니다. 생활(a living)을 얻기 위한 (for) 대가로 하는 행동(do)이 무엇인지 물어보고 있습니다. 즉, 돈을 벌기 위해 무슨 일을 하느냐는 질문입니다.

예문

Thank you for your support. It means a lot to me.

▶ 당신이 해준 응원을 위해 이 감사를 드립니다. 그 응원은 저에게 큰 의미가 있습니다.

➜ 격려 감사합니다. 큰 힘이 됐습니다.

상대방이 나에게 격려와 응원을 보냈습니다. 그 격려와 응원은 이미 나에게 왔지요. 나는 나에게 온 격려와 응원에 보답하기 위해서(for) 감사를 보냅니다. 이처럼 무언가를 얻으려고 주는 것은 아니지만 보답으로 줄 때도 for가 사용되는 것을 알 수 있습니다. It means a lot to me.는 '저에게 정말 큰 의미예요'라는 뜻으로 it을 향한 나의 진심을 강조하는 표현입니다.

예문

My grandfather fought for independence in the early 1900s.

▶ 우리 할아버지는 1900년대 초에 독립을 위해 투쟁하셨다.

early 1900s는 '1900년대 초'를 의미합니다. 권리, 자유 등 추상적인 개념을 쟁취하기 위해 싸우는 것 또한 for로 표현할 수 있습니다. 권리와 자유를 얻기 위해(for) 싸우는 것입니다.

FOR

for의 세 번째 사용법

비교의 for

앞서 for를 사용하며 대상이 한쪽으로 귀속되는 것을 보았는데요, 비교의 for도 귀속하는 모양새로 비교의 의미를 도출해 낼 수 있습니다. A for B라고 하게 되면 'B치고는 A 하다', 'B에 비해 A 하다'라고 풀이됩니다. 하지만 이 풀이가 말이 되려면 A는 한 대상이 아니라 대상에 대한 가치 평가여야 하지요. 예시를 살펴보겠습니다.

예문

Ivan plays very well for a beginner.

▶ 이반은 초보자치고 (게임, 스포츠 등을) 매우 잘한다.

골프를 처음 배우는 친구가 있다고 가정하겠습니다. 초보자에게 기대하는 실력의 수준은 높지 않습니다. 그런데 이반의 실력과 일반적인 초보자의 실력을 비교해 봤더니 실력이 아주 좋네요. 그때 '아주 잘하네' 뒤에 for a beginner를 붙입니다. for가 사용되어 Ivan plays very well(A)이라는 평가가 초보자 카테고리(B)에 귀속되는 것입니다. 그 안에서 잘하는 것이지 모든 사람과 비교했을 때 잘하는 것은 아닙니다.

예문

Khloe looks young for her age.

▶ 클로이는 나이에 비해 어려 보인다.

클로이의 외모와 그 나이대의 보편적인 외모를 비교해 보았을 때 클로이는 어려 보입니다. 그 나이대의 카테고리 안에서 또래의 다른 사람들에 비해 어려 보인다는 것이죠. Khloe looks young은 her age라는 카테고리 안에서 유효한 평가인 셈입니다.

알면 알수록 쓰임이 다양한 전치사 for입니다. for의 많은 의미를 한 번에 소화하기는 어렵습니다. 그렇기 때문에 학습한 내용을 한 번 읽는 것으로 끝내지 말고 꼭 복습해서 온전히 습득할 수 있기를 바랍니다.

Week 36

Day 1

Read it out loud

기억하면 좋은 문장을 따라 읽고, 암기해 보는 시간입니다.
아래 문장을 크게 소리 내서 읽어 보세요.

[There is an elephant in the room. 말하기 껄끄러운 문제가 있다.]

모두가 알고 있지만, 애써 무시하거나 아무도 이야기하지 않는 것을 일컬어 an elephant in the room, '방 안의 코끼리'라고 합니다. 이 표현은 박물관에 가서 작은 것들은 유심히 보지만, 정작 가장 큰 코끼리는 보지 않는다는 풍자적 우화에서 비롯되었습니다.

No one was talking about the director's authoritarian management style as the cause of the problem. It was an elephant in the room.

▶ 문제의 원인으로 이사의 독단적인 경영 방식을 언급하는 사람이 아무도 없었다. 그것은 말하기 껄끄러운 문제였다.

The fact that Eric is not married has become an elephant in the room, whenever he meets his conservative parents.

▶ 에릭이 보수적인 부모님을 만날 때마다, 그가 아직 결혼하지 않았다는 사실이 방 안의 코끼리처럼 불편한 문제였다.

Helpful Tip!

authoritarian : 권위적인, 독재적인

conservative : 보수적

Enrich your vocabulary

자주 쓰이는 유익한 단어를 배워 보는 시간입니다. 하루에 단어 하나씩만 외워도
일주일이면 7개, 한 달이면 30개의 단어를 외울 수 있겠죠?
오늘 배울 단어는 다음과 같습니다.

[Fabricate 조작하다]

한올 한올 결이 살아있는 패브릭 원단을 한번 떠올려 보세요. fabric, 패브릭은 섬유를 짜서 만드는 옷감 또는 재질을 말합니다. 패브릭의 어원은 fabrica인데요, '아주 잘 만들어진 무언가'를 뜻합니다. 이로부터 파생된 또 다른 단어가 바로 fabricate입니다. fabricate는 '날조하다', '조작하다'라는 뜻으로 정보를 위조하거나 거짓말을 하는 것을 뜻합니다. 섬유를 한올 한올 직조하듯 무언가를 꾸며내는 모습을 떠올려 볼 수 있습니다.

예문 This was completely fabricated!

▶ 이건 완전히 날조 된거야!

예문 According to a survey, 8 percent of researchers have fabricated data before.

▶ 한 설문조사에 따르면, 8%의 연구자들이 데이터를 조작한 경험이 있다고 한다.

예문 To apply for his dream job, Elliott fabricated his work experience.

▶ 엘리엇은 꿈의 직장에 지원하기 위해 직장 경력을 날조했다.

Helpful Tip!

completely : 완전히

according to : ~에 따르면

Remember this expression

영어에서 자주 쓰이는 핵심 표현을 배우고, 응용해 보세요. 하나를 배우면 자유자재로 적용할 수 있습니다. 오늘 배울 표현은 무엇인지 살펴볼까요?

[Couch potato TV만 보는 게으름뱅이]

매일 텔레비전만 보는 사람을 일컬어 couch potato라고 합니다. couch는 푹신한 소파라고 생각하면 됩니다. 소파 위에 앉아있는 동그랗고 통통한 감자가 소파에서 뒹굴뒹굴하며 텔레비전을 보는 모습을 상상할 수 있습니다.

Dominic became a couch potato during summer vacation.

▶ 도미닉은 여름 방학 동안 집에 틀어박혀 매일 TV만 보고 있었다.

Don't be a couch potato. You should go out and socialize with other people.

▶ 매일 TV만 보고 있지 마. 밖에 나가서 사람 좀 만나.

Helpful Tip!

go out : 외출하다, 밖으로 나가다

socialize : 사귀다, 어울리다

Divide and conquer

길고 어려운 영어 문장을 짧게 끊어 읽으면 문장의 구조가 잘 보여 이해하기 쉽습니다.
나눠진 문장을 보면서 주어와 동사의 위치가 어떻게 바뀌는지 확인하면서
문장을 읽어 보세요.

Few topics seem to rile up people in the West as much as political correctness.

정치적 올바름에 대한 논의만큼 서구 사람들의 신경을 거슬리게 하는 것은 거의 없는 것 같다.

01 **Few topics seem**
▶ (~한 주제는) 거의 없는 것 같다

02 **to rile up people in the West**
▶ 서구 사람들의 신경을 거슬리게 하다

03 **as much as**
▶ ~만큼 많이

04 **political correctness.**
▶ 정치적 올바름

political correctness는 어떤 단어 자체에서 느껴지는 차별, 편견의 뉘앙스로 인해 그 단어를 피하는 것을 말합니다. political correctness 외에 문장에서 핵심이 되는 부분은 few topics입니다. a few라고 하면 단순히 '몇 개의'라는 뜻을 가지게 되지만 그저 few만 쓸 경우 '거의 없는'이라는 부정적인 뉘앙스를 가지게 됩니다.

rile up은 '화나게 하다', '신경을 거슬리게 하다', '짜증나게 하다'라는 의미입니다.

The topic of religion seems to rile people up.
▶ 종교라는 주제는 사람들의 신경을 거슬리게 하는 것 같다.

Helpful Tip!

correctness : 정확함, 올바름

religion : 종교

Power up reading

영어 문단을 읽고 해석해 보는 시간입니다. 단어나 문법뿐만 아니라 실생활에서 사용되는 영어 텍스트와 친숙해짐으로써 영어에 대한 두려움을 극복해 보세요. 아래 문단을 천천히 읽고 스스로 먼저 해석해 본 후, 밑에 있는 해석을 확인해 보세요.

The Farmer and the Stork

농부와 황새

A group of cranes asked a trustworthy stork to visit a new field with them, but things ended badly when all of the birds were captured in a farmer's net. The stork begged the farmer to spare him. "Please let me go," he pleaded. "I belong to the stork family who you know are honest, good birds. Besides, I did not know the cranes were going to steal." "You may be a very good bird," answered the farmer, "but I caught you with the thieves, so you will have to get the same punishment as them." You are judged by the company you keep.

두루미 무리가 믿음직한 황새에게 함께 새로운 논으로 함께 나들이를 가자고 했습니다. 하지만 모두 농부의 그물에 걸리면서 상황이 좋지 않게 끝났습니다. 황새는 농부에게 살려달라고 애원했습니다. "제발 보내 주세요. 저는 당신이 정직하고 착하다고 알고 있는 황새입니다. 게다가, 나는 두루미들이 도둑질을 할 줄 몰랐습니다." 이 간청에 농부가 답했습니다. "당신이 좋은 새일 수도 있소. 하지만 도둑과 함께 잡히지 않았소? 그럼 도둑과 같은 벌을 받아야 할 것이오." 친구를 보면 그 사람의 됨됨이를 알 수 있다는 말이 있듯이, 당신은 함께 다니는 친구들에 따라 평가됩니다.

Power up reading

영어 문단을 읽고 해석해 보는 시간입니다. 단어나 문법뿐만 아니라 실생활에서 사용되는 영어 텍스트와 친숙해짐으로써 영어에 대한 두려움을 극복해 보세요. 아래 문단을 천천히 읽고 스스로 먼저 해석해 본 후, 밑에 있는 해석을 확인해 보세요.

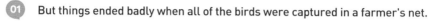

01 **But things ended badly when all of the birds were captured in a farmer's net.**

▶ 하지만 모두 농부의 그물에 걸리면서 상황이 좋지 않게 끝났습니다.

things end badly는 일이 잘못되었을 때 사용하는 표현입니다. 황새는 곡식을 훔치러 가는 지도 몰랐고, 두루미들은 새로운 논에 곡식을 맛있게 먹고 돌아갈 상상을 했을 것입니다. 그런데 모든 새가 were captured in a farmer's net, 농부의 그물에 잡혀 버리며 이 행복한 나들이가 안 좋게 끝난 것입니다.

예문 **Things ended badly between Tom and Sally, and now they don't even talk.**

▶ 톰과 샐리는 사이가 나빠져서, 지금은 서로 말도 하지 않는다.

02 **The stork begged the farmer to spare him.**

▶ 황새는 농부에게 살려달라고 애원했습니다.

spare는 기본적으로 '남는', '여분의'라는 뜻을 가지고 있습니다. Please, spare me!라고 하면 살려달라는 의미입니다.

예시

spare key ▶ 여분의 열쇠

spare room ▶ 남는 방

spare clothes ▶ 여분의 옷

spare time ▶ 여가 시간

이러한 spare의 의미가 확장되어 시간이나 돈을 '할애하다'라는 뜻으로 사용할 수 있습니다. 누군가를 위해서 시간을 '내는' 것, 가지고 있는 돈 중에서 얼마를 떼어 내어 다른 사람에게 '내어 주는' 것입니다.

Can you spare me some time?

▶ 시간 좀 내어 주실 수 있나요?

시간과 돈뿐만이 아니라 사람을 spare 할 수도 있습니다. 이때 불쾌한 일을 '모면하게 하다', '겪지 않아도 되게 하다'라는 뜻을 가지게 됩니다. 이 뜻이 맥락에 따라 '살려주다'라고 풀이가 되는 것이죠.

Spare me the details. I've watched that awful movie before!

▶ 더 이상 말 안 해도 돼. 나도 그 끔찍한 영화를 본 적이 있어!

Helpful Tip!

trustworthy : 신뢰할 수 있는, 믿음직한

honest : 정직한, 솔직한, 정직해 보이는

company : 동료, 친구들, 일행, 회사

punishment : 벌, 처벌, 형벌

당신의 뇌를 해킹하라!

Hack your brain!

최고의 순간은 그냥 찾아오지 않는다

몰입에 대한 연구의 대가, 미하이 칙센트미하이는 몰입을 일종의 무아지경 상태에 빠지는 것과 비슷하다고 설명합니다. 몰입에 빠지면 자신이 가진 능력보다 훨씬 놀라운 결과를 이룰 수 있을 뿐만 아니라 온전히 집중하는 경험은 그 자체가 즐거움이 될 수 있습니다. 그리고 이 즐거움은 행복으로 이어집니다.

그렇다면 우리는 행복에 대해 착각하고 있을지 모릅니다. 은퇴한 후에 아무것도 하지 않는 휴식의 시간을 행복한 시간으로 꿈꾸는 사람이 많지만, 사실 인생 최고의 순간들은 수동적인 상황에서 생기지 않습니다. 즐거움은 아무것도 하지 않을 때가 아니라, 어떤 일에 열정을 다해 적극적으로 참여할 때 따라옵니다.

한 가지 주의할 것은 어떤 일을 할 때 초보자 수준에서는 몰입이 일어나지 않는다는 것입니다. 초보자일 때는 힘들어도 직접 부딪혀가면서 연습하는 수밖에 없습니다. 고통을 피하지 않고 과제를 해결하는데 몰두하다 보면 몰입의 순간은 자연스럽게 찾아옵니다.

칙센트미하이는 최고의 순간을 이렇게 설명합니다. "최고의 순간은 까다롭고 노력할 만한 가치가 있는 무언가를 성취하기 위해 자발적으로 자신의 신체 혹은 마음을 한계 수준까지 확장할 때 찾아온다."

핵심 문장

Pleasure comes not when you do nothing, but when you are passionately and actively engaged in something.

▶ 즐거움은 아무것도 하지 않을 때가 아니라, 어떤 일에 열정을 다해 적극적으로 참여할 때 따라옵니다.

핵심 표현

not A but B : A가 아니라 B

engage in : 참여하다, 관여하다

참고 : 《FLOW》 I 칙센트미하이 I 한울림

《달리기, 몰입의 즐거움》 I 칙센트미하이 I 샘터(샘터사)

Week 37

Read it out loud

기억하면 좋은 문장을 따라 읽고, 암기해 보는 시간입니다.
아래 문장을 크게 소리 내서 읽어 보세요.

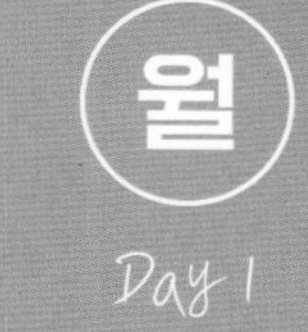

Don't make a fuss about it.
호들갑 떨지 마.

사소한 일에 과도하게 반응하는 것을 make a fuss라고 합니다. fuss는 '소란스럽게 하다', '야단법석을 치다'라는 뜻으로 make a fuss는 호들갑을 떨거나 과할 정도로 흥분하는 사람을 묘사할 때 쓸 수 있습니다. 부정적인 뉘앙스도 있지만, 농담 할 때도 가볍게 자주 사용하는 표현이기도 합니다

I just cut my hand a little. It's not bleeding, and it doesn't hurt at all. So please don't make a fuss about it.

▶ 손을 조금 베었을 뿐이고, 피도 안 나고, 아프지도 않아. 그러니까 제발 호들갑 좀 떨지마.

Miguel made a fuss about his son's bad exam result.

▶ 미구엘은 아들의 안 좋은 성적에 대해서 소란스럽게 화를 냈다.

Helpful Tip!

cut one's hand : 손을 베다, 베이다 **result :** 결과

Enrich your vocabulary

자주 쓰이는 유익한 단어를 배워 보는 시간입니다. 하루에 단어 하나씩만 외워도
일주일이면 7개, 한 달이면 30개의 단어를 외울 수 있겠죠?
오늘 배울 단어는 다음과 같습니다.

[Propensity
(특정한 행동을 하는) 경향, 성향]

propensity는 '경향'을 뜻합니다. 특정 행동을 자주 하거나 타고난 어떤 성향을 가지고 있을 때 사용할 수 있습니다. propensity와 비슷한 뜻을 가진 단어로는 tendency가 있습니다.

예문 **Tucker and his family have a propensity to talk too much.**

▶ 터커와 그의 가족은 말을 너무 많이 하는 경향이 있다.

예문 **There is a growing propensity among Koreans to invest in the stock market.**

▶ 한국인들 사이에 주식시장에 투자하는 경향이 커지고 있다.

예문 **Vanessa has a propensity to buy impulsively when stressed.**

▶ 바네사는 스트레스를 받으면 충동 구매를 하는 경향이 있다.

Helpful Tip!

invest : 투자하다

impulsive : 충동적인

Remember this expression

영어에서 자주 쓰이는 핵심 표현을 배우고, 응용해 보세요.하나를 배우면 자유자재로 적용할 수 있습니다. 오늘 배울 표현은 무엇인지 살펴볼까요?

At the risk of
~의 위험을 무릅쓰고

어떤 질문을 하기 전에 바보처럼 들릴 수도 있지 않을까 망설인 적 있으신가요? 이 때문에 '바보 같은 질문일 수도 있지만...' 이라고 양해를 구하며 질문을 시작하는 경우도 있습니다. at the risk of sounding stupid는 풀이하면 '바보 같이 들릴 위험을 무릅쓰고 (질문하겠습니다)'라는 뜻입니다. at the risk of는 '~의 위험을 무릅쓰고'라는 뜻을 가진 숙어로 일반적으로 어떤 위험을 감수할 때 쓸 수 있습니다.

예문 **At the risk of sounding stupid, can I ask what the capital of your country is?**

▶ 바보 같은 질문 일수 있지만, 당신 국가의 수도가 어디인지 물어봐도 될까요?

예문 **At the risk of catching a cold, I went swimming at the beach in December.**

▶ 감기에 걸릴 위험을 무릅쓰고, 나는 12월에 해변에서 수영을 했다.

비슷하게 생긴 표현으로 at your own risk가 있습니다. 다치거나 문제가 생겨도 스스로 다 책임져야 한다는 뜻으로, 경고할 때 주로 사용하는 표현입니다.

예문 **You can gamble at your own risk.**

▶ 본인의 책임하에 도박을 할 수는 있다.

Helpful Tip!

sound stupid : 바보 같이 들리는, 바보 같은 **catch a cold :** 감기에 걸리다

Day 4

Divide and conquer

길고 어려운 영어 문장을 짧게 끊어 읽으면 문장의 구조가 잘 보여 이해하기 쉽습니다.
나눠진 문장을 보면서 주어와 동사의 위치가 어떻게 바뀌는지 확인하면서
문장을 읽어 보세요.

Kelsey no longer dreams about gorging on artificial health foods, but she still has the occasional anxiety dream about her size.

켈시는 인공 건강식품을 잔뜩 먹는 꿈은 더 이상 꾸지 않지만, 여전히 가끔씩 신체 사이즈에 대한 불안한 꿈을 꾸고 있다.

01 **Kelsey no longer dreams**
▶ 켈시는 더 이상 꿈을 꾸지 않는다

02 **about gorging on artificial health foods,**
▶ 인공 건강식품을 잔뜩 먹는 것에 대한

03 **but she still has the occasional anxiety dream**
▶ 하지만 켈시는 여전히 가끔씩 불안한 꿈을 꾼다

04 **about her size.**
▶ 그녀의 신체 사이즈에 대한

health food는 단순히 건강한 음식이 아니라 특별히 건강을 증진시키기 위한 음식, 혹은 건강식이라고 해석할 수 있습니다. gorge는 '잔뜩 무언가를 먹다'는 뜻입니다. 앞에 놓인 많은 음식을 게걸스럽게 먹어 치우는 모습을 말합니다.

Leila gorged on the pizza her friend brought.
▶ 레일라는 친구가 가져온 피자를 게걸스럽게 먹었다.

Helpful Tip!

artificial : 인위적인, 거짓된

occasional : 가끔의

Power up reading

영어 문단을 읽고 해석해 보는 시간입니다. 단어나 문법뿐만 아니라 실생활에서 사용되는 영어 텍스트와 친숙해짐으로써 영어에 대한 두려움을 극복해 보세요. 아래 문단을 천천히 읽고 스스로 먼저 해석해 본 후, 밑에 있는 해석을 확인해 보세요.

The Sheep and the Pig

양과 돼지

One day, a shepherd discovered a fat pig in the meadow. He quickly captured the pig, which squealed at the top of its lungs the moment the shepherd laid his hands on it. The sheep in the meadow were very surprised and amused at the pig's behavior. "What makes you squeal like that?" asked one of the sheep. "The shepherd catches and carries one of us off very often, but we'd feel very ashamed making such a terrible fuss about it like you did." "That's fine," replied the pig. "When he catches you, he is only after your wool, but he wants my bacon!" It is easy to be brave when there is no danger.

어느 날, 한 양치기가 초원에서 뚱뚱한 돼지를 발견했습니다. 양치기는 빠르게 돼지를 잡았고, 양치기의 손이 닿자마자 돼지는 목청껏 소리를 냈습니다. 초원의 양들은 돼지의 행동에 매우 놀라며 흥미로워했습니다. "왜 그렇게 꽥꽥거리니?" 양 한 마리가 물었습니다. "우리도 양치기가 항상 한 마리씩 잡아가지만 우리는 너처럼 부끄럽게 호들갑 떨지는 않아." 돼지가 대답했습니다. "그건 괜찮지! 양치기가 너희를 잡아가는 것은 양털을 위한 것이지만, 나를 잡아가는 것은 나를 잡아먹기 위한 거라고!" 위험에 처하지 않았을 때 용감하기는 쉽습니다.

01 The sheep in the meadow were very surprised and amused at the pig's behavior.

▶ 초원의 양들은 돼지의 행동에 매우 놀라워하며 흥미로워했습니다.

amuse는 '즐겁게 하다', '즐거운 시간을 갖게 해주다'라는 뜻입니다. 긍정적인 관심을 가지고 흥미로워하는 정도도 amuse라 할 수 있습니다.

Power up reading

영어 문단을 읽고 해석해 보는 시간입니다. 단어나 문법뿐만 아니라 실생활에서 사용되는 영어 텍스트와 친숙해짐으로써 영어에 대한 두려움을 극복해 보세요. 아래 문단을 천천히 읽고 스스로 먼저 해석해 본 후, 밑에 있는 해석을 확인해 보세요.

I'll have to find a way to amuse myself for a few hours while waiting for the plane.

▶ 비행기를 기다리며 몇 시간 동안 즐겁게 시간을 보낼 방법을 찾아야 해요.

We'd feel very ashamed making such a terrible fuss about it like you did.

▶ 우리는 너처럼 부끄럽게 호들갑 떨지는 않아.

We would feel very ashamed.라고 하면 '우리는 매우 부끄러울 것이다'라는 의미이며 부끄러운 일을 하고도 당당한 사람을 볼 때 사용할 수 있습니다.

I can't believe the teacher told me to come to school just because my son punched another kid.

▶ 내 아들이 다른 애 때린 일로 선생님이 나보고 학교에 찾아오라고 한 게 믿기지 않네.

Well, I would feel very ashamed.

▶ 글쎄, 내가 너라면 엄청 부끄러울 것 같은데.

Helpful Tip!

wool : 양털

at the top of one's lungs : 목청껏, 목청이 터지도록 소리를 지르다, 악을 쓰다

MAKE

Make your bed every morning.

매일 아침 침구를 깨끗하게 정리해라.

make는 '만들다'라는 뜻을 가지고 있습니다. 하지만 조금 더 정확하게는 '목표 실현을 위한 행위', '무언가를 완성하기 위한 작업'라는 느낌으로 make를 설명할 수 있습니다. 우리가 무언가를 만드는 것은 어떠한 결과, 목표를 이루기 위한 것이죠. 이를 위 문장에 적용하면 '침대의 완전함을 이루기 위한 행동'을 하는 것입니다. 즉, make the bed는 '침대를 완전한 상태로 만들다'라는 뜻이 됩니다. 침구를 깨끗하게 정리하는 것이죠.

make를 볼 때, 목표 실현과 목표 추구를 기억하세요. 이러한 의미로부터 make는 '어떤 행동을 하게 만들다', '무엇을 이루어지게 하다' 등의 다양한 표현으로 확장될 수 있습니다. 구체적인 예시를 살펴볼까요?

make의 첫 번째 뜻

만들다

재료를 섞어서 무언가를 만드는 모습을 make로 나타낼 수 있습니다. 음식이나 DIY 가구같이 재료를 이렇게 저렇게 조립해서 완성하는 행위를 상상하세요. make를 쓸 때는 만드는 행위의 목적, 즉 완성된 결과물에 대한 언급이 이루어집니다.

예문

I made two cups of coffee.

▶ 나는 커피를 두 잔 만들었다.

아침에 출근했는데 너무 피곤해서 커피 한 잔으로는 잠이 안 깰 것 같아요. 그래서 커피 두 잔을 내렸어요. 커피 머신에 컵을 놓고 커피를 내리는 장면을 떠올려 보세요. 이 행위는 커피를 완성하기 위한 make라고 볼 수 있습니다.

MAKE

예문

This bag is made in Italy.

▶ 이 가방은 이탈리아에서 만들어졌다.

Made in China. Made in Korea. Made in Italy. 아마 우리가 가장 많이 접하는 make의 표현이 아닐까 싶습니다. 전 세계적으로 사용되는 문구이기도 하죠. 이 표현 역시 '이 완성품이 어느 국가에서 만들어졌다'라는 뜻이 있습니다. 위 예시에서는 가방을 완성하기 위한 작업이 in Italy, 이탈리아에서 이루어진 것으로도 이해할 수 있습니다.

make의 두 번째 뜻

(추상적인) 만들다

첫 번째 뜻에서는 결과물을 염두에 두고 행동을 했다면 여기서는 결과를 보고 행동에 대해 이야기하는 것입니다. 추상적인 개념이나 결정 등을 make 하는 것인데요, 이때 make는 '어떠한 결과를 만들어 내는 행동을 하다'로 이해할 수 있습니다.

예문

We all make mistakes. So, cheer up.

▶ 누구나 실수라는 결과를 만드는 행동을 해. 그러니 기운 내.

➜ 누구나 실수를 해. 그러니 기운 내.

회사에서 신입사원이 작은 실수를 하나 했어요. 근데 너무 풀이 죽은 모습이 안타깝습니다. make mistakes는 '실수를 만들다'로 직역됩니다. 실수라는 결과가 있었고, 그 결과를 만든 원인이 있었습니다. 원인된 행동이 실수를 make 한 것이지요. 따라서 make mistakes는 '실수를 했다'라고 풀이할 수 있습니다.

MAKE

예문

Thank you for the present. You made my day.

▶ 선물 고마워, 네가 내 하루를 만들었어.

➜ 선물 고마워, 네 덕분에 참 행복한 하루였어.

make one's day는 '하루를 행복하게 완성하다'라는 의미입니다. 친구에게 깜짝 선물을 받거나 예상치 못하게 엄청나게 맛있는 음식을 먹었을 때처럼 어떤 기분 좋은 일이 일어나 나의 하루를 기쁨으로 충만하게 만드는 것입니다. 나의 하루(day)를 행복하게 만들고 완성한 (make) 것이죠. 많이 사용하는 표현이니 잘 기억해 두세요.

make의 세 번째 뜻

행동을 하게 만들다

무언가를 완성하기 위한 행위를 나타내는 make를 이용해 '어떠한 행위를 하게 만들다'라는 표현도 가능합니다. 이렇게 사용되는 make는 강제성을 띠게 되는데요, 상대가 원하지 않아도 무언가를 하도록 하는 결과를 이루어 낸 것이기 때문입니다.

예문

My boss made me go on a business trip.

▶ 팀장이 나를 출장을 가게 만들었어.

가기 싫은 출장을 가게 되었습니다. make someone + 무엇은 '누군가가 ~를 하게 만들다'라는 뜻으로 사실상 당사자의 의사는 고려되지 않는 상황이라고 할 수 있습니다. 이런 강제성이 긍정적으로 표현될 때도 있습니다.

MAKE

예문

Don't worry, I will make it happen.

▶ 걱정하지 마, 내가 그것이 이루어지도록 만들게.

➜ 걱정하지 마, 내가 되게 할게.

갑자기 중요한 고객사와 당장 내일 아침에 미팅을 진행해야 하는 상황입니다. 자료를 준비해야 하는데 시간도 촉박하고 마음이 급하네요. 하지만 어쩌나요? 중요한 미팅이니 밤을 새워서라도 미팅 자료를 만들어야죠.

이때 I will make it work, '제가 되게 하겠습니다'라고 말할 수 있습니다. make it work, '그것이 되게 만들다', make it happen '그것이 이루어지게 만들다', 즉 '되게 하다'는 이렇게 무언가를 이루기 어려운 상황에 다짐하는 듯한 표현으로 사용됩니다.

make의 네 번째 뜻

해내다, 이르다, 가다

make는 어딘가에 가다, 이르다, 해내다 등의 표현이 가능합니다. 오늘 스케줄이 너무 빡빡해서 동창회에 못 온다고 했던 친구가 갑자기 동창회에 '짠' 하고 나타난 것처럼요.

예문

You made it! I heard you are busy today.

▶ 해냈구나! 오늘 바쁘다고 들었는데.

➜ 왔구나! 오늘 바쁘다고 들었는데.

made it은 어려운 것을 '해냈다'라는 뜻을 가집니다. 목표 완수를 위한 행위가 make이기 때문에 made it이라고 하면 '목표를 만들어 내기 위한 행위를 완수했다', 즉 이미 결과를 완성했으니 '해냈다!'라고 할 수 있는 것이죠. 그렇기 때문에 You made it!은 '너 해냈구나'라고 풀이가 됩니다.

MAKE

예문

Congratulations! I heard you made it to the finals.

▶ 축하해요! 결승까지 해냈다는 소식을 들었어요.

➜ 축하해요! 결승까지 갔다는 소식을 들었어요.

➜ 축하해요! 결승전에 올라갔다는 소식 들었어요.

결승전까지 올라가는 것은 어려운 일입니다. 그렇기 때문에 You made it to the finals, '결승까지 해냈구나' 라고 말하는 것입니다.

동사 make에 대해 배워 보았습니다. 새로운 언어를 사용하는 데 익숙해지려면 그 언어를 사용하는 환경을 자주 접해서 꾸준히 연습하는 것이 중요합니다. 이따금 내가 외국에 있다 상상하면서 '이런 상황에는 어떻게 영어로 물어볼까?' 하며 떠올려 보는 것도 좋은 방법입니다. 그럼 모두 영어와 친해지는 그 날까지 Don't give up, you can make it! 포기하지 마세요! 해낼 수 있어요!

Week 38

Read it out loud

기억하면 좋은 문장을 따라 읽고, 암기해 보는 시간입니다.
아래 문장을 크게 소리 내서 읽어 보세요.

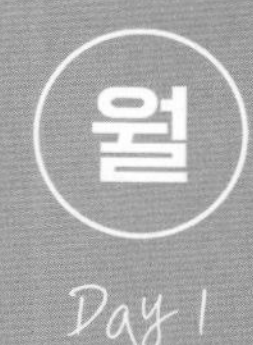

Don't add fuel to the fire.

불난 집에 부채질하지 말아라.

미용실에서 새로 한 파마가 마음에 들지 않은데, 남동생이 놀립니다. 안그래도 기분이 안 좋은데 동생이 불난 집에 부채질을 하네요. Don't add fuel to the fire! 는 '불난 곳에 기름을 붓다' 라는 뜻으로 이런 상황에서 쓸 수 있는 표현입니다.

The principal's comments added fuel to the fire by making parents more upset.

▶ 교장 선생님의 발언은 부모님들을 더 화나게 함으로써 불난 집에 부채질하는 격이 되었다.

The government added fuel to the inflationary fire through a series of ineffective policies.

▶ 정부는 실효성이 없는 정책들을 통해 인플레이션이라는 불에 기름을 부었다.

Helpful Tip!

inflationary : 인플레이션에 의한

ineffective : 효과 없는, 효과적이지 못한

Enrich your vocabulary

자주 쓰이는 유익한 단어를 배워 보는 시간입니다. 하루에 단어 하나씩만 외워도 일주일이면 7개, 한 달이면 30개의 단어를 외울 수 있겠죠? 오늘 배울 단어는 다음과 같습니다.

Consistent
일관된

한결같은 사람이 있습니다. 매일 아침 5시에 일어나고, 일하다가 정해진 시간에 밥 먹고 산책하고, 10시가 되면 어김없이 잠자리에 듭니다. 철학자 칸트의 이야기입니다. 그는 몇십 년 동안 마치 시계를 맞춰 놓은 것처럼 매일 똑같은 시간에 똑같은 일을 했다고 전해집니다. 매우 일관되며 예측 가능한 일상을 산 것이죠. 이처럼 한결같거나 일관된 사람이나 사물을 묘사할 때 consistent라는 말을 쓸 수 있습니다. 무언가를 꾸준히 하거나, 경기에서 꾸준히 좋은 성적 등을 냈을 때에도 consistent를 사용할 수 있습니다.

Kant was very consistent in carrying out his daily routine.

▶ 칸트는 일관성 있게 하루의 일정을 수행했다.

The result of this study is consistent with that of previous studies.

▶ 이 연구의 결과는 이전 연구 결과들과 일치한다.

Mary won an MVP award for her consistently outstanding performance this year.

▶ 올해 꾸준하게 뛰어난 활약을 보인 메리는 최우수 선수상을 받았다.

Helpful Tip!

consistently : 한결같이, 변함없이

outstanding : 뛰어난, 두드러진

Remember this expression

영어에서 자주 쓰이는 핵심 표현을 배우고, 응용해 보세요.하나를 배우면 자유자재로 적용할 수 있습니다. 오늘 배울 표현은 무엇인지 살펴볼까요?

[Bear fruit 결실을 맺다]

꾸준한 노력이 결실을 보는 것을 bear fruit이라고 합니다. 나무가 긴 인내의 시간을 거쳐 먹음직스러운 열매를 맺는 것을 상상해보세요. bear는 '견디다', '열매를 맺다', '아이를 낳다' 등의 의미가 있습니다. bear의 과거형은 bore라는 점, 기억해 주세요.

예문 **Jaxson's efforts finally bore fruit when he became a best-selling author.**

▶ 잭슨이 베스트셀러 작가가 되면서 그의 노력이 마침내 결실을 보았다.

예문 **Economic reforms championed by the President did not bear fruit.**

▶ 대통령이 옹호했던 경제 개혁은 결실을 맺지 못했다.

예문 **I am sure your hard work will bear fruit someday.**

▶ 나는 너의 노력이 언젠가 결실을 볼 거라고 생각해.

Helpful Tip!

economic reform : 경제 개혁

champion : 옹호하다, ~을 위해 싸우다

Divide and conquer

길고 어려운 영어 문장을 짧게 끊어 읽으면 문장의 구조가 잘 보여 이해하기 쉽습니다.
나눠진 문장을 보면서 주어와 동사의 위치가 어떻게 바뀌는지 확인하면서
문장을 읽어 보세요.

When the intestines contain the right balance of good and bad bacteria, our gut is in a state of symbiosis.

장에 유익균과 유해균이 적절한 비율로 있으면, 우리의 장은 공생 상태에 있는 것이다.

01 **When the intestines contain**

▶ 장에 ~이 있을 때

02 **the right balance of good and bad bacteria,**

▶ 유익균과 유해균의 알맞은 균형

03 **our gut is in a state of symbiosis.**

▶ 우리의 장은 공생 상태에 있다

아프리카 대륙에서는 소등쪼기새라는 새와 초식동물들이 공생관계를 이루고 있다고 합니다. 이 새는 초식동물의 등에서 진드기와 같은 먹이를 먹으며 높은 위치에서 적을 쉽게 식별할 수 있는 이점을 가지게 됩니다. 초식동물은 새들 덕분에 기생충에게서 벗어날 수 있죠. 이렇게 서로 공생하며 조화롭게 균형을 이루고 있는 상태를 symbiosis라고 합니다.

예문 **Bees live in symbiosis with flowers.**

▶ 벌은 꽃과 공생관계이다.

Helpful Tip!

intestine : 장

the right balance of A and B : A와 B의 알맞은 균형

Two Travelers and the Purse

두 나그네와 돈주머니

Two men were walking down a road together when one of them picked up a purse. "I'm so lucky!" he said. "I found a purse. Judging by its weight, it must be full of gold." The other man raised an eyebrow, thinking that travelers should share their good luck and bad luck throughout the journey. "You should say 'we have found a purse' and 'how lucky are we,'" said his companion. "No, no," replied the other angrily. "I found it, so I am going to keep it." Just then, they heard someone shout "Stop, thief!" and saw a mob of people armed with clubs coming down the road. The man who had found the purse began to panic. "We are doomed if they find us with the purse," he cried. "No, no," replied the other, "You would not say 'we' before, so now stick to your 'I'. Say 'I am doomed.'" We cannot expect anyone to share our misfortunes unless we are willing to share our good fortune also.

두 나그네가 길을 가고 있었는데 한 나그네가 땅에 떨어진 주머니를 발견했습니다. "내가 운이 참 좋네! 돈주머니를 찾다니. 무거운 거 보니까 금으로 가득한가 보네." 다른 나그네는 함께 여행하는 친구는 행운도 불운도 나눠야 한다고 생각했기 때문에 눈썹을 치켜들었습니다. "'우리가 주머니를 찾았어, 우리가 운이 좋군'이라고 해야지 않겠나?" 하지만 주머니를 찾은 나그네가 화를 내며 말했습니다. "아니, 아닐세. 내가 찾았으니 내가 가지겠네." 바로 그때 뒤에서 누가 소리쳤습니다. "도둑이야! 멈춰라!" 두 나그네는 몽둥이를 든 사람들이 길을 따라오고 있는 것을 보았습니다. 돈주머니를 발견한 나그네는 당황하며 말했습니다. "우리가 주머니를 들고 있다는 것을 본다면 우리는 망할 걸세." 그러자 다른 나그네가 답했습니다. "아니, 조금 전에 '우리'가 아니고 '나'라고 하지 않았나? 말 바꾸지 말게나. '내가 망했군'이라고 말해야지 않겠나." 다른 사람과 행운을 나눌 수 없다면, 다른 사람이 당신의 불운을 함께 나눌 것이라 기대하지 마세요.

Power up reading

영어 문단을 읽고 해석해 보는 시간입니다. 단어나 문법뿐만 아니라 실생활에서 사용되는 영어 텍스트와 친숙해짐으로써 영어에 대한 두려움을 극복해 보세요. 아래 문단을 천천히 읽고 스스로 먼저 해석해 본 후, 밑에 있는 해석을 확인해 보세요.

01 **Just then, they heard someone shout "Stop, thief!" and saw a mob of people armed with clubs coming down the road. The man who had found the purse began to panic.**

▶ 바로 그때 뒤에서 누가 소리쳤습니다. "도둑이야! 멈춰라!" 두 나그네는 몽둥이를 든 사람들이 길을 따라오고 있는 것을 보았습니다. 돈주머니를 찾았던 나그네는 당황하기 시작했습니다.

돈주머니를 발견한 일은 더 먼 과거이기 때문에 had + 과거분사가 사용되었습니다. begin to는 막 시작한 행동을 나타내며, '~하기 시작하다'라는 의미입니다.

My palms began to sweat when I walked out on stage.

▶ 무대 위로 올라서자, 손바닥에 땀이 나기 시작했다.

Power up reading

영어 문단을 읽고 해석해 보는 시간입니다. 단어나 문법뿐만 아니라 실생활에서 사용되는 영어 텍스트와 친숙해짐으로써 영어에 대한 두려움을 극복해 보세요. 아래 문단을 천천히 읽고 스스로 먼저 해석해 본 후, 밑에 있는 해석을 확인해 보세요.

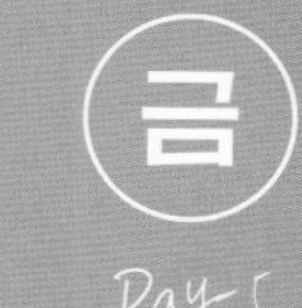

We cannot expect anyone to share our misfortunes unless we are willing to share our good fortune also.

▶ 다른 사람과 행운을 나눌 수 없다면 다른 사람들이 당신의 불운을 함께 나눌 것이라 기대하지 마세요.

expect는 '~을 기대하다'라는 말인데요, 적극적으로 무언가를 기대하는 것보다 더 포괄적으로 '당연하다고 전제하는' 행위에도 expect를 사용합니다.

Don't expect people to be nice to you.

▶ 다른 사람들이 당신을 예의 갖춰 대할 것이라 전제하지 말라.

Helpful Tip!

purse : 돈주머니, 지갑

weight : 무게, 체중

raised an eyebrow : (놀라서, 불쾌해서) 한쪽 눈썹을 치켜 올리다

journey : 여행

mob : 폭력을 휘두를 것 같은 군중, 무리

club : 곤봉, 몽둥이

panic : 명 극심한 공포, 공황, 공황 상태
동 겁에 질려 어쩔 줄 모르다

doom : 죽음, 파멸, 비운

당신의 뇌를 해킹하라!

Hack your brain!

재미없는 일에서 재미를 만들 수 있다는 전문가의 조언

'재미'를 연구하는 이언 보고스트 교수는 '재미는 한 사람이 어떤 일에 성실하게 임해 기력을 탈진했을 때의 소산물'이라고 합니다. 즉, 사람들이 재미를 못 느끼는 이유는 그 일에 진지하게 임해서가 아니라 충분히 진지하게 임하지 않았기 때문이라고 설명하고 있습니다. 그리고 이에 따라 귀찮은 일도 재미있게 만드는 방법이 있다고 합니다. 어떤 일을 이렇게까지 할 필요가 있을까 싶을 정도로 그 일에 관심을 기울여 보는 것이죠.

보고스트 교수는 잔디 깎는 일을 예로 듭니다. 이 귀찮은 일을 재미있게 만들기 위해 잔디의 성장 과정과 잔디 관리법 등, 이렇게까지 할 필요가 있을까 싶을 정도로 그 일에 관심을 기울여 보는 것입니다. 그러면 시시함을 느끼던 익숙한 일에서 전에 보지 못했던 흥미로운 도전 과제를 찾을 수 있게 된다고 말하고 있습니다.

즉, 재미를 찾으려면 새로움을 찾아 호기심을 유발하면 됩니다. 호기심은 내가 아는 것 중에 '모르지만 흥미로운 어떤 것'을 찾아내는 것인데요, 어떤 일을 이렇게까지 할 필요가 있을까 싶을 정도로 그 일에 관심을 기울여 보세요. 결국 재미란 대상에게서 남들이 보지 못하는 가변성을 찾는 것입니다.

핵심 문장

It's about paying so much attention to something that you wonder if it's even necessary to do something like that.

▶ 어떤 일을 이렇게까지 할 필요가 있을까 싶을 정도로 그 일에 관심을 기울여 보는 것이죠.

핵심 표현

pay attention to : 주의를 기울이다, 집중하다

참고 : 《초집중》 I 니르 이얄 저 I 로크미디어

Week 39

Read it out loud

기억하면 좋은 문장을 따라 읽고, 암기해 보는 시간입니다.
아래 문장을 크게 소리 내서 읽어 보세요.

Poke one's nose into everything
모든 일에 참견하다

새로운 곳으로 이사를 했습니다. 이웃이 반가운 인사를 건네며 이것저것 조언을 해줍니다. 고마움을 느끼는 것도 잠시, 계속해서 사소한 일들까지 참견하기 시작합니다.

이렇게 모든 일에 참견하는 사람을 보고 poke one's nose into everything 한다고 합니다. poke는 '찌르다'라는 뜻인데요, 남의 집 문을 빼꼼히 열고 뾰족한 코를 들이미는 사람을 상상해 보세요. everything 외에도 참견하는 것이 무엇인지 맥락에 따라 응용할 수 있습니다.

예문 **The lady next door pokes her nose into others' business.**

▶ 옆집에 사는 여성은 다른 사람들의 일에 쓸데없이 참견한다.

예문 **My father pokes his nose into everything I do.**

▶ 아버지는 내가 하는 모든 일에 참견한다.

예문 **Sarah doesn't like people who poke their noses into her family affairs.**

▶ 사라는 그녀의 가족사에 쓸데없이 참견하는 사람들을 싫어한다.

Helpful Tip!

affair : 문제, 사건

poke : 쿡쿡 찌르다

자주 쓰이는 유익한 단어를 배워 보는 시간입니다. 하루에 단어 하나씩만 외워도
일주일이면 7개, 한 달이면 30개의 단어를 외울 수 있겠죠?
오늘 배울 단어는 다음과 같습니다.

Day 2

[Stifle 억압하다]

무언가를 억누르거나 억압하는 것을 영어로 stifle한다고 합니다. 긴 호스에서 나오는 물을 두 손으로 막으려는 걸 상상해 보세요. 하품, 기침, 웃음 등 사소한 것부터 시작해서 더 추상적이고 무게감 있는 개념에도 적용할 수 있습니다. 비슷한 단어로 '억압하다'를 뜻하는 suppress가 있는데 같이 알아두면 좋습니다.

예문 **I tried to stifle my yawn during the first meeting.**

▶ 나는 첫 미팅에서 하품을 참으려고 노력했다.

예문 **Preston tried to stifle his laughter when his boss's wig fell off.**

▶ 프레스턴은 상사의 가발이 벗겨졌을 때 웃음을 참으려고 노력했다.

예문 **The police used violence when trying to stifle the protest.**

▶ 경찰은 시위를 진압하기 위해 폭력을 사용했다.

Helpful Tip!

yawn : 하품
wig fell off : 가발이 떨어지다
violence : 폭력, 폭행
protest : 항의하다, 반대하다

Remember this expression

영어에서 자주 쓰이는 핵심 표현을 배우고, 응용해 보세요. 하나를 배우면 자유자재로 적용할 수 있습니다. 오늘 배울 표현은 무엇인지 살펴볼까요?

[As a rule of thumb 경험에 비추어 볼 때]

이렇게 경험에 기반해서 무언가를 얘기할 때 as a rule of thumb, '경험의 법칙에 의하면'이라는 표현을 씁니다. rule of thumb는 과학적인 결과나 모두가 동의하는 규칙에 입각해서 이야기하는 것이 아니라 축적된 경험에 의해서 알게 된 법칙 같은 것입니다. '어림잡아서'로도 해석할 수 있습니다. 자가 없을 때 임시방편으로 엄지손가락을 사용해 무언가의 길이를 대략 가늠해보는 모습을 떠올려 보세요.

예문 **As a rule of thumb, the ratio of rice and water should be 1:1 when using the rice cooker.**

▶ 내 경험상, 밥솥을 사용할 때, 물과 쌀의 비율은 대략 1:1 정도가 되어야 한다.

예문 **As a rule of thumb, drink a glass of water every hour when you travel.**

▶ 경험에 비추어 보건대, 여행할 때는 매시간마다 한 컵의 물을 마셔야 한다.

예문 **As a rule of thumb, five pages should be enough for the monthly report.**

▶ 경험에 비추어 보면, 월간 보고서는 다섯 장 정도가 적당하다.

Helpful Tip!

ratio : 비율

every hour : 매 시간

Divide and conquer

길고 어려운 영어 문장을 짧게 끊어 읽으면 문장의 구조가 잘 보여 이해하기 쉽습니다.
나눠진 문장을 보면서 주어와 동사의 위치가 어떻게 바뀌는지 확인하면서
문장을 읽어 보세요.

[**Research has shown that sleep plays an irreplaceable role in maintaining mental health and helping us process painful memories.**

연구 결과는 잠을 자는 것이 정신 건강을 유지하고, 아픈 기억을 처리하는 데 있어 대체 불가능한 역할을 한다는 것을 보여 주었다.]

01 **Research has shown**

▶ 연구 결과는 보여 주었다

02 **that sleep plays an irreplaceable role**

▶ 잠이 대체할 수 없는 역할을 한다는 것을

03 **in maintaining mental health**

▶ 정신 건강을 유지하는 데

04 **and (in) helping us process painful memories.**

▶ 그리고 우리가 아픈 기억을 처리하도록 도와주는 데

위 문장은 잠이 두 가지의 대체할 수 없는 역할을 한다고 합니다. 첫째, maintaining mental health, 둘째, helping us process painful memories 두 부분 모두 -ing가 들어간 동명사가 나와서 '~하는 것'이라는 뜻으로 쓰였습니다.

Avoiding the problem is not a wise thing to do.

▶ 문제를 회피하는 것은 현명한 태도가 아니다.

Helpful Tip!

irreplaceable : 그 무엇으로도 대체할 수 없는

mental health : 정신 건강

Power up reading

영어 문단을 읽고 해석해 보는 시간입니다. 단어나 문법뿐만 아니라 실생활에서 사용되는 영어 텍스트와 친숙해짐으로써 영어에 대한 두려움을 극복해 보세요. 아래 문단을 천천히 읽고 스스로 먼저 해석해 본 후, 밑에 있는 해석을 확인해 보세요.

The Lion and the Donkey
사자와 당나귀

One day, as a lion walked proudly through the forest, and the animals respectfully made way for him, someone made a rude remark behind him. The lion felt a flash of anger, but when he turned his head and saw that it was the donkey who had spoken, he quietly walked on. He would not honor the fool with even so much as a stroke of his claws. Do not resent the remarks of a fool. Ignore them.

어느 날, 사자가 당당히 숲을 거닐고 있고 다른 동물들은 공손히 길을 터주고 있을 때, 누군가 사자 뒤에서 무례한 말을 던졌습니다. 사자는 순간 화가 났지만 고개를 돌려 그 말을 한 것이 당나귀인 것을 본 후, 조용히 갈 길을 갔습니다. 사자는 바보를 발톱으로 한 번 혼내 줄 가치도 없다고 여겼습니다. 바보의 말에 연연하지 마세요. 그냥 무시하세요.

01 **The lion felt a flash of anger, but when he turned his head and and saw that it was the donkey who had spoken, he quietly walked on.**

▶ 사자는 순간 부아가 치밀어 올랐지만, 고개를 돌려 그 말을 한 것이 당나귀라는 것을 본 후에는 조용히 갈 길을 갔습니다.

Power up reading

영어 문단을 읽고 해석해 보는 시간입니다. 단어나 문법뿐만 아니라 실생활에서 사용되는 영어 텍스트와 친숙해짐으로써 영어에 대한 두려움을 극복해 보세요. 아래 문단을 천천히 읽고 스스로 먼저 해석해 본 후, 밑에 있는 해석을 확인해 보세요.

flash는 '번쩍임', '비추다'의 뜻을 가진 단어입니다. 여기서는 번개가 '번쩍'하는 것과 같은 '한 순간'을 뜻합니다. 사자도 순간 화가 났지만 화낼 가치도 없는 당나귀인 것을 본 이후에는 갈 길을 갔지요. 이렇게 a flash of A라고 하면 A가 잠시 일어났다 사라진 것을 생각하면 됩니다.

예시

a flash of anger ▶ 불끈 치미는 화

a flash of hope ▶ 일말의 희망

a flash of wit ▶ 번뜩이는 기지

a flash of lighting ▶ 번개의 번쩍임

02 **He would not honor the fool with even so much as a stroke of his claws.**

▶ 사자는 바보를 발톱으로 한 번 혼내 줄 가치도 없다고 여겼습니다.

honor the fool이라고 하면 말 그대로 '바보를 존경하다'라는 말이 되지만 여기서 honor는 '인정하다'라는 뜻에 더 가깝게 썼습니다. 사자가 당나귀의 말에 반응하게 되면 당나귀의 '의미 있음'을 인정하게 되는 것입니다. 그래서 당나귀를 본 사자는 '화를 낼 가치도 없는 것'이라 생각하면서 walk on, 갈 길을 갔습니다.

so much as는 '~조차도', '~까지도'를 뜻합니다. 보통 not과 함께 나와 '~조차 없다', '~도 없다'라는 뜻이 됩니다. 이 문장에서는 not이 앞부분에 나왔죠. 또 여기에 even을 덧붙여 의미를 더 강조하게 되는데요, 당나귀는 한 대 맞을 가치도 없는 대상이라는 것입니다.

They left the house a mess without even so much as a 'sorry.'

▶ 그들은 집을 엉망으로 만들어 놓고 '미안하다'는 말 한마디조차 없이 떠났다.

Helpful Tip!

remark : 명 발언, 논평, 언급, 주목할 만함 동 발언하다, 논평하다, 언급하다

walk on : 계속 걷다, 짓밟다

stroke : 치기, 때리기

honor : 명 명예, 영예 동 존경하다, 공경하다, 예우하다, 존중하다

claw : 동물과 새의 발톱, 집게발

당신의 뇌를 해킹하라!

Hack your brain!

자신의 '대표 강점' 알아내는 확실한 방법

"너 자신을 알라"는 말은 이미 수없이 들어왔겠지만, 아무리 강조해도 부족할 만큼 중요한 말입니다. 자신에 대해 이해하는 것은 모든 시작의 첫 단추가 됩니다. '성공적인 커리어와 삶을 위해서 자신을 알아야 한다'고 강조한 피터 드러커는 다음과 같은 방법으로 자신의 강점을 찾을 것을 제안합니다.

01 어떤 일에 착수하거나 의사 결정을 할 때마다 스스로 기대하는 결과를 미리 적어두자.

02 나중에 나온 결과를 그 옆에 적자.

03 두 결과를 비교하고 분석하자.

일명 '피드백 분석'이라고 부르는 이 방법은, 자신이 기대하는 바와 실제 결과의 차이를 기록을 통해 확인할 수 있습니다. 핵심은 단순히 기록만 하는 것이 아니라 내가 생각하는 이상과 현실의 차이를 비교하고 분석하는 것입니다. 피터 드러커는 이 과정을 반복하면 체에 걸러지는 것처럼 자신의 강점을 찾아낼 수 있을 것이라고 말합니다. 자기 자신에 대한 데이터를 모아 분석하는 것이라 할 수 있습니다.

자신의 대표 강점을 알아낸 후에는 자신이 잘하는 일에 더 많은 시간을 투자하면 됩니다. 모든 것을 잘하는 사람은 없습니다. 자신의 강점을 확실하게 발휘할 뿐입니다.

핵심 문장

The phrase "know thyself" may have been heard countless times, but it is also so important that it cannot be emphasized enough.

▶ "너 자신을 알라"는 말은 이미 수없이 들어왔겠지만, 아무리 강조해도 부족할 만큼 중요한 말입니다.

핵심 표현

cannot be emphasized enough : 아무리 강조되어도 지나치지 않다

참고 : 《21세기 지식경영》 I 피터 드러커 저 I 한국경제신문사

《세상에서 가장 발칙한 성공법칙》 I 에릭 바커 저 I 갤리온

Week 40

Day 1

Read it out loud

기억하면 좋은 문장을 따라 읽고, 암기해 보는 시간입니다.
아래 문장을 크게 소리 내서 읽어 보세요.

[I have a sweet tooth. 나는 단 것을 좋아한다.]

sweet tooth는 '단것을 좋아하는 입맛'이라는 뜻입니다. 그래서 have a sweet tooth라고 하면 '단것을 좋아하다'가 됩니다. 단것을 많이 먹어서 치아에서 달콤한 향이 나는 모습을 상상해도 좋을 것 같습니다.

Randall has a sweet tooth. He cannot survive a day without eating a chocolate cookie.

▶ 란델은 단 것을 좋아한다. 초콜릿 쿠키를 먹지 않고는 하루도 못 버틴다.

Lucy had a sweet tooth when she was young. She had to get several teeth pulled as a result.

▶ 루시는 어렸을 때 단것을 매우 좋아했다. 그 결과 충치로 인해 여러 개의 치아를 뽑아야 했다.

I have a sweet tooth. I keep candy on my desk all the time.

▶ 나는 단 것을 좋아해서 책상에 항상 사탕류를 쟁여 놓는다.

Helpful Tip!

pull out : 빼내다, 나오다, 없애다

all the time : 항상

Enrich your vocabulary

자주 쓰이는 유익한 단어를 배워 보는 시간입니다. 하루에 단어 하나씩만 외워도
일주일이면 7개, 한 달이면 30개의 단어를 외울 수 있겠죠?
오늘 배울 단어는 다음과 같습니다.

Day 2

[Exacerbate 악화시키다]

허리를 다쳐 정형외과에 가서 엑스레이를 찍었는데 의사는 뼈에 아무런 문제가 없다고 합니다. 그러나 한 달이 지나도 통증이 계속되어 다른 병원을 찾아갔습니다. 의사가 엑스레이를 보더니, '척추뼈에 금이 갔는데, 이 상태로 계속 다니셨어요?'라며 놀랍니다. 첫 의사의 오진으로 척추의 상태가 돌이킬 수 없는 상태로 크게 악화되었습니다.

'악화시키다'를 영어로는 exacerbate라 합니다. 질병이나 열악한 상황이 다른 무언가로 인해 더 나빠지게 되었을 때 쓸 수 있습니다.

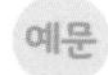

The doctor's wrong diagnosis exacerbated her spinal fracture.

▶ 의사의 오진은 그녀의 척추 골절을 더욱 악화시켰다.

예문 **The food shortage was exacerbated by the prolonged civil war.**

▶ 장기간의 내전으로 식량 부족이 더욱 악화되었다.

예문 **The forest fire exacerbated air pollution in the city.**

▶ 산불이 도시의 공기 오염을 더욱 악화시켰다.

Helpful Tip!

spinal : 척추의

shortage : 부족, 결핍

Remember this expression

영어에서 자주 쓰이는 핵심 표현을 배우고, 응용해 보세요. 하나를 배우면 자유자재로 적용할 수 있습니다. 오늘 배울 표현은 무엇인지 살펴볼까요?

At a loss for words
할 말을 잃다

'할 말을 잃다', '입이 떨어지지 않는다'를 영어로 at a loss for words라고 합니다. 감정이 북받쳐서 말을 잇지 못할 때, 머리가 멍해져서 아무 생각도 나지 않을 때, 충격을 받아서 무슨 말을 해야 할지 모를 때 등 여러 경우에 사용할 수 있습니다.

예문 I have thought of so many things I want to say, but now I'm at a loss for words.

▶ 하고 싶은 말을 많이 생각해 놨는데, 막상 입이 떨어지지 않네요.

예문 I was at a loss for words when I heard that I won first place in the competition.

▶ 대회에서 우승했다고 들었을 때 아무 말도 할 수 없었어요.

예문 Carla was at a loss for words when she found out that her neighbor had died in a car accident.

▶ 칼라는 이웃이 교통사고로 죽었다는 사실을 알게 됐을 때 아무 말도 하지 못했어요.

Helpful Tip!

win first place : 1위를 하다

find out : 발견하다, 알게되다

Divide and conquer

길고 어려운 영어 문장을 짧게 끊어 읽으면 문장의 구조가 잘 보여 이해하기 쉽습니다. 나눠진 문장을 보면서 주어와 동사의 위치가 어떻게 바뀌는지 확인하면서 문장을 읽어 보세요.

[**Psychologist Rubin Naiman has argued that the loss of dreams in our culture constitutes a public health hazard.**

심리학자 루빈 나이만은 우리 문화에서 꿈의 상실은 공중 보건의 위험요소로 여겨진다고 주장했다.]

01 **Psychologist Rubin Naiman has argued**
▶ 심리학자 루빈 나이만은 주장했다

02 **that the loss of dreams in our culture**
▶ 우리 문화에서 꿈의 상실은

03 **constitutes a public health hazard.**
▶ 공중 보건 위험으로 여겨진다고

학자나 전문가가 자신의 견해를 표현할 때, A has argued that라고 합니다. A에는 보통 이름이나 전문가와 같은 특정 집단이 나옵니다. 기사나 논문에서 인용할 때 자주 쓰이는 표현입니다. A constitute B는 'A는 B로 여겨진다'라는 표현입니다. the loss of dreams, 꿈을 잃는 것(A)이 a public health hazard, 공중보건에 있어서 위험한 현상(B)으로 여겨진다는 뜻이죠.

Sharing a patient's personal information constitutes a legal offense.
▶ 환자의 개인정보를 공유하는 것은 법적 범죄로 여겨집니다.

Helpful Tip!

argue : 주장하다, 입증하다

loss : 손실

Power up reading

영어 문단을 읽고 해석해 보는 시간입니다. 단어나 문법뿐만 아니라 실생활에서 사용되는 영어 텍스트와 친숙해짐으로써 영어에 대한 두려움을 극복해 보세요. 아래 문단을 천천히 읽고 스스로 먼저 해석해 본 후, 밑에 있는 해석을 확인해 보세요.

The Wolf and the Lion

늑대와 사자

One evening, a wolf left his house in a good mood. As he ran, the setting sun cast his shadow far out on the ground, and it looked like the wolf was a hundred times bigger than he actually was. "Wow," exclaimed the wolf proudly, "look how big I am! I'll show the lion who is fit to be king!" Just then, a huge shadow completely covered him, and suddenly, a lion knocked him down with a single blow. Do not let your fancy make you forget realities.

어느 날 저녁, 늑대 한 마리가 기분 좋게 집을 나섰습니다. 늑대가 달리자, 저물던 해가 늑대의 그림자를 길게 뻗쳤습니다. 그러자 늑대는 원래 크기보다 백배는 더 커 보였지요. "내가 진짜 크구나!" 늑대가 자랑스럽게 외쳤습니다. "사자한테 누가 왕이 될 만한지 본때를 보여 줘야지!" 바로 그때 거대한 그림자가 늑대를 완전히 뒤덮었습니다. 갑작스러운 사자의 한 방에 늑대가 쓰러졌습니다. 상상 때문에 현실을 잊지 마세요.

01 Suddenly, a lion knocked him down with a single blow.

▶ 갑작스러운 사자의 한 방에 늑대는 쓰러졌죠.

single blow라고 하면 '한 대'라는 뜻이 되는데요, blow는 '바람이 불다', '입으로 불다'가 기본 뜻이지만 바람처럼 주먹이 빠르게 강타하는 모습을 표현하는 말이 되기도 합니다. 그래서 '강타', '타격', '불행'을 의미하기도 하지요. with a single blow나, at a single blow, 혹은 by a single blow, 그리고 with one blow 모두 '일격에', '한 방에'를 의미합니다.

The boxer knocked out his opponent with a single blow.

▶ 그 권투선수는 일격에 상대를 쓰러뜨렸다.

Do not let your fancy make you forget realities.

▶ 상상 때문에 현실을 잊지 마세요.

do not let A make you B는 'A가 너에게 강제로 B 하게 하도록 허락하지 마라'는 뜻입니다. 간단히 말해서 'A로 인해 B를 하지 마라'가 되겠습니다. 여기서는 앞서 배운 강요의 make가 사용되었습니다. fancy, 상상(A)이 forget realities, 현실을 잊게(B) 하도록 두지 말라는 것이죠.

Do not let him make you do something that you don't want to do.

▶ 그 사람 때문에 당신이 원하지 않는 일을 하지는 마세요.

Helpful Tip!

mood : 기분, 분위기, 심기

cast a shadow : 그림자를 드리우다

proudly : 자랑스럽게, 위풍당당하게

exclaim : 소리치다, 외치다, 감탄하다

FROM

From 9 a.m. to 6 p.m.
오전 9시부터 오후 6시까지

오전 9시부터(from) 오후 6시까지(to), 근무 시간을 나타내는 표현입니다. 9시부터 6시까지의 시간 선상에 자신을 올려 보세요. 9시에 시작해서 6시까지 열심히 일하면서 달려가는 모습이 상상되나요? 9시 시작점에서 달리기를 시작하는 모습이 바로 from의 기본 개념입니다.

from은 '출발점', 어떠한 '지점'을 지칭하는 말입니다. A from B라고 하면 B가 A의 출발점이 되는데요, 여기서 from은 B를 '출발점', '기준점'으로 만들어 주는 역할을 합니다. 이 의미를 더 확장하면 이 시작점에서부터 거리가 벌어지는 모습까지 표현할 수 있습니다.

from의 첫 번째 사용법

물리적인 from

from을 사용해 물리적으로 '출발점' 혹은 '기준점'에서 멀어지는 모습을 이야기합니다. A from B의 관계에서 B가 출발점이기 때문에 from B라고 하면 B로부터 물리적인 거리가 생기는 것입니다.

예문

I walked here from home.

▶ 집이라는 출발점에서 여기까지 걸어왔어.

➜ 집에서 여기까지 걸어왔어.

집이라는 출발점에서(from) 걷기 시작해 여기까지 온 것입니다.

FROM

예문

Mia just got back from Bangkok.

▶ 미아는 이제 막 방콕이라는 기준점에서 돌아왔다.

➜ 미아는 이제 막 방콕에서 돌아왔다.

미아가 방콕으로 출장 갔었습니다. 그리고 방콕이라는 출발점 혹은 기준점에서(from) 방금 막 돌아왔습니다. just는 '방금', '막'이라는 뜻입니다.

예문

The scenery from this mountain top is beautiful.

▶ 이 산꼭대기에서 바라본 풍경은 아름답다.

---

from의 두 번째 사용법

추상적인 from

어떤 추상적인 대상을 '기준점'으로 생각해 그에게서 멀어지는 모습을 표현할 수 있습니다. from을 쓸 때는 무언가 멀어지는 듯한 의미를 담은 동사가 함께 사용됩니다.

예문

How different is Korean from Japanese?

▶ 한국어는 일본어로부터 얼마나 다른가요?

➜ 한국어는 일본어와 얼마나 다른가요?

There are some similarities like the grammar structure, but they are definitely different from each other.

▶ 문법 구조와 같이 비슷한 점들이 있긴 한데요, 명백히 둘은 서로로부터 다릅니다.

➜ 문법 구조와 같이 비슷한 점들이 있긴 한데요, 명백히 서로 다릅니다.

FROM

첫 문장에서는 from이 일본어에 붙어 있고 두 번째 문장에서는 from each other라는 표현이 사용되었습니다. 그래서 첫 문장은 '일본어를 기준으로 한국어가 얼마나 다르냐'라는 뜻이 됩니다. 일본어로부터 한국어가 얼마나 '멀리 있는지' 물어보는 것이죠. 두 번째 문장에서는 서로가 서로를 기준으로 해서 멀리 있다는 것을 말하고 있습니다.

예문

Vincent has been banned from driving for six months.

▶ 빈센트는 6개월 동안 운전하는 것으로부터 금지당했어.

➜ 빈센트는 6개월 동안 운전면허 정지를 당했어.

ban은 무언가를 금한다는 뜻입니다. 역시나 무언가 떨어진 의미를 담고 있는 동사입니다. banned from driving은 '운전하는 행위'라는 추상적인 지점으로 가는 것을 금지당한 것이죠. 그 지점에서 멀리 떨어져 있어야 합니다. 자연스럽게 이야기하면 '운전면허 정지를 당하다'가 됩니다.

예문

Wash your hands regularly to protect yourself from the virus.

▶ 손을 주기적으로 닦아서 바이러스로부터 자신을 보호해라.

protect from은 '~로부터 보호하다'라는 뜻입니다. 바이러스라는 지점으로부터 멀어져 자신을 보호하라는 의미가 됩니다.

from의 세 번째 사용법

근원, 출처, 바탕의 From

from의 '출발점'은 그것으로부터 다른 무언가가 시작되는 것을 나타낼 수 있습니다. 즉, from을 사용해 '~를 시작으로', '~에서 출발해서'라는 뜻으로 어떠한 일의 출처나 근원에 대해 말할 수 있습니다.

FROM

예문

I'm suffering from insomnia.

▶ 나는 불면증으로 인해 고통받고 있어.

내가 겪고 있는 고통은 불면증이라는 출발점에서 시작된 것입니다. A from B의 관계로 보면 불면증(B)이라는 출발점에서부터 고통(A)이 이어지는 모습을 나타냅니다. 고통의 원인이 불면증이죠.

예문

From an environmental point of view, an electric car is better than a petrol or diesel car.

▶ 환경의 관점에서 볼 때, 전기 자동차가 휘발유 자동차나 경유 자동차보다 낫다.

from ~ point of view는 '~한 시각에서 보면'이라는 뜻입니다. 위 문장에서 전기 자동차가 휘발유 자동차와 경유 자동차에 비해 낫다는 의견은 환경적인 관점에서 나온 것입니다. from 뒤에 오는 '환경적인 관점'이 전기차가 낫다는 주장의 바탕이 되는 것이죠.

예문

Judging from his appearance, he didn't sleep last night.

▶ 그의 행색으로부터 판단하건대 그는 어제 잠을 자지 않았다.

→ 그의 행색을 보아하니 그는 어제 잠을 자지 않았다.

여기서는 his appearance 그의 외적 모습이 어떠한 판단의 근거가 되는 것입니다. 즉, from his appearance라고 하면 '그의 외관 모습을 근거로'가 되는 것입니다.

from의 네 번째 사용법

재료의 from

근거나 바탕을 나타내는 from으로 대상이 무엇으로부터 만들어진 것인지 이야기할 수 있습니다.

예문

This dining table is made from oak trees.

▶ 이 식탁은 오크 나무로부터 만들어졌어.

➜ 이 식탁은 오크 원목으로 만들어졌어.

오크(떡갈나무)에서 시작되어 결과적으로 식탁이 된 것입니다. 즉, 오크(떡갈나무)로 만들어진 식탁입니다.

예문

The juice is made from fresh watermelon.

▶ 그 주스는 신선한 수박으로부터 만들어졌어.

➜ 그 주스는 신선한 수박으로 만들어졌어.

이 주스의 근원지, 즉 원천은 수박이라는 뜻입니다.

이렇게 출발점을 나타내는 from에 대해 배워 보았습니다. 기존에 가지고 있던 from의 개념이 조금이라도 넓어졌다면 정말 잘 따라오셨습니다. 언어는 반복 학습이 중요합니다. 같은 내용이라도 두 번, 세 번 다시 읽다 보면 처음에는 어려웠던 부분이 점차 익숙해지는 모습을 발견하실 거예요. 그럼 우리 from the beginning, 처음부터 다시 복습하러 가시죠!

Week 41

Read it out loud

기억하면 좋은 문장을 따라 읽고, 암기해 보는 시간입니다.
아래 문장을 크게 소리 내서 읽어 보세요.

[I kept a straight face.
난 태연한 표정을 유지했다.]

진지하고 태연한 상태로 표정 관리를 하는 것을 **keep a straight face**라고 합니다. 특히 웃음을 참기 위해 애쓰는 상황에서 자주 쓸 수 있습니다. 이 외에도 곤란한 질문을 받았거나, 무례한 사람 앞에서 인상을 찌푸리지 않으려고 할 때와 같은 경우에 이 표현을 쓸 수 있습니다.

예문 **It was very funny, but I managed to keep a straight face.**

▶ 그건 너무 웃겼지만 난 태연한 표정을 유지하는 데 성공했다.

예문 **Nancy kept a straight face, trying not to offend Jerry by laughing out loud.**

▶ 낸시는 크게 웃으면 제리가 기분이 나빠할까봐 태연한 표정을 유지했다.

예문 **I find it difficult to keep a straight face when I get angry.**

▶ 나는 화가 나면 태연한 표정을 유지하는 것이 어렵다.

Helpful Tip!

offend : 기분 상하게 하다, 불쾌하게 하다

laugh out loud : 큰 소리로 웃다

Enrich your vocabulary

자주 쓰이는 유익한 단어를 배워 보는 시간입니다. 하루에 단어 하나씩만 외워도
일주일이면 7개, 한 달이면 30개의 단어를 외울 수 있겠죠?
오늘 배울 단어는 다음과 같습니다.

[Inevitable 불가피한]

일어날 수밖에 없는 일을 두고 inevitable이라고 합니다. inevitable은 '불가피한', '필연적인'이라는 뜻입니다. 상황이 어떻게 되었던 일어날 수 밖에 없는 현상을 말합니다.

예문 **It was inevitable that Chelsea and Ben broke up.**

▶ 첼시와 벤의 이별은 필연적이었다.

예문 **The chaotic situation was inevitable because the organization did not have any structure.**

▶ 그 조직은 체계가 없었기 때문에 혼란스러운 상황이 불가피했다.

예문 **It was inevitable for Jeff to quit his master's program after the first semester because he did not have enough money in the first place.**

▶ 처음부터 충분한 돈이 없었던 제프가 첫 학기 후에 석사 과정을 그만둔 것은 불가피한 일이었다.

Helpful Tip!

chaotic : 혼돈, 혼란
organization : 조직, 단체, 구성
structure : 조직, 구조
in the first place : 처음부터, 첫 번째로

Remember this expression

영어에서 자주 쓰이는 핵심 표현을 배우고, 응용해 보세요. 하나를 배우면 자유자재로 적용할 수 있습니다. 오늘 배울 표현은 무엇인지 살펴볼까요?

[From the bottom of one's heart 진심으로]

친한 친구가 큰 상처가 되는 말을 했습니다. 크게 싸운 후, 친구가 미안하다고 연락을 해왔지만 받지 않았습니다. 며칠 후, 친구가 집 앞으로 찾아와 고개를 숙인 채 사과의 말을 합니다. 다시는 보지 않을 생각이었지만 진심으로 뉘우치고 사과를 하는 듯한 모습에 조금 마음이 흔들립니다. 결국 사과를 받아주고, 다시 연락하며 지내기로 합니다. 이렇게 마음 깊은 곳에서 우러난 말 또는 행동을 일컬을 때 from the bottom of one's heart라는 표현을 쓸 수 있습니다. 말 그대로 '마음 밑바닥에서부터 나온'이라는 뜻이지요.

Breanna apologized from the bottom of her heart.

▶ 브리아나는 진심으로 사과했습니다.

From the bottom of his heart, Leroy confessed his love for her.

▶ 리로이는 그의 사랑을 진심 어린 마음으로 고백했습니다.

From the bottom of my heart, I wish you great success.

▶ 진심으로 당신의 성공을 기원합니다.

Helpful Tip!

apologize : 사과하다

confess : 자백하다, 인정하다

Divide and conquer

길고 어려운 영어 문장을 짧게 끊어 읽으면 문장의 구조가 잘 보여 이해하기 쉽습니다.
나눠진 문장을 보면서 주어와 동사의 위치가 어떻게 바뀌는지 확인하면서
문장을 읽어 보세요.

Medicine is now seen as a means to wage a battle against death, not as one of many tools with which to ease that inevitable transition.

의학은 필연적인 죽음을 완화하기 위한 많은 도구들 중 하나가 아니라, 죽음과 맞서 싸우기 위한 수단으로 여겨지기 시작했다.

01 **Medicine is now seen as a means**
▶ 의학은 이제 수단으로 여겨진다

02 **to wage a battle against death,**
▶ 죽음과 맞서 싸우기 위한

03 **not as one of many tools with**
▶ 많은 도구들 중 하나가 아니라

04 **which to ease that inevitable transition.**
▶ 피할 수 없는 전환을 완화하기 위한

inevitable transition은 '불가피한 전환'이라는 뜻으로 위 문장에서는 삶에서 죽음으로 가는 필연적인 과정을 의미합니다. transition은 다른 상태, 조건으로의 '이행'이라는 뜻인데 A에서 B로 특정 상태가 바뀌는 것을 일컫습니다.

She made the transition from being an intern to working as a full-time employee at the company.
▶ 그녀는 인턴에서 정규직으로 전환되었습니다.

Helpful Tip!

means : 수단, 방법　　**tool :** 도구

Power up reading

영어 문단을 읽고 해석해 보는 시간입니다. 단어나 문법뿐만 아니라 실생활에서 사용되는 영어 텍스트와 친숙해짐으로써 영어에 대한 두려움을 극복해 보세요. 아래 문단을 천천히 읽고 스스로 먼저 해석해 본 후, 밑에 있는 해석을 확인해 보세요.

The Rat and the Elephant

쥐와 코끼리

One day, a rat was traveling along the King's highway. As he walked along—he kept mostly to the ditch—he noticed a big commotion up the road. It was the King and his advisors. The King rode on a huge elephant adorned with the most gorgeous jewels. The royal dog and cat were also present with the King. A large crowd of people followed the procession. Everyone admired the elephant, but the rat went unnoticed. "What fools!" he cried. "Look at me! Is it his great size that makes your eyes pop out? I have eyes and ears and as many legs as him! I'm just as important, and"— But just then, the royal cat noticed him, and in the next instant, the rat knew he was not as important as an elephant. A resemblance to the great in some things does not make us great.

어느 날, 쥐 한 마리가 왕의 대로를 따라 걷고 있었습니다. 쥐는 주로 배수로를 따라 걸었는데, 대로 위가 소란스러워졌다는 것을 알아차렸습니다. 왕과 신하들의 행렬이었죠. 왕은 가장 화려한 보석으로 장식된 코끼리를 타고 있었습니다. 그리고 왕실 개와 고양이도 함께 있었죠. 그 뒤로 군중이 행렬을 따르고 있었습니다. 모두가 코끼리에 감탄했지만 쥐는 존재감이 없었습니다. "바보들 같으니!" 쥐가 외쳤습니다. "나를 봐! 코끼리가 큰 게 그렇게 놀랄 만한 일이니? 나도 코끼리랑 똑같이 눈과 귀와 다리가 있어! 나도 그만큼 중요해! 그리고..." 그 순간 쥐는 왕실 고양이 눈에 보였고, 곧바로 쥐는 자신이 코끼리만큼 중요한 존재가 아니라는 것을 깨닫게 되었습니다. 위대한 존재와 어떤 면에서 닮았다고 우리가 그만큼 대단한 존재가 되는 것은 아닙니다.

Power up reading

영어 문단을 읽고 해석해 보는 시간입니다. 단어나 문법뿐만 아니라 실생활에서 사용되는 영어 텍스트와 친숙해짐으로써 영어에 대한 두려움을 극복해 보세요. 아래 문단을 천천히 읽고 스스로 먼저 해석해 본 후, 밑에 있는 해석을 확인해 보세요.

01 **As he walked along—he kept mostly to the ditch—he noticed a big commotion up the road.**

▶ 쥐는 주로 배수로를 따라 걸었는데, 대로 위가 소란스러워졌다는 것을 알아차렸습니다.

동사에 along이 붙으면 '~을 따라'라는 의미입니다. 따라서 walk along이라고 하면 길을 따라 걷는 것을 의미합니다. keep은 '유지하다', '계속하다'라는 뜻이 있지만, keep to라고 하면 '~를 계속 따라가다', '~에서 벗어나지 않다', '~에 틀어박히다'라는 뜻으로 확장됩니다.

예문 **There are many people on the left side of the road, so let's keep to the right.**

▶ 길 왼편에 사람이 많으니 오른쪽으로 갑시다.

02 **A resemblance to the great in some things does not make us great.**

▶ 위대한 존재와 어떤 면에서 닮았다고 우리도 그만큼 대단한 존재가 되는 것이 아닙니다.

resemblance는 '닮음' 혹은 '유사함'을 의미합니다. 그래서 a resemblance to라고 하면 '~와의 닮은 점'이라는 뜻이 됩니다. in some things은 '어떤 면에서'를 의미하며, '어떤 면에서 위인과 닮은 점'이라는 의미가 됩니다. 이 문장의 구조는 A does not make B great, 어떤 면에서 위인과 닮은 점(A)이 우리(B)를 위대하게 만들어 주지 않는다는 의미입니다.

예문 **Adding pepper does not make this dish great, but it does improve the flavor.**

▶ 후추를 첨가한다고 해서 이 요리가 훌륭해지는 것은 아니지만, 풍미가 좋아지는 것은 사실이다.

Helpful Tip!

walk along : 계속 걷다, ~을 따라 걷다

procession : 행진, 행렬, 줄

instant : 명 순간, 그 순간 형 즉각적인

admire : 존경하다, 칭찬하다, 감탄하며 바라보다

당신의 뇌를 해킹하라!

Hack your brain!

세상에 하나의 정답은 없다

건강해지려고 건강한 생활 습관에 대해 공부를 시작했는데 오히려 혼란에 빠질 때가 있습니다. 수많은 전문가의 조언과 떠도는 건강 정보들로 어떤 말을 믿어야 할지 판단하기 쉽지 않기 때문입니다. 누군가는 효과적이었던 방법이 나에게는 오히려 건강을 악화시키는 방법이 될 수도 있습니다. 각자의 관점과 처한 상황이 다르기 때문이죠.

역설적이지만 그렇기 때문에 여러사람의 관점을 들어볼 수밖에 없습니다. 다양한 조언 속에서 공통점을 찾을 수 있을 뿐 아니라, 한 가지의 방법이 아닌 여러 방법을 조합해서 최선의 방법을 찾을 수 있기 때문입니다. 또, 환경도 눈여겨보아야 할 요소입니다. 맥락에 따라 결과가 달라질 수 있다는 것을 이해하면 결과에 대해서 자신을 탓하거나 남을 탓하는 것을 피할 수 있습니다.

영어 학습법도 마찬가지입니다. 영어 공부를 하고 있다면 수많은 전문가들이 주장하는 '효과적인' 영어 학습법 중, 일관적으로 언급되는 학습법을 적용해 보세요. 그리고 천천히 다른 학습법을 나에게 맞게 조합해 볼 수 있습니다. 즉각적인 결과가 나오지 않더라도 실패 비용이 적다면 꾸준히 해보는 것이 중요합니다. 하루아침에 모든 것을 바꿀 마법의 특효약은 없습니다. 나에게 맞는 방법을 찾아가는 장기적인 여정이라는 관점으로 접근해 보세요. 지금 내가 어디에 서 있는지 정확히 파악해 꾸준히 변화를 모색하고 행동하면 분명히 나에게 가장 적합한 방법을 찾을 수 있을 것입니다.

핵심 문장

Understanding that results can vary depending on context can help you avoid blaming yourself or others for results.

▶ 맥락에 따라 결과가 달라질 수 있다는 것을 이해하면 결과에 대해서 자신을 탓하거나 남을 탓하는 것을 피할 수 있습니다.

핵심 표현

depend on : ~에 의존하다

avoid ~ing : ~하는 것을 피하다, 삼가다

참고 : 《당신은 뇌를 고칠 수 있다》 I 톰 오브라이언 저 I 로크미디어

Week 42

Day 1

Read it out loud

기억하면 좋은 문장을 따라 읽고, 암기해 보는 시간입니다.
아래 문장을 크게 소리 내서 읽어 보세요.

[I fought a losing battle.
나는 지는 싸움을 했다.]

발목을 다친 사람이 경쟁자들과 달리기 시합을 한다면 결과는 어떻게 될까요? 성하지 않은 발목으로 실력있는 경쟁자들을 이기리란 거의 불가능한 일입니다. I fought a losing battle. '나는 질 수밖에 없는 경기를 했어.' 이처럼 역량의 차이, 악조건 등 어떤 이유로 필연적으로 질 수밖에 없는 싸움을 하는 것을 fight a losing battle이라고 합니다. 비슷한 표현으로 losing game이 있습니다.

I fought a losing battle when I participated in the race with a sprained ankle.

▶ 발목을 삔 상태로 경기에 참여했을 때 나는 이미 진 싸움을 한 것이다.

Brenda realized that she was fighting a losing battle when she learned that her rival was one of the nation's top players.

▶ 브랜다는 라이벌이 국내 최고의 선수 중 한 명이라는 것을 알게 된 후, 자신이 지는 싸움을 하고 있다는 것을 깨달았다.

Helpful Tip!

sprain : (발목, 허리 등을) 삐다

realize : 깨닫다, 인식하다, 실현하다

Enrich your vocabulary

자주 쓰이는 유익한 단어를 배워 보는 시간입니다. 하루에 단어 하나씩만 외워도
일주일이면 7개, 한 달이면 30개의 단어를 외울 수 있겠죠?
오늘 배울 단어는 다음과 같습니다.

Lament
한탄하다, 후회하다

lament는 '한탄하다', '통탄하다'라는 뜻입니다. 비통하고 한스러운 표정을 짓는 사람을 상상해 보세요. 안타까운 마음을 표출하거나, 무언가를 후회할 때 lament를 쓸 수 있습니다.

예문 **Dimitri lamented his impulsive behavior at the casino.**

▶ 드미트리는 카지노에서의 충동적인 행동을 한탄했다.

예문 **Connor laments not pursuing his dream.**

▶ 코너는 그의 꿈을 이루기 위해 노력하지 않은 것을 후회하고 있다.

예문 **The public laments the tragic accident that happened yesterday.**

▶ 대중은 어제 일어난 비극적인 사고를 애도하고 있다.

Helpful Tip!

pursue : 추구하다

tragic : 비극적인

Remember this expression

영어에서 자주 쓰이는 핵심 표현을 배우고, 응용해 보세요. 하나를 배우면 자유자재로 적용할 수 있습니다. 오늘 배울 표현은 무엇인지 살펴볼까요?

[See red 분노하다]

누군가가 크게 분노하는 것을 나타낼 때 see red라는 표현을 쓸 수 있습니다. 만화에서 눈에 불꽃이 튀는 장면을 상상해 보면 이해가 쉽습니다. 이 표현은 투우사가 빨간색 천을 펄럭이며 황소를 흥분시키는 데에서 비롯되었습니다.

예문 **My parents saw red when they discovered that I scratched their car while secretly driving it.**

▶ 부모님은 내가 그들의 차를 몰래 운전하다가 차를 긁었다는 것을 알고서 크게 화가 나셨다.

예문 **When Sandra was humiliated, she saw red.**

▶ 모욕을 당한 산드라는 분노했다.

예문 **My sister saw red when she found out that her boyfriend cheated on her.**

▶ 내 동생은 남자 친구가 바람을 피웠다는 사실을 알고 분노했다.

Helpful Tip!

discover : 발견하다

humiliate : 굴욕감(창피)을 주다

Divide and conquer

길고 어려운 영어 문장을 짧게 끊어 읽으면 문장의 구조가 잘 보여 이해하기 쉽습니다.
나눠진 문장을 보면서 주어와 동사의 위치가 어떻게 바뀌는지 확인하면서
문장을 읽어 보세요.

Day 4

Very often, it's through a series of simple yet powerful questions that people connect their own dots in their life and experience breakthroughs.

간단하면서도 강력한 질문들을 통해 사람들은 자신의 이야기를 연결하고 한계 돌파를 경험할 수 있습니다.

01 **Very often,**
▶ 자주

02 **it's through a series of simple yet powerful questions**
▶ 간단하면서도 강력한 질문들을 통해서이다

03 **that people connect their own dots in their life**
▶ 사람들이 그들 자기 삶의 점들을 연결하는 (것은)

04 **and experience breakthroughs.**
▶ 그리고 한계 돌파를 경험하는 (것은)

connect the dots in life는 '삶의 점을 연결하다'라는 뜻입니다. 흩어져 있는 경험을 한데 모아서 엮은 후에 그로부터 의미를 이끌어내는 것이라고 할 수 있습니다.

예문 **I hope this new experience will help me connect the dots in my life.**
▶ 나의 새로운 경험들이 내 삶을 연결하는데 도움이 되기를 바란다.

Helpful Tip!

breakthrough : 돌파구, 한계 돌파 **connect :** 연결하다

영어 문단을 읽고 해석해 보는 시간입니다. 단어나 문법뿐만 아니라 실생활에서 사용되는 영어 텍스트와 친숙해짐으로써 영어에 대한 두려움을 극복해 보세요. 아래 문단을 천천히 읽고 스스로 먼저 해석해 본 후, 밑에 있는 해석을 확인해 보세요.

The Boys and the Frogs
개구쟁이 아이들과 개구리

One day, some boys were playing at the edge of a pond. The boys amused themselves by skipping stones across the water. The stones were flying fast, and the boys were enjoying themselves very much, but the poor frogs in the pond were trembling with fear. Finally, one of the frogs, the oldest and bravest, peeked his head out of the water and said, "Oh, please, dear children, stop playing like that! It's cruel! It might be fun for you, but it's horrible for us!" Always stop to think whether your fun may be the cause of another's unhappiness.

어느 날, 개구쟁이 소년들이 연못 가장자리에서 놀고 있었습니다. 소년들은 물수제비를 날리며 즐거워하고 있었죠. 돌멩이는 빠르게 날아갔고 개구쟁이들은 매우 즐거워했지만, 연못의 가여운 개구리들은 두려움에 떨고 있었습니다. 마침내, 용감한 맏이 개구리가 물 밖으로 머리를 살짝 내밀며 말했습니다. "얘들아, 제발 그렇게 놀지 말아줘! 그건 너무 잔인해! 너희들에게는 즐거울지 모르겠지만, 우리에겐 너무 공포스러운 일이야!" 우리의 즐거움이 다른 사람에게는 불행을 초래할 수 있는지를 곰곰이 생각할 수 있어야 합니다.

Power up reading

영어 문단을 읽고 해석해 보는 시간입니다. 단어나 문법뿐만 아니라 실생활에서 사용되는 영어 텍스트와 친숙해짐으로써 영어에 대한 두려움을 극복해 보세요. 아래 문단을 천천히 읽고 스스로 먼저 해석해 본 후, 밑에 있는 해석을 확인해 보세요.

01 **The boys amused themselves by skipping stones across the water. The stones were flying fast, and the boys were enjoying themselves very much.**

▶ 소년들은 물수제비를 날리며 즐거워하고 있었죠. 돌멩이는 빠르게 날아갔고 개구쟁이들은 매우 즐거워했습니다.

amused themselves by를 말 그대로 풀이하면 '~로 스스로를 즐겁게 하다', enjoying themselves를 그대로 풀이하면 '스스로 즐기다'가 됩니다. 하지만 둘 다 자연스럽게 '즐거워하다'라는 의미입니다.

myself, yourself, ourselves, themselves는 '나 자신', '너 자신', '우리 자신', '그들 자신' 즉, '스스로'라는 의미가 있습니다.

예시

drank himself ▶ (그) 스스로를 마셨다 ➜ 술을 잔뜩 마셨다

fancies herself ▶ (그녀) 자신이 ~라고 여기다 ➜ 자만하다

get over yourself ▶ 자신을 극복하다 ➜ 잘난 척 그만하다

02 **Always stop to think whether your fun may be the cause of another's unhappiness.**

▶ 우리의 즐거움이 다른 사람의 불행의 원인일 수도 있는지를 잠시 멈추고 생각할 수 있는 태도를 가져야 합니다.

stop to think는 말 그대로 '잠깐 멈추고 생각하다'라는 뜻이지만 바쁜 일상을 멈추고 생각하지 않았던 것들을 생각하라는 의미가 내포되어 있어 '곰곰이 생각하다'라는 뜻으로 확장되어 사용됩니다.

Power up reading

영어 문단을 읽고 해석해 보는 시간입니다. 단어나 문법뿐만 아니라 실생활에서 사용되는 영어 텍스트와 친숙해짐으로써 영어에 대한 두려움을 극복해 보세요. 아래 문단을 천천히 읽고 스스로 먼저 해석해 본 후, 밑에 있는 해석을 확인해 보세요.

whether는 '~인지 (아닌지)', '인지 어떤지'라는 의미로 쓰입니다. 이때는 if를 쓰기도 하지만 whether가 좀 더 격식을 갖춘 표현입니다.

 **It's important to consider whether your joke may offend someone or not.**

▶ 여러분의 농담이 누군가를 불쾌하게 할 수 있을지 고려하는 것이 중요합니다.

whether A or B는 'A이든 B이든'이라는 의미입니다. whether ~ or not으로 쓰기도 합니다.

예문 **She likes reading books, whether it be fiction or nonfiction.**

▶ 그녀는 픽션이든 논픽션이든 책을 읽는 것을 좋아한다.

예문 **Whether you like it or not, you must accept the reality of the situation.**

▶ 좋든 싫든 현실을 받아들여야 한다.

Helpful Tip!

edge : 끝, 가장자리, 모서리

tremble : 떨다, 떨리다, 흔들리다

LOOK

'시선을 사로잡는 시스루 룩!' 언젠가부터 우리나라의 잡지나 연예인의 옷차림을 묘사하는 기사에 '~룩'이라는 용어가 자주 등장하기 시작했는데요. 특정 패션을 일컬어서 '섹시룩', '빈티지룩' 등으로 표현하는 것입니다. 그런데 영어로 cute look이라고 하면 '귀여운 패션'도 될 수 있지만, 더 넓은 의미에서 귀여운 생김새의 사람을 묘사할 수도 있습니다. he looks cute와 he has a cute look은 다 '귀엽게 생겼다'라는 뜻이 됩니다. look이라는 단어는 이렇게 명사와 동사 형태를 자유롭게 넘나들 수 있는 유연한 단어입니다. 동사 look의 쓰임새에 대해 공부해 보겠습니다.

look의 기본 의미는 '보다', '쳐다보다'입니다. 하지만 look을 단순히 '보다'라고만 외운다면 look이 사용되는 다양한 상황을 이해하기가 어렵습니다. look은 '보다'이지만 특히 '무언가를 적극적으로 보다', '특정한 대상을 집중해서 보다'라는 뜻입니다.

look과 비슷한 뜻을 가진 단어들이 있습니다. 바로 see와 watch입니다. Look, see, watch는 모두 크게는 '보다'라는 뜻이지만 쓰임새도 다르고 상황에 따라 의미도 다르게 해석됩니다.

see

▶ (시야에 들어오면) 보다

➜ 보려고 노력하거나 특정 상대를 집중해서 보는 것은 아니다

watch

▶ (시간을 들여) 지켜보다, 예의 주시하다

➜ see보다 긴 시간을 들여 깊이 있게 보는 것

look

▶ (특정한 대상에) 집중해서 보다, 적극적으로 보다

➜ 시간과 관계없이 사용된다

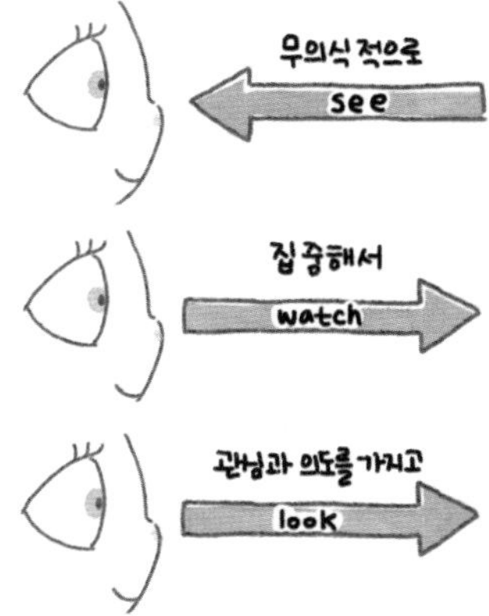

차이가 보이시나요? 그럼 이제 look의 기본 개념인 '무언가를 적극적으로 보는' 모습을 머릿속에 새기면서 look의 몇 가지 뜻에 대해 배워 보겠습니다.

LOOK

look의 첫 번째 뜻

보다

look의 첫 번째 뜻은 '보다'입니다. 눈에 보이는 여러 가지 것 중 특정한 것에 주의를 기울여 보거나 일부러 고개를 돌려 보는 느낌으로 접근해 주세요.

예문

Look at the stars in the sky. They're so beautiful.

▶ 하늘에 별들 좀 봐. 너무 아름다워.

별을 보려면 고개를 들어서 일부러 하늘을 쳐다봐야 합니다. 특정한 대상을 보기 위해 노력을 기울여 '보는' 것이죠.

예문

Sophie couldn't look him in the eyes.

▶ 소피는 그의 눈을 똑바로 쳐다볼 수가 없었다.

차마 용기가 나지 않아서 상대방의 눈을 볼 수가 없는 상황입니다. look은 주의를 기울여서 보는 행위이기 때문에 눈을 맞추면 눈동자 뒤에 감춰진 감정을 들킬 수도 있기 때문에 눈을 맞추지 못하는 것이죠. look의 첫 번째 뜻에서 배운 이 느낌 잘 기억해주시기 바랍니다.

look의 두 번째 뜻

찾다

무언가를 찾을 때도 look을 사용합니다. look의 기본 의미는 '적극적으로 쳐다보다'라고 했는데요, 많은 것 중 특정한 무언가가 눈에 딱 들어올 때까지 집중해서 찾는 것입니다. 집안 어딘가에 있긴 한데 도통 보이지 않는 차 열쇠나 리모컨을 찾을 때처럼 말이죠.

LOOK

예문

What are you looking for?

▶ 너는 뭐를 위해 집중해서 보고 있어?

➜ 너는 뭐를 찾고 있어?

예문

I'm looking for my key. Have you seen it?

▶ 열쇠를 위해서 집중해서 보고 있어. 혹시 본 적 있어?

➜ 열쇠를 찾고 있어. 혹시 본 적 있어?

열쇠를 찾고 있는 모습입니다. look을 '찾다'로 사용할 때는 주로 찾는 대상이 있기 때문에 look 뒤에 for가 자주 등장합니다. '~을 위해 보다'가 '~을 찾다'가 되는 것이죠. 위 예시에서는 뭘 찾고 있냐는 상대방의 물음에 열쇠를 찾고 있다고 이야기합니다.

근데 여기서 열쇠를 본 적이 있냐는 질문에는 see를 사용했습니다. 왜일까요? 나는 열쇠가 눈에 들어올 때까지 적극적으로 찾고 있지만, 혹시 오며 가며 노력하지 않고 눈으로 봤던 기억이 있는지 상대방에게 물어보는 것이기 때문입니다. 차이가 보이시나요? 특정한 대상에 집중해 '눈으로 보다'의 look과 그저 '시야에 들어와서 보다'의 see의 다른 쓰임새를 잘 기억해 주세요.

예문

We looked everywhere for the missing dog, but we couldn't find it.

▶ 우리는 실종된 개를 사방으로 찾았지만 찾을 수 없었다.

LOOK

look의 세 번째 뜻

~해 보이다, ~한 것 같다

우리는 평소에 '너무 행복해 보여', '아파 보여' 등 누군가에게 '~해 보여'라는 표현을 자주 사용하는데요, 이런 상황에도 look을 사용할 수 있습니다.

예문

You look pale. You should go home and rest.

▶ 너 창백해 보여. 집에 가서 쉬는 게 좋겠어.

➜ 너 안색이 창백해. 집에 가서 쉬는 게 좋겠어.

대상의 상태를 파악하려면 주의를 기울여서 봐야 알 수 있습니다. 신경을 조금이라도 써서 무언가를 보고(look) 어떠한 결론까지 도달하는 것이죠.

예문

It looks as if it's going to rain.

▶ 마치 비가 올 것 같아 보여.

look이 '~해 보여'의 의미로 쓰일 때 look과 함께 자주 등장하는 표현들이 있습니다. 바로 as if와 as though입니다. 두 표현은 모두 '마치 ~인 것처럼'이라는 표현으로 look과 만나면 '마치 ~할 것처럼 보여', '마치 ~인 것처럼 보여'가 됩니다.

'너 누구를 닮았어'라고 할 때도 look을 사용할 수 있습니다.

예문

You look just like your mom.

▶ 너 엄마랑 똑같아 보여.

➜ 너 엄마를 똑 닮았구나.

look like A는 'A 같아 보여'라는 뜻으로 사람에게 적용한다면 '닮았다'라는 의미가 됩니다.

Bonus

look이 명사로 쓰일 때

여기서 look은 '~한 모양새', '눈길' 등을 의미하는 명사로 사용 됩니다.

예문

Take a look at this photograph.

▶ 이 사진을 한번 보는 것을 해 봐요.

➜ 이 사진을 한번 보세요.

Take a look은 '한번 보는 것을 취하다', 즉 '한번 보세요'라는 의미가 됩니다.

다음으로는 외모나 표정을 설명하는 예를 들어보겠습니다.

예문

The kid gave me a mischievous look.

▶ 그 꼬마는 나에게 짓궂은 표정을 주었다.

➜ 그 꼬마는 나에게 짓궂은 표정을 지어 보였다.

꼬마가 짓궂은 얼굴을 만들어서 나에게 보여 주는 것입니다. 누군가가 나에게 어떠한 표정(A)을 지어 보일 때 영어로 give me a A look이라는 표현을 많이 씁니다.

동사 look에 대해 공부해 보았습니다. look은 비교적 뚜렷한 의미와 느낌이 있기 때문에 너무 어렵게 생각하지 않으셨으면 좋겠습니다. look과 같이 '보다'라는 뜻이지만 쓰임새가 다른 동사들을 잘 구별해 사용할 수 있다면 look을 더 자연스럽게 응용할 수 있을 것입니다.

Week 43

Read it out loud

기억하면 좋은 문장을 따라 읽고, 암기해 보는 시간입니다.
아래 문장을 크게 소리 내서 읽어 보세요.

Long story short
간단히 말하면

'긴 이야기를 간단하게 설명하자면'이라고 말하는 것을 to make a long story short 혹은 long story short라고 합니다. '앞뒤 자르고 핵심만 우선 짧게 이야기하겠다'라는 뜻입니다. 종종 문장의 앞에 위치해서 본격적인 이야기를 하기 전 운을 띄우는 표현으로 쓰입니다. 핵심을 간략하게 말한 다음에 자초지종을 설명하는 것이죠.

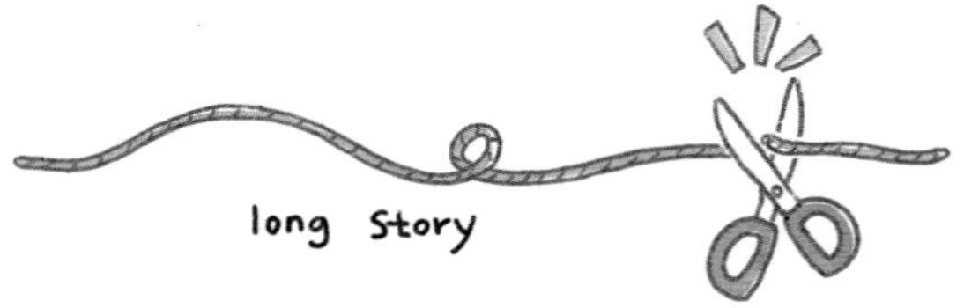

예문 **Long story short, I lost all my money. I got scammed on a house.**

▶ 긴 이야기를 짧게 하자면, 부동산 사기를 당해 가진 돈을 모두 잃었다.

예문 **Long story short, I had an accident a year ago and became prone to kneecap dislocations.**

▶ 긴 이야기를 짧게 하자면, 일 년 전에 사고를 당해서 무릎 탈골이 쉽게 일어나게 되었다.

Helpful Tip!

prone to : ~하기(당하기) 쉬운,

dislocation : 탈구, 혼란

Day 2

Enrich your vocabulary

자주 쓰이는 유익한 단어를 배워 보는 시간입니다. 하루에 단어 하나씩만 외워도
일주일이면 7개, 한 달이면 30개의 단어를 외울 수 있겠죠?
오늘 배울 단어는 다음과 같습니다.

[Glance 흘깃 보다, 흘깃 봄]

무언가를 똑바로 보지 못하고 곁눈질로 잠깐씩 쳐다보는 것을 glance 한다고 합니다. 몰래 훔쳐보는 것일 수도 있고, 관심이 없어서 흘깃 잠깐 보고 시선을 다른 데로 돌리는 것일 수도 있습니다. glance는 동사와 명사가 동일한 형태로 쓰입니다.

glance와 비슷한 단어로 '잠깐 봄'이라는 뜻의 glimpse가 있습니다. glance가 의식적인 흘깃거림이라면 glimpse는 언뜻 보는 것의 뉘앙스가 강합니다.

I glanced at her throughout the class.

▶ 나는 수업 내내 그녀를 흘깃흘깃 보았다.

예문

Stop glancing at your classmates' answers. You should solve the math problem by yourself.

▶ 반 친구들 답을 그만 좀 훔쳐봐. 넌 이 수학 문제를 스스로 풀어야 해.

예문

While talking to me, Patricia took a quick glance at her watch.

▶ 나와 이야기를 하면서 패트리샤는 손목시계를 흘깃 보았다.

Helpful Tip!

solve : 해결하다, 풀다

by yourself : 스스로, 혼자서

Remember this expression

영어에서 자주 쓰이는 핵심 표현을 배우고, 응용해 보세요.하나를 배우면 자유자재로 적용할 수 있습니다. 오늘 배울 표현은 무엇인지 살펴볼까요?

Day 3

[Turn one's back on someone 누군가를 배신하다, 등 돌리다]

'등을 돌리다', '배신하다'를 영어로 turn one's back on someone이라고 합니다. turn back은 '뒤돌다'라는 뜻인데요, turn one's back on A라고 하면 'A 에게 등을 돌리다'라는 뜻이 됩니다

예문 I cannot turn my back on him. We have been business partners for more than a decade.

▶ 나는 그에게 등을 돌릴 수가 없습니다. 우리는 십 년이 넘도록 비즈니스 파트너였습니다.

예문 We can't just turn our backs on them when it is so difficult to find trustworthy people.

▶ 신뢰할 수 있는 사람들을 찾기 어려운 시대에 그냥 그렇게 등을 돌릴 순 없는 법입니다.

예문 How can you turn your back on such a loyal friend?

▶ 어떻게 그렇게 의리 있는 친구에게서 등을 돌릴 수 있어?

Helpful Tip!

trustworthy : 신뢰할 수 있는, 믿을 수 있는

loyal : 충실한, 충성스러운

Divide and conquer

길고 어려운 영어 문장을 짧게 끊어 읽으면 문장의 구조가 잘 보여 이해하기 쉽습니다. 나눠진 문장을 보면서 주어와 동사의 위치가 어떻게 바뀌는지 확인하면서 문장을 읽어 보세요.

The great news is that you can restrict calories for just five consecutive days out of the month and still reap the benefits of an entire month of calorie restriction.

한 달 중 단 5일 연속으로만 칼로리를 줄여도 한 달 동안 칼로리를 줄인 것 같은 혜택을 누릴 수 있다는 좋은 소식이 있다.

01 **The great news is**
▶ 좋은 소식은 ~이다

02 **that you can restrict calories**
▶ 칼로리를 제한해도 된다는 것

03 **for just five consecutive days out of the month**
▶ 한 달 중에서 단지 5일 연속으로

04 **and still reap the benefits**
▶ 그럼에도 이득을 거둘 수 있다

05 **of an entire month of calorie restriction.**
▶ 한 달 동안의 칼로리 제한의

reap the benefits는 '이득을 얻다'라는 뜻입니다. reap은 '수확하다'라는 뜻으로 작물이나 과일을 수확하는 것 이외에도 혜택을 얻는 것을 비유적으로 표현할 때 자주 쓰입니다.

The woman reaped the benefits of her hard work.
▶ 그 여성은 자신이 열심히 일한 부분에 대한 충분한 이득을 얻었다.

Helpful Tip!

consecutive : 연이은

restriction : 제한

영어 문단을 읽고 해석해 보는 시간입니다. 단어나 문법뿐만 아니라 실생활에서 사용되는 영어 텍스트와 친숙해짐으로써 영어에 대한 두려움을 극복해 보세요. 아래 문단을 천천히 읽고 스스로 먼저 해석해 본 후, 밑에 있는 해석을 확인해 보세요.

The Ant and the Grasshopper

개미와 베짱이

One bright autumn day, an ant family was working in the warm sunshine. They were drying out the grain they had stored up during the summer, when a starving grasshopper, his fiddle under his arm, came up and humbly begged for a bite to eat. "What!" cried the ants in surprise, "Haven't you stored anything away for the winter? What in the world were you doing all summer?" "I didn't have time to store up any food," whined the grasshopper. "I was so busy making music that before I knew it, summer was gone." The ants shrugged their shoulders in disgust. "Making music? You could have done that all winter!" There's a time for work and a time for play.

어느 화창한 가을날, 따스한 햇볕 아래서 개미 가족이 일하고 있었습니다. 여름 동안 모아둔 곡식을 말리고 있는데, 바이올린을 든 굶주린 베짱이가 다가와 먹을 것을 달라고 간절하게 간청했습니다. "뭐라고요?" 개미들이 놀라서 소리쳤습니다. "겨울나기를 위한 음식이 없어요? 여름 내내 뭘 하고 있었던 거예요?" 베짱이는 칭얼거렸습니다. "식량을 비축할 시간이 없었어요. 바쁘게 작곡하고 있었는데 깨닫기도 전에 어느새 여름이 다 갔네요." 개미들은 경멸하듯 어깨를 으쓱했습니다. "작곡을 하고 있었다고요? 겨우내 할 수 있었을 것을!" 일을 할 때가 있고, 놀 때가 있는 법입니다.

Power up reading

영어 문단을 읽고 해석해 보는 시간입니다. 단어나 문법뿐만 아니라 실생활에서 사용되는 영어 텍스트와 친숙해짐으로써 영어에 대한 두려움을 극복해 보세요. 아래 문단을 천천히 읽고 스스로 먼저 해석해 본 후, 밑에 있는 해석을 확인해 보세요.

01 **A starving grasshopper, his fiddle under his arm, came up and humbly begged for a bite to eat.**

▶ 바이올린을 든 굶주린 베짱이가 다가와 먹을 것을 달라고 간절하게 간청했습니다.

bite는 '무는 행위'를 의미합니다. a bite라고 하면 '한 입'을 의미하지요. 하지만 동시에 더 넓게 '음식'을 의미할 수 있습니다.

예시

bite-size ▶ 한 입에 들어갈 만한

Let's grab a bite ▶ 뭔가 간단히 먹으러 가자

I won't bite ▶ 안 잡아먹어(무서워하지 마)

02 **I was so busy making music that before I knew it, summer was gone.**

▶ 바쁘게 작곡하고 있었는데 어느새 여름이 다 갔네요.

before I knew it은 '나도 모르게', '어느새'라는 뜻입니다. 그대로 풀이하면 '내가 알기 전에', '내가 알아차리기 전에'라는 뜻입니다. 베짱이가 여름이 지나가는 것을 알아차리지 못하고 있다가 가을이 왔습니다.

예문 **We'll be home before we know it.**

▶ 곧 집에 도착할 거야.

Helpful Tip!

shrug one's shoulders : 어깨를 으쓱하다, 우쭐대다, 모르는 체하다

disgust : 명 혐오감, 역겨움 동 혐오감을 유발하다, 역겹게 만들다

당신의 뇌를 해킹하라!

Hack your brain!

핵심은 반복 경험이다

소설가 무라카미 하루키는 소설을 쓸 때 정확한 루틴을 반복한다고 합니다. 새벽 4시에 일어나 5~6시간 동안 글을 쓰고, 오후에는 10km 달리기나 1,500m 수영 혹은 둘 다 합니다. 그리고 책을 읽거나 음악을 감상하다가 밤 9시에 잠자리에 듭니다. 변함없이 반복되는 이런 루틴을 그는 매일 빠짐없이 수행합니다. 하루키는 이렇게 말합니다. "반복 자체가 중요합니다. 반복은 일종의 최면이니까요."

하루키의 습관이 하루아침에 이루어진 것은 아닐 것입니다. 하지만 여기서 중요하게 생각해야 할 것이 바로 '반복 경험'입니다. 의식적이든 무의식적이든 우리가 반복하기로 선택한 경험은 우리의 마음과 몸을 변화시킵니다. 반복 경험을 통해 뇌는 우리가 주의를 기울이는 의도에 따라 점점 더 효율적으로 변해갑니다.

이는 우리가 원하지 않는 일에 주의를 기울일 때도 마찬가지입니다. 걱정을 많이 하는 사람은 더 걱정을 잘하게 되고, 딴생각을 많이 하는 사람은 딴생각을 더 많이 하게 됩니다. 반복 경험이 분명히 변화를 만들어 낸다는 것을 이해하면 우리는 더 나은 선택을 할 수 있습니다. 유해한 결과와 유익한 결과 중 어느 쪽으로 접근할지 선택은 자신에게 달려 있습니다.

핵심 문장

If we understand that repeated experiences certainly make a difference, we can choose better options.

▶ 반복 경험이 분명히 변화를 만들어 낸다는 것을 이해하면 우리는 더 나은 선택을 할 수 있습니다.

핵심 표현

make a difference : 변화를 가져오다, 차이를 낳다, 영향을 주다

참고 : 《루틴의 힘》 I 댄 애리얼리, 그레첸 루빈, 세스 고딘 외 저 I 부키
《최악을 극복하는 힘》 I 엘리자베스 스탠리 저 I 로크미디어

Week 44

Read it out loud

기억하면 좋은 문장을 따라 읽고, 암기해 보는 시간입니다.
아래 문장을 크게 소리 내서 읽어 보세요.

See the light at the end of the tunnel

터널 끝의 희망을 보다

see the light at the end of the tunnel은 어려운 상황에 맞닥뜨리거나 힘든 일을 겪고 있을 때, 희망이 보이기 시작했다는 것을 표현하는 말입니다. at the end of는 '~의 끝'이라는 뜻입니다.

예문 **Alfred could see the light at the end of the tunnel after preparing for the exam for three years.**

▶ 3년 동안 시험을 준비한 후, 알프레드는 희망을 볼 수 있었다.

예문 **After many difficulties, we are finally seeing the light at the end of the tunnel.**

▶ 많은 어려움을 거친 후 마침내 희망이 보이기 시작했다.

예문 **I believe there is a light at the end of the tunnel, so don't give up!**

▶ 나는 이 어려움 끝에 희망이 있다고 믿어. 그러니 포기하지 마!

Helpful Tip!

finally : 드디어, 최종적으로

prepare : 준비하다, 각오하다

Enrich your vocabulary

자주 쓰이는 유익한 단어를 배워 보는 시간입니다. 하루에 단어 하나씩만 외워도
일주일이면 7개, 한 달이면 30개의 단어를 외울 수 있겠죠?
오늘 배울 단어는 다음과 같습니다.

[Omit 생략하다, 제외하다]

무언가를 의도 불문하고 생략하거나 제외하는 것을 omit라고 합니다. 정보를 전달할 때 실수로 어떤 중요한 디테일을 빠뜨릴 수도 있고, 아니면 불필요하다고 생각되어서 특정 부분을 생략하는 경우도 해당합니다.

예문 **This paragraph was omitted in the English-translated version of the book.**

▶ 그 책의 영어 번역본에서 이 문단은 생략되었다.

예문 **An important detail was omitted when the consultant reported his analysis to the clients.**

▶ 컨설턴트가 고객들에게 분석한 것을 보고하면서 중요한 디테일 하나가 생략되었다.

예문 **In the presentation, please do not omit any part of this information.**

▶ 브리핑할 때 이 정보의 어떤 부분도 빠뜨리지 말아라.

Helpful Tip!

paragraph : 단락

consultant : 상담가, 자문 위원(특정 분야의 최고 전문의)

Remember this expression

영어에서 자주 쓰이는 핵심 표현을 배우고, 응용해 보세요.하나를 배우면 자유자재로 적용할 수 있습니다. 오늘 배울 표현은 무엇인지 살펴볼까요?

Day 3

[Something along those lines 대략 그런 것]

something along those lines는 '~와 비슷한'이라는 뜻으로, 상대방에게 무언가를 이해시키려 할 때 주로 씁니다. 정확하게 콕 집어 말하기 어려울 때, 예시와 대략적인 설명을 곁들여서 '이런 비슷한 느낌이야'라고 말하는 것이죠. 그대로 풀이하면 '그 선을 따른 무언가', '그 선상 위의 무언가'라는 뜻입니다.

예문 I was thinking I might try writing my thesis on something along those lines.

▶ 대략 그런 방향으로 논문을 써볼까 생각 중이었어요.

예문 Gerald said, "All art is a kind of confession" or something along those lines.

▶ 제랄드는 '모든 예술은 일종의 고백이다', 이런 비슷한 맥락의 말을 했어요.

예문 I'm looking for a big glass cup, something along the lines of this one.

▶ 저는 이것과 비슷한 큰 유리컵을 찾고 있어요.

Helpful Tip!

thesis : 논문

confession : 고백, 인정

Divide and conquer

길고 어려운 영어 문장을 짧게 끊어 읽으면 문장의 구조가 잘 보여 이해하기 쉽습니다. 나눠진 문장을 보면서 주어와 동사의 위치가 어떻게 바뀌는지 확인하면서 문장을 읽어 보세요.

The gut's microbiome can weigh up to 5 pounds — nearly twice as much as the brain— and each microbe within it is a living organism made up of cells and genes.

장의 마이크로바이옴은 5파운드까지, 즉 거의 뇌 무게의 두 배까지 나갈 수 있으며 그 안에 있는 미생물은 세포와 유전자로 만들어진 살아있는 생명체이다.

01 **The gut's microbiome can weigh up to 5 pounds**
▶ 장의 마이크로바이옴은 5파운드까지 무게가 나갈 수 있다

02 **nearly twice as much as the brain**
▶ 뇌 무게의 거의 두 배

03 **and each microbe within it**
▶ 그리고 그 안에 있는 각각의 미생물들은

04 **is a living organism made up of cells and genes.**
▶ 세포와 유전자로 만들어진 살아있는 생명체이다

무언가 weigh up to A라고 한다면 'A 정도까지 무게가 나간다'라는 뜻입니다. up to라고 하면 컵 끝까지 물이 차오르는 것처럼 '~까지'라는 뜻이 됩니다. within은 무언가 안에 있는 모습, '이내에', '안에'를 뜻하는데요, each microbe within it이라 말함으로 미생물군 안에 있는 각각의 미생물을 뜻하고 있습니다.

Your carry-on luggage can weigh up to 50 pounds.
▶ 기내 수하물의 무게는 50파운드까지 가능합니다.

Helpful Tip!

microbe : 미생물

microbiome : 인체 내 미생물 생태계, 미생물 군집

Power up reading

영어 문단을 읽고 해석해 보는 시간입니다. 단어나 문법뿐만 아니라 실생활에서 사용되는 영어 텍스트와 친숙해짐으로써 영어에 대한 두려움을 극복해 보세요. 아래 문단을 천천히 읽고 스스로 먼저 해석해 본 후, 밑에 있는 해석을 확인해 보세요.

The Donkey Carrying the Sacred Image

성스러운 상을 지고 가는 당나귀

A sacred image was being carried to the temple. It was mounted on a donkey adorned with garland and gorgeous jewels, and a grand procession of priests followed it through the streets. As the donkey walked along, people bowed their heads in respect or fell to their knees, and the donkey thought that the people were honoring him. This idea made him so arrogant that he stopped walking and started to sing loudly. Soon enough, one of the servants realized what had gotten into the donkey and began to beat him with a stick. "Keep moving, you stupid donkey," he cried. "The honor is not meant for you. It's for the image you are carrying." Do not try to take the credit to yourself that is due to others.

성스러운 상을 든 행렬이 성전을 향하고 있었습니다. 성스러운 상은 화환과 화려한 보석으로 꾸며진 당나귀가 지고 있었습니다. 그리고 길을 따라, 당나귀 뒤로 성직자들의 기다란 행렬이 이어졌습니다. 당나귀가 지나가자 사람들은 정중히 고개를 숙여 절을 하거나 무릎을 꿇었습니다. 그런데 당나귀는 사람들이 자신을 숭배한다고 착각했습니다. 그렇게 생각하니 당나귀는 교만해져 걸음을 멈추고 크게 노래 부르기 시작했습니다. 얼마 지나지 않아 하인 중 한 명이 당나귀가 왜 그러는지 깨달아 몽둥이로 당나귀를 때리기 시작했습니다. “바보같은 당나귀야 계속 움직여라. 이 모든 것은 너를 위한 게 아니라, 네가 지고 가는 성스러운 상을 위한 것이다.” 다른 사람의 공로를 자신에게 돌리려고 하지 마세요.

Power up reading

영어 문단을 읽고 해석해 보는 시간입니다. 단어나 문법뿐만 아니라 실생활에서 사용되는 영어 텍스트와 친숙해짐으로써 영어에 대한 두려움을 극복해 보세요. 아래 문단을 천천히 읽고 스스로 먼저 해석해 본 후, 밑에 있는 해석을 확인해 보세요.

01 **One of the servants realized what had gotten into the donkey and began to beat him with a stick.**

▶ 하인 중 한 명이 당나귀가 왜 그러는지 깨달아 몽둥이로 당나귀를 때리기 시작했습니다.

what had gotten into the donkey는 당나귀가 미친 듯 노래를 부르니 무언가 당나귀 안으로 들어간 것만 같습니다. 그전에는 없었던 어떠한 '생각'이 당나귀 안으로 들어간 것 같다는 의미입니다. 당나귀 안으로 들어간 것은 바로 '교만'입니다. 갑자기 사람들이 자신에게 절을 하니 교만한 마음이 생긴 것이지만, 원래 그러지 않았던 당나귀가 그러니 다른 사람에게는 마치 밖에서 '교만'이 쏙 들어간 것 같이 보입니다. 따라서 미친듯이 행동하는 사람에게 '행위의 이유'를 물을 때 What has gotten into you?라고 말할 수 있습니다.

What has gotten into him? He looks so happy all of a sudden.

▶ 왜 저래? 갑자기 엄청 행복해 보이네.

Power up reading

영어 문단을 읽고 해석해 보는 시간입니다. 단어나 문법뿐만 아니라 실생활에서 사용되는 영어 텍스트와 친숙해짐으로써 영어에 대한 두려움을 극복해 보세요. 아래 문단을 천천히 읽고 스스로 먼저 해석해 본 후, 밑에 있는 해석을 확인해 보세요.

Do not try to take the credit to yourself that is due to others.

▶ 다른 사람의 공로를 자신에게 돌리려고 하지 마세요.

do not A의 형식의 문장으로 '~하지 마라'는 의미입니다. credit은 '신용', '인정'을 의미하는데요, 여기서는 '공로'를 의미합니다.

take credit to oneself라고 하면 '자신에게 공로를 가져가다' 즉, '자기의 공적으로 돌리다'라는 의미가 됩니다. 그런데 이 공로는 due to others, 즉, 다른 사람의 공로인 것입니다. due to는 보통 '~때문에', '~덕분에'를 의미하지만, 여기서는 '자격이 있는 사람에게 주어야 하는'을 뜻하는 due와 전치사 to가 만나 '~에게 주어져야 하는'을 의미합니다.

The company didn't want the employees using the 3 vacation days that are due to them.

▶ 그 기업은 직원들이 직원들의 권리인 3일 휴가를 쓰는 것을 달가워하지 않았다.

Helpful Tip!

mount : 오르다, 타다, 올라타다, 태우다

adorn : 꾸미다, 장식하다

credit : 신용, 공, 인정

procession : 행진, 행렬

bow : 머리를 숙이다, 허리를 굽히다, 절하다

arrogant : 오만한

당신의 뇌를 해킹하라!

Hack your brain!

인생은 습관으로 결정된다

습관 전문가로 불리는 제임스 클리어는 "아주 작은 행동들이 누적되어 인생이 결정된다"고 말합니다. 현재 어떤 상태에 있는지, 혹은 어떤 갑작스러운 변화를 맞는지에 따른 것이 아닙니다.

이를 인지하고 있어도, 매일의 변화는 너무 느리게 일어나고 미미해서 알아차리기 어렵기 때문에 첫 결심을 포기하기 쉽습니다. 반대로, 이렇게 접근해보면 어떨까요? 매일의 작은 변화를 눈으로 확인할 수 있도록 기록해 보는 것입니다. 행동 경제학 교수 댄 애리얼리는 시간 관리를 잘하기 위한 가장 중요한 요소를 '진전의 가시화'라고 설명합니다. 진전되는 과정을 눈으로 확인할 수 있어야 한다는 것이죠. 일기를 쓰거나, 이전 작업물의 과정을 저장해두는 것도 좋은 방법입니다.

아주 사소한 진전에 관심을 기울여 보세요. 물론 변화가 거의 느껴지지 않는 낙담의 시간도 분명히 있을 것입니다. 하지만 기록이 축적되다 보면 보이지 않던 변화가 보이기 시작할 것입니다. 매일의 노력과 습관이 쌓이면 복리의 힘을 발휘하게 됩니다. 그리고 어느 순간, 놀랄 만한 결과를 만들어 낼 것입니다.

핵심 문장

When you build up your daily effort and habits, you will unleash the power of compound interest and, at some point, produce amazing results.

▶ 매일의 노력과 습관이 쌓이면 복리의 힘을 발휘하게 됩니다. 그리고 어느 순간, 놀랄 만한 결과를 만들어 낼 것입니다.

핵심 표현

unleash : 강력한 반응과 감정 등을 촉발하다, 불러일으키다

compound interest : 복리

참고 : 《아주 작은 습관의 힘》, 제임스 클리어 I 비지니스북스

《루틴의 힘》 I 댄 애리얼리, 그레첸 루빈, 세스 고딘 외 저 I 부키

Week 45

Read it out loud

기억하면 좋은 문장을 따라 읽고, 암기해 보는 시간입니다.
아래 문장을 크게 소리 내서 읽어 보세요.

Let's look on the bright side.

긍정적으로 생각해 봅시다.

친구와 여행을 갔는데 비가와서 일정을 취소하게 되었습니다. 꼭 가고 싶었던 곳이라 친구가 많이 실망합니다. Let's look on the bright side! 는 상황은 이렇지만 그래도 좋게 생각하자는 의미입니다. look on the bright side는 밝은 면을 본다는 뜻입니다. 상황이 좋지 않지만, 그래도 긍정적인 부분을 보려고 노력하는 것을 뜻합니다.

예문 Let's look on the bright side. We can go somewhere better.

▶ 긍정적으로 생각하자. 우리는 더 좋은 곳에 갈 수 있어.

예문 I tried to look on the bright side, to be grateful that I was healthy.

▶ 나는 밝은 면을 보려고, 내가 건강하다는 것에 감사하려고 노력했다.

예문 After the car accident, Hannah tried to look on the bright side of life.

▶ 교통사고 이후, 한나는 인생을 긍정적으로 보려고 노력했다.

Helpful Tip!

grateful : 감사하는

car accident : 교통사고

Enrich your vocabulary

자주 쓰이는 유익한 단어를 배워 보는 시간입니다. 하루에 단어 하나씩만 외워도 일주일이면 7개, 한 달이면 30개의 단어를 외울 수 있겠죠? 오늘 배울 단어는 다음과 같습니다.

[Homogeneous 동질의, 균일한]

설레는 마음으로 처음으로 빵을 구웠는데, 견과류가 빵 한 쪽에 쏠려 있고, 어떤 부분은 질기기까지 합니다. 다음번에는 반죽과 재료를 균일하게 잘 섞어야겠다고 생각합니다. 이때 사용할 수 있는 말이 homogeneous입니다.

homogeneous는 '동질의', '균일한'이라는 뜻입니다. 방에 있는 공기가 모든 공간에 균등하게 퍼져 있는 것처럼, 비슷한 성질의 것들로 균일하게 채워져 있거나 동일한 무언가로 이루어진 것을 homogenous라고 합니다.

예문 **The committee is rather homogeneous, consisting mainly of middle-aged white men.**

▶ 이 위원회는 다소 동질적으로 중년 백인 남성들로만 구성되어 있다.

예문 **Some say South Korea is a homogenous country, but actually, it is quite diverse.**

▶ 어떤 사람들은 한국이 단일민족 국가라고 말하지만, 실제로는 다원화되어 있다.

Helpful Tip!

committee : 위원회

consist of : 구성되다, ~으로 이루어져 있다

middle-aged : 중년의

diverse : 다양한

Remember this expression

영어에서 자주 쓰이는 핵심 표현을 배우고, 응용해 보세요. 하나를 배우면 자유자재로 적용할 수 있습니다. 오늘 배울 표현은 무엇인지 살펴볼까요?

[Gray area 회색 지대, 불명확한 부분]

gray area라고 하면 '명확하지 않은 부분'을 뜻합니다. gray는 '회색'을 의미하는데요, gray area는 말 그대로 '회색 지대'라는 뜻입니다. 즉, gray area는 해석의 여지가 많은 무언가를 가리킵니다. 정확하게 명시되어 있지 않기 때문에 누군가 그를 악용하거나, 처벌을 피해갈 가능성도 있습니다.

예문 **There is a gray area in the policy.**

▶ 그 정책에는 불명확한 부분이 있다.

예문 **The conman took advantage of the gray area in the contract for his own gain.**

▶ 사기꾼은 자신의 이익을 위해 계약서의 애매한 부분을 악용했다.

예문 **As there is clearly a gray area, the research results are merely suggestive and not conclusive.**

▶ 애매한 부분이 분명히 있기 때문에, 그 연구 결과는 단지 시사적일 뿐 확실한 것은 아니다.

Helpful Tip!

contract : 계약

clearly : 명확히, 확실히

suggestive : 암시적인, ~을 연상시키는

conclusive : 결정적인, 확실한

Divide and conquer

길고 어려운 영어 문장을 짧게 끊어 읽으면 문장의 구조가 잘 보여 이해하기 쉽습니다.
나눠진 문장을 보면서 주어와 동사의 위치가 어떻게 바뀌는지 확인하면서
문장을 읽어 보세요.

Often the moment when we most need to pause is exactly when it feels most intolerable to do so.

종종 우리에게 멈춤이 가장 필요한 순간이 바로 멈춤을 하기가 가장 괴로울 것 같은 때이다.

01 **Often the moment**
▶ 종종 그 순간

02 **when we most need to pause is exactly**
▶ 우리에게 멈춤이 가장 필요한 때가 바로

03 **when it feels most intolerable to do so.**
▶ 그렇게 하기가(멈춤을 하기가) 가장 괴로울 것 같은 때이다

불교 명상가인 타라 브랙(Tara Brach)의 말입니다. 이 문장에서는 when이 두 번 나옵니다. 그리고 두 when은 같은 the moment를 설명하고 있습니다.

the moment when one A는 '누군가 A 하는 순간'이라는 뜻입니다. 문장을 시작할 때 자주 쓰이는 형식입니다.

예문 **The moment when we left the building was when there was a loud explosion.**
▶ 우리가 건물을 나서는 순간은 큰 폭발음이 있었을 때였다.

Helpful Tip!

intolerable : 견디기 어려운

pause : 멈춤, 정지

A Raven and a Swan

까마귀와 백조

A raven, which you know is as black as coal, was jealous of a swan because her feathers were as white as the purest snow. The foolish bird got the idea that if he lived like the swan, swimming and diving all day long and eating the weeds and plants that grow in the water, his feathers would turn white like the swan's. So, he left his home in the woods and fields and flew down to live on the lakes and in the marshes. He washed and washed all day long, almost to the point of drowning himself, but his feathers remained as black as ever. And the water weeds he ate made him sick, so he got thinner and thinner until, finally, his friend dragged him home. A change of habits will not alter nature.

알다시피 석탄처럼 시꺼먼 새인 까마귀는 깨끗한 눈처럼 새하얀 백조의 깃털을 보고 백조를 질투했습니다. 어리석은 까마귀는 자신이 백조처럼 하루 종일 수영하고 다이빙하고, 물속에서 자라는 잡초와 물풀을 먹으면 자신의 깃털도 하얗게 변할 것이라 생각했습니다. 그래서 까마귀는 숲과 들의 집을 떠나, 호수와 습지에서 살기 위해 날아갔습니다. 까마귀는 익사할 정도로 하루 종일 목욕을 했지만, 깃털은 여전히 검었습니다. 그리고 물풀만 먹으니 탈이 나게 되었지요. 까마귀는 점점 말라갔고, 결국 친구가 그를 집으로 끌고 갔습니다. 습관의 변화가 본성을 바꾸기는 힘듭니다.

Power up reading

영어 문단을 읽고 해석해 보는 시간입니다. 단어나 문법뿐만 아니라 실생활에서 사용되는 영어 텍스트와 친숙해짐으로써 영어에 대한 두려움을 극복해 보세요. 아래 문단을 천천히 읽고 스스로 먼저 해석해 본 후, 밑에 있는 해석을 확인해 보세요.

01 A raven, which you know is as black as coal, was jealous of a swan because her feathers were as white as the purest snow.

▶ 알다시피 석탄처럼 시꺼먼 새인 까마귀는 깨끗한 눈처럼 새하얀 백조의 깃털을 보고 백조를 질투했습니다.

어떤 색깔에 대해서 as~ as…를 쓸 때, 그 색의 진함을 강조하는 말이 됩니다. 까마귀는 '석탄처럼 검다'라고 묘사하고 있는데, 이는 '아주 시커먼 검은색'이라는 뜻입니다. 백조는 '가장 깨끗한 눈처럼 하얗다'라고 묘사하고 있으며, 마찬가지로 '아주 새하얀 색'을 뜻합니다. 이처럼 무엇에 빗대어서 색깔을 묘사할 때는 그 색의 강렬함을 강조하게 됩니다.

예시

as blue as the sky ▶ 하늘처럼 새파란
as green as grass ▶ 풀처럼 생생한 녹색
as red as a tomato ▶ 토마토처럼 새빨간
as black as hell ▶ 지옥처럼 시커먼
as dark as death ▶ 죽음처럼 어두운

02 He washed and washed all day long, almost to the point of drowning himself, but his feathers remained as black as ever.

▶ 까마귀는 익사할 정도로 하루 종일 목욕을 했지만, 깃털은 여전히 검었습니다.

as~ as ever라고 하면 '한결같이 ~한', '늘 그랬듯 ~한'을 뜻하게 됩니다.

예시

as young as ever ▶ 변함없이 젊어 보인다
as sharp as ever ▶ 어느 때나 다름없이 예리하다
as busy as ever ▶ 여전히 바쁘다

Helpful Tip!

alter : 변하다, 달라지다, 바꾸다, 고치다

remain : 여전히 ~하다, 남아 있다

UP

up은 우리말의 '위'로 통합니다. 하지만 up을 있는 그대로 '위'로 풀이하면 이해가 가지 않는 영어 표현이 많습니다. 다음 장면을 통해 up이 가진 이미지에 대해 알아보겠습니다.

여기 계량컵이 하나 있습니다. 이 컵에 물을 따라 채운다고 상상해 보세요. 물이 점점 눈금을 넘어 차오릅니다. 위로, 더 위로….

바로 이렇게 '위로 상승하는' 그림이 up의 기본적인 개념입니다. 이 그림을 이용해 '위로', '더 높은 수준이나 위치로', 그리고 마침내 컵을 '완전히 채우는', 그리고 완전히 채워서 컵의 높이까지 '따라잡는' 것을 나타낼 수 있습니다.

up의 첫 번째 사용법

물리적으로 up

up은 위로 가는 방향을 나타냅니다. 물리적으로 더 높은 위치를 향해 이동하는 것이죠.

예문

Justin went up on the stage for a presentation.

▶ 저스틴은 발표를 위해 무대 위로 올라갔다.

발표를 위해 물리적으로 높은 위치의 무대로 올라간 모습입니다. went는 올라가는 행위를, up은 위로 향하는 모양을 나타내는 역할을 합니다.

UP

예문

Bailey ran up the stairs and managed to be on time.

▶ 베일리는 계단 위를 향해 뛰어가 겨우 제시간에 도착했다.

➜ 베일리는 계단을 뛰어 올라가 겨우 제시간에 도착했다.

ran up에서 up은 뛰는 방향을 제시합니다. 즉, '위를 향해 달린다'는 의미입니다.

예문

There is a convenience store just up the street.

▶ 저기 바로 위에 편의점이 하나 있어요.

거리에서 길을 물었을 때 이런 표현을 들을 수 있습니다. 길을 따라 올라간 위쪽을 up the street이라고 합니다. 여기서 just는 '바로'라는 뜻으로 쓰입니다. 그래서 just up the street은 '이 거리 위쪽에 바로'라는 해석이 가능합니다.

up의 두 번째 사용법

완성한, 완전한 모습의 Up

컵에 물을 따르는 모습을 상상해 보세요. 컵에 완전히 차오른 물처럼 up은 무언가 완전한 모습을 나타냅니다.

UP

예문

Let's eat up the leftover fried chicken.

▶ 남은 치킨을 완전히 먹어 버리자.

➜ 남은 치킨 먹어 치우자.

leftover는 남은 음식을 의미합니다. 어제 배달 시켜 먹은 치킨이 남았나 보네요. 여기서 치킨을 eat up 한다는 것은 '먹는 행위를 지속해 완전히 다 먹어 버리는' 것으로 설명할 수 있습니다.

예문

It will take at least two hours to clean up this mess.

▶ 이 엉망진창을 완전히 청소하려면 최소 2시간은 걸리겠네요.

➜ 이걸 다 치우려면 최소한 2시간은 걸리겠네요.

집 상태가 엉망이라 계속해서 치우는 장면을 상상해 보세요. 치우는 행동을 지속할수록 방은 점차 깨끗해지고, 마지막에는 완전히 깨끗해진 모습이 됩니다. 바로 clean up, '완전히 치운' 상태입니다.

예문

You should fill up your fuel tank.

▶ 기름을 가득 채우는 게 좋을 거야.

주유소에서 '가득 넣어주세요'라고 할 때, 연료 탱크에 기름을 계속 채워서 완전히 가득 차게 만드는 것이죠. 이렇게 탱크를 완전히 가득 채우는 모습을 fill up이라고 합니다.

UP

up의 세 번째 사용법

동등한 위치로의 상승하는 up

컵을 물로 완전히 채우면 물이 컵의 높이를 따라잡게 됩니다. 즉, 계속 상승해서 동등한 위치까지 다다른 모습이죠. up의 이러한 '따라잡는' 느낌으로 무언가와 격차를 줄이는 모습을 표현할 수 있습니다.

예문

We have a lot to catch up on.

▶ 우리 따라잡을 게 많아.

➜ 우리 할 얘기가 많아.

여기서 catch up은 쉽게 말해 '서로의 근황을 업데이트하는 것'입니다. 오랫동안 만나지 못한 친구와 나눌 이야기가 많이 쌓여 있습니다. 그 친구를 오랜만에 만나 그동안 몰랐던 서로의 소식을 나누면서 둘 사이의 시간의 공백을 채우는 것입니다.

예문

You go ahead! I'll catch up with you later.

▶ 먼저 가, 너와 금방 따라잡을게.

➜ 먼저 가, 금방 따라갈게.

catch up은 물리적으로 따라잡는 모습도 표현할 수 있습니다. 친구가 위치한 곳으로 계속 나아가 그와 동등한 위치에 다다르는, 즉, 친구를 따라잡는 것으로 해석할 수 있습니다.

이렇게 up이 가진 기본적인 개념과 몇 가지 사용법을 배워 보았습니다. up은 우리가 인지하고 있는 것보다 훨씬 다양하게 많은 곳에서 쓰이고 있습니다. up을 마주한다면 '위로 상승하는' 그림을 떠올리세요. up과 친해지는 그 날까지 모두 Keep it up! 화이팅입니다!

Week 46

Read it out loud

기억하면 좋은 문장을 따라 읽고, 암기해 보는 시간입니다.
아래 문장을 크게 소리 내서 읽어 보세요.

Day 1

[He is on the fence.
그는 이러지도 저러지도 않고 있다.]

결정을 내리지 않고 이러지도 저러지도 않는 사람을 두고 on the fence라고 합니다. fence는 울타리라는 뜻인데요. 반대편으로 넘어가지도 않고, 그렇다고 이쪽으로 넘어오지도 않으면서 울타리 위에 어정쩡하게 걸터앉아 있는 모습을 표현한 것입니다. 부정적인 뉘앙스로 자주 쓰이며, 책임을 회피하기 위해 일부러 결정을 보류하는 사람을 묘사할 때도 사용됩니다.

예문 **He was on the fence when there was an argument between his two friends.**

▶ 두 친구 사이에 말다툼이 벌어졌을 때 그는 누구의 편도 들어주지 않았다.

예문 **The minister is on the fence regarding the issue.**

▶ 장관은 그 문제에 대해 중립적인 입장을 취하고 있다.

예문 **Don't be on the fence. Make a decision.**

▶ 어정쩡한 입장을 취하지 마. 결정을 내려.

Helpful Tip!

argument : 논쟁, 주장　　**regarding :** ~관하여, ~대하여

Enrich your vocabulary

자주 쓰이는 유익한 단어를 배워 보는 시간입니다. 하루에 단어 하나씩만 외워도 일주일이면 7개, 한 달이면 30개의 단어를 외울 수 있겠죠? 오늘 배울 단어는 다음과 같습니다.

[Explicit 명백한, 노골적인]

오랜만에 친구와 저녁 약속을 잡았는데, 친구가 비싼 음식점에 가자고 합니다. 나는 조금 망설이다가 솔직하게 지금 돈이 별로 없다고, 조금 저렴한 식당에 갔으면 좋겠다고 털어놓습니다. 다행히 친구는 웃으며 알았다고 대답합니다.

명백하고 노골적인 것을 가리켜 explicit 하다고 합니다. 은근하게 무엇을 하는 것이 아니라 직접적으로 표현하거나 혼돈이 생길 여지를 주지 않는 것을 explicit 하다고 표현할 수 있습니다. 상황에 따라 긍정적 혹은 부정적인 뜻이 될 수 있습니다. explicit의 반대말은 '암시된', '내포된'을 뜻하는 implicit입니다.

I explicitly said that I did not have much money when I met my friend for dinner.

▶ 나는 친구와 저녁을 먹으려고 만났을 때 돈이 별로 없다고 솔직하게 말했다.

The teacher was explicit about the fact that my essay was poorly written.

▶ 선생님은 내 에세이가 형편없다는 것을 노골적으로 말씀하셨다.

Helpful Tip!

explicitly : 분명히, 명확하게

poorly : 서투른, 형편 없는

Nothing to do with
~와 아무런 관련이 없다

여자 친구가 갑자기 헤어짐을 고합니다. 갑작스러운 통보에 혹시 최근에 여자 친구의 기분을 상하게 한 행동이 있었는지 물었지만, 여자 친구는 그것들과는 아무런 관련이 없다고 합니다. 그저 서로 맞지 않는 것 같다는 말만 되풀이할 뿐입니다.

'~와 관련이 없다'라고 할 때 nothing to do with라는 표현을 씁니다. 위 상황에서는 여자 친구의 이별 통보가 최근 나의 행동과 아무런 상관이 없었다고 말하고 있지요.

예문 **My decision to resign has nothing to do with my recent pay cut.**

▶ 제가 사직하기로 결정한 것은 최근의 감봉과는 아무런 관계가 없습니다.

예문 **I want nothing to do with them.**

▶ 저는 그들과 전혀 연관되고 싶지 않습니다.

예문 **Their argument had nothing to do with me.**

▶ 그들의 논쟁은 저와는 아무 상관이 없었습니다.

Helpful Tip!

resign : 사직하다, 사임하다

pay cut : 임금 삭감, 임금 인하

Divide and conquer

길고 어려운 영어 문장을 짧게 끊어 읽으면 문장의 구조가 잘 보여 이해하기 쉽습니다. 나눠진 문장을 보면서 주어와 동사의 위치가 어떻게 바뀌는지 확인하면서 문장을 읽어 보세요.

Consequently, in the absence of his father's companionship and with the lack of nearby playmates, Franklin spent more and more time inside the house.

결과적으로, 아버지가 시간을 같이 보내 주지 않고, 근처에 사는 친구가 없는 상황에서 프랭클린은 점점 더 많은 시간을 집안에서 혼자 보냈다.

01 **Consequently,**
▶ 결과적으로

02 **in the absence of his father's companionship**
▶ 아버지가 시간을 같이 보내 주지 않고

03 **and with the lack of nearby playmates,**
▶ 그리고 근처에 친구들이 없었기 때문에

04 **Franklin spent more and more time inside the house.**
▶ 프랭클린은 점점 더 많은 시간을 집안에서 보냈다

companionship은 '동반자적 관계' 정도로 해석할 수 있는데, 곁에 있어 주며 사랑과 우정을 나누는 관계를 뜻합니다.

예문 **Shun the companionship of the tiger.**
▶ 호랑이와 친구가 되는 것을 피하라.
➜ 자신을 해칠 사람과 교제하지 말라.

Helpful Tip!

shun : 피하다

absence : 부재, 결핍

영어 문단을 읽고 해석해 보는 시간입니다. 단어나 문법뿐만 아니라 실생활에서 사용되는 영어 텍스트와 친숙해짐으로써 영어에 대한 두려움을 극복해 보세요. 아래 문단을 천천히 읽고 스스로 먼저 해석해 본 후, 밑에 있는 해석을 확인해 보세요.

The Salt Merchant and His Donkey

소금 장수와 당나귀

One day, a salt merchant was riding his donkey with a heavy load of salt when they came to a river with a shallow ford. They had crossed this river many times before without incident. But this time, the donkey slipped and fell while crossing. Most of the salt melted away. The donkey was very excited when he realized how much lighter his load was. The next day on the way home, the donkey let himself fall into the water on purpose to lessen his load. The merchant was very angry. So the following day, he loaded the donkey up with two huge baskets full of cotton. At the ford, the donkey tumbled over again. But this time, after scrambling to his feet, he had to drag himself home under a load ten times heavier than before. The same measures will not suit all circumstances.

어느 날, 소금 장수가 무거운 소금을 진 당나귀를 타고 가다가 얕은 여울이 있는 강에 도착했습니다. 이전에도 사고 없이 여러 번 이 강을 건넜지만 이번에는 건너다가 미끄러졌습니다. 그로 인해 소금 대부분이 녹아 없어졌습니다. 짐이 얼마나 가벼웠는지 깨달은 당나귀는 매우 기뻤습니다. 다음 날, 집으로 돌아오는 길에 당나귀는 짐을 가볍게 하기 위해 일부러 물에 빠졌습니다. 소금 장수는 매우 화가 났습니다. 다음날 솜으로 가득찬 두 개의 큰 바구니를 당나귀 등에 실었습니다. 여울에 도착했을 때, 당나귀는 또다시 굴러 넘어졌습니다. 하지만 이번에 당나귀는 전보다 10배 무거운 짐을 지고 집으로 돌아가야 했습니다. 같은 방법이 모든 상황에서 통할 수는 없습니다.

Power up reading

영어 문단을 읽고 해석해 보는 시간입니다. 단어나 문법뿐만 아니라 실생활에서 사용되는 영어 텍스트와 친숙해짐으로써 영어에 대한 두려움을 극복해 보세요. 아래 문단을 천천히 읽고 스스로 먼저 해석해 본 후, 밑에 있는 해석을 확인해 보세요.

01 **One day, a salt merchant was riding his donkey with a heavy load of salt when they came to a river with a shallow ford.**

▶ 어느 날, 소금 장수가 무거운 소금을 진 당나귀를 타고 가다가 강의 얕은 여울에 도착했습니다.

A when B라는 문장 형식입니다. 이야기를 시작하거나 어떠한 사건의 시작을 시사하며 긴장감을 더할 때 자주 쓰는 문장 형식입니다. 소금 장수와 당나귀가 얕은 여울이 있는 강에 도착했을 시점에, 둘은 무거운 소금을 운반하고 있었다는 뜻입니다.

예문 **I was cooking when the phone rang.**

▶ 전화가 울렸을 때 나는 요리하고 있었다.

02 **The next day on the way home, the donkey let himself fall into the water on purpose to lessen his load.**

▶ 다음 날, 집으로 돌아오는 길에 당나귀는 짐을 가볍게 하기 위해 일부러 물에 빠졌습니다.

on purpose는 '일부러', '고의로'를 뜻합니다. purpose는 '목적'이라는 뜻으로 on purpose라고 하면 '어떠한 목적을 가지고', '어떠한 의도를 가지고'를 의미합니다.

예문 **I broke the window on purpose.**

▶ 나는 일부러 창문을 깼다.

Helpful Tip!

scramble : 허둥지둥 간신히 해내다, 앞다투다

ford : (강의) 얕은 곳, 여울

drag : 끌다, 힘들게 움직이다

suit : 명 정장 동 어울리다, ~에 맞다

당신의 뇌를 해킹하라!

Hack your brain!

좋은 게임의 네 가지 요소

게임을 하는 것처럼 재미있게 공부할 수 있다면 얼마나 좋을까요? 게임에 빠져들게 하는 매력적인 요소를 학습에 적용하면 공부를 비롯한 어떤 훈련도 게임처럼 재미있어질 수 있습니다. 미국의 한 교수는 수업 방식을 '월드 오브 워크래프트'와 비슷하게 바꾸었더니, 학생들의 학구열과 참여율이 올라갔고 시험에서 부정행위도 현격히 줄었다고 합니다. 단지 몇 가지 요소를 추가해서 같은 상황을 다른 각도에서 바라보게 만든 것만으로 지루하던 일이 흥미진진한 경험으로 바뀐 것이죠. 이것을 '인지 재평가'라고 합니다. 미국의 작가인 에릭 바커는 좋은 게임에는 네 가지 공통점이 있다고 말합니다.

01 누구나 이길 수 있으며 (winnable)

02 새로운 도전을 하게 만들며 (challenge)

03 목표를 제시하고 (goal)

04 좋은 피드백을 준다 (feedback)

지금 어려워하는 일이 있다면, 이 일을 게임이라고 생각해 보면 어떨까요? 이길 수 있다고 스스로 정의하고, 지루함에 생기를 더해 줄 자극을 찾아 도전해보세요.

핵심 문장

By adding just a few elements and seeing the same situation from a different angle, a boring experience turned into an exciting one.

▶ 단지 몇 가지 요소를 추가해서 같은 상황을 다른 각도에서 바라보게 만든 것만으로 지루하던 일이 흥미진진한 경험으로 바뀌었습니다.

핵심 표현

A turn into B : A가 B로 변하다

참고 : 《세상에서 가장 발칙한 성공법칙》 I 에릭 바커 저 I 갤리온

Week 47

Read it out loud

기억하면 좋은 문장을 따라 읽고, 암기해 보는 시간입니다.
아래 문장을 크게 소리 내서 읽어 보세요.

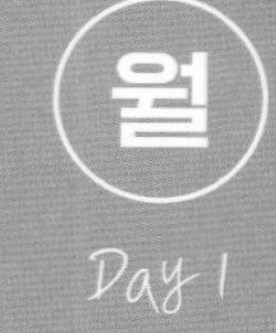

[Don't take things at face value.
곧이곧대로 받아들이지 말아라.]

face value는 '액면가', '겉으로 보이는 모양'을 의미합니다. take things는 '무언가를 받아들이다'라는 뜻으로 해석할 수 있습니다. 어떤 것을 그 뒤에 숨은 의미를 파악하지 못하는 것을 두고 take things at face value 한다고 말할 수 있습니다.

Don't be too critical, but don't take things at face value either.

▶ 너무 비판적이지는 마세요. 하지만 곧이곧대로 받아들이지도 마세요.

Don't just take his words at face value. Do your own research.

▶ 그의 말을 액면 그대로 받아들이지 마세요. 당신 스스로 연구를 하세요.

Don't take everything you read at face value. There is a lot of fake news out there.

▶ 당신이 읽는 모든 것을 곧이곧대로 받아들이지 마세요. 세상에는 가짜 뉴스가 많습니다.

Helpful Tip!

critical : 비판적인, 중대한

fake news : 가짜 뉴스, 거짓 뉴스

Enrich your vocabulary

자주 쓰이는 유익한 단어를 배워 보는 시간입니다. 하루에 단어 하나씩만 외워도
일주일이면 7개, 한 달이면 30개의 단어를 외울 수 있겠죠?
오늘 배울 단어는 다음과 같습니다.

[Redundant 불필요한, 중복된]

불필요한 것을 두고 redundant 하다고 합니다. 무언가가 과거에는 쓸모가 있었지만, 상황이 바뀌면서 이제 더 이상 필요하지 않게 되었다는 의미를 담고 있습니다. '중복된', '반복된'이라는 의미로도 자주 사용됩니다. 중복되기 때문에, 사족이라는 의미이고, 때문에 불필요하고 쓸모가 없다는 뜻입니다.

예문 With changing technology, the skills he acquired in university have become redundant.

▶ 기술이 변화함에 따라 그가 대학교에서 배운 기술은 쓸모없어졌다.

예문 That paragraph is redundant. You can remove it.

▶ 그 단락은 중복되는 내용이라서, 지우는게 좋겠어.

예문 The students grew tired of the professor's redundant lecture.

▶ 학생들은 교수님의 중복된 강의에 싫증이 났다.

Helpful Tip!

acquire : 습득하다, 획득하다

remove : 제거하다, 없애다

Remember this expression

영어에서 자주 쓰이는 핵심 표현을 배우고, 응용해 보세요. 하나를 배우면 자유자재로 적용할 수 있습니다. 오늘 배울 표현은 무엇인지 살펴볼까요?

[Stumbling block 걸림돌]

stumbling block은 걸림돌을 말합니다. stumble은 '발을 헛디디다'라는 뜻인데요, stumbling block 하면 발을 헛디뎌 넘어지게 만드는 돌멩이 같은 것이라고 생각하면 됩니다. 잘 걸어가고 있다가 갑자기 어디선가 나타난 돌부리에 걸려 넘어지는 모습을 상상해 보세요. 이렇게 어떤 일을 하는 데에 있어서 큰 걸림돌이 되는 것을 stumbling block이라고 합니다.

예문 There was a major stumbling block that caused the negotiation to fail.
▶ 협상을 실패로 만든 큰 걸림돌이 있었다.

예문 Surprisingly, poor eyesight does not serve as a stumbling block in archery.
▶ 놀랍게도, 안 좋은 시력은 양궁을 할 때 걸림돌로 작용하지 않는다.

예문 The proposal addressed some of the main stumbling blocks in the negotiation.
▶ 제안서는 협상의 주요 방해 요소들을 해소하고자 했다.

Helpful Tip!

negotiation : 협상, 거래

surprisingly : 의외로, 놀랍게도

Divide and conquer

길고 어려운 영어 문장을 짧게 끊어 읽으면 문장의 구조가 잘 보여 이해하기 쉽습니다.
나눠진 문장을 보면서 주어와 동사의 위치가 어떻게 바뀌는지 확인하면서
문장을 읽어 보세요.

Research backs up the idea that having a sense of spirituality has positive effects on our lives, especially on our mental and physical health.

연구 결과는 영성의 감각을 갖는 것이 특히 우리의 정신적, 육체적 건강에 긍정적인 영향을 미친다는 생각을 뒷받침한다.

01 **Research backs up the idea**
▶ 연구 결과들은 생각을 뒷받침한다

02 **that having a sense of spirituality**
▶ 영성에 대한 감각을 가지는 것은

03 **has positive effects on our lives,**
▶ 우리 삶에 긍정적인 영향을 미친다는

04 **especially on our mental and physical health.**
▶ 특히 우리의 정신적, 육체적 건강에

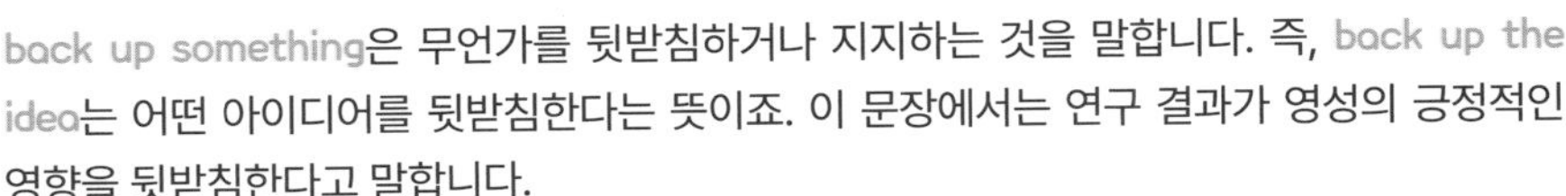

back up something은 무언가를 뒷받침하거나 지지하는 것을 말합니다. 즉, back up the idea는 어떤 아이디어를 뒷받침한다는 뜻이죠. 이 문장에서는 연구 결과가 영성의 긍정적인 영향을 뒷받침한다고 말합니다.

The evidence didn't back up his story.
▶ 그 증거는 그의 이야기를 뒷받침하지 못했다.

Helpful Tip!

spirituality : 영성

physical health : 육체적 건강

Power up reading

영어 문단을 읽고 해석해 보는 시간입니다. 단어나 문법뿐만 아니라 실생활에서 사용되는 영어 텍스트와 친숙해짐으로써 영어에 대한 두려움을 극복해 보세요. 아래 문단을 천천히 읽고 스스로 먼저 해석해 본 후, 밑에 있는 해석을 확인해 보세요.

The Lion and the Mosquito

사자와 모기

"Go away, you disgusting bug!" said a lion angrily to a mosquito that was buzzing around his face. But the mosquito was not bothered at all. "Do you think," he said spitefully to the lion, "that I am afraid of you because they call you King?" The next instant, he stung the lion sharply on the nose. Extremely angry, the lion struck fiercely at the mosquito, but ended up tearing himself with his claws. Again and again, the mosquito stung the lion, who was now roaring loudly. Finally, worn out by his rage and covered with wounds that his own teeth and claws had made, the lion gave up fighting. The mosquito buzzed away to tell the whole world about his victory, but instead, he flew straight into a spiderweb. And there, the mosquito who had defeated the king of beasts came to a miserable end, the prey of a little spider. The least of our enemies is often the most to be feared.

"저리 가, 이 더러운 벌레야!" 사자는 얼굴 주변에서 윙윙거리는 모기에게 화가 나 소리쳤습니다. 그러나 모기는 전혀 신경 쓰지 않고 쏘아붙였습니다. "당신이 왕이라고 불리니까 제가 무서워할 거라 생각하세요?" 그리고 순간, 사자의 코를 쏘았습니다. 화가 난 사자는 모기를 맹렬하게 공격했으나 자신의 발톱으로 자기 살을 뜯었을 뿐입니다. 계속해서 모기는 사자를 쏘았고, 사자는 더욱 큰 소리로 포효했습니다. 마침내 온몸이 발톱과 이빨로 긁힌 상처로 뒤덮인 사자는 화내는 것조차 지쳐 싸움을 포기했습니다. 모기는 온 세상에 자신의 승리를 알리기 위해 날아갔습니다. 하지만 곧장 거미줄에 걸렸습니다. 백수의 왕을 물리친 모기는 거미의 먹이가 되어 비참한 최후를 맞았습니다. 가장 작은 적이 종종 가장 두려워해야 할 적입니다.

Power up reading

영어 문단을 읽고 해석해 보는 시간입니다. 단어나 문법뿐만 아니라 실생활에서 사용되는 영어 텍스트와 친숙해짐으로써 영어에 대한 두려움을 극복해 보세요. 아래 문단을 천천히 읽고 스스로 먼저 해석해 본 후, 밑에 있는 해석을 확인해 보세요.

01 **"Go away, you disgusting bug!" said a lion angrily to a mosquito that was buzzing around his face.**

▶ "저리 가, 이 더러운 벌레야!" 사자는 얼굴 주변에서 윙윙거리는 모기에게 화가 나 소리쳤습니다.

buzz는 '윙윙거리다'라는 뜻입니다. 소리 자체를 형상화한 말이죠. 그래서 '윙윙 소리'를 뜻하기도 합니다. 여기에 더해서 buzz around라 하면 '윙윙거리며 돌아다니다', '부산하게 돌아다니다'라는 뜻이 됩니다.

다른 동사에 around가 붙으면 '사방에', '주변에'와 같이 무언가 도는 듯한, 돌아다니는 듯한 뉘앙스가 더해집니다.

예시

walk around ▶ 돌아다니다, 서성이다

look around ▶ 둘러보다, 무언가를 찾아 돌아다니다

play around ▶ 놀러 다니다, 뛰어놀다

mess around ▶ 빈둥대다, 느긋하게 즐기다

Power up reading

영어 문단을 읽고 해석해 보는 시간입니다. 단어나 문법뿐만 아니라 실생활에서 사용되는 영어 텍스트와 친숙해짐으로써 영어에 대한 두려움을 극복해 보세요. 아래 문단을 천천히 읽고 스스로 먼저 해석해 본 후, 밑에 있는 해석을 확인해 보세요.

The least of our enemies is often the most to be feared.

▶ 가장 작은 적이 종종 가장 두려워해야 할 적입니다.

the A is often the B라는 문장 구조로 A는 least of our enemies, '적 중에 가장 작은 (자)', B는 most to be feared '가장 두려워해야 할 (자)'를 말합니다. 따라서 '적 중에 가장 작은 자가 종종 가장 두려워해야 할 자'라고 해석할 수 있습니다. 이 문장에서는 보통 형용사나 부사의 최상급 앞에 붙는 the가 단어가 아닌 구절에 붙었습니다.

The weakest of the group is often the most ignored.

▶ 그룹에서 가장 약한 이들이 종종 가장 무시를 당한다.

Helpful Tip!

sting : 쏘다, 찌르다

tear : 동 찢다, 뜯다, 찢어지다 명 눈물

worn out : 매우 지친, 닳아서 못 쓰게 된, 진부한

spiteful : 앙심을 품은, 악의적인

miserable : 비참한

rage : 격렬한 분노, 격노

wound : 상처, 부상

defeat : 동 물리치다, 이기다 명 패배

prey : 먹이

spiderweb : 거미줄

COME

Coming soon.

영화관, 광고, 혹은 오픈을 앞둔 가게에서 많이 쓰는 문구입니다. 사람들은 이 표현을 보고 '곧 개봉' 혹은 '오픈 임박'이라는 뜻을 떠올립니다. 하지만 coming soon을 친구가 쓴다면 어떨까요? '곧 갈게'라는 뜻이 되겠죠? come의 일반적인 뜻은 '오다'이지만, 이렇듯 상황에 따라 유연하게 쓰일 수 있는 동사입니다.

come을 생각할 때는 '다가오는' 동작을 생각하면 됩니다. 다가온다는 것은 말하는 사람과 듣는 사람 간의 거리가 좁혀진다는 뜻입니다. 반대로 둘의 거리가 멀어지면 go를 사용할 수 있습니다. 영화가 coming soon이라고 하면 '곧 온다', 즉 '곧 우리 곁으로 온다'라는 뜻이 되는 거겠죠? come의 뜻을 더 알아봅시다.

come의 첫 번째 뜻

오다, 다가오다

come의 가장 기본적인 의미인 '오다'입니다. 정확하게는 말하는 대상 쪽으로 '가까이 가다', 다가가려는 대상의 입장에서 '오다'라는 뜻인 거죠.

예문

My friends came over to my house for dinner.

▶ 친구들이 저녁을 먹으러 우리 집으로 넘어왔다.

➜ 친구들이 저녁을 먹으러 우리 집에 왔다.

come over는 '넘어오다'라는 뜻으로 보통 사람들을 집으로 초대할 때 자주 사용되는 표현입니다. 그저 come to my house라고 하는 것보다 come over to my house라고 하는 것이 더 생동감 있습니다.

COME

예문

Watch out, a train is coming.

▶ 조심해, 기차가 오고 있어.

come이 현재진행형으로 사용되었습니다. '기차가 내 쪽으로 다가오는 중'이라고 해석할 수 있습니다.

come의 두 번째 뜻

가다, 다가가다

come의 기본 의미는 '오다'이지만 때로는 한국어로 해석했을 때 '가다'라는 뜻이 되기도 합니다. come은 '말하는 대상'으로부터의 거리를 기준으로 하기 때문입니다.

만약 친구가 전화로 '너 우리 집에 올 거니?'라고 묻는다면 '응, 갈게'라는 의미로 I'm coming이라고 말합니다. '그쪽으로 갈게'라는 말을 영어로 한다면 상대와의 거리를 좁히면서 상대방에게 다가가는 것이기 때문에 going이 아니라, coming이 됩니다.

예문

Are you coming over for dinner tonight?

▶ 오늘 저녁에 우리 집에 저녁 먹으러 올 거야?

Yeah, I'll come around 6 p.m. if that's okay with you.

▶ 응, 너만 괜찮다면 6시쯤에 갈게.

COME

예문

We are going to the movies. Come with us.

▶ 우리 영화 보러 갈 거야. 우리랑 같이 가자.

영화관을 향해 간다는 건 지금 있는 이곳과 말하는 상대방과 멀어지는 것이기 때문에 going을 썼습니다. 두 번째 문장에서는 come with us, '우리와 함께 가자'라는 표현을 써서 영화관으로 가는 동작이 아닌 '사람들이 함께 가는' 동작에 더 중점을 둔 느낌을 줍니다. 만약 단순히 영화관으로 가는 것에 중점을 두고 이야기한다면 you should go with us, '우리랑 같이 (영화관으로) 가자'라고 표현할 수 있습니다.

come의 세 번째 뜻

~한 상태가 되다

come은 '~한 상태에 가까워지다', '~한 상태가 되다'라는 의미로도 사용됩니다.

예문

The market comes alive every Saturday morning.

▶ 그 시장은 토요일 아침마다 살아난다.

➜ 그 시장은 토요일 아침마다 활기를 띤다.

COME

alive는 '살아있는', '생기가 넘치는'이라는 뜻으로 come alive라고 하면 '활기를 띠는 상태가 되다', '생생해지다', '기운을 차리다'의 의미가 됩니다.

예문

My dream came true.

▶ 내 꿈이 진실이 됐어.

➜ 내 꿈이 현실로 이루어졌어.

come true는 '사실인 상태가 되다'라는 뜻입니다. 위 문장에서는 과거형인 came을 사용해 '꿈이 현실의 상태가 됐다', 즉 '꿈이 현실이 됐다'라고 풀이합니다.

예문

I will come clean. I've been lying to you.

▶ 숨기는 것 없는 상태가 될게. 나 너한테 계속 거짓말했어.

➜ 솔직하게 털어놓을게. 나 너한테 계속 거짓말했어.

come clean은 '깨끗한(clean) 상태가 되다(come)'로 해석할 수 있으며 더 이상 숨기는 것 없이 다 보여준다는 뜻으로 사용됩니다.

동사 come에 대해 배워 보았습니다. 상대방에게 가까이 다가가는 모습을 머릿속에 그리면서 come을 사용한다면 come을 더 자유자재로 활용할 수 있을 거예요.

Week 48

Read it out loud

기억하면 좋은 문장을 따라 읽고, 암기해 보는 시간입니다.
아래 문장을 크게 소리 내서 읽어 보세요.

[One has no choice but to A
A 하는 것밖에는 선택권이 없다]

one has no choice but to A라고 하면 'A밖에 다른 선택권이 없다'라는 뜻이 됩니다. 비슷하게, 어떤 설명을 하다 맨 마지막에 I have no choice.라는 문장을 덧붙이면, '선택권이 없어'라는 말이 됩니다.

I have no choice but to quit university to continue my business.

▶ 사업을 계속하기 위해서는 대학교를 그만둘 수밖에 없어요.

Let's just cancel the class. Only a small number of people signed up. We have no choice.

▶ 수업을 그냥 취소합시다. 수강 신청자가 너무 적어요. 어쩔 수 없네요.

I had no choice but to walk in the rain because I didn't bring an umbrella.

▶ 우산을 가져오지 않았기 때문에 빗속에서 걷는 것 말고는 다른 선택권이 없었어요.

Helpful Tip!

quit : 그만두다, 떠나다

sign up : 등록하다, 신청하다, 가입하다

Enrich your vocabulary

자주 쓰이는 유익한 단어를 배워 보는 시간입니다. 하루에 단어 하나씩만 외워도 일주일이면 7개, 한 달이면 30개의 단어를 외울 수 있겠죠? 오늘 배울 단어는 다음과 같습니다.

Tentative
잠정적인, 아직 정해지지 않은

가족들이 다 같이 모여 여름 휴가 계획을 세웁니다. 그런데 전부 각자의 스케줄이 빡빡해서 여행을 갈 수 있는 날짜를 찾기가 쉽지 않습니다. 다행히 모두 다 가능한 날짜가 있어서 일단 그때로 하기로 합니다. 하지만 잠정적일 뿐, 후에 변동사항이 생기면 일정을 바꾸기로 합니다.

tentative는 '잠정적인', '아직 정해지지 않은'이라는 뜻입니다. 무언가가 잠정적이라는 것을 나타내고자 할 때 쓸 수 있습니다. 날짜나 장소, 스케줄 등을 명시하면서 아직 확정된 것이 아니라 언제든 바뀔 수 있다는 것을 미리 알려줄 때처럼 말입니다.

예문 Let's set a tentative date for the trip.

▶ 잠정적인 여행 날짜를 정하자.

예문 The tentative date for the final exam is December 17th.

▶ 기말고사의 잠정적인 날짜는 12월 17일이다.

예문 This is the tentative timeline for the marketing drive this year.

▶ 이것이 올해 마케팅 추진에 대한 잠정적인 일정이다.

Helpful Tip!

timeline : (정밀하게 예정된) 연대표, 시각표

(marketing) drive : (마케팅) 추진, 구축

Remember this expression

영어에서 자주 쓰이는 핵심 표현을 배우고, 응용해 보세요.하나를 배우면 자유자재로 적용할 수 있습니다. 오늘 배울 표현은 무엇인지 살펴볼까요?

Day 3

[Follow suit 잇따르다, 따라 하다]

어떤 사람의 행동을 똑같이 따라 하는 것을 follow suit이라고 합니다. 단지 모방한다는 의미를 넘어서, 지도자와 같은 인물이 어떤 행동을 하면 그것을 좇아 하는 것을 말합니다. 다른 말로 하면 선례를 따른다고 할 수 있습니다.

예문 **The bank robber laid his gun down when the police arrived, and the other bank robbers followed suit.**

▶ 은행 강도는 경찰이 도착하자 총을 내려 놓았고, 다른 강도들도 똑같이 했다.

예문 **My father bowed twice in front of the grave, and his younger brothers followed suit.**

▶ 아버지는 무덤 앞에서 두 번 절을 했고, 삼촌들도 똑같이 따라 했다.

예문 **When the company reduced its product price, its rivals followed suit.**

▶ 그 회사가 제품의 가격을 내리자 경쟁업체들도 덩달아 가격을 내렸다.

Helpful Tip!

lay down : 내려놓다

grave : 무덤

bow : 절하다, (고개를 숙여) 인사하다

reduce : 축소하다, 인하하다

Day 4

Divide and conquer

길고 어려운 영어 문장을 짧게 끊어 읽으면 문장의 구조가 잘 보여 이해하기 쉽습니다.
나눠진 문장을 보면서 주어와 동사의 위치가 어떻게 바뀌는지 확인하면서
문장을 읽어 보세요.

In many indigenous cultures, dreams have been treated as a bridge between this world and the other, a sacred sphere where spirits and ancestors can communicate with the living.

여러 토착 문화에서 꿈은 이 세계와 다른 세계를 잇는 다리로서 영혼과 조상이 살아 있는 사람들과 소통할 수 있는 신성한 영역으로 여겨져 왔다.

01 **In many indigenous cultures,**
▶ 여러 토착 문화에서

02 **dreams have been treated as**
▶ 꿈은 ~로 여겨졌다

03 **a bridge between this world and the other,**
▶ 이 세상과 저 세상 사이의 다리로,

04 **a sacred sphere where spirits and ancestors can communicate with the living.**
▶ 영혼과 조상이 살아 있는 사람들과 소통할 수 있는 성스러운 공간

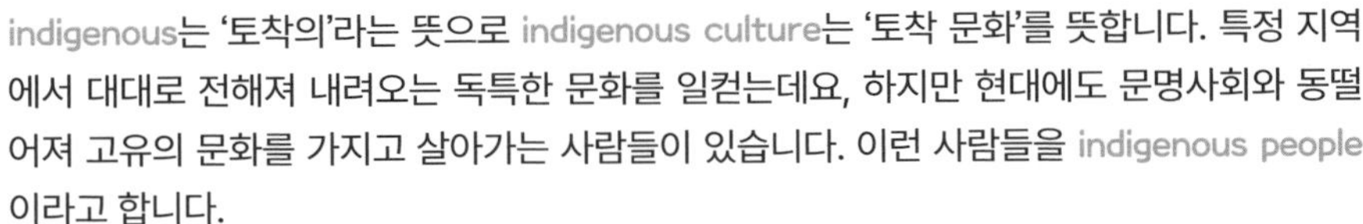
indigenous는 '토착의'라는 뜻으로 indigenous culture는 '토착 문화'를 뜻합니다. 특정 지역에서 대대로 전해져 내려오는 독특한 문화를 일컫는데요, 하지만 현대에도 문명사회와 동떨어져 고유의 문화를 가지고 살아가는 사람들이 있습니다. 이런 사람들을 indigenous people이라고 합니다.

Kangaroos are indigenous to Australia.
▶ 캥거루는 호주의 토착 동물이다.

Helpful Tip!

sacred : 성스러운, 신성시되는

sphere : 구체, 영역, 분야

Power up reading

영어 문단을 읽고 해석해 보는 시간입니다. 단어나 문법뿐만 아니라 실생활에서 사용되는 영어 텍스트와 친숙해짐으로써 영어에 대한 두려움을 극복해 보세요. 아래 문단을 천천히 읽고 스스로 먼저 해석해 본 후, 밑에 있는 해석을 확인해 보세요.

The Monkey and the Camel
원숭이와 낙타

At a great celebration for the king lion, a monkey was asked to dance for the guests. He danced very well, and the animals were all very pleased with his dance. A camel at the party got really jealous after hearing everyone praise the monkey. He was sure that he could dance just as well as the monkey, if not better. So, he pushed his way into the crowd that gathered around the monkey and began to dance. But the big camel looked ridiculous as he kicked his knotty legs and twisted his long, clumsy neck. Besides, the animals found it hard to stay away and out from under his heavy hooves. Finally, when one of his huge feet came within an inch of the king lion's nose, the animals were so furious that they kicked the camel out and sent him back into the desert. Do not try to ape your betters.

백수의 왕 사자의 성대한 연회에서 원숭이가 손님들을 위해 춤을 추도록 초대받았습니다. 원숭이는 춤을 아주 잘 추었으며 동물들도 원숭이의 춤을 보고 감탄했습니다. 연회에 참석한 낙타는 모두가 원숭이를 향한 칭찬을 하는 것을 듣고 매우 질투했습니다. 낙타는 자신이 원숭이보다 잘 춘다고 말할 수 없었지만, 적어도 원숭이만큼은 잘 출 수 있을 것이라 확신했습니다. 그래서 원숭이를 구경하는 군중 사이로 몸을 들이밀고 춤추기 시작했습니다. 그러나 몸집이 큰 낙타가 울퉁불퉁한 다리를 걷어차며, 긴 목을 투박하게 비트며 춤을 추니 우스꽝스러웠습니다. 게다가, 동물들은 낙타의 무거운 발굽을 겨우 피하고 있었습니다. 결국 낙타가 발굽을 사자의 얼굴 바로 앞까지 들이대자, 동물들은 화를 내며 낙타를 사막으로 다시 내쫓았습니다. 자기보다 나은 사람을 흉내 내려 하지 마세요.

Power up reading

영어 문단을 읽고 해석해 보는 시간입니다. 단어나 문법뿐만 아니라 실생활에서 사용되는 영어 텍스트와 친숙해짐으로써 영어에 대한 두려움을 극복해 보세요. 아래 문단을 천천히 읽고 스스로 먼저 해석해 본 후, 밑에 있는 해석을 확인해 보세요.

01 **He was sure that he could dance just as well as the monkey, if not better.**

▶ 낙타는 자신이 원숭이보다 잘 춘다고 하기엔 좀 그렇지만 적어도 원숭이만큼은 잘 출 수 있을 것이라 확신했습니다.

if not은 '~까지는 아니라 하더라도', '~라고 할 수는 없더라도'를 의미하는 표현입니다.

예문 **It is highly recommended, if not mandatory.**

▶ 필수까지는 아니지만, 강력히 권고한다.

02 **The animals found it hard to stay away and out from under his heavy hooves.**

▶ 게다가, 동물들은 낙타의 무거운 발굽을 겨우 피하고 있었습니다.

hard to stay away from A라고 하면 'A로부터 멀어지기 어렵다'라는 뜻입니다. found it hard to stay away from A라고 하면 'A로부터 멀어지기 어렵다는 것을 깨닫다'가 되지요. 그대로 풀이하면 '동물들은 낙타의 무거운 발굽 아래서 벗어나기 어렵다는 것을 깨달았다'라는 뜻이 됩니다.

예문 **I'm trying to diet, but it's hard to stay away from dessert.**

▶ 다이어트를 하려고 하는데 디저트를 멀리하기가 힘들어요.

Helpful Tip!

pleased : 기쁜, 기뻐하는, 만족스러운, ~하여 기쁜

praise : 명 칭찬, 찬사, 찬양 동 칭찬하다, 찬송하다

clumsy : 어설픈, 서투른, 투박한, 세련되지 못한

knotty : 얽히고설킨, 울퉁불퉁하고 뒤틀린, 혹투성이

당신의 뇌를 해킹하라!
Hack your brain!

현재에 집중하게 해주는 세 가지 마음챙김

노벨 경제학상을 수상한 허버트 사이먼은 한 컨퍼런스에서 이렇게 말했습니다. “정보는 정보를 취하는 사람의 주의를 빼앗아 간다. 결국 정보의 풍요는 주의력의 빈곤을 낳을 것이다.” 한 조사에 따르면, 우리는 평균 3분마다 방해받고 집중력을 잃는다고 합니다. 집중력을 잃으면 생산성이 떨어질 뿐만 아니라 현재에 집중하지 못하고, 과거를 되씹고, 미래를 두려워하는 불행한 삶을 살게 됩니다. 그래서 마음챙김의 세계적인 권위자인 샤우나 샤피로는, ‘현재에 머물러 있는 힘’을 기르기 위해 다음 세 가지에 집중하여 마음챙김의 시간을 가지라고 조언합니다.

01 의도: 주의를 기울이는 이유 생각하기

02 주의: 현재에 주의를 기울이기

03 태도: 호의와 호기심으로 주의 기울이기

지금 내가 이 순간에 주의를 기울여야 하는 이유를 생각하고, 매일 집중할 수 있는 시간과 장소를 만들어 날마다 실천해 보시기 바랍니다. 현재에 집중하면 생산성을 높일 뿐 아니라, 더 행복한 삶을 살 수 있습니다.

핵심 문장

Losing concentration does not only end in reducing productivity but also creates an unhappy life which does not focus on the present, dwells on the past, fears the future, and wanders around.

▶ 집중력을 잃으면 생산성이 떨어질 뿐만 아니라, 현재에 집중하지 못하고, 과거를 되씹고, 미래를 두려워하며 방황하는 불행한 삶을 살게 됩니다.

핵심 표현

not only A but also B : A뿐만 아니라 B도 역시

참고 : 《마음챙김》 I 샤우나 샤피로 I 로크미디어
《초집중》 I 니르 이얄 저 I 로크미디어

Week 49

Read it out loud

기억하면 좋은 문장을 따라 읽고, 암기해 보는 시간입니다.
아래 문장을 크게 소리 내서 읽어 보세요.

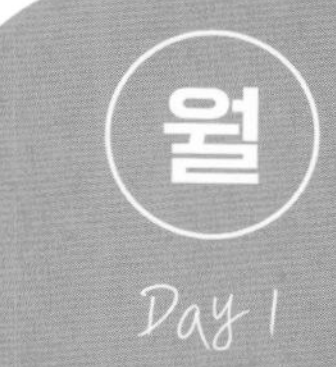

[Take it easy. 쉽게 생각해.]

친구가 내일 시험 때문에 불안해 하고 있습니다. 힘들어하는 사람에게 이렇게 말할 수 있습니다. Take it easy. '너무 어렵게 생각하지 마.'

Take it easy.는 '쉽게 생각해'라는 말입니다. 너무 무리하거나 스트레스받지 말라는 뜻으로 다양한 상황에 이용할 수 있습니다.

예문 **Don't stress out too much. Take it easy.**

▶ 너무 스트레스받지 마. 쉽게 생각해.

예문 **You are so tense all the time. You need to take things easy.**

▶ 넌 항상 긴장해 있어. 가벼운 마음으로 해 봐.

예문 **Take it easy. Try to enjoy yourself while studying abroad.**

▶ 너무 어렵게 생각하지 마. 유학 생활을 하는 동안 즐기려고 시도해 봐.

Helpful Tip!

tense : 긴장하다, (줄이) 팽팽하다

abroad : 해외에서, 해외로

Emrich your vocabulary

자주 쓰이는 유익한 단어를 배워 보는 시간입니다. 하루에 단어 하나씩만 외워도 일주일이면 7개, 한 달이면 30개의 단어를 외울 수 있겠죠? 오늘 배울 단어는 다음과 같습니다.

[Pioneer 선구자, 개척하다]

선구자를 일컬어 pioneer라고 합니다. 어떤 분야를 개척하거나 무엇을 새롭게 만드는 데 공헌한 사람에게 쓸 수 있는 말이죠. pioneer는 동사 형태로 쓰이기도 하는데, '개척하다', '새로운 것을 만들다'라는 의미가 있습니다.

예문 My grandfather was a pioneer in the early studies of autism.

▶ 할아버지는 자폐증 연구의 선구자였다.

예문 Evan pioneered our department's new research program.

▶ 에반이 우리 학과의 새로운 연구 프로그램을 추진했다.

예문 Aubree is a great doctor and pioneer in medical care for women and children.

▶ 오브리는 훌륭한 의사이자 여성 및 소아 의료의 선구자이다.

Helpful Tip!

autism : 자폐증

department : 부서, 학과

Remember this expression

영어에서 자주 쓰이는 핵심 표현을 배우고, 응용해 보세요.하나를 배우면 자유자재로 적용할 수 있습니다. 오늘 배울 표현은 무엇인지 살펴볼까요?

[Make up one's mind 결심하다, 결정을 내리다]

마음에 드는 가방이 있는데, 무엇을 선택해야 할지 마지막까지 결정을 못하겠습니다. 여러 선택지를 앞에 두고 쉽게 결정을 내리지 못할 때, I can't make up my mind! 라고 말합니다.

누군가가 결정을 내리지 못하고 우물쭈물할 때 상대에게, Make up your mind!라고 말할 수 있습니다. make up은 '구성하다', '화장을 하다' 등 다양한 뜻이 있지만, 여기서는 '결정하다'라는 뜻으로 쓰였습니다.

예문 I can't make up my mind about which movie to watch.

▶ 어떤 영화를 봐야 할지 결정을 못 하겠어.

예문 You have been thinking about this issue for two weeks. Please make up your mind.

▶ 너는 이 사안에 대해 2주 동안 생각했어. 제발 이제 결정 좀 내려.

예문 Sarah can't make up her mind about whether or not to accept the job offer.

▶ 사라는 그 일자리 제안을 수락할지 말지 결정을 내리지 못하고 있다.

Helpful Tip!

unable : ~하지 못하는, ~할 수 없는

job offer : 일자리 제의

Divide and conquer

길고 어려운 영어 문장을 짧게 끊어 읽으면 문장의 구조가 잘 보여 이해하기 쉽습니다. 나눠진 문장을 보면서 주어와 동사의 위치가 어떻게 바뀌는지 확인하면서 문장을 읽어 보세요.

[**You may have previously been told that all of these foods are healthy, but I am asking you to start thinking differently for the sake of your long and healthy life.**

이 음식들이 다 몸에 좋다는 것을 이전에 들었을지도 모르겠지만, 여러분 자신의 건강과 장수를 위해서 생각을 바꾸라고 부탁하고 싶습니다.]

01 **You may have previously been told**
▶ 이전에 들었을지도 모른다

02 **that all of these foods are healthy,**
▶ 이 음식들이 다 몸에 좋다는 것을

03 **but I am asking you to start thinking differently**
▶ 하지만 다르게 생각하기 시작하라고 부탁하고 싶다

04 **for the sake of your long and healthy life.**
▶ 자신의 건강과 장수를 위해서

for the sake of A는 'A를 위해서'라는 뜻입니다. for와 같은 뜻이지만 for the sake of를 쓰면 강한 강조와 더불어 더 간곡한 어투가 됩니다. sake는 '이익'이라는 뜻 입니다. have been told는 경험을 말하는 현재완료 시제이며, 수동태이기 때문에 '(누군가에게) 들었다'라는 의미가 됩니다.

For the sake of your mental health, practice daily self-care.
▶ 당신의 정신 건강을 위해 매일 자기 관리를 실천하세요.

Helpful Tip!

previously : 전에

healthy life : 건강한 삶

영어 문단을 읽고 해석해 보는 시간입니다. 단어나 문법뿐만 아니라 실생활에서 사용되는 영어 텍스트와 친숙해짐으로써 영어에 대한 두려움을 극복해 보세요. 아래 문단을 천천히 읽고 스스로 먼저 해석해 본 후, 밑에 있는 해석을 확인해 보세요.

Day 5

The Donkey, the Fox, and the Lion

당나귀, 여우 그리고 사자

A donkey and a fox, who had become close friends, were always together. One day, the two friends unexpectedly met a lion. The donkey was very scared, but the fox calmed him down. "I will talk to him," he said. So, the fox walked boldly up to the lion. "Your highness," he said quietly so the donkey could not hear him, "I've got an idea. If you promise not to hurt me, I will lead that foolish creature into a pit where he cannot get out, and you can eat him." The lion agreed, so the fox returned to the soon-to-be-eaten donkey. "I made him promise not to hurt us," said the fox. "But come on, I know a good place to hide until he's gone." So, the fox led the donkey into a deep pit. But when the lion came to eat, he first struck down the traitor fox. Traitors must expect treachery.

친한 친구인 당나귀와 여우는 늘 함께 다녔습니다. 그러던 어느 날, 둘은 예기치 않게 사자와 마주쳤습니다. 당나귀는 매우 무서워했지만, 여우가 안심시켰습니다. "내가 사자랑 잘 말해볼게." 그래서 여우는 당당히 사자에게로 걸어가 당나귀에게 들리지 않는 목소리로 말했습니다. "사자 전하, 제게 좋은 생각이 있습니다. 저를 해치지 않겠다고 약속하시면 제가 저 멍청한 당나귀를 구덩이로 유인해서 못 나오게 하겠습니다. 그럼 당나귀를 드실 수 있을 겁니다." 사자는 동의했고, 여우는 곧 먹이가 될 당나귀에게 돌아왔습니다. "사자가 우리를 해치지 않기로 약속했어." 여우가 말했습니다. "따라와. 사자가 사라질 때까지 숨기 좋은 곳으로 가자." 그렇게 여우는 깊은 구덩이로 당나귀를 유인했습니다. 그런데 사자가 오자마자 가장 먼저 배신자 여우를 내리쳤습니다. 배신자라면 언젠가 반드시 배신당합니다.

Power up reading

영어 문단을 읽고 해석해 보는 시간입니다. 단어나 문법뿐만 아니라 실생활에서 사용되는 영어 텍스트와 친숙해짐으로써 영어에 대한 두려움을 극복해 보세요. 아래 문단을 천천히 읽고 스스로 먼저 해석해 본 후, 밑에 있는 해석을 확인해 보세요.

01 **The lion agreed, so the fox returned to the soon-to-be-eaten donkey.**

▶ 사자는 동의했고, 곧 먹이가 될 당나귀에게 돌아왔습니다.

soon-to-be는 '곧 ~가 될'이라는 뜻입니다. 이렇게 몇몇 단어들을 하이픈(-)으로 이으면 그 표현 전체는 문장에서 형용사 역할을 하게 됩니다. soon-to-be-eaten은 '곧 잡아먹힐'이라는 뜻이 됩니다. soon-to-be와 같은 뜻을 가진 형용사로는 '금방이라도 닥칠 듯한'의 뜻을 가진 imminent가 있습니다.

예문 **I'd like to introduce you to your soon-to-be brother-in-law.**

▶ 곧 처남이 될 사람을 소개해 드리죠.

02 **But come on, I know a good place to hide until he's gone.**

▶ 자, 따라와. 사자가 사라질 때까지 숨기 좋은 곳으로 가자.

come on, 이게 무슨 뜻이죠? on 뒤에 뭐가 빠진 것 같지 않나요? 무엇 위에 온다는 말일까요? 여기서 on은 '~위에'가 아닌 '계속 ~하다'의 뜻으로 사용되었습니다. 물론, on의 기본 의미는 '~위에'입니다. 하지만 부사로 사용되면 동사에 '계속 ~하다'라는 뜻을 덧붙입니다. 이에 따라 come on은 '계속 와라', '따라 와라'를 의미합니다.

예시

on and on ▶ 쉬지 않고 계속해서

from now on ▶ 지금부터 계속

Helpful Tip!

unexpected : 예기치 않은, 예상 밖의, 뜻밖의

bold : 용감한, 대담한

traitor : 배반자, 반역자

treachery : 배반, 배신

당신의 뇌를 해킹하라!

Hack your brain!

바보야, 문제는 시스템이야

매년 새로운 목표를 세우지만, 매번 실패하는 데는 분명한 이유가 있습니다. 그 이유는 우리의 의지 부족이 아닙니다. 문제는 시스템입니다. 《탁월한 인생을 만드는 법》에서 마이클 하얏트는 목표의 성격에 따라 시간 기준을 두 가지로 나눕니다.

01 성취 목표 : 데드라인(기한) 정하기

02 습관 목표 : 시간 트리거(언제)와 빈도(얼마큼) 정하기

먼저 '기한'을 정해야 합니다. 한 실험에서 데드라인을 세워 두자, 시간을 40% 단축해도 생산성을 100% 유지할 수 있었다고 합니다. 자신의 역량을 고려한 적절한 데드라인을 세워 두면 일을 마치는 것에 대한 스트레스를 잠시 내려 두고 일에만 집중할 수 있습니다.

그 뒤, 언제, 얼만큼의 일을 할 것이냐를 정해야 합니다. 운동을 예로 들면, '운동을 더 많이 하겠다'는 말보다 '주중 저녁 8시(언제), 집 앞 공원에서(어디서), 30분간 산책(어떻게) 하겠다'라고 목표를 정하면 언제, 어디서, 어떻게 운동할 것인지 보다 구체적인 로드맵이 됩니다. 구체적이고 실행 가능하도록 전략을 세우면 놀라운 결과를 볼 수 있을 것입니다.

핵심 문장

"I will take a 30-minute walk in the park in front of my house at 8 o'clock on weekdays" rather than vaguely saying "I will exercise a lot" gives an accurate guide on when, where, and how to work out.

▶ '운동을 더 많이 하겠다'는 말보다, '주중 저녁 8시, 집 앞 공원에서, 30분간 산책하겠다'라고 목표를 정하면 언제, 어디서, 어떻게 운동할 것인지 보다 구체적인 로드맵이 됩니다.

핵심 표현

work out : (건강과 몸매 관리 등을 위해) 운동하다

참고 : 《탁월한 인생을 만드는 법》 I 마이클 하얏트 저 I 로크미디어
《아주 작은 습관의 힘》 I 제임스 클리어 I 비즈니스북스

Week 50

Read it out loud

기억하면 좋은 문장을 따라 읽고, 암기해 보는 시간입니다.
아래 문장을 크게 소리 내서 읽어 보세요.

I'm falling behind.
나는 뒤처지고 있어요.

이상적인 속도보다 뒤처지고 있는 것을 fall behind 한다고 합니다. 다른 사람들에게 뒤처지거나, 예정된 스케줄에 뒤처지는 상황에서 쓸 수 있는 표현입니다. 달리기 경기에서 선수들 간의 간격이 점점 벌어지는 모습을 상상해 볼 수 있습니다.

I'm falling behind in math class.

▶ 나는 수학 수업에서 같은 반 학생들에게 뒤처지고 있다.

Tom is falling behind Jack in the race.

▶ 톰은 경주에서 잭에게 뒤처지고 있다.

We are falling behind schedule. We need to hurry up.

▶ 우리 일정이 밀렸어. 좀 더 서둘러야 해.

Helpful Tip!

fall behind something/somebody : (~에) 뒤떨어지다, 뒤지다

fall behind with something : (돈, 일이) 밀리다, 늦어지다

Enrich your vocabulary

자주 쓰이는 유익한 단어를 배워 보는 시간입니다. 하루에 단어 하나씩만 외워도
일주일이면 7개, 한 달이면 30개의 단어를 외울 수 있겠죠?
오늘 배울 단어는 다음과 같습니다.

[Discrepancy 차이, 불일치]

물건을 구입했는데, 실제로 보니 실물 사진과 많이 다르고, 품질도 좋지 않아 큰 실망을 했습니다.

discrepancy는 어떤 것들 간의 '차이', 혹은 '불일치'를 일컫습니다. 일관성이 있어야 하는데 그렇지 못한 경우에 주로 사용합니다.

예문 There is a discrepancy between the advertisement and the product.

▶ 광고와 실제 제품이 차이 난다.

예문 The discrepancy between what is described in the book and reality is huge.

▶ 책이 묘사한 것과 현실의 차이가 크다.

예문 Have you found any discrepancy in the lawyer's logic?

▶ 그 변호사의 논리에 모순된 점을 찾으셨습니까?

Helpful Tip!

advertisement : 광고

describe : 묘사하다, (~이 어떠한지를) 설명하다

Remember this expression

영어에서 자주 쓰이는 핵심 표현을 배우고, 응용해 보세요.하나를 배우면 자유자재로 적용할 수 있습니다. 오늘 배울 표현은 무엇인지 살펴볼까요?

[Cash cow 자금의 원천, 현금 창출원]

cash cow란 '돈줄', '자금의 원천'이라는 뜻입니다. 소에게서 우유를 짜내듯이 돈을 짜내는 것을 상상해 볼 수 있습니다.

예문 **Master's students are a cash cow for the university.**

▶ 석사생들은 그 대학의 '돈줄'이다.

예문 **The business item is going to be a cash cow for the company.**

▶ 그 비즈니스 아이템은 회사의 효자 상품이 될 것이다.

예문 **The gallery saw the artist as a cash cow.**

▶ 갤러리는 그 화가를 '돈줄'로 여겼다.

Helpful Tip!

master's degree : 석사 학위

artist : 예술가, 화가

Divide and conquer

길고 어려운 영어 문장을 짧게 끊어 읽으면 문장의 구조가 잘 보여 이해하기 쉽습니다. 나눠진 문장을 보면서 주어와 동사의 위치가 어떻게 바뀌는지 확인하면서 문장을 읽어 보세요.

In an ideal world, caregivers would get paid a living wage with benefits and protections, and more people would want to do that work.

이상적인 사회라면 돌봄 서비스를 제공하는 사람들은 복지와 4대 보험이 보장된 최저 생활 임금을 받을 것이며, 그로 인해 더 많은 사람이 그 일을 하고 싶어 할 것이다.

01 **In an ideal world,**
▶ 이상적인 세상에서는

02 **caregivers would get paid a living wage**
▶ 돌봄 서비스를 제공하는 사람들은 최저 생활 임금을 받을 것이다

03 **with benefits and protections,**
▶ 복지와 4대 보험과 함께

04 **and more people would want to do that work.**
▶ 그리고 더 많은 사람이 그 일을 하고 싶어 할 것이다

benefits and protections는 복지와 보장이라는 뜻입니다. 안정적인 일자리를 가진 직원이 일반적으로 받는 benefits로는 출산 휴가, 주식, 무료 건강검진 등이 있을 수 있겠습니다. 그리고 고용보험, 산재보험, 의료 보험 등이 protections에 해당됩니다. 한국에서는 4대 보험이라 하죠.

The employee benefits are good in my new job.
▶ 새 일자리의 직원 복지는 좋다.

Helpful Tip!

caregiver : 돌보는 사람 **living wage :** 최저 생활 임금

Power up reading

영어 문단을 읽고 해석해 보는 시간입니다. 단어나 문법뿐만 아니라 실생활에서 사용되는 영어 텍스트와 친숙해짐으로써 영어에 대한 두려움을 극복해 보세요. 아래 문단을 천천히 읽고 스스로 먼저 해석해 본 후, 밑에 있는 해석을 확인해 보세요.

The Lion, the Bear, and the Fox
사자, 곰, 그리고 여우

Just as a big bear rushed to grab a stray kid, a lion leaped from another direction upon the same prey. The two fought furiously for the prize until they both had so many wounds that they sank down unable to continue the battle. Just then a fox ran up, grabbed the kid, and made off with him as fast as he could while the lion and the bear looked on with regret. "It would have been much better," they said, "if we had just shared the kid." Those who have all the toil do not always get the profit.

큰 곰이 길을 잃은 어린 염소를 덮치려는 찰나, 다른 방향에서 사자도 같은 순간에 어린 염소를 향해 뛰어올랐습니다. 곰과 사자는 사냥감을 위해 격렬히 싸웠으나, 너무 많은 상처를 입은 탓에 싸움을 계속하지 못하고 주저 앉았습니다. 바로 그때 여우 한 마리가 달려와 어린 염소를 붙잡아 가능한 한 빨리 도망쳤습니다. 곰과 사자는 아쉬운 눈으로 지켜볼 뿐이었습니다. "그냥 둘이 나눠 먹었다면 훨씬 좋았을 것을...." 최선을 다 했다 해서, 그에 대한 보상을 받는다는 보장은 없습니다.

01 Just as a big bear rushed to grab a stray kid, a lion leaped from another direction upon the same prey.

▶ 큰 곰이 길을 잃은 어린 염소를 덮치려는 찰나, 다른 방향에서 사자도 같은 순간에 어린 염소를 향해 뛰어올랐습니다.

Power up reading

영어 문단을 읽고 해석해 보는 시간입니다. 단어나 문법뿐만 아니라 실생활에서 사용되는 영어 텍스트와 친숙해짐으로써 영어에 대한 두려움을 극복해 보세요. 아래 문단을 천천히 읽고 스스로 먼저 해석해 본 후, 밑에 있는 해석을 확인해 보세요.

just as A, B~의 문장구조입니다. 'A 하는 순간, B 했다'는 뜻입니다.

leap upon은 '뛰다'와 '~위에'가 합쳐져 '~의 위에 뛰어오르다', '~를 덮치다'가 됩니다.

예시

dwell upon ▶ ~를 곱씹다
act upon ▶ ~에 따라 행동하다
rest upon ▶ ~에 달려 있다
stumble upon ▶ ~를 우연히 발견하다

02 **Just then a fox ran up, grabbed the kid, and made off with him as fast as he could while the lion and the bear looked on with regret.**

▶ 바로 그때 여우 한 마리가 달려와 어린 염소를 붙잡아 가능한 한 빨리 도망쳤습니다. 곰과 사자는 아쉬운 눈으로 지켜볼 뿐이었습니다.

as fast as he could는 '가능한 한 빨리'라는 의미입니다.

예문

The mother grabbed her baby and made off with him as fast as she could to get to safety.

▶ 어머니는 아기를 붙잡고 안전한 곳으로 가기 위해 가능한 한 빨리 아이를 데리고 달아났다.

Helpful Tip!

stray : 형 길을 잃은, 옆길로 새다
look on : 구경하다, 지켜보다
profit : 명 이익, 수익, 이윤 동 이익을 얻다, 이익을 주다
toil : 명 노역, 고역 동 힘들게 일하다, 고생스럽게 일하다

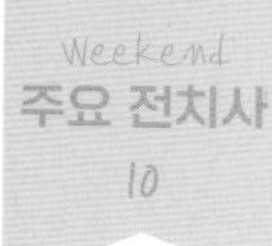

DOWN

I'm feeling down.
기분이 다운됐어.

기분이 우울해지고 어두운 상태가 되었음을 이야기할 때 '다운됐다'고 이야기합니다. 이처럼 down은 '아래로 내려오는' 느낌을 기본적으로 가지고 있습니다. 위로 올라가는 상태를 나타내는 up과 반대의 이미지를 생각해보는 것도 down의 의미를 이해하는 데 도움이 됩니다. down의 쓰임새와 구동사 몇 개를 배워 보겠습니다.

down의 첫 번째 사용법

물리적인 down

down은 '아래로 내려오는' 모습으로 물리적으로 원래의 위치보다 아래로 향하는 것입니다.

예문

Rory rode his bike down the hill.

▶ 로리는 자전거를 타고 언덕을 내려갔다.

자전거로 언덕 위에서 더 낮은 곳으로 내려가는 모습입니다.

예문

Tears began to roll down Remy's cheeks.

▶ 눈물이 레미의 뺨을 타고 흘러내리기 시작했다.

roll down은 '굴러떨어지다'라는 의미가 있는데요, 눈물이 roll down 했다는 것은 눈물이 또르르 흘러내리는 모습을 묘사한 것입니다. 이렇게 down은 무언가를 따라 내려가는 모양을 나타냅니다.

DOWN

예문

The grocery store is right down the road.

▶ 이 길을 따라 내려가면 바로 마트가 있다.

어떤 곳의 위치를 설명할 때, '이 길로 내려가다 보면'과 같은 표현을 자주 접할 수 있는데요, 이를 down the road라 합니다. 마찬가지로 강물을 따라 내려간다고 하면 down the river라고 할 수 있습니다.

down의 두 번째 사용법

추상적인 down

'아래로 내려오는' 의미를 추상적인 개념에 적용하면 기존의 위치에서 더 낮은 위치로 내려가는 것을 나타낼 수 있습니다. 높은 사회적 위치에서 내려오는 것 같이 말이죠.

예문

Anton stepped down from his post due to health problems.

▶ 안톤은 건강상 문제로 자리에서 물러났다.

사임이나 퇴임과 같이 어떠한 위치나 자리에서 내려오는 것을 step down이라고 합니다. step은 걷는 행동을 나타내고 down은 아래로의 방향을 나타냅니다. 즉, '걸어 내려가는' 모습을 떠올려 보면 이해가 되실 겁니다.

예문

The scandal brought down Alisa's reputation.

▶ 그 스캔들은 알리사의 명성을 실추시켰다.

어떠한 사건이나 사람이 누군가를 bring down 했다면 그의 명예를 떨어뜨리는 것을 의미합니다. bring은 잡아서 끌고 오는 모양을, down은 아래로 향하는 방향을 나타냅니다. 즉, bring down은 잡아서 끌어내리는 것을 의미합니다.

down의 세 번째 사용법

완전히 내려온 down

down은 '아래로 내려오는' 의미를 더 확장해 아래로 내려오는 동작이 완료가 된 의미까지 나타낼 수 있습니다. up의 '완전히 채우는' 의미와는 반대되는 '완전히 밑으로 끌어내리는' 느낌을 상상하세요. 예시를 살펴보겠습니다.

예문

The car broke down in the middle of the road.

▶ 도로 한가운데에서 차가 고장 났다.

예문

I'm having a mental breakdown.

▶ 지금 멘탈이 붕괴되고 있어.

break down은 '기계 등이 고장 나다'라는 의미의 구동사입니다. 기계를 작동시키는 무언가가 망가져 멈춰 버린 것이죠. 여기서 down은 잘 달리던 차의 힘의 아래로 처박히는 상태를 나타냅니다. 마찬가지로 사람의 마음 상태가 속절없이 무너지는 것을 mental breakdown이라고 합니다.

DOWN

예문

We should stop cutting down the trees.

▶ 우리는 벌목을 멈추어야 한다.

예문

I have to cut down on sugar.

▶ 나 이제 설탕을 좀 줄여야겠어.

cut down은 '잘라 버리다'라는 뜻입니다. 첫 예문에서 cut down은 나무를 베어 바닥으로 완전히 떨어지게 하는 것을 의미합니다. cut down은 '~을 줄이다'라는 뜻으로도 사용됩니다.

우리가 흔히 사용하는 '서버가 다운됐다', '분위기가 다운됐다' 등의 표현 속에도 down의 의미가 있습니다. '아래로 내려가는' 의미를 생각하면 수월하게 이해할 수 있을 것입니다. down에 대한 기본적인 느낌을 숙지하면 down이 들어있는 더 많은 표현들을 이해할 수 있을 거예요.

Week 51

Read it out loud

기억하면 좋은 문장을 따라 읽고, 암기해 보는 시간입니다.
아래 문장을 크게 소리 내서 읽어 보세요.

It slipped my mind.
까맣게 잊어버렸어요.

친구가 뮤지컬 표를 대신 예매해주었는데, 바쁜 일정 탓에 송금하는 것을 잊어버렸습니다. 친구를 만나자 미안하고 부끄러운 마음에 얼른 사과합니다. Sorry, it slipped my mind. '미안해. 까맣게 잊고 있었어.'

slip one's mind는 '까맣게 잊어버리다'라는 뜻입니다. slip은 미끄러진다는 뜻인데요, 다른 것들에 묻혀서 기억해야 할 것이 머릿속에서 미끄러져 나간다고 생각하면 이해하기 쉽습니다. 사과를 해야 하는 상황에 많이 쓰이지요.

예문 **Sorry, it slipped my mind because I was too busy.**

▶ 미안해, 내가 너무 바빠서 그걸 까맣게 잊어버리고 있었어.

예문 **It completely slipped my mind that I had a doctor's appointment this morning.**

▶ 오늘 아침에 병원 예약이 있다는 사실을 까맣게 잊어버렸어.

예문 **It slipped my mind that I needed to reply to your email.**

▶ 너의 이메일에 답장해야 한다는 사실을 까먹고 있었어.

Helpful Tip!

completely : 완전히, 전적으로

reply : 대답하다, 답장을 보내다, 대응하다

Enrich your vocabulary

자주 쓰이는 유익한 단어를 배워 보는 시간입니다. 하루에 단어 하나씩만 외워도
일주일이면 7개, 한 달이면 30개의 단어를 외울 수 있겠죠?
오늘 배울 단어는 다음과 같습니다.

[Reciprocal 상호 간의]

바쁜 나머지 친구 생일에 카드로 대신했었는데, 막상 내 생일에 친구도 카드만 주니 서운한 마음이 듭니다.

reciprocal은 '상호적인'이라는 뜻입니다. 일방적인 관계가 아니라 균등하게 주고받는 것을 의미합니다. 긍정적인 의미로 쓰일 때는, 관계에서 서로 헌신하고 존중하는 상호적인 관계를 떠올릴 수 있습니다.

예문 **Volunteer work reciprocally betters the community and ourselves.**

▶ 봉사활동은 지역 사회와 우리 자신을 함께 성장시킨다.

예문 **To some people, gift exchanges must be reciprocal.**

▶ 어떤 사람들은 선물을 받으면 무조건 상호적이어야 한다고 생각한다.

예문 **We will cooperate with you strictly on a reciprocal basis.**

▶ 우리도 상호적 기준으로 엄격하게 협력하겠습니다.

Helpful Tip!

cooperate : 협조하다, 협력하다

reciprocally : 서로, 호혜적으로

Day 3

Remember this expression

영어에서 자주 쓰이는 핵심 표현을 배우고, 응용해 보세요. 하나를 배우면 자유자재로 적용할 수 있습니다. 오늘 배울 표현은 무엇인지 살펴볼까요?

[Just around the corner 코앞으로 다가왔다]

around the corner는 '코너를 돌면'이라는 뜻입니다. 원래 길을 설명할 때 쓰는 말인데요, 저 건물을 따라 꺾으면 즉, 조금만 더 앞으로 가면 무언가 있다는 뜻입니다.

예문 **The bookstore is just around the corner.**

▶ 그 서점은 건물을 따라 돌면 바로 나와요.

길을 설명할 때 외에도 시간상으로 어떠한 시점이 곧 다가올 때 just around the corner라고 표현할 수 있습니다. Spring is just around the corner.라고 하면 '봄이 코앞으로 다가왔습니다'라는 의미입니다.

With summer just around the corner, Mary gave her home a bright new look.

▶ 여름이 성큼 앞으로 다가오자, 마리는 집을 밝은 분위기로 새로 꾸몄다.

Vacation is just around the corner, so there is excitement in the air.

▶ 방학이 코앞으로 다가오니, 학교 전체가 들 떠 있다.

Helpful Tip!

excitement : 흥분되는(신나는) 일

in the air : 어떤 분위기(기운)가 감도는

Divide and conquer

길고 어려운 영어 문장을 짧게 끊어 읽으면 문장의 구조가 잘 보여 이해하기 쉽습니다.
나눠진 문장을 보면서 주어와 동사의 위치가 어떻게 바뀌는지 확인하면서
문장을 읽어 보세요.

[In the vastness of space, you see some stars so far away that their rays have raced at the speed of light for two million years to reach you.

우주의 광활함 속에 너무 멀리 떨어져 있어 당신에게 도달하기 위해 별빛이 빛의 속도로 2백만 년 동안 달려온 별들을 볼 수 있다.]

01 In the vastness of space,
▶ 우주의 광활함 속에

02 you see some stars so far away
▶ 너무 멀리 떨어져 있어 ~한 별들을 볼 수 있다

03 that their rays have raced at the speed of light for two million years
▶ 그들의 광선이 빛의 속도로 2백만 년 동안 달려온

04 to reach you.
▶ 당신에게 도달하기 위해

at the speed of light는 '빛의 속도로'라는 뜻입니다. at은 속도를 묘사할 때 자주 쓰입니다.

예문 Since Cameron just got a driver's license, he drove at a slow speed.
▶ 카메론은 이제 막 운전면허증을 땄기 때문에 느린 속도로 차를 몰았다.

Helpful Tip!

so far away that A : 너무 멀어서 A 하다

vast : 광활한

Power up reading

영어 문단을 읽고 해석해 보는 시간입니다. 단어나 문법뿐만 아니라 실생활에서 사용되는 영어 텍스트와 친숙해짐으로써 영어에 대한 두려움을 극복해 보세요. 아래 문단을 천천히 읽고 스스로 먼저 해석해 본 후, 밑에 있는 해석을 확인해 보세요.

The Rooster and the Jewel
수탉과 보석

A rooster was busily scratching and scraping about, trying to find something for his family to eat, when he happened to turn up a precious jewel that had been lost by its owner. "Aha!" said the rooster. "No doubt you are very costly, and the person who lost you would give a great deal to find you. But as for me, I would choose a single grain of barley over all the jewels in the world." Precious things are without value to those who cannot prize them.

수탉 한 마리가 자신과 가족들의 식사를 구하기 위해 여기저기 바쁘게 땅을 긁고 있었습니다. 그러다 우연히 주인이 잃은 듯한 보석을 찾게 되었습니다. 수탉이 말했습니다. “아! 정말 귀한 보석임이 틀림없어. 이 보석을 잃은 사람은 보석을 찾기 위해서라면 큰 포상을 해줄 의지가 있을 거야. 하지만 나에게는 보리 낟알이 그 어떤 보석보다 중요해.” 아무리 소중한 것이라도 소중하게 여길 줄 모르는 사람에게는 가치가 없습니다.

01 No doubt you are very costly, and the person who lost you would give a great deal to find you.

▶ 정말 귀한 보석임이 틀림없어. 이 보석을 잃은 자는 보석을 찾기 위해서라면 큰 포상을 해줄 용의가 있을 거야.

Power up reading

영어 문단을 읽고 해석해 보는 시간입니다. 단어나 문법뿐만 아니라 실생활에서 사용되는 영어 텍스트와 친숙해짐으로써 영어에 대한 두려움을 극복해 보세요. 아래 문단을 천천히 읽고 스스로 먼저 해석해 본 후, 밑에 있는 해석을 확인해 보세요.

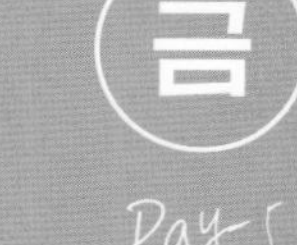

no doubt는 '분명 ~할 것이다', '~라는 것에 의심할 여지가 없다'라는 뜻입니다. no doubt you are very costly에서 you는 '보석'을 가리키는 것으로 '정말 비싼 보석임이 틀림없어'라는 의미입니다.

give a great deal to A는 'A 하기 위해 많은 것을 주다'라는 뜻입니다. deal에는 여러 뜻이 있는데요, 그 중 '어떠한 양', '많음'의 의미가 사용되었습니다. 여기서 give 하는 '많은 것'은 바로 '돈'이라고 볼 수 있습니다. 다시 보석을 찾을 수만 있다면 큰 돈을 쓸 의향이 있는 것이죠.

It took a great deal of time.

▶ 정말 많은 시간을 투자했습니다.

02 **But as for me, I would choose a single grain of barley over all the jewels in the world.**

▶ 하지만 나에게는 보리 낟알이 이 세상의 모든 보석보다 중요해.

I would choose A over B의 구조를 가집니다. choose A over B는 'B 이전에 A를 택하다', 'B보다 A를 택하다', 'B 하느니 A 하겠다'라는 뜻을 가지고 있습니다.

결과적으로 '나라면 세상의 모든 보석을 택하기보다 보리 낟알 하나를 택할 것이다'라는 뜻이 됩니다.

We choose death over dishonor.

▶ 우리는 불명예보다는 죽음을 택할 것이다.

Helpful Tip!

scratch : 동 긁다, 할퀴다
명 긁힌 자국, 긁힌 상처

scrape : 동 긁다, 긁어내다
명 긁힌 흔적, 긁힌 상처

당신의 뇌를 해킹하라!

Hack your brain!

'고통 없이는 성취도 없다'는 말의 불완전한 진실

만성 스트레스에 시달리는 현대인, 그 문제의 근본적인 원인은 '고통 없이는 성취도 없다'는 문화때문일 수도 있습니다. 어떤 일이 있어도 이 악물고 버텨야 한다는 사회적 분위기는 한계 이상으로 우리 자신을 밀어붙이게 만듭니다. 물론 '고통 없이는 성취도 없다'는 말이 틀린 말은 아닙니다. 불편함과 고통은 우리 삶의 당연한 일부입니다. 하지만 치유와 회복도 삶에 반드시 필요한 부분임에도 불구하고, 고통의 이면에 가려져 자주 간과되고 있습니다.

할 수 있는데 할 수 없는 이유를 찾고 있나요? 아니면 실제로 불가능한 상황에서 자신을 너무 밀어붙이고 있나요? 일의 효율성과 지속성을 고려해서 잠시 멈추고 쉬어 보세요. 일주일에 최소 하루는 쉬어야 올바른 생활 리듬을 만들어 원하는 일을 더 잘 할 수 있습니다. 의외로 지금 가고 있는 방향이 나를 위한 방향이 아닌 것을 깨닫게 될 수 있습니다.

'멈춰야 할 때'가 있다는 것을 인정해야 합니다. 할 수 없을 것 같을 때, 한계 이상으로 지쳤을 때 산을 억지로 넘어갈 필요는 없습니다. 더 노력해야 할 때와 멈추어야 할 때를 구분할 지혜가 있어야 합니다. 그리고 기억하세요! 지혜는 스스로를 밀어붙일 때가 아니라, 잠시 멈추었을 때 우리에게 찾아옵니다.

핵심 문장

The social environment that expects us to persist no matter what makes us push ourselves to the limit and even further.

▶ 어떤 일이 있어도 이 악물고 버텨야 한다는 사회적 분위기는 한계 이상으로 우리 자신을 밀어붙이게 만듭니다.

핵심 표현

no matter what : 어떤 일이 있어도

push oneself to the limit : 한계까지 스스로를 밀어붙이다

참고 : 《최악을 극복하는 힘》 I 엘리자베스 스탠리 저 I 로크미디어

Week 52

Read it out loud

기억하면 좋은 문장을 따라 읽고, 암기해 보는 시간입니다.
아래 문장을 크게 소리 내서 읽어 보세요.

I can't wrap my head around it.
이해가 안 돼.

wrap은 '감싸다'라는 뜻입니다. wrap one's head around it을 그대로 해석하면 '그것을 머리로 감싸다'라는 의미가 되는데요, 어려운 무언가를 완전히 이해한다는 뜻으로 생각할 수 있습니다. 주로 부정형인 can't wrap one's head around로 쓰입니다. 난해해서 이해하지 못하겠다는 표현입니다.

예문 **The concept is too complicated. I can't wrap my head around it.**

▶ 그 개념은 너무 복잡해. 이해가 안 돼.

예문 **I still can't wrap my head around the idea no matter how many times you explain it.**

▶ 네가 여러 번 설명해 줘도 그 개념이 이해가 안 돼.

예문 **I can't wrap my head around the situation. It's so puzzling.**

▶ 나는 그 상황을 이해하지 못하겠어.

Helpful Tip!

complicated : 복잡한

puzzling : 헷갈리는, 곤혹스러운

Enrich your vocabulary

자주 쓰이는 유익한 단어를 배워보는 시간입니다. 하루에 단어 하나씩만 외워도
일주일이면 7개, 한 달이면 30개의 단어를 외울 수 있겠죠?
오늘 배울 단어는 다음과 같습니다.

Day 2

[Inherent
내재하는, 본능적인]

전문가들에 의하면 5살 이전에 언어 능력이 쉽게 발달한다고 합니다. 언어 습득 외에도 걷기, 학습하기, 사고하기 등 인간에게는 여러 가지 내재된 능력이 있습니다.

inherent는 '내재하는', '고유의'라는 뜻입니다. 물건이나 생물체의 본질적이고 고유한 특징을 묘사할 때 씁니다.

예문 Fawns have an inherent ability to walk immediately after being born.

▶ 사슴은 태어나자마자 바로 걸을 수 있는 타고난 능력을 갖추고 있다.

예문 Inherently, we are more biased towards people who are like us.

▶ 본질적으로, 우리는 비슷한 사람들에게 더 편향되어 있다.

예문 There are inherent flaws in the structure of the machine.

▶ 그 기계의 구조에 본질적인 결함이 있다.

Helpful Tip!

inherently : 본질적으로, 내재적으로

bias : 편견(선입견)을 갖다, 편향되다

Remember this expression

영어에서 자주 쓰이는 핵심 표현을 배우고, 응용해 보세요. 하나를 배우면 자유자재로 적용할 수 있습니다. 오늘 배울 표현은 무엇인지 살펴볼까요?

[Bread and butter 주 소득원]

bread and butter는 '주 소득원'을 뜻합니다. 살아가기 위해 필요한 돈을 버는 수단을 서양 사람들의 주식으로 여겨지는 빵과 버터에 비유한 것입니다. 먹고 사는 문제, 생계를 꾸려나가는 방법을 말할 때 쓰입니다.

예문 I am an actor, but teaching is my bread and butter.

▶ 나는 배우이지만, 가르치는 것으로 밥벌이를 한다.

예문 Consumer electronics have always been the company's bread and butter.

▶ 가전제품은 항상 회사의 주 소득원이었다.

예문 People are more sensitive when it comes to bread-and-butter issues.

▶ 사람들은 먹고사는 문제에 있어서 다른 것들보다 더 민감하다.

Helpful Tip!

consumer electronics : 가전제품

sensitive : 세심한, 민감한

Divide and conquer

길고 어려운 영어 문장을 짧게 끊어 읽으면 문장의 구조가 잘 보여 이해하기 쉽습니다.
나눠진 문장을 보면서 주어와 동사의 위치가 어떻게 바뀌는지 확인하면서
문장을 읽어 보세요.

[**Three smugglers were caught red-handed carrying several kilograms of uranium and other radioactive materials and were detained.**

세 명의 밀수업자들이 수 킬로그램의 우라늄과 다른 방사성 물질을 운반하다가 현장에서 붙잡혀 구금되었다.]

01 Three smugglers were caught red-handed carrying
▶ ~를 운반하던 세 명의 밀수업자들이 현장에서 붙잡혔다

02 several kilograms of uranium
▶ 몇 킬로그램의 우라늄

03 and other radioactive materials
▶ 그리고 다른 방사성 물질

04 and were detained.
▶ 그리고 구금되었다

catch red-handed는 어떤 안 좋은 행위가 이루어지는 그 순간, 범죄행위를 한 사람을 붙잡는 것을 말합니다. 사람을 해친 경우에는 현장에서 붙잡히면 피로 인해 손이 빨갛겠죠. 물론 범죄행위뿐만 아니라 개구쟁이들의 장난에도 쓸 수 있는 말입니다.

The police officer caught the criminal red-handed.
▶ 경찰관이 범인을 현행범으로 체포했다.

Helpful Tip!

smuggle : 밀수하다, 몰래 들여오다

detain : 구금하다

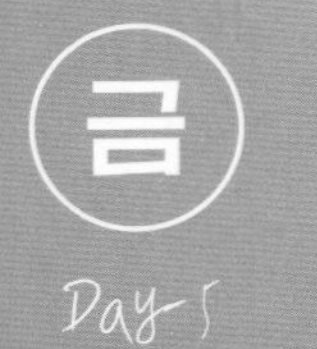

Power up reading

영어 문단을 읽고 해석해 보는 시간입니다. 단어나 문법뿐만 아니라 실생활에서 사용되는 영어 텍스트와 친숙해짐으로써 영어에 대한 두려움을 극복해 보세요. 아래 문단을 천천히 읽고 스스로 먼저 해석해 본 후, 밑에 있는 해석을 확인해 보세요.

The Leap at Rhodes

허풍쟁이 여행자

There was a man who had traveled to many foreign countries and when he returned home, only talked about his exciting adventures and great deeds he had done abroad. One of his accomplishments he talked about was how far he jumped in a city called Rhodes. That leap was so great, he said, that no one else could jump anywhere near that distance. Many people in Rhodes had seen him do it and would prove that what he said was true. "No need for witnesses," said one of the bystanders. "Pretend this city is Rhodes. Now show us how far you can jump." Deeds count, not boasting words.

해외로 여행을 다니다 돌아온 후, 흥미진진한 모험과 자신이 이룬 대단한 일들에 대해서만 이야기하고 다니는 사람이 있었습니다. 그 여행자가 말하는 일 중에는 로도스라는 도시에서 멀리뛰기를 한 일화도 있었습니다. 자신이 너무 멀리 뛰어서 그 누구도 가까이 뛸 수 없었다고 자랑했습니다. 그리고 로도스의 많은 사람들이 자신이 뛰는 것을 봤으며, 이 일화가 사실임을 증명해 줄 것이라고 했습니다. 구경꾼 중 한 명이 말했습니다. "증인은 필요 없소. 여기가 로도스라고 생각하고 당신이 얼마나 멀리 뛸 수 있는지 한번 보여 주시오." 말로 자랑하는 것보다 행동으로 보여 주는 것이 중요합니다.

Power up reading

영어 문단을 읽고 해석해 보는 시간입니다. 단어나 문법뿐만 아니라 실생활에서 사용되는 영어 텍스트와 친숙해짐으로써 영어에 대한 두려움을 극복해 보세요. 아래 문단을 천천히 읽고 스스로 먼저 해석해 본 후, 밑에 있는 해석을 확인해 보세요.

01 **Pretend this city is Rhodes.**

▶ 여기가 로도스라고 생각하시오.

pretend는 '상상의', '가짜의', '~인 척하다', '~라고 가장하다'라는 뜻입니다.

예문 **Please pretend you don't know about it. I wasn't supposed to tell you.**

▶ 모르는 척해 줘. 원래 너한테 말하면 안 되는 일이었어.

02 **Deeds count, not boasting words.**

▶ 말로 자랑하는 것보다 행동으로 보여 주는 것이 중요합니다.

deed는 아주 좋거나 아주 나쁜 행위를 뜻합니다. 다음과 같이 다양하게 활용할 수 있습니다.

예시

a brave deed ▶ 용감한 행위

a good deed ▶ 착한 행위

a heroic deed ▶ 영웅적인 행위

an evil deed ▶ 사악한 행위

count는 '세다', '계산하다'를 뜻하는데요, 무언가를 세는 것은 그것이 '중요하고', '의미 있는' 것이라는 뜻입니다. 그래서 의미가 확장되어 '중요하다', '인정하다'라는 뜻으로 사용할 수 있습니다.

Helpful Tip!

deed : 아주 좋거나 아주 나쁜 행동

abroad : 해외로, 해외에서

boast : 뽐내다, 자랑하다

accomplishment : 업적, 공적, 성취

prove : 증명하다, 입증하다

bystander : 행인, 구경꾼, 방관자

당신의 뇌를 해킹하라!

Hack your brain!

꾸준히, 제대로 한다면 반드시 통한다

《1만 시간의 재발견》을 쓴 안데르스 에릭슨은 다양한 분야에서 30년 이상의 경력으로 탁월한 실력을 발휘하고 있는 특별한 사람들을 연구했습니다. 그리고 재능을 후천적으로 개발할 수 있다는 사실을 알게 되었습니다. 두 가지 조건이 있습니다. '충분한 기간'에 걸쳐 '올바른 연습'을 수행하는 것입니다. 즉, 탁월함에 다다를 수 있는 '절대적인 연습량'과 자신이 올바른 방향으로 가고 있는지 확인할 수 있는 '정확한 피드백'이 필요합니다.

감히 따라갈 수 없을 성과를 낸 사람에게 우리는 보통 재능이 타고 난 천재라고 말합니다. 하지만 누군가를 천재라고 부르는 것은 '나에게는 저런 재능이 없으니 노력이 불필요하다'라고 말하고 싶은 자기 합리화가 아닐까요?

'안 할 이유'가 아니라 '해야만 하는 이유'를 찾아 보세요. 물론 우리가 아무리 노력한다고 해도 우사인 볼트와 같은 세계적인 달리기 선수가 될 수는 없겠지요. 최선을 다해보고 포기한 사람도 있을 것입니다. 하지만 세계 1위가 되지는 못하더라도 제대로 된 방법으로 꾸준히 연습한다면 최소한 어느 분야에서든 전문가가 될 수 있습니다. 재능이 있느냐 없느냐를 고민하지 마세요. 우리가 진지하게 고민해야 할 것은 '내가 올바른 방법으로 충분한 시간을 투입하여 훈련하고 있는가'입니다.

"완벽의 경지에는 도달할 수 없다. 그러나 완벽을 추구한다면 탁월함에 다다를 수 있다."
- 빈스 롬바르디(Vince Lombardi) -

핵심 문장

The key discussion should be whether I am training the right way for a long enough time.

▶ 우리가 진지하게 고민해야 할 것은 '내가 올바른 방법으로 충분한 시간을 투입하여 훈련하고 있는가'입니다.

핵심 표현

whether : ~인지 ▶ **whether A or B :** A인지 아니면 B인지

참고 : 《1만 시간의 재발견》 I 안데르스 에릭슨 저 I 비즈니스북스
《생각이 돈이 되는 순간》 I 앨런 가넷 저 I 알에이치코리아

나 __________ 은(는)

영어 이제 자신있다!

The beautiful thing about learning is that nobody can take it away from you.

- B. B. King (Musician) -

배움이 아름다운 이유는 그 누구도 당신의 배움을 빼앗을 수 없기 때문입니다.

- 비비 킹 (음악가) -